纪念山东省文史研究馆成立六十周年馆员文选

山左宗文集

山东省文史研究馆　编

齐鲁书社

前　言

文史研究馆是人民政府礼贤敬士之所、名耆硕学汇聚之处。新中国成立之初,在毛泽东、周恩来等党和国家领导人的提议下,即建立了中央文史研究馆。嗣后,有关省、自治区、直辖市相继建馆。在政府机构内设立文史研究馆,广纳社会贤达、名流耆宿,体现了中华民族敬老崇贤、崇文尚德的优良传统,有利于党和政府加强同知识界、文化界的联系,是政权建设的一个创举。

山东古为齐鲁之邦,齐鲁文化源远流长,在创建中华文明、推进中国历史向前发展的过程中具有特殊的贡献:一、齐鲁文化是中华文明的源头之一。考古工作者发现了在中华文明起源时期,现山东境内新石器时代大汶口文化陶器上的文字和龙山文化时期的城市群以及金属器等;二、齐鲁之邦是中国历史上"轴心时代"的重心。春秋战国时期被现代学者称为中华文明的"轴心时代",而齐鲁大地则是中华文明的重心所在;三、齐鲁文化的主体是以孔子学说为代表的儒家思想体系,儒家思想是两千多年中华民族的精神原乡。习近平总书记在视察孔子故里曲阜时指出:"研究孔子和儒家思想,使其在新的时代条件下发挥积极作用。"总之,齐鲁文化以其特有的影响力为中华民族文化的传承和中华民族精神家园的建设作出了独特的贡献。今天,在中华民族伟大复兴的时代,我们研究传承弘扬齐鲁文化,使其在新的历史时期为国家富强、人民幸福、民族振兴发挥积极作用。

山东省文史研究馆于1953年成立,先后聘任300多位馆员,均为德高望重的省内外知名人士。改革开放以来,省文史研究馆坚持统战性、荣誉性,秉承敬老崇文的宗旨,支持馆员在存史资政、文化建设、统战联谊等方面发挥独特作用。例如:馆员们心系国是,坦诚建言,促成了济南“五三”惨案纪念碑的建立和济南“府学文庙”的修复。书画家馆员在参与主题性创作之外,还积极参与扶贫济困、赈灾助残、文化下乡、慰问部队官兵等公益活动。为研究传承弘扬齐鲁文化,省文史研究馆组织馆员撰稿并编辑出版了《文史资料》、《馆员文选》、《海岱诗钞》、《鹊华馆老》、《山东省文史研究馆书画选集》、《山东省文史研究馆馆员书画集》等书籍、画册。馆刊《齐鲁文史》于1995年创刊,截至2013年岁末,共出版74期。《齐鲁文史》以学术性、史料性、知识性、可读性、现实性的紧密结合、有机统一,深受馆员、文史工作者、文史爱好者的欢迎,社会效果良好。在中央文史研究馆的指导下,省文史研究馆先后参与了大型文化丛书《新编文史笔记》、《中国地域文化通览·山东卷》的编撰工作。两部著述的出版发行对山东的文化建设有积极的推动作用。

值纪念建馆60周年之际,山东省文史研究馆编辑出版《山左崇文集》。文集选录25位馆员的48篇文章及诗词楹联作品,包括史论、文论、书评、文物考古、人物品评、往事回忆、艺术创作谈等，文体各异，内容丰富，展现出馆员们的渊博知识、深厚学养和独到的见解，具有较高的学术价值。

“皂雕寒始急，天马老能行。”新时期为文史研究馆的发展带来新机遇。当前，党和政府正在大力实施文化强国战略，这对深入挖掘中华传统文化提出了新的要求。整理研究中华传统文化，推陈出新，使之古为今用，意义深远。省文史研究馆发挥馆员的优势正逢其时，各位馆员要从容淡定、因人而异、量力而行、各展所长，为加快建设经济文化强省，促进社会主义文化的大繁荣、大发展作出应有的贡献。

2013 年 12 月 27 日

目　录

（以馆员姓氏笔画排序）

马重德　1924年2月生，北京密云人。山东省兖州第一中学教师，山东省文史研究馆馆员。曾任兖州市第六、七届政协常委，济宁市第六、七届政协委员。出版有《中学历史图解》、《中学历史知识系统网络与归类》等著作。撰写多篇论文。

◎孔子的『为政』『修身』诠释

孔子的“为政”“修身”诠释

传播中华文化，承接历史未来。人类已进入21世纪，面对当前国际国内形势，我们从孔子智慧中汲取什么样的精华？怎样做到古为今用？愚者仅是一孔之见，对博大精深的孔子思想和儒家经典传承之要进行熟思，以共勉之。

在这里仅摘录孔子关于“为政”和“修身”两大主题内容加以诠释。

一、为政

1.《中庸》第十章

子路问强。子曰：“南方之强与？北方之强与？抑而强与？宽柔以教，不报无道，南方之强也，君子居之。衽金革，死而不厌，北方之强也，而强者居之。故君子和而不流，强哉矫！中立而不倚，强哉矫！国有道，不变塞焉，强哉矫！国无道，至死不变，强哉矫！”

这一段话记载子路询问什么是“强”。孔子说：“是问南方的强呢？还是北方的强呢？或者是你认为的某种强呢？用宽大柔顺的精神教化别人，不报复没有道德的坏人，这是南方的强，君子奉行这种强。用兵器、铠甲做枕席，死而后已，这是北方的强，强健有力的人奉行这种强。君子为人和顺却不随波逐流，才是坚强而威武啊！站在适中位置而不偏斜，才是坚强而威武啊！国家政治清平，君子不改变自己的志向，真是坚强而威武啊！国家政治混乱，君子坚持操守，宁死不变，才是坚强而威武啊！"

以上孔子对"强"的六种观点会给宽厚正直、主张正义之人以更大的鼓舞，从而增强其信心，给其无穷力量；给那些穷兵黩武好战之人以警戒，从而使其恢复人性的良知而悔悟自新。同时，能给那些生活在恶劣环境中或遭遇不幸者以巨大安慰，从而促使其坚定自立、自觉、自强，走出困境，甚至虽死犹荣、死得其所。君子在自强不息的人生道路上要做个什么样的强人，这就是标准的方位指针。

2.《中庸》第二十章

哀公问政。子曰："文武之政，布在方策。其人存，则其政举；其人亡，则其政息。人道敏政，地道敏树。夫政也者，蒲卢也。故为政在人，取人以身，修身以道，修道以仁。仁者，人也，亲亲为大；义者，宜也，尊贤为大。亲亲之杀，尊贤之等，礼所生也。在下位不获乎上，民不可得而治矣。故君子不可以不修身。思修身，不可以不事亲；思事亲，不可以不知人；思知人，不可以不知天。"

"天下之达道五，所以行之者三。曰君臣也，父子也，夫妇也，昆弟也，朋友之交也。五者，天下之达道也。知、仁、勇三者，天下之达德也，所以行之者一也。或生而知之，或学而知之，或困而知之，及其知之一也。或安而行之，或利而行之，或勉强而行之，及其成功一也。"

子曰："好学近乎知，力行近乎仁，知耻近乎勇。知斯三者，则知所以修身；知所以修身，则知所以治人；知所以治人，则知所以治天下国家矣。"

"凡为天下国家有九经，曰修身也，尊贤也，亲亲也，敬大臣也，体群臣也，子庶民也，来百工也，柔远人也，怀诸侯也。修身则道立，尊贤则不惑，亲亲则诸父昆弟不怨，敬大臣则不眩，体群臣则士之报礼重，子庶民则百姓劝，来百工则财用足，柔远人则四方归之，怀诸侯则天下畏之。齐明盛服，非礼不动，所以修身也；去谗远色，贱货而贵德，所以劝贤也；尊其位，重其禄，同其好恶，所以劝亲亲也；官盛任使，所以劝大臣也；忠信重禄，所以劝士也；时使薄敛，所以劝百姓也；日省月试，既禀称事，所以劝百工也；送往迎来，嘉善而矜不能，所以柔远人也；继绝世，举废国，治乱持危，朝聘以时，厚往而薄来，所以怀诸侯也。凡为天下国家有九经，所以行之者一也。"

"凡事豫则立，不豫则废。言前定则不跲，事前定则不困，行前定则不疚，道前定则不穷。在下位不获乎上，民不可得而治矣。获乎上有道；不信乎朋友，不获乎上矣。信乎朋友有道；不顺乎亲，不信乎朋友矣。顺乎亲有道；反诸身不诚，不顺乎亲矣。诚身有道；不明乎善，不诚乎身矣。诚者，天之道也；诚之者，人之道也。诚者，不勉而中，不思而得，从容中道，圣人也。诚之者，择善而固执之者也。"

"博学之，审问之，慎思之，明辨之，笃行之。有弗学，学之弗能，弗措也；有弗问，问之弗知，弗措也；有弗思,思之弗得,弗措也;有弗辨,辨之弗明,弗措也;有弗行,行之弗笃,弗措也。人一能之己百之,人十能之己千之。果能此道矣,虽愚必明,虽柔必强。”

鲁哀公询问政事。孔子回答的大意是说:周文王、武王的政治措施都记载在典籍上。如果能实行政令的那些贤人存在,那些政令就可以实施;如果他们去世了,那些政令就会停止废弃。尽了人力,可以使政令快速地取得成效;尽了地力,可以使树木快速地成长。政事如同芦苇生长一样。办理政事,关键在于得到贤人;要选取贤人,关键在于君主本身,修养自身,必须遵循大道;遵循大道,必须以仁爱为中心。“仁”的意义就是“人”,即顺从人的本性,亲爱亲族是最大的“仁”。“义”的意义就是“宜”,即办事合理,尊重贤人是最大的“义”。亲爱亲族要分亲疏,尊重贤人要分等级,这便是产生“礼”的原因。所以,君子不可以不修自身;想要修养好自身,不能不侍奉亲族;想要侍奉亲族,不能不了解人的特性;想要了解人的特性,又不能不了解天理。

天下通行的伦常关系有五种。实行这五种的办法有三项。君与臣、父与子、夫与妻、兄与弟以及朋友之间的关系,这五个方面涵盖了天下通行的伦常关系。智慧、仁爱、勇敢,这三者是保证伦常关系的基本品德。实行大道的办法本质上是一致的。有的人生来便懂得大道,有的人通过学习才懂得大道,还有的人遇到困惑,经过艰苦努力才懂得大道;但是,等到都懂得了大道,本质上是一致的。有的人从容自然地实行大道,有的人为了利益实行大道,有的人竭力勉强才能实行大道;但是,等到都成功了,本质上是一致的。孔子说:爱好学习,跟智者接近;竭力实行,跟仁爱接近;懂得羞耻,跟勇敢接近。懂得这三点,就懂得怎样修身了;懂得怎样修身,就懂得怎样治理他人了;懂得怎样治理众人,就懂得怎样治理天下国家了。

治理天下国家有九项原则,它们是:修养自身,尊重贤人,亲爱亲族,敬重大臣,体谅臣下,爱民如子,招纳工匠,优待远客,安抚诸侯。修养自身,就能掌握大道,有了立身处世的根基;尊重贤人,就能不迷惑;亲爱亲族,就能使父辈和兄弟们不产生怨恨;敬重大臣,办理政事就不会昏乱;体谅群臣,士人就会按照礼仪竭力报答;爱民如子,老百姓就会努力劳动;招纳工匠,财富用度就会充足;优待远客,四方的人就会归服;安抚诸侯,天下就会敬畏安定了。斋戒清洁,心地清明,服饰庄重,不合礼仪的事不做,这便是修身的办法;远离谗邪的人,疏远女色,轻视财物,尊重道德,这便是鼓励贤人的办法;提高他们的地位,增加他们的俸禄,跟他们有一致的爱好与厌恶,这便是亲爱亲族的办法;下属官员众多,足够凭他使唤差遣,这便是勉励大臣的办法;讲究忠诚信用,发给丰厚的俸禄,这便是勉励士人做官的办法;按照季节使用民力,减轻赋税,这便是勉励百姓的办法;每天察看,每月考察,发给的钱粮能够跟他们做的事情相称,这是勉励各种工匠的办法;去时欢送,来时欢迎,嘉奖有才能的人,同情才能不足的人,这是优待远客的办法;延续已经断绝禄位的世家大族,复兴已经颓败的诸侯国,治理混乱,解救危急,按时朝见聘问,赠送丰厚,减轻纳贡,这便是安抚诸侯的办法。总之,治理天下国家有九项原则,而实行这九项原则的途径是一致的。

凡事，预先谋划就会成功，未预先谋划就会失败。说话有准备，就不会支吾尴尬；办事有准备，就不会陷入困境；行为有准备，就不会惭愧悔恨；道路有准备，就不会阻塞不通。处在下属地位，如果得不到上级信任，就不可能治理好民众。取得上级信任是有规律的，如果连朋友的信任都不能取得，那就不可能取得上级的信任；取得朋友的信任也是有规律的，如果不能使父母顺心满意，那就不可能取得朋友的信任；要使父母顺心满意也有规律，反躬自问，如果不真诚，那就不可能使父母顺心满意；自身要真诚也有规律，如果不明白什么是善，那就不可能使自身真诚。真诚，是上天的原则，也是做人的原则。具有天生的真诚，不用努力就能恰到好处，不用思考就能掌握大道，举动自然符合大道，这种人便是圣人。要使自己做到真诚，就要选择善道并且坚决保持它，这便是一般人要努力的目标。

要广博地学习，要详尽地询问，要细心地思考，要清楚地辨别，要踏实地施行。要么不学习，学了却没有学会，就不应停止；要么不询问，问了却没有问懂，就不应停止；要么不思考，思考却没有结果，就不应停止；要么不辨别，辨别却没有清楚，就不应停止；要么不施行，施行却没有效果，就不应停止。别人一次能做到的，自己用上百次去做；别人十次能做到的，自己用上千次去做。按这种途径去做，即使愚蠢也会变得聪明，即使柔弱也会变得坚强。

从孔子对政的问答语录中可以看出，孔子对历史的典籍、文史资料特别重视，并通过周文王、周武王时期的政策对“政”治作了规律性的概括，其深刻的道理和具体的原则，成为千古不易的为政定理。孔子在《论语》的《为政》篇中说："为政以德，譬如北辰，居其所而众星共之。"意思是说，用道德来治理国政，便会像北极星一样，静静地处在它应处的位置上，众多星辰都环绕着它。孔子又说："道之以政，齐之以刑，民免而无耻。道之以德，齐之以礼，有耻且格。"用政令来治理人民，用法律刑罚来整顿人民，人民只求避免罪罚，却没有廉耻心。如果用道德来治理人民，用礼来整顿人民，人民就有廉耻心，而且诚意向善。道德有潜移默化、深入人心、改变民风民俗的巨大作用。关于道德的形成，是人类在生产、生活、生存的群体活动中产生的共同依存的信念法则。从历史的长河来看，虽然经过原始社会、奴隶社会、封建社会、资本主义社会、社会主义社会这五种基本社会形态，各时期都有各自的不同阐释和运用，但其根本的指向即人性与天性的合一是一致的。《大学》的三纲八目已阐发得尽情尽理："大学之道，在明明德，在亲民，在止于至善。"发扬光明的美德，使人弃旧图新，追求最完善的道德境界，格物、致知、诚意、正心、修身、齐家、治国、平天下，八者以修身为本，本立而道生。从天子到普通百姓，一律都以修身为根本，如果根本紊乱了，治理天下的方法也就无从谈起。治国之本，在于爱民。格物在于穷追事物的道理，让人真正了解人生的归宿，坚定志向，不断丰富知识而学习，体现人生价值，美善的自然之道就应运而生，却不会太过或不及。

从文字学的角度看，"政"是以文明教育的方式去正天下人之心。用这种办法去治理国家就是政治。止戈为武，制止战争，避免残杀发生，不用武力侵略掠夺他国获取不义之财，而是以之保卫国家的独立,维护社会治安,保护人民的生命财产,使人民安居乐业,并在抗拒自然灾害和生产建设中充当突击先锋队,从而可发挥武装力量的巨大作用。在务本的思想指导下,去体现人本主义的教育思想,这是做人的基本准则。

3.关于治国治政的成功关键是选贤任能的问题

国家人事制度是用人的重大保证。孔子提出智、仁、勇三达德,用现代话来说可以简化为德、才、体或四有人才的标准。治国的九项原则要求尊重并善待自上而下、由内而外所处各种不同职权地位的群体,从而达到国家政治清明,社会安定团结,最终体现民本思想,"民为贵,社稷次之,君为轻"。而儒家到孟子手中则把"德政"更具体化了,以人性理论为基础,"内圣外王"的思想更趋完善,主张"王道仁政",进而主张对不称职的君主可以变易,暴君可以杀掉。孟子阐发性善论,"仁"与"仁政"必须以人性理论为基础。他说:"人皆有不忍人之心。先王有不忍人之心,斯有不忍人之政","人皆可以为尧舜"。一切道德也必须以人性理论作为基础。孟子说:"恻隐之心,仁之端也;羞恶之心,义之端也;辞让之心,礼之端也;是非之心,智之端也。"对所有从政的人来说,在孟子的主张中都能发现符合自己本性的东西并依之去完成历史使命。意思是,人皆有怜悯之心。先王因有怜悯之心,故实行怜悯之政。人都可以表现出和尧舜禅让一样的美德来。同情心是仁的开端,羞耻心是义的开端,推让心是礼的开端,是非心是智的开端,这四端如人的四肢,自然拥有。有人认为自己不行,这是自暴自弃。有人认为他的上级不行,便是中伤上级。凡是具备四端的人，只要把它扩大充实起来，便会像火开始燃烧，像水开始奔涌。假若能够扩充它，便足以安定天下；假若摒弃它，便连赡养爹娘都不可能。这就使“推己及人”的教育思想又深入一步，更催人自觉、自信与自立，增强了人们的价值观念。

4. 孔子对人的评价

《宪问第十四》：子曰：“晋文公谲而不正，齐桓公正而不谲。”晋文公重耳多诡诈，作风不正派，成为五霸之一。齐桓公小白作风正派不诡诈，成为春秋五霸之首。子曰：“桓公九合诸侯，不以兵车，管仲之力也。如其仁！”孔子认为管仲为政是有功的，因为齐桓公多次召集诸侯会盟，不使用武力，尊王攘夷，保卫中原各国不受外族侵犯，齐桓公能成为春秋五霸之首，这些都是管仲的力量。这就是管仲的仁。《八佾第三》：子曰：“管仲之器小哉！”或曰：“管仲俭乎？”曰：“管氏有三归，官事不摄，焉得俭？”“然则管仲知礼乎？”曰：“邦君树塞门，管氏亦树塞门。邦君为两君之好，有反坫，管氏亦有反坫。管氏而知礼，孰不知礼？”意思是说：“管仲的才器狭小啊！”有人便问：“管仲节制吗？”孔子说：“他收取大量的市租，他手下的官员很多，从不兼职办事，如何能说是节制呢？”那人又问：“那么，他懂得礼节吗？”孔子说：“国君宫殿门前立有塞门，管仲府上也立了塞门；国君招待外国君主，在堂上有放置酒杯的土墩，管氏也有这样的东西。假若说他懂得礼节，那谁不懂得礼节呢？”

《八佾第三》：子谓《韶》：“尽美矣，又尽善也。”谓《武》：“尽美矣，未尽善也。”意思是说孔子评论《韶》乐（舜乐）说：“美极了，而且善极了。”评论《武》乐（周武之乐）说：“美极了，却还不够善。”这里从“乐”的尺度评价事物和人。乐有美善之分，美是声容之盛，善则是美之实。尧舜以揖逊禅让而有天下，其仁心之朴实，表达了德之本性，故其《韶》乐外则声容尽美，内则德仁尽善。成汤放桀，武王伐纣，以征诛而得天下，皆有惢德。虽然征伐非其所欲，但以双方战士的生命作代价而换来的“乐”，是尽美而未尽善也。

从以上可知，对任何人物事业要做出正确的评价，以道德的标准去衡量其轻重太过或不及，是经得起历史长河的检验的。如果仅是就事论事，以权宜之术而进行褒贬，那就会铸成大错而被后人耻笑。人们的认识往往落后于实际，尤其是在社会大变革时期阻力最大，评价更难以确定。

5. 关于从政人员的态度问题

《尧曰第二十》：子张问孔子曰：“何如斯可以从政矣？”子曰：“尊五美，屏四恶，斯可以从政矣。”子张曰：“何谓五美？”子曰：“君子惠而不费，劳而不怨，欲而不贪，泰而不骄，威而不猛。”子张曰：“何谓惠而不费？”子曰：“因民之所利而利之，斯不亦惠而不费乎？择可劳而劳之，又谁怨？欲仁而得仁，又焉贪？君子无众寡，无小大，无敢慢，斯不亦泰而不骄乎？君子正其衣冠，尊其瞻视，俨然人望而畏之，斯不亦威而不猛乎？”子张曰：“何谓四恶？”子曰：“不教而杀谓之虐；不戒视成谓之暴；慢令致期谓之贼；犹之与人也，出纳之吝谓之有司。”

这段的大意是，子张向孔子问道：“怎样可以办好政事呢？”孔子说：“尊重五种美德，摒退四种恶政，这就可以办好政事了。”子张说：“什么是五种美德？”孔子说：“君子给百姓恩惠却不浪费；役使百姓却不招来怨恨；自己有欲望却不贪婪；安泰矜持却不骄傲；威严却不凶猛。”子张说：“什么叫作给百姓恩惠却不浪费呢?”孔子说：“顺从人民乐意干的事从而使他们获利，这不是给人民以恩惠却不浪费吗？选择适度的事让百姓去做，又有谁会怨恨呢？自己需要仁便得到了仁，又贪求什么呢？无论人多人少，无论人大人小，君子都不敢怠慢他们，这不是安泰矜持却不骄傲吗？君子衣冠端正，目光庄重，使人望而产生敬畏，这不是威严却不凶猛吗?”子张说：“什么是四种恶政呢?”孔子说：“不加教育便加杀戮叫作虐政；不加劝诫只一味注重成绩叫作暴政；开始时政令松弛，突然限期完成叫作贼政；反正要赐给人财物，却悭吝不出手，叫作小办事员气。”

自古从政人员的态度行为端正与否，与政令畅通与否息息相关。上级的政令在执行过程中变了形走了样，多因下级官员与百姓直接接触时出现了问题。所以在百姓的土语中流传着“小人得志，作威作福”、“阎王好见，小鬼难缠”等说法。历史上所发生的民怨沸腾，也多根源于地方对政令层层加码，或贪暴太过，违章办事，贪赃枉法，不顾人民死活，苛捐勒索，或欺上瞒下，而施行出虐、暴、贼、吝四恶之政。此皆因有些官员缺乏修身为本之道，更谈不上尊五美的高尚品德。当今的民评、民选、年度考核与上级考察及举报制度，消除了四恶政弊，大大提高了民主制度的透明度，有利于政通人和、国泰民安，呈现出政民一体、上情下达、下情上知的政治局面。

孟子曰：“以力服人者，非心服也，力不赡也；以德服人者,中心悦而诚服也,如七十子之服孔子也(指孔子的弟子七十多位贤人都归服孔子那样)。故应重德。”

二、关于修身的诸多阐述

孟子曰:“人之所以异于禽兽者几希,庶人去之,君子存之。舜明于庶物,察于人伦,由仁义行,非行仁义也。”又曰:“人之有道也。饱食、暖衣、逸居而无教,则近于禽兽。圣人有忧之,使契为司徒,教以人伦:父子有亲、君臣有义、夫妇有别、长幼有序、朋友有信。”《大学》讲“格物致知”,是君子与小人、人与兽的根本区别,其中有先天因素,也有后天教育因素。人与兽的区别,就在于“格物致知”,人能够认识客观事物发展规律去改造客观和主观世界,兽则不能。从来没见过虎吃虎、狼吃狼,可是竟有人杀人、人吃人的混乱行为,竟有造假药、贩毒、邪教等威胁人类生命的丧尽人性的狂徒。这是兽的基因尚未改造、人性不全的恶作剧。所以急待大讲修身之要。

何以修身?子曰:“志于道,据于德,依于仁,游于艺。”

立志:“志于道”,即志于尧舜之道,志于“天下为公”“大同”之道。子路问孔子之志。子曰:“老者安之,朋友信之,少者怀之。”子曰:“夫仁者,己欲立而立人,己欲达而达人,能近取譬,可谓仁之方也已。”子曰:“富与贵,是人之所欲也,不以其道得之,不处也。贫与贱,是人之所恶也,不以其道得之,不去也。君子去仁,恶乎成名?君子无终食之间违仁,造次必于是,颠沛必于是。”“饭疏食,饮水,曲肱而枕之,乐亦在其中矣。不义而富且贵,于我如浮云。”“君子谋道不谋食,忧道不忧贫。”

孟子曰："居天下之广居，立天下之正位，行天下之大道。得志，与民由之；不得志，独行其道。富贵不能淫，贫贱不能移，威武不能屈，此之谓大丈夫。"意思是指大丈夫应住天下最广阔的住宅（指仁），站在天下最正确的位置（指礼），走天下最光明的正路（指义）。得志的时候，偕同百姓循着正道前进；不得志的时候，独自坚持自己的主张。富贵不能使他骄纵，贫穷卑贱不能使他变节，权势武力不能使他屈服，这才叫作大丈夫。

从以上可以看出，孔孟之"志于道"有两点基本精神值得今人去学习。一、志于道，即志于"尧舜之道"，"大同之道"，安老怀幼，"以平治天下"为己任。二、"志于道"是坚定不移的，不惜以生命捍卫道。孔子曰："三军可夺帅也，匹夫不可夺志也。"志士仁人"无求生以害人，有杀身以成仁"。孟子曰："生，亦我所欲也，义，亦我所欲也，二者不可得兼，舍生而取义也。"自古至今有难以数计的"志士仁人"杀身成仁、舍生取义，皆是中华民族的脊梁，是"志于道"的灵魂之功。

存　心

存心，即孔子所说的"据于德，依于仁"。仁、义、礼、智、信五常德是固有的良心，存心就可以弘道，"求则得之，舍则失之"，所以要存心。子张问仁。孔子曰："能行五者（五常德）于天下为仁矣。……恭、宽、信、敏、惠。恭则不侮，宽则得众，信则人任焉，敏则有功，惠则足以使人。"（《论语·阳货第十七》）"仁"的含义很广，是传统道德的总称。《论语》中有 240 处出现"仁"字。"仁"的核心是爱人。樊迟问仁。子曰："爱人。"（《论语·颜渊第十二》）子贡问曰："如有博施于民而能济众,何如?可谓仁乎?”子曰:“己欲立而立人,己欲达而达人。能近取譬,可谓仁之方也已。”(意即平等待人)(《论语·雍也第六》)子曰:“修身以道,修道以仁。仁者,人也,亲亲为大。”(《礼记·中庸》)孟子曰:“恻隐之心,人皆有之……恻隐之心,仁也;羞恶之心,义也;恭敬之心,礼也;是非之心,知也。仁、义、礼、知,非由外铄我也,我固有之也,弗思耳矣。”“大人者,不失其赤子之心者也。”“君子所以异于人者,以其存心也。君子以仁存心,以礼存心。仁者爱人,有礼者敬人;爱人者,人恒爱人;敬人者,人恒敬之”。

从上所论可知,存心即存于我心的仁义道德。修身在我,不可强求,不仁不义不道德地去强求即失德,终亦必亡。故君子忧道不忧贫,所以孔孟不管在什么困境,都是乐观的。

好 学

好学,即孔子所说的“游于艺”,也是他传授的“六艺”(礼、乐、射、御、书、数),即将尧舜夏商周的传统文化继承下来为乐,故要好学、善思。子曰:“好仁不好学,其蔽也愚;好知不好学,其蔽也荡;好信不好学,其蔽也贼;好直不好学,其蔽也绞;好勇不好学,其蔽也乱;好刚不好学,其蔽也狂。”子曰:“三人行,必有我师焉:择其善者而从之,其不善者而改之。”“君子食无求饱,居无求安,敏于事而慎于言,就有道而正焉,可谓好学也已。”“学而不思则罔,思而不学则殆。”“君子有九思:视思明,听思聪,色思温,貌思恭,言思忠,事思敬,疑思问,忿思难,见得思义。”

孟子曰:“耳目之官不思,而蔽于物。物交物,则引之而已矣。心之官则思,思则得之,不思则不得也。此天之所与我者。先立乎其大者,则其小者弗能夺也。此为大人而已矣。"

好学是"游于艺"的最高境界,是以将传统文化继承下去为乐,它包括的内容广博而无尽。如孔子将古代文献辑为《五经》,成为儒家千古传诵的经典。学与思是天赋予人的本能,人人都要运用它,只有学与思,才能"格物致知",从而提高自己,分辨善恶,知本知末,改造自己和改造世界,人类社会才能不断前进和发展变化,走出更好的今天和更真更善更美的明天。"格物致知"即科学研究。好学,才能发挥人的本能。修身为本,五伦是道德之本,子曰:"行有余力则以学文。"力行而不学文则无以达到至理,必归于野;所行出于私意,非但失之于野而已,甚至会导致祸灾。道德和知识是两个内涵,信息时代,高科技的今天,没道德的人做出来的坏事更野蛮、更残暴,因为他们没有"游于艺"的乐。孔子曰:"巧言令色,鲜矣仁。"总是用花言巧语去欺骗人民,哪里还有爱人的德性呢。

改　过

子曰:"德之不修,学之不讲,闻义不能徙,不善不能改,是吾忧也。""吾未见能见其过而内自讼者也。""过而不改,是谓过矣。"

孟子曰:"子路,人告之以有过,则喜。禹闻善言,则拜。大舜有大焉,善与人同,舍己从人,乐取于人以为善。自耕稼、陶、渔以至为帝,无非取于人者。取诸人以为善,是与人为善者也。故君子莫大乎与人为善。"孟子曰:"且古之君子,过则改之;今之君子,过则顺之。古之君子,其过也如日月之食，民皆见之；及其更也，民皆仰之。今之君子，岂徒顺之？又从为之辞。”自古至今，人们对过有两种态度，一是“闻过则喜”，另一种是“岂徒顺之？又从为之辞”，即对过错进行狡辩。而现在的人，不只是狡辩，更甚者是说假话，欺骗群众，哄骗上级，更甚者，打击报复，进行迫害，变本加厉，更甚者，勾结黑势力进行迫害，既破坏了民主，又践踏了法制，无视国法，无法无天，给社会秩序造成极坏影响。有的人不明是非，误认为是政治腐败，其实是利益诱惑，缺乏道德教育所致。

综观修身四要，立志、存心、好学、改过四者，立志是根本，是基石，又是理想目标；存心是施行志向以成功的保证；好学是与时俱进保持先进、由低而高最主要的动力；改过是弃旧图新，巩固提高达到精纯，由内到外最完整最真实又最完美的至善。四者是统一的整体，缺一不可。

王立鹏　1943 年 6 月生，山东阳谷人。山东社会科学院语言文学研究所研究员，山东省文史研究馆馆员。主要从事中国现代文学研究。兼任中国现代文学学会会员、山东省中国现代文学学会理事等。出版有《王统照的文学道路》、《王统照诗词注评》、《诸城文苑》、《中国小说通史》古代卷及现代卷等著作，论文《论中国古典小说作者的无名氏现象》、《茅盾的现实主义文学理论》、《王统照五四时期的文学主张》，小说《勾挂鼻方略》，散文《有志者事竟成》，诗歌《乐府新曲》等。

◎翻译小说促进了中国小说从古典形态向现代形态的变革

◎从《醒世姻缘传》的思想内容和结构看其作者

翻译小说促进了中国小说从古典形态向现代形态的变革

从1896年《时务报》译介外国小说到五四新文学运动前夕,以商务印书馆、小说林社以及《新小说》、《绣像小说》、《新新小说》、《月月小说》、《小说林》、《小说时报》、《小说月报》、《小说大观》等杂志为主要阵地,林纾、陈冷血、周桂笙、徐念慈、伍光建等翻译出版了英、法、日、美、俄、德等国的近千种小说。数量之多,不仅创下同时期翻译小说大大超过创作小说的记录(约为2倍),而且亦非五四新文化运动开始后的30年可比。尽管这个时期翻译小说在质量上存在着这样那样的问题,但在中国小说从古典形态向现代形态转化过程中所起到的催化促进作用是不容忽视的。

一、翻译小说促进了中国小说地位的提高

从汉代到戊戌变法之前,小说在儒家士人的心目中始终是"小道"。大雅君子虽于饭后茶余也可能读读小说,但绝不动笔写,且视写小说为贱劣行径。胡应麟一方面赞叹《水浒传》作者的笔墨,一方面又慨息"余每惜斯人,以如是心,用于

至下之技”，深为施耐庵将才华耗费在写作小说上而惋惜。程晋芳也为好友吴敬梓将精力埋没于小道而感慨不已：“吾为斯人悲竟以稗说传”。无论是读小说的，还是写小说的，戊戌变法之前都认为小说是“小道”。翻译小说的输入使中国的读者了解到，小说作家在异域享有相当高的地位，大臣、首相写小说者不乏其例。小说在欧美是种很有价值的文学载体，有成就的小说作家及其作品，在文学史上占据专章论述，地位不下于我国的唐宋八大家。楚卿于1903年在《论文学上小说之位置》中的一段话极有代表性。他说：“吾昔见东西各国之论文学家者，必以小说家居第一，吾骇焉。吾昔见日人有著《世界百杰传》者，以施耐庵与释迦、孔子、华盛顿、拿破仑并列，吾骇焉。吾昔见日本诸学校之文学科有所谓《水浒传》讲义、《西厢记》讲义者，吾骇焉。继而思之，何骇之有与？小说者，实文学之最上乘也。”连自己的朋友都看不上眼的施耐庵在异域竟有如此高的地位，在我国被人视为小道的《水浒传》、《西厢记》在异国受到殊誉，这不得不令中国读者“骇”后而思。

为了改良群治，启发民智，康有为、梁启超等极力鼓吹小说的社会作用。他们在论述小说的价值、抬高其地位时，是以域外小说为参照物的。例如康有为说：“泰西尤隆小说学哉”；严复、夏曾佑说：“且闻欧美、东瀛，其开化之时，往往得小说之助”；梁启超说：“小说为国民之魂”，在异域，“往往每一书出，而全国之议论为之一变”。这些现在看来近于荒唐的话，在当时却有相当大的煽动性。尤其是梁启超编造的日本以小说兴国的神话的确是真实的谎言。于是，小说借助于梁启超及其麾下的鼓动,以西洋小说为参照物,适应当时的形势,于19、20世纪之交从“小道”神速地转变为“大道”。

借助于梁启超等政治家的推动,通过“为政治服务”,始终徘徊于文学殿堂之外的小说争得一张进入殿堂的门票,虽不甚高明,在实践中也有一系列负面影响,但它对提高小说的死气沉沉的现状,应该说,是有功劳的。

二、翻译小说促进了中国小说功能的改变

以不奇即怪或亦奇亦怪的故事,使读者(听众)在轻松愉快的氛围中接受教诲与劝诫,其与劝诫的内容主要是包括封建道德在内的人之常理,这就是中国传统小说的主题。但是,包括封建道德在内的人之常理并不是无限的,而是有限的。大致分起来,不过是忠奸、善恶、爱憎、信诈等。小说以“人之常理”教诲劝诫于人,长此以往,故事情节、人物形象极易蹈入重复与类似的泥坑。集志怪与传奇之大成的《太平广记钞》以及集中国话本小说之精粹的“三言”、“二拍”之所以给人千篇一律、重复雷同的感觉,其根本原因就在于此。

《巴黎茶花女遗事》、《黑奴吁天录》等西方小说的陆续引进,使中国传统小说的教诲、劝诫观念受到震动。小说作者及读者如饥似渴地阅读之。“可怜一卷《茶花女》,断尽支那荡子肠”,严复《甲辰出都呈同里诸公》中的诗句生动形象地勾画出西洋小说对中国读者的吸引力。大小仲马、狄更斯、嚣俄、欧文等人的作品成为中国广大读者喜爱的读物,其感人肺腑的情节、深沉的人生意蕴成为中国小说作家仿效的楷模。从此,中国小说发生重大变化:从教诲劝诫而转向描

摹社会人生的广阔图画。这一转变，堪称中国小说的近代革命、五四文学的先声。

清末民初的小说，其数量极为可观，长篇短篇加起来成千累万。这些作品从不同的角度描绘了清末民初那个特定时代的社会图景。从其较为出色的若干篇章里，我们可以看到在列强侵略下，一个腐朽昏庸的统治集团所驾驶的那艘破船将亿万乘客载入绝境的难堪局面：皇帝大臣已沦为傀儡，大大小小的官吏仍旧为争权夺利费尽心机，用钱买官，以"色"换官，走门子，跑关系，上下打点，出尽了洋相。《二十年目睹之怪现状》、《官场现形记》、《老残游记》、《孽海花》等真实地暴露了官场的种种丑态。即使文字风格、思想内容各异的《玉梨魂》、《雪鸿泪史》和《断鸿零雁记》也从某一个侧面不同程度地反映了当时的社会风貌。这种情况，我们在志怪、传奇、话本里，还很少看到。

在描绘社会人生的风貌方面，崛起于 20 世纪初叶的短篇小说似乎更强于当时的长篇。据有关资料统计，清末民初的短篇小说有数千种之多，只是由于大部分未结集整理至今仍尘封于历史的一角而为人们所忽视。就我们现在能见到的部分作品来看，它们犹如一个个特写镜头，记录了时代的风云。从王钟麒的《学究教育谈》，我们看到了维新派所号召的新学与实践的新学之间的距离之大。从吴趼人的《查功课》，我们可以看到清政府镇压同盟会所采取的卑鄙手段。从饮椒的《地方自治》，我们可以看到"预备立宪"的骗人把戏。从吴趼人的《黑籍冤魂》和包柚斧的《善良烟鼠》，我们可以看到鸦片对中国人民摧残毒害的真实情景。从叶圣陶的《穷愁》、《贫女泪》和罗韦士的《卖花女》、《采桑女》以及恽铁樵的《工人小史》，我们可以看到生活在半封建半殖民地社会的中国工农的悲惨生活情景。

总之，清末民初的小说作家，其笔锋所及，从皇宫帝王将相到县衙文武官员，以及洋奴、买办、商人、财主、妓女、市民、文人学士、华侨、兵弁、革命者种种形象，官场、商场、战场、贫民窟等各个角落，都做了较为生动的描绘，展现了各个阶级、阶层的动态，那种以教诲与劝诫为宗旨的陈旧小说观念，渐渐失去了市场。

三、翻译小说促进了中国小说形式的多姿多彩

物理学家尼尔斯·玻尔用一句话概括了量子力学的互补性原理："对立即互补。"如果清末民初译进的西洋小说在思想内容和艺术形式上与中国传统小说大致类似，那么中国小说就不会从西洋小说中吸收那么多养分，中国小说从古典形态向现代形态的转变就不会发生在20世纪初叶，至少要推迟10年、20年。只有风格迥异的两种小说"杂交"后才能产生"优势"。20世纪初叶，翻译小说不仅促进了中国小说肌体的渐趋丰满，而且羽翼也渐呈多彩之势。

中国传统小说，无论长篇还是短篇，由于目的是向听众讲述一个有头有尾的故事，所以在结构上都呈链条式：人物情节一环扣一环，绝不散架，各个人物从出身长相到结局都有所交代。从结构上看，中国传统小说的长篇与短篇并没有多大差别，只是人物情节多少不同。一个短篇可以扩写成长篇，一个长篇也可以压缩成短篇。由于中国传统小说的巨大

惯性，清末民初期间的中国小说还难于摆脱这种链条式结构模式，只是局部在西洋小说的启示下作了一定的变革：章回体的对偶式回目、开头结尾的套语为自由得体的方式代替；链条所串连的环扣不再那么牢不可破，其周围吸附上若干与主链有关的部件……这是由于长篇小说是项大的工程，短时间内还难于打破它数千年形成的结构模式。

短篇小说在翻译小说的影响下却得到较大改变。首先是品种的增多。中国传统小说的品种比较单调，只有讲史和传奇（包括烟粉、灵怪、公案等）两个类型。有人对清末民初的短篇小说分类，计有政治小说、军事小说、教育小说、纪实小说、社会小说、言情小说、警世小说、笑话小说、侦探小说、武侠小说、爱国小说、伦理小说、科学小说、家庭小说、法律小说、广告小说、商业小说、历史小说、迷信小说、虚无党小说、拆白党小说……这里的分类当然漏洞百出、逻辑混乱，但我们从中可以看到这个时期的小说品种繁多这一事实。当时最引人注目的是社会小说、侦探小说和科学幻想小说三门，由于在中国传统小说里极为罕见，从而使中国读者倍感惊喜。

其次是结构方式的改变。在清末民初，浓缩了的长篇小说式的链条结构已渐渐失去市场，横断面的结构方式，即以类似于特写镜头，截取人生或社会变迁中的一个片断来表现人的性格和社会现实的方式渐渐为作家所青睐。这样结构的短篇小说是富有现代意识的短篇小说，是真正的短篇，它绝不能随作家的意志任意拉长，不会出现如同鲁迅所说的“虽云短制，颇同长篇”的情况。例如陈景韩的《路毙》截取的只是在“隆冬腊月天里倒于城厢之内，十字街之路侧”的一老汉这个镜头；吴趼人的《查功课》也只写了督署到某学堂查功课那一刻所发生的事情；徐卓呆的《入场券》只写了“开运动会的那一天”入场时所发生的“一件小事”；徐卓呆的另一个短篇《买路钱》是写某大显罢官归故里时在半路上瞬间的奇遇……它们都不是一个有头有尾的故事，只是生活中的一个场面，其故事性、情节性明显淡化，但对人物性格的刻画却有所加强。

再次是倒叙、插叙方法的运用。按照时间顺序、依照故事情节发生的先后连贯叙述，是中国传统小说安排材料的主要规则，极少例外。但西洋小说却不然，从中间叙起，甚至完全“倒”过来叙述的情况屡见不鲜。中国第一代小说翻译家都不约而同地指出这种叙事方式的优点。例如林纾在《〈歇洛克奇案开场〉序》里说，西洋侦探小说喜以杀人者败露开头，“令读者骇其前而必绎其后”。清末民初的小说作家从西洋小说中看到传统小说结构的呆板，开始模仿着用倒叙手法结构自己的作品，从而大大拓宽了作品所要表现的时间和空间，同时错落有致的编织方法也使短作见出丰厚。例如《九命奇冤》将按照时间顺序排列应发生在第16回的场面移至开头。应发生在第16回的情节是整个九命案中最为惊心动魄的场面：铁锤砸、放火烧，作品一开头即将读者带入一群强盗烧杀抢掠的境地，造成了强烈的悬念，促使读者继续读下去。这种结构法是十分新颖的。

最后是在描写手法上，翻译小说为中国传统小说带来的新东西——心理描写。

中国传统小说并不乏精彩的心理描写，但由于“说话”这一形式的特定要求，不得不以人物的言语行动折射之，不便从正面直书，否则就会令听众打瞌睡。西洋小说却惯用细腻入微的笔触直书人物的心理活动，大段大段的心理自白俯拾皆是。清末民初期间的小说作家所以能够接受西洋小说的这种心理表现手法，一是由于这时的中国小说已经基本完成了从“说”到“写”的过渡，使学习这一技法有了可能性；二是由于这种表现手法是中国传统小说所缺少的，学习它有必要。周瘦鹃的《真假爱情》里郑亮在情敌、朋友落水呼救时的矛盾，吴趼人的《恨海》里棣华与伯和在逃难途中同宿一床时的羞怯与激动，刘鹗的《老残游记》里妓女翠环在得到老残要将她救出火坑时的时而欣喜、时而怀疑、时而忧伤的复杂心情……都是借鉴学习西洋小说中心理描写的范例。苏曼殊的《断鸿零雁记》用第一人称手法着意描绘方外之人的难言之恫，随时随地自我剖白，将其视作五四新文学运动初期抒情小说的先驱都不为过。

四、翻译小说促进了中国小说语言的通俗化

清末民初以前小说的语言，距老百姓的日常生活用语尚有一段距离。清末民初的小说作家开始自觉地疏远文言而追求一种朴实无华的白话。虽然用极为通俗的白话写成的小说还是凤毛麟角，有的只是用方言土语，有的是用浅易的文言，有的则尽量削弱秀才气而用半文半白的语言……但追求通俗已成为一种倾向。例如连梦青的《邻女语》、黄世仲的《宦海升沉录》、符霖的《禽海石》的语言已经接近老百姓的

口语,识字不多的老百姓已经能够读懂。四大谴责小说中虽然也有个别生僻字,但白话成分已占优势。至于《查功课》、《入场券》以及包天笑、周瘦鹃的言情小说已经是相当标准的白话小说了。

清末民初小说语言的通俗化,除了适应维新改良派以通俗的小说来改良群治、启发民智的要求外,翻译小说的输入也是一个不容低估的原因。

清末民初的翻译小说十分注意通俗性:一是译者选的大都是情节生动、具有可读性的侦探小说、历史传奇、科学小说、军事小说,大多是长篇的,其中尤以"专为下等社会写照"的一类小说受人欢迎。这也说明,体现普通老百姓的思想感情并适应普通老百姓阅读习惯的西洋小说才能真正受到中国读者的欢迎。二是翻译小说在我国读者范围的逐渐扩大,识字不多的读者也要求翻译家使用通俗的语言以使他们能观览别具一格的西洋小说。林纾开始用文言译的《巴黎茶花女遗事》,开始只是在各阶层知识分子中流传,读者并不太多,因为一般老百姓大都读不懂林纾的文言。随着茶花女以及福尔摩斯故事的广为流传,知识分子以外的普通老百姓都产生了阅读西洋小说的要求。需求和生产从来就是相互促进、相互影响的。后来,用白话译的小说陆续问世,使包括翻译家在内的人士认识到白话文的长处,白话日益受到青睐。第三,小说的商品化倾向迫使翻译小说必须使用最大多数读者能够接受的白话。清末民初的翻译小说,其中大部分是在当时出版的报刊上连载的。这些报刊为了增加销售量,必然以占人数最多的普通老百姓为对象,追求语言的通俗也就于情理之中。

文学艺术是世界各族人民共同创造的财富，它也必定为世界各族人民所享有。随着科学技术的突飞猛进，地球越来越小，世界各族人民不同风格的文学艺术的相互碰撞、相互借鉴、相互学习以取长补短是一件十分有益的事。清末民初的翻译小说使中国传统小说获得了挣脱旧观念的动力，促进了中国小说的现代化。中国传统小说在接受西洋小说养分的滋养后创造了既有鲜明民族个性又趋于世界化、现代化的作品，这是中国人民对世界文学宝库的重大贡献。

从《醒世姻缘传》的思想内容和结构看其作者

作者的群体性和不确定性是中国古典通俗小说的一大特点,这给古典小说研究领域造作了许许多多聚讼纷纭的疑案。《醒世姻缘传》作者西周生之谜,便是其中的一桩。这里,我想从此书文本各部分思想内容的差别,谈谈我对它的作者的一些看法。

《醒世姻缘传》虽与一般话本、拟话本和许多长篇章回小说的或纯系世代积累型,或已有某些“本事”而由一个作家据以创作,或据许多原有的“说话”编辑加工而成略有不同,但它们之间也有某些一致之处,它也非一人之独立创作。具体地说,第一至二十二回是部自成体系的中篇,为一位失意文人独立之作;第二十三至一百回是前二十二回作者之外的“一群人”的集体劳动成果。西周生可能只是这群人中的一员,其最大的功绩是将前后两部分粘合成一个整体。从第二十二回与第二十三回之间所存在的巨大缝隙来看,西周生在将《醒世姻缘传》编织成一个整体时所表现出来的艺术才能远不及罗贯中、施耐庵和吴承恩。今传各本均题作“西周生辑著”。其中的“辑著”二字是对西周生在编辑《醒世姻缘传》整个过程中所付出的劳动的较为确切的评判。结合本书的内容,大致可以这样断定:《醒世姻缘传》在成书之前已有若干故事片断或不同传说,甚至有大致的书面中短篇话本,经西周生编辑合制而成。

从表现的主题思想来看,第一至二十二回与后七十八回有很大差异,由此可以断言:前后两部分绝对不会出自同一作者之手。

八十万言的《醒世姻缘传》的主题思想与“三言”、“二拍”大致相仿,都是讲因果报应的。把它们统统称之为“释氏辅教之书”亦未尝不可。其中第二十八回中的一段话即可视为这部长篇的主题:“人生在世,原来不止于一饮一啄都有前定,就是烧一根柴,使一碗水,也都有一定的分数,连这清水都有神祇司管,算定你这个人,量你的福分厚薄,每日该用水几斗或用水几升,用够就罢了,若还洒泼过了定住的额数,都是要折禄减算,罪过也非同小可。”《醒世姻缘传》后七十八回占了整部书的3/4强,人物、情节比前二十二回复杂得多,但万变不离其宗,只不过反反复复地说明了上述道理。

《醒世姻缘传》的前二十二回虽然也表现这一定的因果报应主题,例如晁大舍梦中得知与计氏前世就是夫妻,由于有缘又转世来报;晁大舍雍山打猎射死狐精,又与小鸦的妻子通奸,被小鸦儿杀死,恶人终得恶报。但从整体来看,却并不是表现因果报应的,而是以晁思孝的升官图为轴,着意描画的一幅意在揭露封建统治阶级的丑恶内幕的社会小说。它对社会现实揭露的深刻性,不仅后七十八回不可比拟,而且所有的"释氏辅教之书"均不可比,倒是与《醒世姻缘传》前后脚问世的《金瓶梅》、《聊斋志异》、《红楼梦》、《儒林外史》有较多的共通之处。

《醒世姻缘传》前二十二回的主要人物是晁思孝,而不是其子晁源。主要内容描写的是晁思孝的升官图,而不是晁源与其妻妾的恩仇报应。其主题是揭露晁思孝升官、保官所采用的种种卑劣手段,是暴露当时的政治黑暗的。

晁思孝本是位无能之辈,只是进京廷试时得到曾做山东提学、在其手下曾考过案首的左侍郎的指点,在侍郎的门生吏部尚书的提携下,才喜从天降,"高高取中一名知县",还是由于礼部左侍郎和吏部尚书的力量,晁思孝轻而易举地成为"甲科中用许多物力谋不到手的"华亭县知县。作品给人的感慨是朝里有人好做官。晁思孝得到这一美差之后,其身份骤然间为之一变。作品用极为辛辣的口味写道:"武城县这些势利小人听见晁秀才选了知县,又得了天下第一个美缺,恨不得将晁大舍的卵脬扯将出来,大家扛在肩上。有等下户人家,央亲傍眷,求荐书,求面托,要投做家人,有那中户人家,情愿将自己的地土,自己的房屋,献与晁大舍,充作管家。那城中开钱桌的,放钱债的,备了大礼,上门馈送。"晁源的纳妾升官,都是其父晁思孝升官的副效应。

像所有的贪官污吏一样,晁思孝并不以区区县令为满足。从第一次得手,他当然领略到升官发财的秘诀。由于夫人生日,进而他结识了两位前来拍马奉迎的戏子——胡旦和梁生。作者从而用十分简洁的笔墨绘制了一幅生动的升官图:由晁思孝出银三千两,以通州知州为标的,由胡旦、梁生进京，通过其亲属打通司礼部太监王振的关节。王振竟信口答应："这样小事，其实你们合部里说说罢了，也问我要贴儿！也罢，拿我个知生单帖儿，凭你们怎么去说罢。"可见，只要用银子与统治者攀上亲结上友，升官发财是何等容易的事。

晁源与珍哥逼死计氏，仍旧是靠着其老子的力量，使武城县尹从轻发落：晁源不仅逍遥法外，珍哥又狱中受到典吏的礼遇。珍哥生日，禁子竟在狱中设宴为其庆贺。这是对封建统治者的绝妙讽刺。

晁思孝是个黑心肠、无廉耻的贪官。王振当权之时，他百般奉迎。但当王振身首异地，曾为晁思孝荣升牵线搭桥的胡旦、梁生受牵连，到他门下避难时，若不是晁夫人的规劝，晁思孝就会将其绑送官府。

晁思孝在通州作恶多端，被辛翰林状告，但神通广大的晁思孝却预先看到了状告的原文。他采纳曹铭的计谋，又一次化险为夷。曹铭的计谋其实并没有什么奥妙，只不过是用金钱去贿赂："依了小的，使他的拳头，捣他的眼儿，拿出这些银子来，上下打点，一定也还使不尽，还好剩下许些，又把别项的事情都洗刷得干净。若把银子拿出来与了他，这事又依旧掩不住，别的事还要打点，仍要拿出自己的银子来用。"好精明的算盘！给读者的感慨是：天下乌鸦一般黑。

《醒世姻缘传》前二十二回以晁思孝纳了个十六岁的丫头为妾，新婚之夜触了风寒命归西天而结束。晁思孝贪赃枉法却享尽荣华富贵，最后也算得上寿终正寝。作品给读者的思考是：像晁思孝这样无德无才的家伙，何以能够官运亨通？

对社会现实尖利的讽刺和揭露，在《醒世姻缘传》后七十八回里几乎看不到了。它仿佛又回到"三言"、"二拍"甚至于唐宋笔记小说的时代,几乎是清一色的因果报应故事大汇编:晁夫人终生行善,一百〇五岁之后坐化仙逝;狄希陈生前射死狐精,虐待计错,得到计错的化身——素姐的百般折磨;素姐一生作恶,最后终于备受折磨而亡命;汪为露以势霸占侯小槐的宅基,结果患重病身亡,霸占的宅基连同自己的妻子魏氏都归侯小槐……

从结构上来看,《醒世姻缘传》也不是一个有机体。正文之前的"姻缘传引起"相当于"序"。序应该是针对全书而不是针对书的一部分的。而"姻缘传引起"与前二十二回几乎是牛马不相及,只是针对后七十八回而言的。序的作者与前二十回的作者不可能是同一人。否则,不会将前二十二回所反映的主题在序里只字不提。其作者有三种可能:后七十八回作者中的一位、与后七十八回同为一人、后七十八回作者以外的另一位。

《醒世姻缘传》的前二十二回可以肯定出自一位有学识、对世道深恶痛绝的作家之手。其结构紧凑,故事情节一环扣一环,人物关系单纯,形象生动,主题单一。这一部分若单独作为一个中篇,题名为"晁思孝升官图",恐怕比夹杂在《醒世姻缘传》里效果更好些。前二十二回的作者很少因果报应观念,多的是对黑暗现象的痛恨。他一不可能是"姻缘传引起"的执笔者,二不可能是后七十八回的作者中的一员,三也不可能是辑著全书的"西周生"。

《醒世姻缘传》的后七十八回是与前二十二回没有多少有机联系的另外的一个长篇。作品虽然用狄希陈、薛素姐、童寄姐、珍珠分别为晁源、狐仙、计氏、珍哥再生转世，以加强前后两部分的联系，但再生之后的狄希陈、薛素姐、童寄姐、珍珠已是不同于晁源、狐仙、计氏和珍哥的另外的人物了。用再生企图粘结两部分十分勉强。贯穿一百回的唯一人物是晁夫人。但前后两部分的晁夫人性格相差甚远，实际上是出现在同一部作品里的两个人物，只是姓名重合罢了。前二十二回以晁氏父子先后去世，晁夫人被县尹赞为“女中义士”作结。从第二十三回笔锋急转直下，写的是与晁家毫不相干的故事。它围绕狄希陈与素姐的恩仇果报，吸纳了与其或有关或无关的大量故事情节，牵扯到众多人物。这些故事情节和人物呈伞状：由多个相互关系并不密切甚至不相干的故事组成。故事都指向伞柄——围绕一个主题打转转。这与前二十二回一支主干、很少枝节的结构方式大相径庭。编织这些伞状故事的，不可能是一个人，而应是一群人。

伞状故事一是来源于话本、传奇，甚至志怪小说。例如第二十三回明水农夫祝其嵩拾银子的故事，几乎完全是借用《喻世明言》第二卷《陈御史巧勘金钗钿》中的话，只不过换了换人物的姓名而已，即将卖油郎改为祝其嵩，银子数量由三十两改为七两六钱。其余则完全相同。

伞状故事的另一来源是民间传说。例如第五十二回所述明水村杨氏和王氏两位孝妇的故事，就是多年来流传于明水一带的民间传说：杨氏与王氏是张养冲的两房儿媳妇。张养冲死后，两个儿媳妇轮流精心照顾孤独的婆婆。冬天为她暖被窝，夏天为她驱蚊打扇。婆婆病重，“妯娌两个吃了素，祷告了天地，许了冬月穿单，长斋念佛，每人俱在左股上割下一块肉来，合拢做了一碗羹汤，瞒了婆婆，只说是精肉，婆婆吃在肚内，觉得鲜美有味，开了胃口，渐渐吃得下饭；虽然不能起床，重新又活了一年零八个月，直到七十八岁身亡。这儿子媳妇倒不像婆婆是寿命考终，恰像是谁屈死了他的一般，哭得个发错致命"。类似这样的孝子故事，我国历史上早就有传，文言笔记小说和话本里都有记载。大体上来说，它是广泛流传于民间的故事。

伞状故事的又一来源是现实中存在的。这是《醒世姻缘传》后七十八回的主要组成部分。其中描写比较生动的人物，大都属于此类。倒如悍妇素姐的形象，巫婆张老道、侯老道的嘴脸，妓女孙兰姬的妖艳以及贤惠善良的老太太晁夫人，安于职守的教书先生程东宇等，在当时的社会条件下都是普遍存在的。由于有生活基础，所以这类人物描绘得有血有肉。

《醒世姻缘传》的作者是一群人，它是由文人独立创作的一个中篇与集体创作的一个长篇组装，由托名为西周生的人合制而成。

王学典　1956年3月生，山东滕州人。山东大学儒学高等研究院执行副院长，山东大学《文史哲》编辑部主任，教授，博士生导师，山东省文史研究馆馆员。主要从事历史哲学和史学理论研究、中国现代学术文化史研究，尤长于中国现当代史学思想及史学思潮研究。出版有《历史主义思潮的历史命运》、《顾颉刚和他的弟子》、《二十世纪后半期中国史学主潮》等多部著作，主编《述往知来——历史学的过去、现状与前瞻》。在《中国社会科学》、《历史研究》、《近代史研究》、《北京大学学报》、《文史哲》等刊物发表论文70余篇。近年来承担省、部级以上科研项目3项。

◎『红楼梦研究』大批判缘起揭秘

——两个『小人物』致函《文艺报》的事是否存在？

“红楼梦研究”大批判缘起揭秘

——两个“小人物”致函《文艺报》的事是否存在?

距今半个多世纪前的1954年,中国文坛上卷起过一场关于《红楼梦》研究问题的巨大风暴。

事情起因于山东大学《文史哲》杂志1954年9月号上的一篇文章——李希凡、蓝翎先生的《关于〈红楼梦简论〉及其他》。该文对俞平伯先生的《红楼梦简论》提出商榷。当月的《文艺报》(半月刊)第18号加“编者按”转载了此文;10月10日,《光明日报》“文学遗产”栏又刊登李、蓝两位针对俞平伯《红楼梦研究》一书的《评〈红楼梦研究〉》一文。10月23日《人民日报》突然发表钟洛的文章《应该重视对〈红楼梦〉研究中的错误观点的批判》,号召学界清算俞平伯的“错误观点”,接着该报又推出袁水拍《质问〈文艺报〉编者》一文,矛头直指《文艺报》。一场影响深远的政治风暴骤然而起。十三年后,也就是1967年,公众才得知:风暴源于毛泽东主席的一封信。

《关于红楼梦研究问题的信》

驳俞平伯的两篇文章附上,请一阅。这是三十多年以来向所谓《红楼梦》研究权威作家的错误观点的第一次认真的开火。作者是两个青年团员。他们起初写信给《文艺报》,请问可不可以批评俞平伯,被置之不理。他们不得已写信给他们的母校——山东大学的老师,获得了支持,并在该校刊物《文史哲》上登出了他们的文章驳《红楼梦简论》。问题又回到北京,有人要求将此文在《人民日报》上转载,以期引起争论,展开批评,又被某些人以种种理由(主要是"小人物的文章","党报不是自由辩论的场所")给以反对,不能实现;结果成立妥协,被允许在《文艺报》上转载此文。嗣后,《光明日报》的"文学遗产"栏又发表了这两个青年的驳俞平伯《红楼梦研究》一书的文章。看样子,这个反对在古典文学领域毒害青年三十余年的胡适派资产阶级唯心论的斗争,也许可以开展起来了。事情是两个"小人物"做起来的,而"大人物"往往不注意,并往往加以阻拦,他们同资产阶级作家在唯心论方面讲统一战线,甘心作资产阶级的俘虏,这同影片《清宫秘史》和《武训传》放映时候的情形几乎是相同的。被人称为爱国主义影片而实际上卖国主义影片的《清宫秘史》,在全国放映之后,至今没有被批判。《武训传》虽然批判了,却至今没有引出教训,又出现了容忍俞平伯唯心论和阻拦"小人物"的很有生气的批判文章的奇怪事情,这是值得我们注意的。

俞平伯这一类资产阶级知识分子,当然是应当对他们采取团结态度的,但应当批判他们的毒害青年的错误思想,不应当对他们投降。(《毛泽东选集》第五卷,第

134～135页)

毛泽东此信写于1954年10月16日。受信人有:刘少奇、周恩来、陈云、朱德、邓小平、胡绳、彭真、董必武、林伯渠、彭德怀、陆定一、胡乔木、陈伯达、郭沫若、沈雁冰、邓拓、袁水拍、林淡秋、周扬、林枫、凯丰、田家英、林默涵、张际春、丁玲、冯雪峰、习仲勋、何其芳。

两天后,10月18日,作协党组开会,传达了这封信。此信首次公开发表于1967年5月27日《人民日报》刊载的戚本禹的文章中。

毛泽东主席这封措辞严厉的信,构成了后来一系列重大连环事件的起点:这封信直接掀起了对俞平伯的批判,又由对俞平伯的批判过渡到更大规模的对胡适的批判;对胡适的批判尚未结束,紧接着迅速转移到对胡风的批判和对所谓"胡风反党集团"的整肃,随后,一场声势浩大的肃反运动又借机展开——用"一波未平,一波又起"来形容1954年底至1955年上半年的中国学术文化界再恰当不过,而且每一波都犹如暴风骤雨,来势迅猛。50多年过去了,历史已经反省了它所做的一切。现在该让我们进一步回到事情的起点上,重审其中所包含的关键事实。

今天看来,信中所涉史实,有些可能缺乏证据的支持。

按照毛泽东主席的说法,"事情是两个'小人物'做起来的"。山东大学中文系1953届毕业生李希凡、蓝翎于1954年"五四"前夕,写出"驳俞平伯"的《关于〈红楼梦简论〉及其他》一文,"他们起初写信给《文艺报》",——想在那里刊载。但"被置之不理",又"写信给他们母校……的老师"寻求支持,此文最后在《文史哲》1954 年第 9 期上推出。总之,在这个“三十多年以来向所谓《红楼梦》研究权威作家的错误观点的第一次认真的开火”事件中,或在“这个反对在古典文学领域毒害青年三十余年的胡适派资产阶级唯心论的斗争”中,处于主动、肇始地位的是两个“小人物”。两位当事人的自述,似乎也能强化人们对这一点的感受。他们说:大学毕业后(李希凡毕业后被分配至中国人民大学哲学研究班读研究生,蓝翎被分配至北京师范大学附属农工速成中学当教师),他们就“利用一切可能利用的时间,注视着文学战线上的动态……恰恰在这时,俞平伯的《红楼梦简论》在《新建设》3 月号上发表了。他那种对《红楼梦》的内容与形式的大肆歪曲,露骨的反现实主义的唯心论的观点,激起了我们的义愤……迫使我们不能容忍这种歪曲,觉得应该马上给以反击。”(《谁引导我们到战斗的路上》,《中国青年》1954 年第 22 期)

于是有了上述文章的写作。

然而,根据笔者现在接触到的材料,感到有两个问题需要提出来讨论:一是他们究竟给没给《文艺报》写过那封“被置之不理”的信?——这很关键!二是《关于〈红楼梦简论〉及其他》一文究竟是《文史哲》编辑部的约稿还是作者“不得已”时的投稿?——这同样关键!

两个“小人物”对“被置之不理”的信的回忆

让我们先来看一看李、蓝两位先生的自我陈述。

40 年后,蓝翎先生在《四十年间半部书》一文中追忆说:《文史哲》刊出他们的文章后,邓拓召见了他,询问有关情况。

邓问:“你们都在北京,为什么写了文章拿到青岛发表?是不是遇到什么阻力?”蓝答:“山东大学是母校,《文史哲》是学报,编委都是我们的老师。有一位负责日常编务工作的编辑,是历史系刚毕业不久的校友葛懋春,李希凡同他熟悉,把稿子寄给他了。在写这篇文章的时候,李希凡是《文艺报》的通讯员,曾写信问该刊负责通联工作的杨志一可不可以寄去,但没有得到回信。别的刊物没认识的人,寄去怕得不到及时处理。”(此文原载《黄河》杂志1994年第5期,此处引文据《龙卷风》,上海远东出版社1995年版,第10页)他在同书后边又写道:“等我把最后稿整理完交给李希凡,已是1954年4月末了。李希凡看后直接寄给《文史哲》。”(同上书,第31~32页)

李先生在1992年说:我们利用1954年“春假的时间写出了那篇《关于〈红楼梦简论〉及其他》……由于当时我是《文艺报》的通讯员,就先写了一封信询问了一下,大意是说我们写了这篇文章长了点,有九千多字,不知能不能用。但等了一段时间,《文艺报》没有回音。我就把文章寄给了我们母校山东大学的《文史哲》杂志执行编辑葛懋春同志,他是一名历史学家。这样,文章就在《文史哲》的1954年第9期上发表了”(《毛泽东与〈红楼梦〉》,《红楼梦学刊》1992年第4辑)。注意,给《文艺报》写信的时间,蓝翎说是在“写这篇文章的时候”(可以理解为这篇文章的起草之初或过程之中),李则说文章有九千多字,可见文章已成稿或定稿,而且又等了《文艺报》“一段时间”。在写信的时间上,李、蓝的说法不一致。在另外几个场合,李希凡先生也用不同的文字记述了这件事,大意都是说，文章写好后，在北京找不到发表的园地，只得寄给母校《文史哲》杂志寻求支持（分别见《文艺漫笔》第 337 页；《文艺漫笔续编》第 44 页；《黄河》杂志 1995 年第 1 期，第 126 页；以及《送懋春兄远行》，《中国文化报》1996 年 8 月 11 日等）。

从上述材料看，尽管两位先生的说法不尽一致，但李希凡先生就《关于〈红楼梦简论〉及其他》似乎给《文艺报》写过信。

奇怪的是当年的文献却不见"信"的踪影

下面罗列若干条 1954 年 10 月 16 日之后，亦即毛泽东主席关于《红楼梦》研究的信之后的材料，笔者认为，"信"理应出现在这些材料中，但在这些材料中却不见"信"的踪影。

第一，袁水拍发表于 1954 年 10 月 28 日《人民日报》上的《质问〈文艺报〉编者》一文就只字未提这封信。袁文本应以此信的"被置之不理"来指控《文艺报》的编者，特别是主编冯雪峰。《关于〈红楼梦简论〉及其他》一文从社会历史的角度对《红楼梦》的解读与诠释完全吻合毛泽东的思路从而得到激赏，但《文艺报》竟然两度对此文表现出冷漠与轻蔑：一是对"可不可以批判俞平伯"的探询"置之不理"，二是在不得不转载此文时在"编者按"中表现了巨大保留态度。冯雪峰的"编者按"说："这篇文章原来发表在山东大学出版的《文史哲》月刊今年第九期上面。它的作者是两个在开始研究中国古典文学的青年；他们试着从科学的观点对俞平伯先生在《红楼梦简论》一文中的论点提出了批评，我们觉得这是值得引起大家注意的……作者的意见显然还有不够周密和不够全面的地方,但他们这样地去认识《红楼梦》,在基本上是正确的。只有大家来继续深入地研究,才能使我们的了解更深刻和周密,认识也更全面。"

对这则"编者按",毛泽东加了多处批语。《建国以来毛泽东文稿》披露了这些批语(见第4册第569~570页),从中可以感受到毛泽东对"编者按"不只是生气的问题,简直可以说是愤怒!

奇怪的是,在此后写的信中,毛泽东主席却放过了"编者按"而对那封"被置之不理"的信看得很重;更奇怪的是,袁水拍的文章却在"编者按"上大做文章,而对那封毛泽东主席看得很重的信则"置之不理"。尤令人不解的是,《质问》一文是毛泽东主席亲自修改、补充、审定后发表的,连题目也为毛泽东所拟。对"可不可以批评俞平伯"的探询"置之不理",不给刊出的机会,从态度上说,不是比对"批评俞平伯"的文章持保留立场更"恶劣"吗?假如那封"探询"信真的存在的话,《质问》一文为何不就此"质问《文艺报》编者"呢?

第二,《质问》一文发表后,《文艺报》和冯雪峰顿陷千夫所指之境。据康濯回忆,当时同时召开过三个会议批判《红楼梦研究》和《文艺报》:一是文联、作协主席团联席扩大会议,从10月31日至12月8日召开过八次,二百多人的规模;二是中宣部召集的部务扩大会议,由陆定一主持,召开多次,主要批评《文艺报》与冯雪峰;三是由康濯主持的中国作家协会机关支部大会,这一会议主要批评陈企霞、丁玲和冯雪峰。康濯说:"这三个会议,特别是中宣部和作协支部两个会议的矛头都主要直指《文艺报》,火力之盛是我所未曾料到的。”(《〈文艺报〉与胡风冤案》,《新文学史料》1989 年第 4 期;另参见林默涵《胡风事件的前前后后》,《新文学史料》1989 年第 3 期)在这种巨大压力下,冯雪峰在 11 月 4 日的《人民日报》上,以“检讨我在《文艺报》所犯的错误”为题公开了他在有关会议上的“检查”。按理说,冯非就“信”检查不可:作为主编,他至少要负“领导责任”,何况他已知道毛明确点到了这封信。冯是完全知道毛对那封“被置之不理”的信是看得很重的;而且即使看得不重,毛既然提到了那封信,冯也不能回避,必须做出交代。但冯的检查却没有提及“信”。冯说:“我在处理李、蓝文章的问题上,第一个错误是我没有认识到这是马克思列宁主义反对资产阶级唯心论的严重的思想斗争,表现了我对于资产阶级唯心论的投降。第二个错误,更严重的,是我贬低了他们文章的战斗意义和影响,同时又贬低了马克思列宁主义的新生力量——也是文艺界的新生力量。”这些话都是他就“编者按”说的。

从毛的信看,他和《文艺报》在李、蓝文章上所犯的第一个错误应是对那封“探询”信所表现出的“置之不理”的“老爷态度”和“贵族态度”。他首先应该检讨《文艺报》编者为何对“可不可以批评俞平伯”这样一个如此重大的“探询”“置之不理”。众所周知,毛泽东主席也阅读了冯的检讨,并作了五处比较重的批注(《建国以来毛泽东文稿》第 4 册第 602~604 页),但毛也并未追究冯为何不对那封“探询”信做出说明或检查的问题。太奇怪了!

第三,按照蓝翎先生的说法,对那封“探询”信持“置之不理”态度的是《文艺报》负责通联工作的杨志一，与冯无直接联系。但以《文艺报》的名义做出的检讨为何也不触及此信呢？《文艺报》编辑部在1954年第21号上以“热烈地、诚恳地欢迎对《文艺报》进行严厉的批评”为题，作了在今天看来颇为深刻的检讨和自我批判，但没有一个字触及、哪怕是含蓄地点到最初对《关于〈红楼梦简论〉及其他》一文不加理睬的事情——这本是检讨此事的一个最方便的场合。1955年第3号《文艺报》以“编者的话”的名义提供了刊物的检查报告，同样未提及此事。“1954年12月8日中国文学艺术界联合会主席团、中国作家协会主席团扩大联席会议通过”的《关于〈文艺报〉的决议》指出：“《文艺报》编辑部在这次检查工作中，发现过去退回的稿件有不少是不该退回的。这些稿子被退回的理由，往往是因为它们批评了某一个‘权威’或大名人，而那些写稿者则是‘小人物’。”作为例证，这份《决议》有名有姓地说：“《文艺报》编辑部对于于白盾、李希凡、蓝翎等用马克思主义观点批评俞平伯的错误论点的文章”，就“拒绝刊登或不加理睬”（《文艺报》1954年23、24号合刊，1954年12月30日出版）。“拒绝刊登”或“退稿”指的是：1954年11月12日的《人民日报》刊出的于白盾《红楼梦是“怨而不怒”的吗？》一文，对俞平伯的《红楼梦研究》中“红楼梦的风格”一章中的“怨而不怒”、“温柔敦厚”说进行了“批判”。《人民日报》在这篇文章的“编者按”中摘录了作者来稿时的附信，说明这篇文章曾于两年前寄给《文艺报》却被退回的事实。《文艺报》在自己所写的报道中承认：这个事实“是对《文艺报》长期以来所存在的轻视群众意见的又一次的揭露和批评”(《国内文讯·关于〈红楼梦〉研究中的错误观点和〈文艺报〉所犯错误的批判和讨论》,《文艺报》1954 年第 22 号)。“拒绝刊登”的指控就这样得到证实。然而“不加理睬”或“置之不理”的指控却始终没有人站出来证明,《文艺报》集体和个人也始终未见有人承认过此事。

第四,前曾提及,李希凡、蓝翎先生曾在当年批评《文艺报》的高潮中发表过一篇《谁引导我们到战斗的道路上》的文章,介绍他们成长的历程和“驳俞平伯的两篇文章”的写作背景。在谈到《关于〈红楼梦简论〉及其他》的写作时,作者首先说:他们从山东大学毕业后,就决心要“战斗在文学的散兵线上”,并“利用一切可能利用的时间,注视着文学战线上的动态”,“恰恰在这时,俞平伯的《红楼梦简论》在《新建设》3月号发表了”。于是,他们决定“马上给以反击”,驳《红楼梦简论》一文开始酝酿:草拟提纲,写出第一遍稿,再改写出第二遍稿,进一步从技术上加工整理,“稿子完成了……在很长的时间内,批评这篇文章的缺点,就成为我们谈话的主要内容。但是为了及时地与俞平伯战斗,我们也就不可能进行长期的修改,于是只好把这粗糙的稿子发了出去”。至于如何写信给《文艺报》,如何被“置之不理”,又如何在走投无路的情况下写信给母校的老师恳求支持等等,此文面世过程中所遭遇的这些后来被极力渲染、强调的曲折、周折,在这篇文章中一个字也没有提及。在揭发、批判《文艺报》的高潮中,假如真有那封被“置之不理”的信,他们是否有可能不像于白盾那样站出来,为“围剿”《文艺报》增添致命的一炮?何况他们当时即使想瞒也瞒不住。

毛泽东主席关于《红楼梦》研究的信1967年5月27日在《人民日报》公开披露后,《关于〈红楼梦简论〉及其他》发表过程中所碰到的所谓"周折"才广为人知。在我们所能接触到的在此之前的材料中,看不到任何那封被"置之不理"的信的存在痕迹,包括李、蓝两位先生在文章中屡次提及那封"探询"信,都是在毛泽东主席的信披露之后;在此之前,他们也从未提及过。

驳俞平伯的文章原来是《文史哲》的约稿,笔者手头的关于此事的关键证据,可以说明《关于〈红楼梦简论〉及其他》一文是在《文史哲》杂志编委会的提议下写成的。这就是本文所要谈的第二个问题:此文在《文史哲》上的发表究竟是不得已寻求支持还是应约投稿?

李希凡先生在他的回忆文章中反复提到了"葛懋春"先生,并交代了与葛先生比较深的渊源关系。葛懋春(1926~1996),笔者的业师,安徽人,1946年考入青岛山东大学外文系,后转入历史系,1951年毕业留校任教;因受华岗赏识而兼任新创刊的《文史哲》杂志常务编委、执行编辑和秘书,具体处理杂志的日常编务。作为李先生的挚友,懋春先生的确对他提携有加:在1953年底,他就向李先生约稿,欢迎他寄文章给《文史哲》。对此,李先生深情回忆说:"正是在他这封信的启示与鼓励下,我开始修改在山大上学时就已写出的谈《水浒》问题的文章。特别是利用寒假期间改出了三篇……把第一篇《略谈〈水浒〉评价问题》寄给了他。很快他就在《文史哲》1954年第4期发表了。那时,我和他每月总有两三封信来往,我也总是从他那里得到关怀和鼓励。正因如此,我们在 1954 年春天写的批评俞平伯先生‘红学’观点的《关于〈红楼梦简论〉及其他》，在北京找不到发表园地时，我就寄给了他，希望《文史哲》能发表。文稿是 5 月寄出的，刊登在《文史哲》第 9 期上。我想，懋春大概和我一样，实在没有料到，发表此文会在文坛上激起那样巨大的波涛。”在李先生看来，懋春先生就是毛主席的信中提到的那位“支持”他们的“山东大学的老师”：“1954 年全国政协二届一次会议上，我得到了一张自己在毛主席身边的照片，我洗印了几张，除送给我那位‘伙伴’一张，第一个想到的，便是寄给懋春——这位把我们‘推荐’给毛主席的‘学长’。”李还强调指出，葛“同当代文学运动确曾有过这样一段渊源”（《送懋春兄远行》）。

与我们这里的主题相关的，是李先生在这篇文章中提到的这样一件事：“80 年代中，我接到了他一封厚厚的信柬，打开一看，其中有十余页复印件，都是我在 1953 年、1954 年写给他的信。他在短柬中说：‘最近翻检旧信，发现了这几封，特复印寄给你。或者你将来写回忆录时会有用。’”

这几封信，恰好与写作《关于〈红楼梦简论〉及其他》一文有关，笔者手头也有这些复印件。大概是 1988 年下半年的一天下午，葛师与我在他家聊天，不知怎地谈到了李、蓝当年的这篇文章，他起身从橱子里拿出了这几封信给我看，并取出李先生所说的那张放大的照片，说了些往事。临走时，他送给了我这些信的复印件，说是以后研究这一段学术思潮时也许用得着。在先生家我就浏览了这些信件，李、蓝的文章是先生约写的这个细节一直刻在心里。

要证实李、蓝的文章由《文史哲》约稿，最直接、最过硬的证据莫过于找到当年的约稿信,但这已办不到了。李希凡先生在《〈文史哲〉培养了我》(《文史哲》1981年第4期)一文中说:"《文史哲》编辑部并没有忘记帮助我这位已离校的校友作者……记得始终和我有联系的,是葛懋春同志。我到北京后,一直还和葛懋春同志通信,很可惜,他给我的信,都在'文化革命'中散失了。"好在李先生致葛先生的信中还保留有约稿的明确记载。在写于1954年4月13日的信中,李希凡先生说:"关于俞平伯对红楼梦的评价问题,我是准备试写一下的。不过,因为时间问题,过去想把它放在暑期再搞。既然编委会需要,我们就试一下,我想和另外一个同志合写一下,因为他的时间比较富裕,有功夫作综合材料的工作……俞平伯把红楼梦的传统性说成形式的模拟,无论如何我是不同意,文章现在写不好,将来也要集中力量搞一下。"

这是李希凡先生对葛懋春先生来函的回复,由上引这段话可以推断:

1. 葛先生在此前的信中,肯定说过编委会需要批评俞平伯《红楼梦》评价方面的稿子,希望李先生写一篇之类的话。对葛先生来说,这可能是出于友谊。因为李先生在一封信中说过:"文学是我的第三生命,除非死掉,我是不会放弃的……我虽然不敢不服从组织分配,但却想争取一个可能性的前途,用自己的力量去争取将来回到文学工作岗位上去。"可以想象,葛先生肯定会在权限所及的范围内,尽力提供发表机会,以成全他的这位朋友的文学梦想。

2.《文史哲》杂志编委会需要批评俞平伯的稿子。当时,批判胡适、确立马克思主义在学术界的地位是主流意识形态迫切的任务，由革命家、政治家华岗掌舵的《文史哲》自然对上层的这一意图心领神会。众所周知，使胡适暴得大名的学术主干一个是“古史辨”，另一个就是“红楼梦辨”。批倒“古史辨”和“红楼梦辨”，就等于是摘掉了胡适学术的心脏。善于引领学术潮流的《文史哲》自然就把批判的矛枪对准这里。1952 年第 2 期，《文史哲》发表了童书业的《“古史辨派”的阶级本质》及杨向奎的《“古史辨派”的学术思想批判》，首先对胡适的学生顾颉刚及“古史辨派”进行了猛烈挞伐。两个月后的第 3 期，又发表了陆侃如的《纪念五四，批判胡适》，严厉地批判胡适“甘心做帝国主义和蒋匪帮的走狗”。打倒“古史辨”之后，物色推倒胡适学术大厦的另一个支柱——“红楼梦辨”的人选，自然就被提到桌面上来。而俞平伯是胡适“红楼梦辨”的代表，批俞平伯，就等于把胡适推上了审判台。

从现有材料来看，当时作为执行编辑的葛懋春之所以向李希凡约稿，除了上面说的友谊的因素之外，他可能已得知李先生看过俞平伯的东西，并且又有所不满。前引李先生的文章说，在写作《关于〈红楼梦简论〉及其他》一文前后，“我和他每月总有两三封信来往”（《送懋春兄远行》）。

那么，在此前的某一封信中，李先生可能说过他阅读书报的情况。从“我是准备试写一下的”这句回应语看，葛先生在信中似乎说过：你不是也有写这方面稿子的打算么？众所周知，俞平伯于 1952 年将他的《红楼梦辨》易名修订为《红楼梦研究》由棠棣出版社重版后，《文艺报》1953 年第 9 号就将其作为新书向读者推荐介绍，评价基调甚高；尤其引人注目的，是俞平伯于 1954 年在《新建设》3 月号上推出的《红楼梦简论》一文,《人民日报》在1954年3月3日的广告栏中还登出了《新建设》的要目,俞氏此文即出现在这个要目上,这当然都会引起人们的关注与议论。

李希凡先生在回忆文章中两次谈到当年看后的反应。他说:"记得是1954年春假中的一天,我和蓝翎在中山公园的报栏里看到了《光明日报》上登的俞平伯先生的一篇文章,联想起前些时看到的俞先生在《新建设》1954年3月号上发表的文章《红楼梦简论》,我们就商量要对他的那些观点写一篇文章进行商榷和批驳。"(《毛泽东与〈红楼梦〉》,《红楼梦学刊》1992年第4辑)在另一个场合,他又说:我和我的同学杨建中(即蓝翎——笔者)"相聚在中山公园里,谈起了刚刚看过的《新建设》(1954年3月号)上发表的俞平伯先生的《红楼梦简论》,这使我们联想起他的专著《红楼梦研究》,觉得他的不少观点和意见,都是我们难以接受的。议论中,我们的想法越来越接近,越谈越感到不能已于言,应当写出文章来,就这样,我们写了《关于〈红楼梦简论〉及其他》。意犹未尽,随后在暑假期间,又写了《评〈红楼梦研究〉》一文"(《我与〈红楼梦〉》,《文艺漫笔续编》第44页)。蓝翎先生也说:"(1954年)3月中旬的一个星期天,李希凡从家中先到我那里……在闲谈时,我说到了俞平伯先生的那篇文章。他说,他也看过,不同意其中的论点。他说,合写一篇文章如何?我说,可以。他说,你有时间,先起草初稿;我学习紧张,等你写出来,我趁星期六和星期天的空闲修改补充。我说,好吧。"(《龙卷风》第29页)这些情况,在李希凡先生与葛懋春先生那些无所不谈的频繁通信中不可能不有所反映,从而使一心想成全“老友”的“学长”产生约稿的念头。

李先生致葛先生的信写于这一年的 4 月 13 日。这就与上引蓝翎的回忆产生了时间上的出入:李、蓝两位先生给《文史哲》的文章究竟是动笔于4 月 13 日之前还是之后?李先生的回忆说得不清楚,蓝翎先生倒明确说是“3 月中旬”。不过,蓝先生是四十年后的回忆,不知是否准确。因为在 4 月 13 日的信上,李先生把驳俞平伯文章的写作时间是否放在暑假还犹豫着。这封信共有三处谈到这篇文章的写作。第二处说:“对红楼梦问题,暑假中还想看一下,我不大同意俞平伯和周汝昌对后四十回续作者高鹗的这种主观主义的痛骂。”第三处仍说在暑期写:“今天又翻阅了一下俞平伯的《红楼梦研究》,有些问题还需要仔细考虑,所以我决定仍在暑期搞它。”他反复强调不能立即动笔,推到暑假中再写,这是不是说明葛先生在约稿信中索稿甚急,要李马上就写?不然的话,李先生为何一而再、再而三地往后推呢?不过,在这封信中,李先生也没把话说死:说是仍然打算可以立即动手。从信中的表述看,可以推定,李、蓝两位先生给《文史哲》的文章在 4 月 13 日之前只是有所考虑,实际上并未动笔。然而,二十天后,文章就已经写出并寄往《文史哲》杂志了。

1954 年 5 月 4 日,李希凡、蓝翎先生共同署名致信葛懋春先生,就所寄稿子的写作情况做了说明。从信的内容可以推知,文稿是与此信一起寄给葛的。信件不长,现照录如下:

懋春同志:前日致信想已收到,买书事不见回音,不知何故?

关于批评俞平伯先生的稿子,本来不准备写了,但是，心里一直放不下这个问题，终于下定决心，做完了这件工作。虽不能尽满人意，但就我们水平来说，已经是声嘶力尽了。

这篇稿子是由两个人执笔写成的，前后一共整理过三遍，原文引证也经详细校对过。内容的着重点，在第二节。在写作过程中，我们都曾翻了一遍《红楼梦》，仔细读了俞平伯先生的《红楼梦研究》，重温了恩格斯的现实主义理论，由于哲学水平太差，这又是初步尝试的工作，恐怕难免错误百出，还希望编委会能提出批评的意见。

如为了慎重起见，如果编委会准备采用时，最好能请陆（侃如）冯（沅君）二位老师审查或修改一下，这是我们的希望。

敬待回音

此致

敬礼

李希凡

蓝翎

5.4

笔者此处不避冗长引用李函，因为此信和4月13日的信是李、蓝两位先生应约投稿的铁证。

再一点是想说明，这篇文章的写作时间非常短促，前后只有二十天，写好后就“直接”寄给了《文史哲》杂志，中间基本上不存在往《文艺报》写信，然后又等回信，不得已再给母校的老师写信的时间。他们之所以如此急促，一是可能《文史哲》杂志索稿甚急；二是因为他们可能都想抓住这一难得的发表机会。

李希凡先生急于实现他回到文学岗位上的梦想，已如前述。实际上，蓝翎先生也是如此：他对自己被分配到北京师范大学附属工农速成中学当语文教师，一开始就不安心，如果这样教上三年五载，自己的脑袋怕不灵了，怎么再去搞文学？“不靠天，不靠地，不靠神仙和皇帝”，自己“加紧努力，就进不了文艺界”？“我既然有了调离的打算，就要作积极的准备，创造条件。”（《龙卷风》，第26、27、28页）其中加紧“读书写作”，发表东西，看来就是相当重要的一条出路了。

李希凡先生所说的“山大过去同学杨建中想写点东西”，可能就是这个意思。《文史哲》杂志在当年享有很高的声望，不知多少青年学子想在上面发表东西。李、蓝两位先生大概也抱有同样的愿望。所以，在有《文史哲》约稿在先，且时间紧迫的情况下，他们再给《文艺报》写信的事，在逻辑上可能性很小。

关于“被《文艺报》置之不理”的一种推测

那么，毛泽东主席在信中所说的“他们起初写信给《文艺报》，请问可不可以批评俞平伯，被置之不理”的情况是怎么来的呢？李、蓝两位先生都认为，毛主席的信是根据邓拓的汇报写的。

李先生在回忆文章中记道：“我记得当时《关于〈红楼梦简论〉及其他》一文发表后，大概是国庆节前后吧，《人民日报》总编辑邓拓找到蓝翎和我，了解我们写作的经过。”（《毛泽东与〈红楼梦〉》）前已述及，邓拓曾当面问过蓝翎先生文章的写作与发表的经过。蓝先生在回忆录中还记载，邓拓又曾向李希凡先生询问有关情况。对自己陪着李先生第二次见邓拓的情形，蓝先生是这样说的："我已见过了邓拓，这次谈话主要是邓拓和李希凡对谈，我在一边敬听。邓拓谈的内容比夜间谈的简略，基本一样。李希凡除表示同意转载文章外，更多的是谈他个人的情况。"（《龙卷风》第12～13页）笔者揣测，问题可能就出在这里。

谈什么呢？从与蓝翎先生的谈话情况看，无非是个人经历、工作问题、读书写作、发表东西等。在这些方面，李先生比蓝先生可能更有谈头，特别是在发表文章方面。假如这一点推测不错，那么，李希凡很可能谈到他在这方面所遭遇的"周折"，其中稿子在《文艺报》和《人民文学》碰到的麻烦比较大，而且他最后都恳求《文史哲》的"支持"。这和毛泽东主席信中所谈的情况是否相似？

在1953年底致葛懋春先生的一封信中，李先生谈到了这样一个文章发表过程中的周折："《谈金圣叹的批改〈水浒〉》一文，在文艺报蹲了半年之久，最后由于水浒问题的讨论，牵涉很广，还须等待时日，他们第三季度讨论水浒的计划破了产，我的两篇稿子也就随之破产了。但是，我想在《文史哲》碰碰运气，这篇文章经过冯殷两位先生和你提过意见，大致删改过一次。你看看可以吗？"这篇文章大概就是与张政烺先生商榷的《略谈〈水浒〉的评价问题》，刊发在《文史哲》1954年第4期上，也就是前引文章中所说的"利用寒假期间改出了三篇"《水浒》系列文章的第一篇（《送懋春兄远行》）。

这三篇中的另一篇看来在寻求发表的过程中更不顺利。在1954年4月13日的信中，李先生倾诉道：“在水浒方面，我曾写过一篇《豹子头林冲的形象创造》，本来是想通过个别人物的分析，先探讨一下水浒人物描写方面的现实主义手法……这篇东西送到人民文学，至今已八月有余，仍在‘积压’，也不发表，也不肯退回，去了四封信催，回答只有一个，‘在处理中’。最近，我想修改一下，寄给文史哲看看，是否可以用。”在1954年5月4日的信中，李希凡在“又及”中再一次谈到了这篇文章的遭遇：“我有一篇稿子《谈豹子头林冲的形象创造》，本来在文学遗产，是人民文学转给他们的，时间已经很久，稿子也经过他们删节，最近我写信给他们，如无诚心采用，就请转给《文史哲》。不知是否转来。如已转来，请编委会看看，如不准备用时，希望退给我。”

如果我们把李、蓝两位先生寄《关于〈红楼梦简论〉及其他》稿子时的信与上引谈其他稿子遭遇的信的语气作个比较的话，就会感到，驳俞平伯的稿子在《文史哲》上的发表似乎已不成问题，故信写得很少客气，几乎没有任何“恳求支持”的谦恭，也看不到一点儿曾经的周折。而谈其他稿子的语气，则除了备述周折外，完全是在恳求支持。

鉴于上述，笔者在此建立一个“大胆的假设”：李希凡先生在向邓拓汇报个人情况，特别是驳俞平伯的文章为何寄往《文史哲》的时候，很可能谈到了他与《文史哲》、特别是与葛懋春的渊源关系，谈到了葛以往对他的支持；为了衬托这些支持，也可能谈到了他的文章发表过程中的“周折”。而邓拓在向上汇报的时候，很可能叙述不清乃至张冠李戴，也可能邓拓的转述是清楚的，而听者弄混了。总之，1954 年 10 月 16 日的那封关于《红楼梦研究》的信看来存在着以下问题：

1. 两个“小人物”向《文艺报》写信的事无法坐实，很有可能压根就不存在。

2. 按照李、蓝两位先生的回忆，即使是写过信，也是问“可不可以将文章寄去?”或“文章长了点行不行?”之类的问题，而不会是“可不可以批评俞平伯”。而这两种问法差异至大——前者是技术问题，后者是政治问题。

3. 说“他们不得已写信给山东大学的老师”，事实并非如此。

4.《文史哲》杂志对两个“小人物”不是被动“支持”在后，而是主动约稿在前。

这些事实若能得到确认，两个“小人物”文章的象征意义恐怕也就相应减弱了。

而且，笔者还有进一步的推测：上述许多问题在 1954 年 10 月 16 日毛泽东主席的信发出之后不久，很可能即已调查清楚——这对当时的文艺界来说是极为简单的一件事。也就是说，李希凡、蓝翎并没有给《文艺报》写过那封“被置之不理”的信这一事实，当时已无疑问了，这就是前引袁水拍的文章、冯雪峰的检讨、《文艺报》编辑部的检讨、李、蓝两人当年的文章均对那封所谓的信“缄默不言”的原因。此一推测、包括其他推测是否成立，当然还有待于相关档案的披露。

不过，笔者坚信，此一推测被证实的可能性极大，否则，许多现象就会难以解释。

弹指一挥间，那场轰轰烈烈的“红楼梦研究”已经被时代的列车抛在了半个世纪前。需要指出的是,李希凡、蓝翎二位先生的文章,在当时只是不自觉地充当了一场影响深远的学术批判的工具而已。从当时的情势看,批判胡适已箭在弦上,即使《文史哲》不发表《关于〈红楼梦简论〉及其他》,胡适批判也一定会以另外一种方式展开,甚至,一定会有其他“小人物”来担任李、蓝二先生的角色。他们就这样被时代所选择,成为弄潮儿。

王玮 1945年5月生，天津市人，民进会员。山东师范大学教授，博士生导师，山东省文史研究馆馆员，享受国务院政府特殊津贴。兼任中国美国史研究会副理事长、中华美国学会常务理事、中国世界现代史研究会理事、山东省历史学会副理事长等职。主要从事世界史和美国外交史研究。出版有《美国外交政策史》、《美国对亚太政策的演变》、《美国外交思想史》、《资政通鉴·中国历代外交问题》等著作；在《历史研究》、《世界历史》、《史学理论研究》等期刊发表论文30余篇。曾获得省级社会科学优秀成果一等奖2项以及山东省突出贡献奖等，被教育部评为国家级教学名师。

◎世界历史进程的悖论：整合与碎裂

◎和谐与开放：新世纪的时代主题展望

◎民族主义到世界主义：全球视野下的美国史研究

世界历史进程的悖论:整合与碎裂

世界历史进程的多元性的内涵在于它本身所具有的内在的矛盾性,即历史的悖论。

宗教的善恶对立说,即为悖论观,直接影响到古代史学,希罗多德的天人相长观构成了其《历史》中的神本和人本的矛盾。中世纪神学和史学的纠葛反映在奥古斯丁的理论体系之中,他所描绘的上帝之城和地上之城,从基督教的角度阐述了善恶的悖论观。近代的启蒙时代使历史回归到人文理性,悖论观也就建立在更加深层的基础之上。康德运用他提出的“二律背反”理论,将人类社会的“对抗性”定义为“人的非社会的社会性”,这种互相背反的特性使人具有组成社会和瓦解社会的双重倾向,于是,社会人与自然人之间的张力和平衡构成了历史的矛盾。黑格尔体系中的世界历史是精神在时间中自身发展的过程。在他看来,人类历史不只是精神自我完成的历史,而且是精神自我否定的历史。历史发展的任何一个阶段都包含着它自身毁灭的种子,都要否定它自己。人类的历史其实也是人类异化的历史,是一个充满内在断裂的异质性过程。

历史由于有了悖论,才具备向前发展的动力,才使历史进程充满了丰富多彩的魅力和不可捉摸的动感。然而,历史的一元论阐释体系中却没有历史悖论的地位。

一元论史观代表了一种以时间先后为序的纵向思考为基础的史学思维范式。受其影响,不论是追寻过去的客观和实证史学,还是警示未来的分析和问题史学,都是紧紧沿着历史时间的纵向维度的轨道进行研究的。在这种研究体系中,历史学家主要是强调历史发展进程中的连续性,他们眼中的历史进程无非是一连串因果关系的依次产生和展现,在他们看来,史学家的任务就是追寻历史事件的来龙去脉和前因后果。这种对历史的阐释路径是单一的、线性的,对历史的选择是唯一的,对真理的界定是绝对的。其研究方法和思维逻辑也失之简单,甚至是先预设一个结果,然后再去寻找原因。

近年来,越来越多的史学家们都在呼吁,在历史研究中改变线性思维,同单一的历史因果论做彻底的切割,还历史以多元性质。世界史学出现了空前未有的学派杂陈、观点纷呈的繁盛景象,引发了对世界史学理论体系全面更新的热潮。受其影响,国内的世界史学也做出了呼应,涌现了多种世界历史的阐释体系和学说。比如生产力发展说、现代化模式说、文化形态史学、世界体系理论,以及全球史观等,竞相争艳。其他如后现代理论、后殖民主义理论、新政治史学、新社会史学、新叙事史学、比较史学、心理史学、计量史学、结构主义史学等,也在互比短长。传统的五种社会经济形态说也以全新的面貌,呈现出其强大的生命力。凡此种种,说明我国的世界史学正大踏步地走向国际,以积极的姿态参加到世界史学理论的世界性大讨论中来。

然而,旧有的思维定式和治学传统仍然或多或少地影响甚至左右着关于史学理论重建的讨论，对世界历史进程的真实图景的描绘仍然缺少历史悖论的因素。比如，在强调生产力发展水平的历史线索的同时，忽略了社会正义这条主线，而发展和正义恰恰是人类所追求的两大目标，是历史展现的两个维度。比如，以现代化社会转型为历史变迁的动力和主流，却无视与现代化浪潮并存的反现代化运动。再如，文化形态史观对不同文明的同化嬗递与冲突对抗这两种趋势的关系尚缺少足够的研究。下面，主要从全球史观的角度对历史的悖论问题做一些粗浅的探讨。

“整体史”或“全球史”从 20 世纪 60 年代以来风靡世界史学。持全球史观的史学家们颠覆了历史主义史学把历史看作是连续发展过程的观点体系，注重研究历史发展的空间维度的横向扩展，具体说，就是用一种辽阔的全球史眼光来考察世界。他们认为，历史就是“世界的一体化”过程，是人类文明向全球辐射扩散的过程。① 在持全球史观的史学家看来，没有什么命题比世界“由分散演变为整体”更能说明世界历史的发展进程的了。② 他们重视的是世界各地之间的相互联系和相互影响，而不再是各个历史事件以时间维度按一定的因果关系的排序组合，他们强调的是整体性，而非连贯性。当然，他们也不否认社会形态或人类文明由低级向高级的递进过程，但是重点在于从整合的角度去确定各种文明在世界

① 〔英〕杰弗里·巴勒克拉夫《当代史导论》（中译本），上海社会科学院出版社 1996 年版，第 3～4 页。

② 吴于廑为《世界史》（吴于廑、齐世荣主编，高等教育出版社 2001 年版）所写的总序。

结构中的位置和作用,在他们的眼中,历史更是横向的扩张。

全球“整体化”,或者“一体化”,的确较为准确地勾画了世界历史大潮的一般流向。对世界历史的这种描述避免了前两代史学用国别史范畴的概念去说明世界史的运行特点和规律的弊病,更加科学地发现和说明了整个世界的发展状况及发展规律。而且由于“全球史观”是以整个世界作为观察坐标基点的,所以有效地克服了“欧洲中心论”的宿疾。但是,全球史观对人类历史进程的描绘和诠释,仍然未脱离一元史观的陈旧框架和轨道,一元论的线性思维模式仍然限制着全球史观的发展,使之仅着眼于世界由分散走向整体的整合化过程,只能对世界的整体化发展做出说明,却看不到世界历史进程还有一个由整体到分散的碎裂化过程。

世界的碎裂同样是历史进程中发生的必然现象。譬如庞大帝国的解体释放出来的政治能量弹射出若干独立的主权国家;再如殖民主义的瓦解引发的第三世界运动导致了众多民族国家的兴起;现代化浪潮中涌现出了社会形态转型的不同模式和不同的发展道路;民族矛盾、文化隔阂、宗教对立、文明冲突形成了巨大的裂变张力;寻根意识的泛起导致人们的民族和文化认同心态的多元化。凡此种种,均体现了一种与全球整体化运动互相背离的潮流,而历史学家们无视或者忽视这一潮流,仅仅把关注焦点定位于世界的整合趋势,本质上代表了历史一元论的思维范式,这种思维框架中的世界史,呈现了一种函数上的直线性。由于不能摆脱直线描述世界史的“一元”论的窠臼,所以无法将历史悖论现象嵌入到全球史观的理论体系当中,也无从探讨导致“整体化”和

"碎裂化"的内在原因。因此,如何更加全面和科学地理解和阐述"全球史观",如何将悖论思维融入全球史观之中,并用这一观点来阐释世界历史的进程,仍然是摆在每一位世界史学工作者面前的重要而艰巨的任务。

如果把世界历史纳入全球整体的宏观视野,我们就会看到,人类历史是在两种力量或运动的冲突和协调的动态平衡中向前发展的。这两种力量或运动就是全球一体化以及世界秩序和运行规则的合理化。

自有史以来,随着生产空间的拓展、生产水平的提高以及生产手段的改进,人们之间的各种交往也在不断扩大,其中最为重要的是商品交换在不断扩张,人类各种文明也因辐射范围的加大而越来越频繁地发生冲突和交融。尤其是自15世纪末16世纪初新航路的开辟和地理大"发现"以来,东、西两半球开始互相连接,从而启动了全球一体化的漫长进程。以后,随着一次次科技革命和工业革命浪潮的到来,一体化进程的步伐也越来越迅速。19世纪末,帝国主义运动在世界范围内普遍展开,资本主义的世界统一市场基本形成,人类历史在由分散到聚合的进程中迈入了一个新的时期。到20世纪末,第三次科技革命引发了更新一轮的一体化高潮,其结果便是"冷战"的终结,以"开放"与"和谐"为主题的全球化时代的到来。世界历史发展表现出来的整合性来源于人类对物质和精神生活的基本需求和享用方式的趋同性,它的基本推动力是世界性的科技和工业革命。它代表了历史发展的内在本质,决定着历史发展的根本方向,因此是历史发展的不可阻挡的主导潮流。

另一方面,历史的发展又不是一种简单的、直线型的演变过程,历史的发展是复杂的、多元的、曲折的,甚至是可逆的,而这种复杂性是由历史运动内部的矛盾(或曰“悖论”)所规定的。历史的每一步发展又需要人类付出一定的代价,全球一体化进程又必然伴随着形形色色的不合理的秩序、不平等的关系和不公平的规则,诸如近代资本主义对弱小民族的殖民征服和殖民统治,资产阶级对工人的剥削和压迫,国际贸易中不公平的规则和不平等的关系,国际政治中以强凌弱、以大压小、以富掠贫的霸权行径,以及种族和文化上的种种歧视等,都是世界秩序不合理的具体表现。历史上层出不穷的被压迫民族争取自决权利的运动、被压迫阶级和广大人民群众争取自身解放的斗争、国际范围内发展中国家争取平等公正的国际经济秩序的呼声以及世界各国反对霸权主义和强权政治的努力,便是上述各种不合理所激发的反应。这些斗争破坏了现存的国际秩序,动摇和分裂了既定的国际结构,它们体现了人类内部的隔膜、对抗、冲突甚至战争,拉大了人们之间的距离,因而是一种与全球一体化相悖的裂变趋势。但是,这些斗争又表达了世界人民争取实现公平的世界秩序的愿望和信念,它们有助于纠正人们之间不道德、非正义、无理性的行为和关系,理顺世界运行的秩序,从而使全球一体化健康发展的基础得到不断优化,促进了全球一体化进程在更高层次上展开,同样体现出历史的进步性。

世界结构走向一体化以及国际秩序和规则的合理化构成了历史运动内部的“悖论”,它们分别导引了世界的整合与碎裂的不同趋势。它们之间互相制约平衡、交错互动,使整个世界历史的发展呈现出动态性、曲折性、周期性和阶段性。

历史是由不同发力方向和角度的多种动力组成的合力推动的。不同的动力产生了不同的，甚至是相反的结果。历史的悖论由此而生。譬如发展与正义、开发与保护、科技与人文、创新与守成等，都是悖论的组合。世界的整体化和与之相对的碎裂化运动，就是由完全不同的动力所导致的互为逆反的悖论，相反相成，二者都是历史的进步，都具有历史的合理性和逻辑性。正如高速行驶的汽车不仅需要驱动力量，还需要与之方向相反的制动力量，这样汽车才可以顺利地到达目的地，而不至于中途翻车。向前奔跑的历史同样需要制动。持全球史观的学者们由于历史观的惯性，在拓宽历史视野的同时，却没有意识到自己仍然受着一元论的困扰。只有《全球通史》的作者斯塔夫里阿诺斯注意到了历史悖论问题，意识到其全球主义的历史观偏于绝对。但是他也只是写了一本名为《全球分裂》的著作来弥补，而没有将世界碎裂的因素统一到他的史学观点体系之中。

21 世纪是全球化的时代，一方面由于高速发展的科学技术和愈发紧密的经贸关系日益连成一个整体，而另一方面，这个世界同时还不断掀起一波又一波的反全球化的浪潮。作为主流范式的全球化自然产生反全球化的力量，现代化的深入导致传统主义的兴起。世界正在经历着深刻的变化。变化的性质、形式、方向都说不清楚，促成变化的因素前所未有的复杂，并且越来越变动不居、不易把握。整体化与碎裂化的问题越来越引起人们的注意。历史的悖论规律在 21 世纪的今天乃至将来仍然发挥着它的巨大的作用。

和谐与开放:新世纪的时代主题展望

时代主题是世界现当代史研究中的一个重要问题。时代主题这个概念是在世界历史进入现代时期的转折关头被提起的,中间历经两次世界大战和“冷战”时期,到当今世界进入21世纪之时,时代主题的问题变得愈发重要。如何认识和确定时代特征和时代主题,已经成为政府决策的重要依据,也成为引导我们每个人的生活方式及思维行为模式的重要指南。本文试图通过对20世纪初以来的时代主题演变的历史,对进入21世纪的新的时代主题作一些展望性的研究,以期能引起人们对新世纪的时代主题问题的关注。

一

时代主题问题是世界经济政治的重大问题。时代主题的转换是国际形势发生巨大而深刻变化的结果。每个历史时代,都有自己的主要矛盾,都有需要解决的根本任务,这个主要矛盾和根本任务就是那个时代的主题。不同的时代具有不同的时代主题。

所谓时代,就是人类社会发展进程中的具有不同特点的不同时期和阶段。而所谓不同的特点,是指科技和生产力发展的不同水平，以及生产和社会关系构成的不同状况。然而，仅有这些还是不够的，构成时代内涵的还有一个重要的要素，就是一个时代在运行过程中表现出来的内在的悖论，即互为矛盾的发展进程和发展动力。

根据历史发展的一元认识论，历史进程是统一的和唯一的，推动历史的动力只有一种。现在，这种单一模式的一元史观已经被证明是无力解释多元复杂的人类文明史的了。实际上，历史进程不是一元而是多元，历史的选择不是一个而是多个，历史动力不是一种而是多种。每一个历史时代都蕴含着不同元素的悖论和矛盾。时代主题就是在这种悖论和矛盾的制衡和解决过程中展开的。

第一个提出时代主题理论的是列宁，他在 1915 年就提出了“帝国主义时代”的概念。① 1917 年，在俄国处于无产阶级革命的疾风暴雨的时刻，列宁又提出了“无产阶级社会主义革命的时代”这一命题。② 到 1924 年，斯大林将列宁的上述思想概括为“帝国主义和无产阶级革命时代”。③ 列宁和斯大林对时代主题的论断后来又被引申为“战争与革命”。的确，在 20 世纪上半叶，资本主义世界处于激烈的动荡之中。帝国主义国家之间为争夺世界霸权，发动了两次世界大战。战争促进了被压迫人民被压迫民族的觉醒，社会主义革命风起云涌，民族解放和民主革命运动如火如荼。战争与革命相互交织，构成了这个时代的主题。值得注意的是，战争

① 《列宁全集》第 26 卷，人民出版社 1988 年版，第 144 页。
② 《斯大林选集》上卷，人民出版社 1979 年版，第 185 页。
③ 《列宁全集》第 29 卷，人民出版社 1985 年版，第 474 页。

与革命正是一对历史的悖论，一方面，战争是人类的莫大灾难，它引导世界走向毁灭，而革命又使世界如同浴火的凤凰，通过涅槃而走向新生。另一方面，战争摧毁了人们的平静生活，但是它又为革命创造了机会，而革命也是一种破坏力量，但是它又制止了战争。所以，列宁对时代的概括是具有科学性的，而且已被俄国十月革命胜利的实践所证实，这一结论对于当时无产阶级社会主义革命的发展起了积极的推动作用。毋庸讳言，“战争与革命”的提法在当时也有不准确之处。首先，列宁关于时代的提法主要是在世界革命的高潮时期形成的，更重要的是，列宁是从资本主义经济发展不太充分的落后的俄国得出的结论，这一结论是不足以说明包括欧美发达国家在内的整个资本主义世界的实际情况的，因此列宁对时代的概括表明他对资本主义的生命力、自我调节能力和发展潜力明显地估计不足。实际上，欧美资本主义大国在20 世纪初已经开展了大规模的社会改革，以适应资本主义政治经济机制的变化。另外，列宁对帝国主义战争和战争与革命的关系看得过于绝对，对革命能在世界范围内取得胜利过分乐观。事实上，列宁在生前就已觉察到对形势的估计失误，并已开始修正。在德、匈革命相继失败和苏俄击退协约国的武装干涉后，列宁就已经认识到战争与革命的第一周期已经结束，苏俄与西方国家形成了实力的均势，在这种情况下，列宁认为两种制度有可能长期共存，苏俄可以同西方发展经贸关系和其他的经济合作。基于此，苏俄自 1921 年开始对外实行和平共处的外交方针，对内实行新经济政策。遗憾的是，列宁对时代认识的修正以及政策方针的调整在他逝世后没有被继续下去。

如果说,“战争与革命”的提法在20世纪初尚具有一定的科学性的话,那么,随着历史的发展,尤其是到了第二次世界大战后,这一提法越来越无法概括时代的特征。首先,帝国主义国家内部制约战争的各种因素在不断增长,使帝国主义国家之间的战争危险大大减少。虽然资本主义世界仍然存在着矛盾和斗争,但主要资本主义国家之间的矛盾已经由军事领域的冲突为主转向经济领域的竞争为主了,解决矛盾的方式也已不仅仅是战争了,而主要是通过和平手段来解决。而且,经济国际化的高度发展使发达资本主义国家间形成了相互依赖和渗透的局面,利益的融合也使得战争爆发的动因大为削弱。世界殖民体系的瓦解也使得资本主义国家没有必要再为争夺殖民利益而战。其次,资本主义还具有生命力,还有继续发展的广阔空间,这是战后蓬勃兴起的新的技术革命带来的结果,科技的进步和产业结构的变化,以及资本主义生产关系的不断调整,使得资本主义的生产力还能保持高速发展的势头;资本主义生产结构中大量存在的中小企业和中产阶层,保证了社会竞争的积极因素并没有在垄断的大环境中终结和消亡。这些都使得发生大规模革命的条件逐渐失去。事实上,20世纪50年代以来世界范围的革命并没有出现,在可预见的未来,也难以形成世界革命的形势。随着当代资本主义的迅速发展,西方各国工人阶级的经济和文化生活在不断改善,他们近期不可能有迫切进行革命的要求。综上所述,二战后,“战争与革命”的时代主题已不能说明时代的特征了,需要对时代主题做出新的构想和认识,完成这一使命的是启动我国改革事业的邓小平同志。

二

由于时代的变化，如果仍然坚持认为今天世界的主题是战争与革命，今天的时代是帝国主义崩溃和无产阶级革命的时代，是资本主义灭亡和社会主义走向全世界胜利的时代，显然是不符合实际的，显然会把我们的路线和战略引向错误的方向。第二次世界大战后，特别是20世纪70年代以来，原来能导致帝国主义战争，从而为无产阶级革命准备主客观条件的帝国主义的三大基本矛盾虽仍然存在，但其中一些重要的和主要方面发生了变化，如二战后世界资本主义从二战前的大动乱已进入相对稳定和发展的年代；发达资本主义国家由于内部的阶级矛盾相对缓和，已不具备进行无产阶级革命的主客观形势；殖民地体系瓦解了，大批民族独立国家相继获得政治独立，迫切要求发展民族经济；发达资本主义国家之间的合作得到加强，它们之间争夺世界或地区霸权以及世界市场、势力范围的矛盾依然存在，但已经能保持在可以控制的限度内，它们之间再也没有发生战争等，从而使“战争与革命”不再是世界的主题。与此同时，反对美苏霸权主义，维护世界和平，防止核战争灾难，以及促进世界经济繁荣，特别是发展中国家的经济发展，日益成为世界人民最为关心的、关系到人类社会生存和未来的两大根本性问题。马克思主义需要与时俱进，对于时代的认识和判断也要与时俱进。所以，对时代主题做出新的界定是十分重要的。

战后新的时代主题在当时已经被人们触摸到了，这反映在 1945 年通过的《联合国宪章》中，该宪章的主要精神就是维护世界和平以及促进不发达国家的现代化发展的问题。但是在实际上，这种精神并没有被当时的人们所认识，决策者们在决定政策时所依据的思维定式多少还带有旧时代的遗迹。

20 世纪 80 年代初期，邓小平同志坚持实事求是的原则，对当今世界的基本矛盾和发展趋势进行了科学的分析与研究，敏锐地观察到世界的主题已经发生了转换，他提出“和平和发展是当代世界的两大问题”，并且精辟地指出：“和平问题是东西问题，发展问题是南北问题。概括起来，就是东西南北四个字，南北问题是核心。”①邓小平在这里实际上已经明确地指出了当时世界的主题。在邓小平提出这一论断后，党的十三大便正式将和平与发展称作“两大主题”，并将“关于和平与发展是当代世界的主题的观点”，作为构成建设中国特色社会主义理论轮廓的一个重要组成部分。1992 年，十四大又重申：“和平与发展仍然是当今世界的两大主题。”1997 年，十五大再次强调“和平与发展是当今时代的主题”。江泽民同志在 2000 年 9 月举行的联合国千年首脑会议上进一步明确指出：“追求和平与发展……是我们这个时代的主题。”在 2001“七一”讲话中，江泽民同志再次强调“和平与发展是时代的主题”。由此可见，自 20 世纪 80 年代起，我们党就已经把新时期政策方针的制定建立在对新时代主题的认识的基础上了。

---

① 《邓小平文选》第 3 卷，人民出版社 2002 年版，第 104 ~ 105 页。

邓小平提出和平与发展是当代世界主题这一科学判断，主要依据的是二战结束后我们所处的时代和过去相比所发生的巨大变化，这些变化具体表现为：

第一，经过二次世界大战，原来的主要资本主义国家间争夺世界霸权的矛盾得到了缓解。这些国家中，德、日、意战败投降，英、法国力大为削弱，只有美国成为国际舞台上举足轻重的超级大国，使资本主义世界各国间呈现为一强众弱的局面。这种局面的形成，就使短期内再次出现因两个主要资本主义国家或国家集团争夺世界霸权而发生战争的可能性大大减少。

第二，战后形成了一个强大的社会主义阵营，它标志着由资本主义制度作为世界主体制度一统天下的时代即将成为历史。

第三，战后，资本主义并没有出现马上就要“垂死”、“灭亡”的征兆和迹象，相反却表现出对生产力的发展还有一定的容纳力，预示着它和社会主义制度的长期共存将是一个不可回避的现实。

第四，由于科技革命浪潮率先在西方兴起，借助于它的推动，主要资本主义国家生产力的发展从战后初期到90年代呈现出一种持续增长的发展趋势。而社会主义国家生产力的发展除中国呈现出由低速增长转向高速增长的发展趋势外，苏联东欧的社会主义国家大多在经历了最初的高速增长和第二阶段的停滞或低速增长后，始终没有等来下一个持续高速增长时期，甚至出现了生产持续下降的局面，人民群众生活水平及其提高速度同西方发达资本主义国家相比也存在不小的距离。

第五，国际共产主义运动由不断高涨转入相对低潮。一些社会主义国家因为体制僵化、权力过分集中、民主化程度不高、法制不够健全等原因，造成社会、政治和经济生活缺乏生机和活力，社会问题日益突出，既阻碍了生产力的发展，也降低了世界革命理论对人民群众的号召力和影响力。1990年前后发生的东欧剧变，国际共产主义运动更是滑向了战后以来的最低谷。

第六，引起世界战争的因素大大减少，世界和平力量的增长超过战争力量的增长，这是与二战后大国政治的世界格局分不开的。大国之间，尤其是美苏两个超级大国之间的抗衡，在一定程度上淹没和抑制了其他国家之间发生冲突和战争的可能性，可以说，没有超级大国的许可和支持，其他国家之间的战争很难发动得起来，即使发动了，也会由于大国的调停和干预而得以平息。比如1956年的苏伊士战争等。超级大国之间的直接战争更是很难发生，这是因为：(1)大国的利益往往是全球性的，他们之间的矛盾和冲突除非涉及全球的重大事务，否则是不会发展为战争的，他们之间在局部问题上的分歧，往往可以用外交手段得到解决。(2)大国之间的利益冲突往往发生在本土之外，即双方势力范围之间的结合地区，因此，这种利益得失对他们来说不会伤筋动骨，反而会成为他们进行交易的筹码，所以，双方在外交谈判时存在有相当的回旋的空间，比较容易达成妥协。(3)大国的决策程序较为复杂，决策机制较为成熟和精密，这就使大国在决定政策时比小国更为谨慎和理性，不致因为决策失误或对危机的过激反应而导致不必要的战争。(4)大国掌握着先进的技术,包括精密和通达便捷的通信技术,这就使大国决策人之间易于互相联系和沟通,在很大程度上避免了因国家政策或行为上的误解和误会而发生冲突和战争。"冷战"时期,超级大国之间的争夺和冲突不断,但是他们之间的直接战争一次都没有发生,有几次到了战争的边缘,如 1949 年和 1961 年的两次柏林危机,以及 1962 年的古巴导弹危机,但最终都停止在战争危机的边缘上,没有发展为战争。还有一个与"冷战"和大国的作用有着间接关系的重要方面,即核武器的作用。核武器的巨大威力和严重后果,使得这样一种战争工具反而成为抑制大规模战争的因素。

凡此种种,都说明了和平与发展的时代主题并不是凭空想象出来的,而是符合时代变化的客观实际的。

在这里要强调的一点是,二战后时代主题的两大关键词"和平""发展",它们之间的关系是对立统一的悖论,这也印证了邓小平对时代主题的概括是具有科学性的。一方面,和平与发展互为条件,两者之间有着密切的联系,相互依存,互为因果,发展需要和平,和平离不开发展,在和平中求发展,以发展促和平;而另一方面,二者之间又存在一种互相矛盾和制约的关系。和平不是天下太平,因为普遍和平并不意味着世界秩序的平等与合理,相反,发达国家和欠发达国家之间的不平等关系往往掩盖在这种世界和平的表面现象之下;而发展也不意味着安枕无忧的和平局面的形成,因为发展就是竞争,而竞争正是一切国际冲突的根源,还必须建立世界普遍和平的机制,制定合理有序的国际政治和经济秩序,以及公平公正的游戏规则。和平与发展有一个均衡兼顾的问题，需要通过国际和平协商和各国领导人高超的政治智慧来处理好国际社会的正常健康发展问题。

三

问题到这里似乎应当画一个句号了，但是，时代主题的讨论实际上远未结束，仍应继续加以思考。我们现在正站在又一个时代的转折关头，我们刚刚迈进一个新的世纪，作为历史学的研究者，在回顾历史的同时，还应当面向未来，展望21世纪的新的时代主题。

上文提到，第二次世界大战改变了世界结构，因此在战后，人类历史进入了和平与发展的新时代。值得注意的是，这一时代主题是在“冷战”的大框架中展开的。在20世纪的前半期，所谓的和平实际上是一种相对和平，这种和平不过是各种力量的均衡态势的表现，仍然是一种利益和实力的博弈，人们之间、国家之间、集团之间的利益冲突并没有消弭。而各国的发展也是在“冷战”或者冷和平的环境下进行的，发展的很大一部分份额是以增强国家实力，包括军事实力为目的的，实力的增强意味着全球势力范围的重新划分，人们仍然生活在被人为分割开来的大大小小的活动空间内，受诸多垄断、封闭、排他性的秩序的约束和统治，远未达到自由的境地。所以，和平与发展实际上是带有20世纪“冷战”时代的特色的。如今，随着苏联的解体、德国的统一和柏林墙的拆除，“冷战”已经宣告结束，一个“后冷战”时代已经到来，那么，和平与发展的时代主题是否也应同“冷战”一道退出历史舞台,的确应当引起人们的认真思考。

现在有一种观点,认为和平与发展仍然代表着时代潮流,进入21世纪后,时代主题没有发生本质性的改变,仍然是“和平与发展”两大主题。对当前时代主题的这种认识和定位,似乎成为一种主流看法。实际上,坚持和平与发展主题不变的观点,主要针对的是对人类追求的和平与发展的目标持怀疑态度的一些人,这些人面对“冷战”结束后短短十余年冲突不断、战乱频仍、恐怖主义猖獗、南北差异加大、某些国家和地区的发展面临困难和阻碍的局面,错误地认为和平与发展的世界格局已经动摇,历史又倒退到战争与革命的时代。针对这种“倒退派”的观点,提出现在仍然应当坚持和平与发展的目标,无疑是有道理的。但是,如果说历史就到此为止,不再向前发展,不再迎来一个新的追求目标,不会再出现一个新的时代主题,来说明21世纪的新特征,则是一种缺乏创新的停滞不前的保守观念。

如何规定新世纪的时代主题,我认为寻找这个问题的答案应当从对“冷战”本质和“冷战”消亡的必然性的分析入手。

正如“冷战”的起源体现了历史的必然性一样,“冷战”的消亡也同样是历史逻辑的必然结果。大国实力的衰退引起国际政治体系的嬗变,这固然是“冷战”格局崩溃的原因之一,但是,根本性的原因并不在于此。“冷战”终结的导因还应当从全球化的历史潮流中去寻找,探索“冷战”终结的根源,确定新时代的主题,展望人类发展的历史前景,这些都是世界“后现代史”研究的任务和内容。

新的科技革命所引发的变化具有划时代的意义,而且这种意义是以前的各种历史事件的意义都无法与之比拟的。我们所面临的新时代具有不同于以前几千年历史所处的时代的面貌和主题,我们所面临的新时代居于比以往任何时代都高的层次上。新旧时代在政治、经济、文化等方面有着很大的区别,但最具有本质意义的区别在于人们之间的关系和人们的思维模式所发生的变化。有史以来,人们就为着生存而斗争,在这场斗争中,生存是第一位的,为此,在向自然界索取生存资料之外,人们之间也在为了夺取生存空间和生存手段互相展开争夺。在这场斗争游戏中,大家所遵循的法则只能是优胜劣汰、适者生存。与之相适应,人们的思维主题是:人们之间的利益是不相容的,是根本对立的。人与自然界也是对立的,人类要发展,必须征服自然。我们姑且把这一时代称为"达尔文主义时代"。"冷战"时期就处于这个时代的末期,不可避免要带有旧时代的烙印。所谓的"冷战思维",具有两个核心,其一是认为人与人之间是你死我活的对抗关系,人们之间的利益从根本上讲是不可调和的;其二是认为由于利益的对立而必然导致生存空间的划定,如果行为主体是国家的话,就是划分"势力范围"。总之,"冷战思维"是以"对抗"和"势力范围"为核心内容的。人类生活在"冷战"的阴影之下只能按照"冷战思维"行事,直到世纪交替之时。

我们现在正站在新时代的门口,指导人类行为的思维和观念模式将发生一次革命。新思维的基础是认为人类具有共同的利益,人与人之间存在一种互相依存与互为和谐的关系,与此相适应,人和自然也应当保持和发展和谐的关系。

比如国家之间的经济关系，过去的旧思维将其定位为剥夺与反剥夺，压榨与反压榨，于是就有了殖民主义和反殖民主义。而现在已经有了新的共识：共存共亡，共荣共衰。具体来说：(1)欠发达国家与发达国家的差距的扩大会拖住后者经济进一步发展和繁荣的后腿；(2)差距的扩大会导致资源的低水平消耗和环境的污染。所以，摈弃"冷战思维"，首要一点是由对抗思维转向和谐思维、相互依存的思维。另一方面，在新时代，按照实力把世界划分为各种势力范围的世界秩序将被摈弃，出现在我们面前的将是一个壁垒拆除、沟壑填平、门户洞开的新世界，划分势力范围的观念也已经失去了它的时代性和历史性，取代它的将是在世界范围内实行"开放"的观念。因此，"和谐与开放"将是新思维的核心内容，也将是新时代的主题。世界一体化进程将在"和谐与开放"的新基础上高歌猛进。

新的时代主题代表着一种全新的东西。所谓"和谐"，已经完全不同于20世纪人们所追求的"和平"目标。如果说"冷战"下的"和平"的背后是一种利益博弈，因此只能是相对意义上的"冷和平"，那么，新世纪中的"和谐"是建立在两个层次的基础上的，从表层看，人们之间的利益具有更多的重合和共同点，从而互相依存于小小的星球之上；而从深层来看，"和谐"更是全人类共同追求的一种人道主义的道德理想和价值观念，人们比以往任何时候都更加把"人"看作是一个不可分割的整体。所谓"开放"，不再是一般意义上的国家和民族的发展了，而是全球化背景下的发展，是世界意义上的发展。所以，我们当前所面临的转折，是时代的转折，是人类开始进入“后达尔文主义”时代的转折。

同20世纪先后存在的两个时代主题一样，构成“和谐与开放”这一主题的两个关键词，也形成一种互为悖论的关系。整个人类历史的发展实际上就是建立在两种既对立又统一的趋势的制衡基础上的，这两种趋势，一是社会的进步与发展，一是社会的公正与平等。社会发展不会自然带来社会正义，相反，历史的每一点进步，往往都会以牺牲社会公正为代价。比如近代早期资本主义的发展离不开殖民主义制度，而殖民制度又是最为不公平的制度，是人类历史上最典型的丑恶。反过来，社会正义的实现往往造成一定程度的社会生产力的破坏，以及社会既定秩序的颠覆和混乱。同时，这二者又是互相依存，相辅相成的，社会进步为社会正义的实现奠定了物质条件，而社会正义的实现又理顺和优化了社会发展的基础，推进社会进步在更高层次上展开。和谐与开放也是如此。开放体现的是世界一体化进程，无疑是一种社会的发展和进步，开放加强了社会的竞争机制，结果会造成国际社会分配的更大的不平衡，处理不当，就会破坏社会和谐。实际上，“门户开放”是19世纪与20世纪之交美国提出来的对东亚政策的原则，当年美国提出的这一口号，由于它本身带有单向性和强制性，即将自己的意志强加给他国，只要求他国对美国开放，而将自己的市场对他国紧紧关闭起来，实际上是代表了国际政治和经济秩序的不合理的世界秩序和不平等的国际关系，这也是同我们所主张的彼此的、对等的、自愿的开放的根本区别之处。就“和谐”而言，它体现的是社会关系的公正，是每个社会成员社会地位和物质分配大致的平等,它本身并不必然等同于社会的开放发展。20 世纪 50 ~ 60 年代,我们在自力更生的口号下追求的显然是国际秩序的平等关系,是对西方国家霸权行径和强权政治的挑战,但是其结果使我们隔绝国际社会几十年,阻滞了我们现代化发展的进程。这是问题的一个方面。另一方面,开放同和谐从长远来看又是互相依存和促进的,开放的社会为和谐创造了更大的空间,和谐社会又推动了开放的秩序被更广泛的人群所理解和接受。和谐与开放,不是单一的个体,而是一对经常吵架闹矛盾的"双胞胎",却又相生相伴,谁也离不开谁。

以上是对新世纪的时代主题所做的历史性展望,期望能引起关注和讨论,以更好地认识我们刚刚进入的新时代,重新调整和制定我们的政策,引领世界历史发展的最新潮流,为世界文明的发展做出贡献。

世纪之交与人类的命运有着非常奇妙的不解之缘,它总是成为人类历史进程的重要里程碑。世界近代史始于 15 世纪与 16 世纪之交,世界现代史是从 19 世纪与 20 世纪之交开始起步,现在,我们又处于新的世纪之交,历史将引导人类进入一个更加一体化、更加合理化的新世纪。我们现在正处在和谐与开放的新时代,我们正在以和谐与开放为基础建构国际新秩序的宏伟大厦。

民族主义到世界主义：全球视野下的美国史研究

本文是《全球视野下的美国史研究》系列的第二篇论文。一部美国历史，可以从不同的角度和视野进行不同的解读。本文讨论的是美国由一个以“孤立主义”为建国原则的民族主义的地区性国家，转变为“门户开放”为主旨的世界主义国家的历史，并将这个历史进程放到全球视野中进行定位和评判。美国是通过一场民族解放战争赢得独立的。关于美国独立，迄今为止的研究仍然停留在美国历史的局域范畴。实际上，美国独立的世界意义在于，它极大地冲击了15世纪以来形成的以欧洲为主宰的世界性殖民主义体系和国际关系格局，推动和促成了国际关系格局和结构的历史性震荡和分裂，导引了世界性的政治大裂变。从美国独立到拉丁美洲独立，从孤立主义到门罗主义的产生，是一个完整的历史过程，在这一过程中，美国完成了从殖民地到独立的民族国家的嬗变。本文探讨了孤立主义和世界主义的历史逻辑关系，追溯了杰斐逊—约翰·昆西·亚当斯—西沃德时代世界主义外交思想和建立太平洋商业帝国的发展过程，最后对19～20世纪之交美国提出的以“门户开放”为核心内容的世界秩序新理念做出分析和评价，指出美国在世界大势发生时代性转变的历史关头，适时地提出了先进的世界秩序理念，主导了世界发展潮流的方向，从而完成了从民族主义向世界主义的转换，最后攀升到世界大国的地位。

一

21世纪是全球化的世纪，人们的世界观正在发生着根本性的变化。世界在人们的眼中越来越成为一个整体，“地球村”的概念已经得到人们的普遍认同。因此，树立反映世界“全球化”趋势的世界观，即“全球史观”，已经成为世界史学向前发展的必要条件。

美国历史是世界历史的组成部分。世界史观下的美国史，不应被看作是孤立的国别史，也不应当是作为世界这个大拼盘当中的一个简单的部分，而应当将美国史有机地融入世界史发展进程中去，在世界史的大坐标中定位，并反映世界历史发展总进程和运行规律。从这个意义上讲，美国史失去了其原有的独立地位，它的存在价值只在于它同世界发展史的有机联系。

我在前一篇文章①中已经指出过，如果把世界历史纳入全球整体的宏观视野，我们就会看到，人类历史是在两种力

① 参见我在2010年中国美国史研究会第13届年会（厦门）上提交的文章《延续与断裂：全球视野下的美国史研究》。

量或运动的冲突和协调的动态平衡中向前发展的。这两种力量或运动就是全球一体化以及世界秩序和运行规则的合理化。世界结构走向一体化以及国际秩序和规则的合理化共同组成了世界历史向前发展的两条线索,它们之间互相制约平衡、交错互动,使整个世界历史的发展呈现出动态性、曲折性、周期性和阶段性。一体化代表着世界历史的主流方向,表现为世界由分散走向整体的历史进程,而合理化则是历史的整体化发展的制约和优化,表现为世界的碎裂化趋向。对世界历史发展线索的这一总体表述,基本上做到了"从整体上对我们所在的球体进行考察"①,也就是站在整个人类文明发展的高度,探寻世界历史的发展大势,确定历史事件的历史地位,全方位地分析世界历史的结构格局及其运行规律。美国作为一个重要的世界大国,它的发展历程当然对整个世界的历史运动产生重大影响,反过来,世界格局也会对美国的发展有着推进和制约作用。将美国史放在全球视野下进行研究,会发现许多问题需要重新思考和认识。

一部美国历史,可以从不同的角度和视野进行不同的解读,可以将其视为一部以西进运动为主体的移民史,也可以是以自由民主为核心的政治理念在新大陆进行实验到制度性建构的历史,还可以是由殖民地到帝国的发展和扩张的历史,如此等等。现在我们讨论的则是

① 〔美〕斯塔夫里阿诺斯《全球通史:1500 年以前的世界》(中译本),上海社会科学院出版社 1988 年版,上卷,第 54 页。

美国由一个以“孤立主义”为建国原则的民族主义的地区性国家转变为“门户开放”为主旨的世界主义国家的历史。

二

美国是通过一场民族解放战争赢得独立的，美利坚合众国是建立在殖民主义的废墟上的。

关于美国独立，迄今为止的研究仍然停留在美国历史的局域范畴，而没有将其放在全球视野下进行反思。

我国学术界很早就开始了对世界近代史的这一重大事件的研究，并取得了相当的成就。20世纪五六十年代即有著作问世，如刘祚昌的《美国独立战争简史》(华东人民出版社1954年版)，黄绍湘的《美国简明史》(人民出版社1953年版)和《美国早期发展史》(人民出版社1957年版)，还发表了一批专题论文，如刘祚昌的《北美独立战争胜利的原因》(载《历史教学》1957年1月号)，苗苗的《北美独立宣言的进步意义》(载《中学历史教学》1957年第6期)，王荣堂的《对于北美独立宣言与法国人权宣言的理解与分析》(载《历史教学》1959年第7期)，乔明顺的《独立战争前英属北美十三个殖民地的土地关系》(载《河北大学学报》1962年第2期)等。20世纪70年代以来，随着我国的世界史和美国史研究的开展，学术界对美国第一次资产阶级革命问题的讨论也更加深入，除了专门的论著之外，还有60余种通史类教科书也涉及美国独立问题。值得注意的是，在谈到美国独立的性质和历史意义时，国内学者大都持有两点定位：第一，一次成功的民族解放战争；第二，一次（不彻底的）资产阶级革命。①

但是，仅仅从发展美国本土的资本主义的角度来确定美国独立的历史意义和价值是远远不够的。众所周知，西方资本帝国的殖民主义体系初建于15世纪和16世纪之交，它在当时对资本原始积累以及资本主义的早期发展起到了有力的推动作用，而且由于它将整个世界逐步吸纳到资本主义的体系中来，所以又代表了世界一体化的历史进程。15世纪以来，世界上已经形成了以欧洲为核心、以欧洲的殖民地为边缘的国际关系格局，1648年签订的《威斯特伐利亚和约》将这一格局以法律的形式加以固定，确立了以五大国均势为基础的国际体系。而包括英属北美13个殖民地在内的美洲大陆被殖民主义强行拉入这一体系中来，紧紧地同欧洲捆绑在一起，成为其政治和经济附庸。它体现了世界性的不平等和不合理的秩序。美国独立地位的确立和巩固，极大地冲击了15世纪以来形成的以欧洲为主宰的世界性殖民主义体系和国际关系格局，推动和促成了国际关系格局和结构的历史性

① 如周一良、吴于廑主编的《世界通史·近代卷》认为："北美独立战争……是一次争取民族独立的斗争，也是一次资产阶级革命。"（人民出版社1962年版，上册，第140页）乔明顺主编的《世界近代史》认为："（北美独立战争）不仅是争取民族解放和民族独立的战争，也是一次资产阶级革命。"（北京大学出版社1997年版，第68页）吴于廑、齐世荣主编的《世界史·近代史编》认为："北美独立战争……不但是一次争取独立的民族解放战争，而且也是一场伟大的革命……为美国的资本主义发展开辟了道路。"（高等教育出版社2001年版，上卷，第308页）国内几乎所有的论著和教科书都采用了上述结论。

震荡和分裂,导引了世界性的政治大裂变,这才是美国独立的世界意义。

美国革命对世界结构的震荡作用,思想基础是所谓的"孤立主义"。孤立主义最早植根于美国的殖民地时期,同母国的不平等关系是孤立主义得以滋生的土壤。英国的压迫使殖民地人意识到英国并不代表殖民地的利益,要发展殖民地,必须自己联合起来。1754 年 6 月,殖民地代表在阿尔巴尼举行会议,本杰明·富兰克林等人在会上提出建立殖民地联盟的计划,该计划虽然未获通过,但是它所表达的"联合自救"的思想,反映出一种强烈的孤立情绪,可视为孤立主义思想的先声。英法七年战争后,英国政府为了弥补战时财政亏空,开始改变以前的"温和放任政策",对殖民地实行高压统治,严重损害了殖民地的经济。东北部殖民地的对外贸易呈现凋敝现象,市场缩小,资金紧缺。中部农业向西发展的道路被堵塞。南部种植园由于通货不足,负债累累,导致经营困难。① 经济危机加上财政危机,引起殖民地人民的强烈不满。② 曾经热情欢呼对法作战的富兰克林此时也改变了立

---

① 贸易入超使殖民地成为母国的债务人,这些债务有一部分以投资的形式出现。18 世纪 70 年代,英国投在南部种植园的资本已达 400 多万英镑。殖民地曾多次要求制订破产法,但均被英王否决。1783 年英美缔约时,英国要求美国偿还的债务达 408.7 万英镑。A. M. Schlesinger, *The Colonial Merchants and the American Revolution*, 1763 ~ 1776. New York, 1968, p. 39, note.

② 本杰明·富兰克林在《穷理查的历书》中建议短缺硬币的殖民地人不去购买英国商品,首次提出反对英国通货政策的思想。杰斐逊在《独立宣言》中斥责英王"阻断我们与世界各地的贸易"。

场，宣称七年战争根本不代表殖民地的利益。约翰·狄更逊于1768年更明确地指出："这场战争只是一场为[英]帝国扩张的一己目的而战的英国的战争，因此与殖民地无关。"①托马斯·佩恩在他的著名小册子《常识》中写道："美利坚没有欧洲国家的关照也同样会繁荣，也许会更加繁荣……对英国的任何臣服和依赖都势必使这个大陆直接卷入欧洲战争和争端。当她由于对英国的依赖而成为其政治天平上的小小筹码时，是永远也做不到这一点的。……美利坚的真正利益是：避开欧洲的纷争。"②尽管这些政治家的目的是为动员人民，争取独立，但是在这一片独立的呼声中也孕育着孤立主义思想。就这样，孤立情绪就一步步发展为摆脱英国的独立要求。独立后，美国更是以孤立主义作为武器，同欧洲国家周旋，以达到远离欧洲的目的，这一姿态反映在建国后制定的一系列外交文件和外交活动中，如《1776年条约计划》、欧战期间华盛顿政府颁布的《中立宣言》、1794年美英签订的《杰伊条约》、华盛顿发表的《告别词》、对法国的准战争、杰斐逊政府的《禁运法》以及第二次对英战争等。

美国独立对世界产生的裂变作用，最终体现为"门罗主义"。19世纪20年代初，世界发生了重大变化。在欧洲，法

① Norman A. Graebner, *Ideas and Diplomacy: Readings in the Intellectual Tradition of American Foreign Policy*. New York, 1964, pp. 9 ~ 10.

② Carl Van Doren, ed., *Selection from the Writings of Thomas Paine*. New York, 1922, pp. 21 ~ 25.

国革命时代宣告结束,欧洲战争的硝烟也已散去,拿破仑帝国从历史上消失了,君主制度在欧洲全面复辟。1814 年 10 月,维也纳会议召开,恢复了欧洲的封建正统秩序。次年 9 月,俄、奥、普三国君主缔结了"神圣同盟"。"神圣同盟"是欧洲列强为镇压欧洲革命,维护欧洲君主制度而拼凑成的政治联盟,是撑托以君主制为核心的欧洲均势体系的支柱。正当欧洲重建正统秩序之时,西半球也经历着一场巨变,在经历了西班牙和葡萄牙 300 多年的殖民统治后,拉丁美洲社会发生了巨大的变化。由于资本主义因素的成长,民族意识的觉醒,资产阶级启蒙学说和美国独立革命的影响以及欧洲宗主国局势的动荡等原因,拉丁美洲独立运动于 19 世纪初蓬勃兴起,到 1821 年为止,西属美洲先后建立了阿根廷、智利、哥伦比亚、墨西哥和秘鲁五个独立国家。巴西也于 1822 年摆脱了葡萄牙的统治。拉丁美洲革命动摇了庞大的西班牙和葡萄牙殖民帝国,改变了国际均势的格局,为当时的国际关系注入了新的生机,西半球开始形成一个与君主制的欧洲截然不同的以共和制为主体的美洲政治体系。面对欧洲国家可能对美洲的民族独立革命进行干涉的危机,美国的门罗政府发布了对拉丁美洲的政策宣言。该宣言宣称"(神圣)同盟各国的政治制度……与美洲根本不同,这种不同产生于它们各不相同的政体"①,从而从政治制度上同君主制的欧洲划清了界限。宣言还向世界宣示了美欧两大陆"互不干涉原

---

① 以下所引门罗 1823 年 12 月 2 日咨文,均见 James D. Richardson, ed., *Compilation of the Message and Papers of the Presidents*. New York, 1897, Vol. 2, pp. 776 ~ 789.

则”,以及“今后欧洲任何国家不得把美洲大陆上已经独立自由的国家当作将来殖民的对象”为内容的“不准再殖民原则”。美国宣布的这一后世被称为“门罗主义”的政策宣言,其实质是进一步拉开美洲同欧洲之间的距离,使美洲摆脱欧洲的政治和外交的纠缠,成为相对独立的美洲共和政治体系。门罗主义的提出既表明美洲体系从欧洲体系中分立出来的国际格局现实,同时又推动和促成了国际关系格局和结构的历史性震荡和分裂,因此具有重大的世界历史意义。

总之,从美国独立到门罗主义的产生是一个完整的历史过程,在这一过程中,美国完成了从殖民地到独立的民族国家的嬗变。在此期间,国家主义,或者民族主义,成为美国的主流意识形态,美国人的民族感情和特性得到充分的表现和发扬,美国人比过去任何时候都更加美国化,他们开始作为一个民族来感觉、思考和行动了。殖民地时代各地分立的痕迹正在清除,在“国家主义”的口号下,民族意识和情绪空前高涨。对英战争期间诞生的《星条旗》成为国歌,“山姆大叔”已作为美国的表征树立起来,民族文学正在兴起。后来随着大陆扩张的完成,以及西部的迅速开发,一个经济不断发展、政治不断巩固的资本主义民族国家正在走向成熟。

三

始于民族主义,终于世界主义,这就是美国发展崛起的基本轨迹,而实现这一历史进程的重要契机就是扩张。扩张是美国史最为永恒的主题之一。欧洲首批移民一踏上新大陆，便面向莽莽西部广阔土地，一意扩张。早期美利坚人的扩张意识与外向型商业精神是与生而俱来的，它是美利坚民族不畏艰险、勇于开拓进取的特性的另一个侧面，在一定意义上说，也是一个新兴民族争取在新大陆立足、求生图存的一种积极的反映。但是，这种扩张毕竟充满了暴力和血腥，从而成为美国两个多世纪的历史中备受争议和质疑的一页。15 世纪的地理大发现的高潮中，欧洲大西洋沿岸国家以武力和商业为武器，跨过大西洋，寻找向东拓殖和贸易的道路。哥伦布远航使美洲成为向东方拓进的中继站。英国人从伊丽莎白时代开始，就步哥伦布的后尘，在北美建立了资本主义的巩固阵地，并由东向西推进。它所从事的横越北美大陆的拓进，实际上是西方文明对东方的“十字军东征”的中程，是哥伦布和伊丽莎白“探求通往印度之路”业绩的继续，其目标是企图通过“大陆主义”的完成，建立和发展世界性商业大帝国。因此，这种大陆性的扩张乃是西方资本主义的洲际商业扩张这一长链中的一个环节①，也给美国的扩张带来极为鲜明的方向性，即由东向西，直抵太平洋。

由孤立主义向开放主义、民族主义向世界主义的转换，对美国来说是一种历史逻辑。美国的历史，在一定意义上讲，就是一部从一个海洋穿过一个大陆走向另一个海洋的历

① Charles Vevier, “American Continentalism: An Idea of Expansion, 1845 ~ 1910”, in *American Historical Review*, Vol. 65 (1960). pp. 324 ~ 325.

史。在这一进程中,美国人完成了民族性格和形象的“异化”,即由“海洋人”到“大陆人”再到“海洋人”的变化。美国人来自大西洋,利益系于大西洋,独立后也曾为争取在大西洋上的航行权利而奋斗了40多年。但是流动的特性使他们并不留恋这片大洋,而是对陌生的太平洋情有独钟。美国早期的传统无疑是孤立主义,它产生于大西洋,主题是与欧洲强国划地为界,免受侵扰。为此,它同英国打了两次战争,后来又搞出了一个“门罗主义”和一个“美洲体系”。这一时期,美国的外交主要集中在大西洋,与它有切身利害关系的问题,如公海自由和中立权利问题,也都发生在大西洋。从19世纪20年代开始,美国一步步脱离了大西洋,向太平洋靠拢。这种“脱离”和“靠拢”并不是一刀切齐,而是一种互相交错的过程,并且“脱离”也并非绝对。比如1812年对英战争既源于大西洋上的争执,又同西部扩张问题有关,可视为一种外交目标的过渡。再如到20世纪,美国在发展太平洋利益时,在大西洋上仍有着重大利益。这里说的是一种趋向,大致以门罗主义(1823年)为界。门罗主义的一个重要背景就是美国“横贯大陆”发展到太平洋沿岸引起同俄国在北美洲西海岸的争夺,以及同英国在俄勒冈地区的争夺。1846年美墨战争虽然是为了满足奴隶主的领土需求,但是它的另一个主要目标是夺取加利福尼亚,打开通向太平洋的窗口。后来美国参加的几次战争,如美西战争、第二次世界大战、朝鲜战争、越南战争等,无不与太平洋有关,甚至可以说,主要是涉及美国在太平洋的利益。因此,仅从美国历史上参加的对外战争的角度,可以看出两点:第一,美国的利益逐渐由大西洋转移到太平洋;第二,如果说,美国在大西洋上表现为一种消极和防御的姿态,追求的是一种"离去",那么,在太平洋则表现为一种积极和进攻的态势,追求的是一种"趋入"。一离一趋,一去一入,原因当然是实力和利益。但是关于这个问题,美国人有自己的看法。1893 年布鲁克斯·亚当斯在其《文明与衰退的规律》这本著作中,认为世界文明的发展和演进处于一种波浪式的动态,一个伟大文明由繁荣走向衰落,而另一个文明代之而起,这个过程周而复始,连绵不断,大体上是沿着由东向西的轨迹,从东方大河文明,到地中海,到大西洋,他预言这一波涛的浪尖已经抵达美洲大陆,并将要奔向太平洋。他认为美国应当抓住机遇,迎接太平洋时代的到来。美国人把这视为一种"宿命",是上帝的召唤,是海洋民族不可逃避的"使命"。正是这一宿命论或使命观,驱动着他们在太平洋地区进行大规模的扩张,建立太平洋帝国。因此,作为一种形象,美国在太平洋上与在大西洋上判若天壤,在太平洋上变得是那么盛气凌人,那么唯我独尊,那么喜欢强加于人。作为一种政策,也有本质的区别。在大西洋由于"离去"而追求"关闭",在太平洋则由于"趋入"而追求"开放"。

太平洋之梦始于杰斐逊,他主持下的"路易斯安那购买",目的主要是接近美国向西扩张的窗口——太平洋。在路易斯安那购买行为完成后,杰斐逊立即于 1804 年 5 月派遣梅里韦瑟·刘易斯和威廉·克拉克率领的探险队勘查密苏里河。杰斐逊一直坚信"该河的主要河道由于它与太平洋水域有水路相连,可以为我们商业的目的提供横越大陆的最直接和最有效的水路通道"①。刘易斯等人虽然没有发现这一水道，但他们沿水、陆两路终于到达了太平洋海岸。6 年后，又有美国商人约翰·雅各布·阿斯特在哥伦比亚河口建立"美国皮毛公司"，在杰斐逊的支持下，阿斯特计划从圣路易到太平洋海岸设置一系列军事据点，该计划虽然未能实现，但从此美国在落基山以西的远西部的活动有很大程度的加强，并引发了后来美国对加利福尼亚和俄勒冈地区占有权的要求。这次购买表明，在杰斐逊的农业主义和大陆主义的背后，是商业主义和海洋主义，他大踏步地横跨大陆，是为了涉足太平洋。杰斐逊是美国历史上将视线射向太平洋的第一位总统，为此，有人把杰斐逊誉为美国史上"天定命运"思想的首要阐释者②，还有人把杰斐逊说成是"美国第一位伟大的扩张主义者"③。可以说，在扩张方面，尤其是在太平洋问题上，其他人是无法望其项背的。太平洋的扩张问题是杰斐逊扩张思想中最为精彩的部分。

紧随杰斐逊之后的是时任门罗总统的国务卿的约翰·昆西·亚当斯，他于 1819 年以同西班牙签约的方式完

① Norman A. Graebner, *Ideas and Diplomacy: Readings in the Intellectual Tradition of American Foreign Policy*. New York, 1964, pp. 81 ~ 82.

② R·W·范阿尔斯坦认为天定命运的阐释者有四人：杰斐逊、约·昆·亚当斯、威廉·西沃德、艾尔弗雷德·马汉。R. W. Van Alstyne, *American Diplomacy in Action*. Stanford University Press, 1947, pp. 520, 526, 528.

③ Charles Beard, *The Idea of National Interest: An Analytical Study in American Foreign Policy* Chicago, 1966, p. 52.

成了“横贯大陆”计划。取得了对太平洋海岸的要求权，为美利坚太平洋帝国的建立铺平了道路。

美国内战是美国由地区性民族国家走向世界性大国的历史转折点。早在内战的前夜，威廉·西沃德就提出应当用商业观念去理解扩张。他认为，军事征服和土地兼并不是扩张的最佳手段，美国的真正目标是“世界贸易，即[建立]世界性帝国”①，封闭式的殖民体系必将代之以门户开放式的商业帝国。为此，西沃德的兴趣逐渐从陆地转向海洋，他说：美国“必须支配海洋帝国，这才是唯一真正的帝国”②。西沃德的海洋帝国的重心是太平洋及东亚。他在回顾历史时总结道：北美大陆的发现和开拓不过是从属于400年来欧洲扩张大目标的一个插曲，而这个大目标就是“夺取整个文明的中心——亚洲”。他认为1848年革命预示了欧洲的衰落，美国注定要接过火炬继续前进，以其优越的制度将文明向西扩展，跨越美洲大陆和太平洋，直抵亚洲。③ 据此，他在1852年7月29日的参议院演说中预言，东西方两大文明即将在“太平洋的海岸和岛屿上重新相遇”，“在地球上还没有发生过如此庄严和重大的人类事件”，“欧洲的商业、欧洲的政治、欧洲的思想和活动虽然实际上还拥有较大实力，并且

① Ernest N. Paolino, *The Foundations of the American Empire: William H. Seward and United States Foreign Policy*. Cornell University Press, 1973, pp. 11, 26 ~ 27, 28.

② R. W. Van Alstyne, *American Diplomacy in Action*. Stanford University Press, 1947, p. 526 .

③ George E. Baker, ed., *The Works of William H. Seward* . New York, 1853 ~ 1884, Vol. 1, pp. 247 ~ 249; Vol. 4, p. 124.

欧洲的联系虽然实际上也较前密切，但是又有谁没有看到今后其重要性将逐年下降；而太平洋及其海岸、岛屿和周围的广大地区将要变成今后世界重大事件的主要舞台呢？又有谁没有看到这一运动必然使我们自己从欧洲残存的影响和偏见中完全解放出来，并代之以用美国的观念和影响去改造旭日最初升起之地的政体和风俗呢？”①他认为美国人的“使命”是统治亚洲市场，这样美国才能成为“最伟大的国家，比迄今为止的任何国家都更加伟大”②。正是出于这种战略性的考虑，西沃德在出任国务卿期间，力排众议，主持了阿拉斯加的“购买”行动，为美国在太平洋的扩张创建了一个立足点。内战期间，美国的决策人实现了外交战略思想的一个重大转变，即从防卫性的小海军战略思想向转变为远洋进攻性的大海军战略思想，这一转变标明美国外交和军事实力的提高，也是美国在世纪之末开展大规模的海洋扩张的一个必不可少的前提。对美国来说，放弃和背离自《1776 年条约计划》所坚持的海上自由和中立权利的主张，不是一种权宜之计，它表明美国在海洋扩张即将到来之际，对自己的外交战略思想开始作大幅度的调整，以适应新的扩张需要。

---

① 〔美〕泰勒·丹涅特《美国人在东亚》（中译本），商务印书馆 1959 年版，第 347 ~ 348 页。

② 1852 年 7 月 29 日和 1853 年 1 月 26 日参议院演说，见 Ernest N. Paolino, *The Foundations of the American Empire*: *William H. Seward and United States Foreign Policy*. Cornell University Press, 1973, p. 29.

美国跻身世界大国之林是在 19～20 世纪之交。值得注意的是,美国不是被动地卷入到世界大国的行列,而是由于在世界大势发生时代性转变的历史关头,适时地提出了先进的世界秩序理念,主导了世界发展潮流的方向,从而攀升到世界大国地位的。19 世纪后期,整个世界的政治和经济结构发生了重大变化,随着垄断资本主义的出现,资本主义世界市场逐渐形成,世界经济秩序朝着自由贸易的方向进行了调整,商品、资本和劳力、技术等方面的流动越来越具有世界性。而重商主义模式的以封闭、垄断和地域性切割为特征的世界秩序已经不再适应即将到来的新时代了。早在 70 年代,美国上下在扩张理念方面陷入困惑和混乱,原有的大陆主义传统面临着新生的面向世界的呼声的挑战,主张大规模进行海外大扩张的力量同以孤立主义为核心的反战运动之间发生了冲突。但总体说来,在同西班牙的战争结束之后,自 70 年代以来在美国上下纷扰了 30 年的扩张思潮的流向有了一个比较清晰的脉络,那就是:由传统的地域性的大陆扩张转向符合美国的商业利益的海外扩张,由领土兼并建立直接统治转向实现以对海外市场的经济操纵为主的新型商业帝国的统治模式。美西战争的发动者麦金莱总统这样总结这场战争的结果:“随着我们拥有菲律宾群岛而来的商业机会,是美国政治家所不能漠视的。为扩大美国贸易而使用一切合法手段,是公平合理的……既然只为我们自己要求门户开放,我们也准备以门户开放施诸别人。和这个新的开始自然而然、也必不免相联系的商业机会,与其说是有赖于大规模的领土占有,毋宁说是有赖于一个适当的商业基地和一些广泛而平等的利权”①。在这里，麦金莱第一次提出了“门户开放”一词，并将其运用到对菲律宾与对华政策之间的关系上。这样，美国外交的新思想终于浮出了水面，成为“门户开放”政策产生的思想基础。“门户开放”代表的是一种新型的世界秩序，它同旧的殖民主义理念在模式上有着根本的区别：(1)反对以武力征服的方式从空间上对殖民地实行独占，建立“无边界”的殖民体系；(2)不主张对殖民地实行直接统治，而提倡保留殖民地原有的行政实体，实行间接统治；(3)反对垄断式的保护主义，主张“门户开放”，实行“公平”的自由贸易竞争。因此，“门户开放”原则实质上否定了旧殖民主义赖以存在的基础，构筑了新殖民主义的框架体系。“门户开放”政策思想的核心是建立自由贸易为基础的开放式商业帝国，它的重点不是在所控制的范围内排斥他国的利益，不是搞封闭式垄断，而是凭借强大的经济实力，打着自由贸易和公平竞争的旗号，打破列强的保护主义壁垒，把全世界变成美国操纵的具有无边界外延和开放内涵的新型模式的殖民帝国。如果说，老式的殖民体系是一种封闭式的有形的体系(如英国的“日不落”帝国)，那么，“门户开放”所体现的则是一种开放的、无形的殖民体系。正因为是无形的，所以它才具有较强的竞争力和渗透力，成为无所不在、不可抵御的无边界的殖民帝国。尽管美国的开放政策具有单向片面和强加于人的性质，但是，美国毕竟在当时的历史背景下，扮演了世界历史新时代的开创者的角色。

① 〔美〕泰勒·丹涅特《美国人在东亚》(中译本)，商务印书馆 1959 年版，第 525 页。

总之,我们只有将美国历史纳入到全球视野之下重新认识,才能使我们对美国历史的脉络和许多具体问题做出不同寻常的判断,才能更加宏观和深刻地解读美国从民族主义到世界主义的演变进程,对美国的总体评价才能更加客观与科学。

孙敬会　字克齐，笔名子云，号龙前生，1940 年 1 月生，山东潍坊人。山东艺术学院教授，硕士研究生导师，山东省文史研究馆馆员，中央文史研究馆书画院研究员。曾任山东艺术学院中国绘画研究室主任。出版有《写意人物画技法》、《中国肖像画研究》、《孙敬会人物画选》、《孙敬会水浒人物全图》等专著和画集。画作《矿工兄弟》获“全国第六届美展优秀作品奖”，《周总理与齐白石》获“全国首届教师美展”专业组最高奖项“优等奖”。

◎写意人物画探讨

写意人物画探讨

写意人物画，在中国绘画中借助于奔放的激情，取以简约、灵活的意象表现手法，生动而形象地展现人们的社会生活、个性面貌以及他们的美好愿望和理想追求。

写意人物画是在古代人物画传统基础上，审美意趣不断深化和对造型认识的提高、发展过程中形成的多样表现形式。写意人物画是与工笔人物画相对而言的。从它诞生起，就以旺盛的生命力发展着，并展示着对人类社会生活的表现力度，取得了很高的成就。尤其在现代日新月异的信息社会，人们观念转变带动了审美意识的更迭，对直接反映社会面貌的写意人物画来说，在艺术创作和中国画教学中，都有着不可忽视的重要现实意义和研究价值。

本文所论写意人物画，包括半工半写的小写意人物画和写生画法。写意人物画在技巧上，主要以减笔和泼墨追求笔简意赅、水墨淋漓的审美意象为特点；在形式上还与诗文、书法、印章相映成趣，成为和谐统一的整体。写意画常以“重笔墨而慎用色”自称，强调运笔用墨、造型写神，以求畅意尽性地表达作者的个性与奔放驰骋的感情。

在写意人物画中，对于用笔用墨的认识是至关重要的。

“用笔”是中国历代画家十分重视的技巧。在中国画论最早的名篇“六法”中，把“骨法用笔”列为首要之法。对古今画坛深具影响的唐代张彦远则更明确地阐述为：“夫象物必在于形似，形似须全其骨气。骨气形似皆本于立意而归乎用笔。”就现在所见画迹和史料来看，唐以前的人物画，其用笔画线，多沿用顾恺之的“紧劲联绵，如春蚕吐丝”的“游丝描”。勾线时，须得高度凝神敛气才能达到“体格精微，笔无妄下”。至唐，经济、文化全面发展，文学、诗词、书法、舞乐各种艺术达到高峰，直接影响和促进了绘画艺术表现形式的开拓。画坛巨匠吴道子就是在这种条件下成长起来的一位集大成而又富有创造性的画师。他既把优秀的传统绘画继承下来，又广泛吸取了文学艺术和民间美术的营养，并受大唐表演艺术放纵飘逸风格的启迪，创造了富于生命力、运动感，更适宜于表达作者个性情绪的“兰叶描”，从而形成了人物画的新派风格，被张彦远称之为“疏体”（即写意人物画），而对顾恺之的衍续风格则称之为“密体”（即工笔人物画）。自此之后，中国人物画形成两大体系，竞相发展，出现了中国画坛上异彩纷呈的局面。

在“用墨”的问题上，六朝时代也已提出“信笔妙而墨精”，“高墨犹绿，下墨犹赭”的见解，确立了墨分五彩的水墨画认识基础。但从见著的史料来看，水墨画最早兴于唐代的张璪和王维。王维在《山水诀》中说：“夫画道之中，水墨为上，肇自然之性，成造化之功。”此后有项容、王洽把水墨进而发展为“泼墨”大写意，所谓“醺酣之后，即以墨泼，或笑或吟，脚蹙手抹，或挥或扫，或浓或淡，随其形状，为山为石，为云为水，应手随意，倏若造化。图出云霞，染成风雨，宛若神巧，俯观不见其墨污之迹”。由此可见，“泼墨”用水与“疏体”写意，同出一种基因，即艺术表现形式豪迈风格的发展和审美意趣的深化与弘扬意识。在写意人物画中，展示水墨泼洒风格的，应推五代时的石恪和孙知微。发展至南宋的梁楷，其减笔画风格，风驰电掣、纵横挥斫的笔势，使感情得以尽兴发挥，将吴派“疏体”风格大大推进了一步，形成了写意人物画艺术表现的高水平。在其后，随着“文人画”影响的诗、书、印融合过程的发展，写意人物画得以不断完善，但多是介于工写之间的小写意，而能以笔墨畅抒豪情的却不多。当然，其中有着主题内容受制于当时政治羁束的因素，还有很重要的原因，在于人物画造型认识和技术的难度。大写意泼墨能够把握住人的相貌特征、比例结构的形似，并能达到准确的传神效果，实为中国历代写意人物画之难能，只有那些无所顾忌、善于驰骋想象的画家才能偶尔为之。虽说笔墨尚属精妙，但从展示的画格、气质分量、审美的全面意义来看，还是远无法与当时的山水、花鸟和工笔人物画相比的。故现代的先辈大师每评论起近世中国绘画的人物画坛，总以“悲怆狼藉的局面”一言以蔽之。

温顾历史，不是厚古薄今，也决非妄自菲薄。浏览文化艺术发展的长河，正是在往复的俯视中，弄清支流与巨川。

写意人物画脱胎于汉前已兴起的人物画，经魏晋六朝绘画思想的孕育，形成于盛唐，发展于两宋。尔后，僵化思想的桎梏，脱离生活、忽视形象塑造的规律，虽有文学化时期诗、书、印多方面营养的良好发展条件，却难使已经形成的写意人物画高度再有大的突破。唯见清末海派三任，尤其任颐，受到狂放不羁的扬州画派和域外西画写生方法的影响，在其大量的艺术创作实践中，使写意人物画这种浪漫主义的艺术形式，得到丰富、完善和突破性的发展，并为现代写意人物画的开拓揭开了序幕。

作为写意人物画探讨，从本学科的历史发展、传统精神、艺术规律与表现风格的流派分析，明晰观念，周全认识，均为更好地展示一种有轨可循的规律，以便更具实践指导意义。本文集中归纳有三个方面的内容，贯穿于本学科研究与学习探索的始终。

一、全面认识本学科发展、衍变的基因条件，提高对传统知识的俯视力和多方面修养的自觉性。

二、重视造型艺术是以形象展现思维认识的基本观念。对表现人物为主体的写意人物画来说，严格把握形象的塑造能力是不可忽视的创作基础。

三、“笔墨”是写意人物画艺术形式的主要表现特征，至关重要。对“文人画”在“笔墨”认识规律和诗、书、画、印融会的多方面成就的研究，必须全面地、历史地、有分析地探索与吸取。但是，对其脱离社会生活现实，忽视形象造化的表现，单纯追求“笔墨”趣味，往往与写意人物画的创作宗旨本末倒置，影响着写意人物画艺术表现的开拓与形象塑造力度的展现。

修养、造型、笔墨三个方面是构成学习写意人物画的三要素，是相辅相成、不可分离的整体，任何一方面的忽视，都将造成认识上的偏见和艺术实践中思路的窄缩。

正因为人物画造型难度大，审美要求高，于是便成了美术学科锻炼造型能力的基本课。

中世纪以前，中国绘画全面发展时期，凡有影响的画家，多为全能的画师。如同世界绘画一样，始终以对“人的自身”意义的主体表现为画坛主流，他们从不忽视人物画创作和严格的造型研究。元代以降，尤其明清以来，受文人画及文人画家鼓吹的“士”画风的影响，“以避世而怨生不逢时”，每欲借笔墨以写其寄托为消遣，任发个性，或残山剩水，或以麻为芦，既不尊重技工法式，亦不崇尚富丽精巧，任意点抹，自辟蹊径，不尚真实，任意虚构，不讲物理，纯其意趣，全入文人余事范围，消遣自娱之具。许多画家视“墨戏”为格品最高的正宗，回避社会现实，不讲人的进取精神，背离造型艺术规律，造成了对传统绘画基本理论的背离。

现代思潮中某些极端自由化的发泄意识，无视客观反映的表现欲望，不仅存在于西方的形式流派，中国“文人画”中也不乏消极思想意识的影响。

对文人画在笔墨艺术上的表现规律及多方面的探索成果和大量的经验，是我们赖以开拓现代写意人物画艺术表现形式的基础，也是需要认真总结、借鉴、继承和发扬的宝贵财富。但是，不能因为某些针对当时社会情绪而提出的一些带有偏见的“画论”和故弄玄虚的神秘厥词，来否定像“应物象形”这样一些造型基本规律和对物写生为基础训练的科学方法；也不能因新中国成立初期采用的单一体面素描没有契合以线造型的中国绘画传统特点，而否定锻炼造型的基础训练方法。

诚然,由于一度僵化教条思想的影响,人物画创作曾有唯题材论的束缚,影响了对艺术形式规律的认识和艺术个性的发挥。但由此便否定艺术表现现实的主题性创作的意义,诸如,中国画的“超负荷”之类的认识,并由此对中国画教育所初步建立起来的加强造型的严格规范化训练体系持怀疑态度,这对人物画,尤其是写意人物画的艺术表现力的开拓,都是一种因噎废食的偏见。这些也都是弘扬中国绘画艺术的思想障碍。

当然,在普及中国文化的热潮中,中国书画的学习与普及业已形成了高潮,除正规的院校外,还有大量的美术院校、函大等各种教育途径培养人才。但中国画教育中也存在诸如对造型基本功的忽视,直接反映时代生活面貌的主题人物画创作观念淡漠,内容单薄,造型审美观念淡化等,都直接影响着中国画艺术创作的全面发展,影响着优秀传统文化的弘扬和审美思想水平的提高。

为此,笔者走访了全国十余所美术院校,拜会了蒋兆和、刘凌沧、叶浅予、潘洁兹、黄胄、亚明等前辈画家,聆听了各家见解,并就中国画教学、人物画和写意画艺术创作的发展提出看法,与大家切磋共勉。

张乃仁 1947年5月生，辽宁北镇人，民革成员，山东省文史研究馆馆员，政协济南市第十三届委员会文史资料委员会特邀顾问。曾任民革济南市委第一副主委兼秘书长，济南市第十一届政协常委兼副秘书长，山东省第九届政协委员，济南市作家协会外事委员。《共和国名将系列》特邀编剧，主创作品分别获全军电视电影金星奖二等奖、全国电视电影百合奖一等奖、五个一工程奖。

◎到凌云处总虚心

——记黄永川先生

◎书《竹林七贤图》

到凌云处总虚心

——记黄永川先生

画家写竹，诗人咏竹。谈起黄永川先生，我自然想到了宋代诗人徐庭筠“咏竹”的诗句“未出土时先有节，便凌云去也无心”，此句可以况喻永川先生“虚心宁自持”（唐·薛涛）的情操。黄永川先生是画家，是诗人，其“非得清风不言松”的高洁寄情，又让我想到王安石的诗句“曾与蒿藜同雨露，终随松柏到冰霜”，这恰是永川先生最好的写照。

我和黄永川先生相识，缘自两岸花艺交流，迄今已十年矣。十年间，我们两次谋面，第一次在济南，第二次在台北。十年间，两岸鳞鸿传书，“花信”频仍。十年间，我把永川先生两次赠我的百万余言专著及《黄永川书画集》晨昏课读，更多地感知了其学识、人品。黄永川先生，台湾嘉义人，耕读世家。自幼崭露绘画天分，得吴梅岭先生启蒙，后入台湾师大美术系师承黄君璧、林玉山等大师，1966 年毕业展即以《横贯公路》巨幅山水画折桂。时横贯公路通车不久，永川先生以深厚的美学根基，敏锐深刻的观察，师承而不因袭，注意捕捉横贯公路林木溪谷本土景观特色和现代文化蕴涵，塑造艺术新境，一扫现代山水画笔墨局促，古人山水符号堆积的云翳，以崭新的风格成为当今国画界鲜有的成功画例。永川先生国学底蕴深厚,自见画外功夫。工诗,精研《诗经》、乐府、六朝直逮唐宋明清诗,融古润今;书风博采晋唐,二王、褚柳,广临名帖笔意,自得神韵。永川先生善写题画诗,又常以风、花、雪、月四字嵌入楹联:“不待风,花魁已传头信到;偏宜月,雪墙横过一枝来”;“花飞瑞雪三千户,月照春风十万家”。楷隶行草,风骨俊逸,对句工整,情思佳妙,“这又是当今书画家少有的才情”(台湾黄光男馆长语)。吾信然。

黄永川先生的本职工作在博物馆,历任台北历史博物馆研究员、副馆长、馆长。曾负笈大英博物馆专研美术史论及博物馆学,并应大英博物馆协会安排访问英格兰、苏格兰等名博物馆十余座。摩挲鉴古,沉潜著书,对“善业泥造像”、“石湾古陶艺”、“北魏曹天渡九层石塔”、“宋辽阳出土石椁辨疑”等都有精深独到的研究。并且永川先生颇具实践经验,从事水下考古工作,兼任台湾“中华水下考古学会”副理事长。近年来尤热心推动两岸文化交流工作,永川先生不辞劳苦往返于台北、浙江两地,促成台北历史博物馆与大陆合作展出文物之事,于2005年6月10日至2006年3月10日成功举办了浙江“雷峰塔地宫密室展”,分别于台北、台中、高雄举行。《白蛇传》故事的传奇色彩,祖国出土文物的精美,在台湾引起极大的轰动、热烈的赞誉。

黄永川先生在插花艺术界溯本正源,承前启后,堪称是开启、再创中华古代插花艺术新境的国宝级领军人物。20世纪50年代日本花道在台北街头巷尾流行,源自中国的插花艺术却被时人误以为是“日本的玩意”。一颗赤子心,基于使命感,自1968年始,永川先生遂致力于中国插花艺术研究,著述演讲,寻根问祖,并于1987年创办台湾"财团法人中华花艺文教基金会",任董事长,推广中华花艺。"花艺基金会"万余名学员遍布台湾各地,对中国插花艺术的拓展具有空前的成果与贡献。永川先生率团赴美举办"中国古典插花展",并于芝加哥、华盛顿、夏威夷等地作六场巡回展及专题演讲,被美国媒体誉为"中国插花之父"。美国旧金山亚洲博物馆出版了他的《中国插花艺术》英文版。日本人也拜师学艺,请他去演讲。黄永川先生一直念念在兹:"插花原是中华优美民族生活的表征,也是最优美的中国古典艺术之一,渊源荒古,历代发展颇为健全。但降至清代中叶,由于国势的衰疲而几近湮灭。"为中国插花艺术的复兴,为华夏大地这畦奇葩重放芳华,永川先生在不懈地努力。

2004年6月,受民革中央委托,民革济南市委邀请由黄永川先生率领的台湾"中华花艺文教基金会"一行37位艺术家,在济南趵突泉名园共襄盛举,成功举办了"两岸中华传统插花艺术交流展"。这是我与黄永川先生第一次见面。初识永川先生眼前一亮:谦谦君子,学者风范,顿有久违之感。几天的相处,我们协商融洽,配合默契。这期间我也抽暇大致拜读了《黄永川书画集》并附他的学友、同道的评介代序。之前,我对名流代序、权势题跋向不待见,此次开卷,一股儒雅士者之风、浩然清峻之气使我神爽,明经擢秀,谈笑鸿儒,这让我了解了一位真实的黄永川先生,职居显位,独不显官员威权,无丝毫骄矜、僵执,耿介率真,淳朴潇洒,诚如朋友所称道:"第一虚心是此翁。"我们无所不谈,颇感亲近。我仰慕永川先生的诗人之性，士者之风；他称道我侠骨柔肠，心细如丝。披襟摅诚，一见如故。得暇闲聊也言及家庭、生活之琐事。我更多关注的是永川先生的两幅画，一幅是《为爱妻画像》，他妻子五十岁生日时，永川先生倾注一腔柔肠为爱妻画像并题诗："兰质蕙心世所稀，花裳犹是旧时衣。描眉画眼多添色，凭作来生能辨时。"这首诗写来质朴，惟其质朴更见真情，此情溢于形象，此爱蕴藉襟衷。尤亲聆永川先生至诚至爱缓缓道来，闻之难抑潸然弹泪。顺便说一句，此次花艺展我也有幸得识永川先生夫人林纪和女士，典雅庄重，文静贤淑，待人诚恳。第一次见面，我不客套，直呼"嫂子"，她也真像嫂子一样待我。第二幅是永川先生《五十自画像》，用台湾话作《归去来辞》附题："风丝丝，雨微微，月色光光照窗帷。光摇枝，花影移，声声唤我莫延迟，归去来辞，归去来辞。透早渥菜，入暝行棋。观星探水，翻册临池。且多加餐，坐看云起时。"另书《五十自寿诗》喜又题记："忽焉半百至，允宜政服官。且珍艾发驻，努力再加餐。"永川先生五十艾服，允执其中，不起世虑，忘情于丹青留影、翰墨琴魂。书房取名"采芹斋"，得古代鲁国士大夫于泮宫采芹读书、弦歌不辍之旨趣，"世间浮云何足问，不如高卧且加餐"（唐·王维），读之令我神往。行文至此，谈到永川先生的题画诗，我读了近百首，既有传统文学的典雅之美，更具现代生活的灵动气韵。中国的题画诗，乃是世界美术史上一种独立存在的美学现象。中国画和题画诗是美术和文学的两个范畴，画为视觉造型，诗为语言艺术，通过书法联缀，精美的文字形象使文学、美术浑然一体，"画传物外形，诗传画中意"，附丽溢彩。永川先生作画题诗，每逢佳节，常作为贺卡封面馈赠亲友，笔墨至性，寄情隽永。1993年正逢狗年，永川先生画了“竹犬图”作为贺卡封面，并题诗寄赠大陆文物大师王世襄先生：“白毛吹朔雪，天朗卧晴沙。逢喜摇貂尾，遇邪动爪牙。雄威惊猛虎，迅捷慄寒鸦。义胆衷心志，愿投有福家。”深得王世襄先生激赏，当即和诗一首：“岁转开新境，神獒踏浅沙。头昂姿绰约，尾拂树槎牙。皎甚毛逾雪，黟然鼻似鸦。进成难独擅，妙笔属黄家。”（冯进成为画犬名家）名师唱答，高情逸思，堪称艺坛佳话。2006年，我得永川先生一帧贺卡：“清风飘梅新雨后，和风摇竹旧寒时。年头岁尾，谨奉小卡，恭颂万事如意，恭贺新禧。”题画诗曰：“春雨密还疏，气清入我庐。远林鹭翅重，阡陌人踪无。遍野新苗绿，田园多野蔬。爹称时节好，天霁正荷锄。故乡春雨时在念中。丙戌梢头并句。黄永川、林纪和鞠躬。”得之珍为拱璧。

“两岸中华传统插花艺术交流展”盛事圆满，得到园林局、趵突泉公园鼎力相助、积极参与，给济南社会各界及民众留下美好的印象，对黄永川先生携台湾“中华花艺文教基金会”推进两岸文化交流广为称道。分别在即，民革济南市委设宴践行，有关领导、民革同仁和台湾37位艺术家欢聚一堂，成功喜悦溢满席间，邀歌唱和，缱绻难舍，我与永川先生相拥而别。是夜归来，情不自已，填词《贺新郎·赠永川兄》一阕以记之：“嘉义出灵秀。永川兄，耕读世家，朴实敦厚。怡采芹斋铺锦绣，雪月风花盈牖。影厮伴，相依白首。一部中华插花史，著述勤，心血卅年后。情切切，怨杨柳。东瀛岂是乡关旧？望浮云，唤回迷魂，我执君手。月夜花朝良辰景，联社结团群友，春风渡，海峡奔走。姹紫嫣红传花信，晋唐风，千古传承了。功不没，兄知否？”词草就，俟再推敲，暂置案头。未料7月12日先得永川先生赐函：“张副主委乃仁吾兄台鉴：济南一别，离情依依，对吾兄的恳切招待，铭感五内。尤其两岸中华传统插花艺术观摩展在吾兄的周详擘画下，顺利圆满完成，令人感激并钦佩无即。济南展场于风光明媚的名园举行，增添草木精华与人文化成之美意，人流的接踵，赞叹声四起，实为两岸交流之盛事……大陆回台后，又旋即前往浙江交涉历史博物馆与大陆合作展出文物之事，故至今日才得函谢，吾兄当不以为意吧！台湾风光亦具特色，但愿吾兄尽早惠告来台时间，以便稍尽地主之谊……”接永川先生来函，我正和机关同事忙于筹备民革北方八城市风光摄影艺术展，将赴沈阳，不再迟疑，遂先将《贺新郎》一词电传给永川先生，及沈阳返济，立即给永川先生回信。很快8月30日得永川先生函：“别来数月，正怀雅度，倾奉锦笺，敬悉一切。承受赞誉实不敢当。又获兄所赠之《贺新郎》词，知兄艺苑才鸿，方得禅理哲思无俗调，班马才高是为饱学之士，弟甚感佩。……雷峰塔地宫密室展……一切筹备正按计划进行中，由于出土文物精美，又因为《白蛇传》故事传唱不绝，展出盛况应当可期。届时切盼兄能来台一游，让弟得以接待之谊……”天遂人愿，2006年10月我随民革山东省委组织的“山东学者交流团”赴台进行为期十天的文化学术交流活动。我欣然致电永川先生，抵台北当晚，永川先生即赴我们下榻的“兄弟饭店”探望，给我带来珍藏二十年的台湾佳茗，及金门县县长李炷烽先生手绘瓷瓶的金门高粱美酒。翌日晚，永川先生和夫人及“花艺基金会”的同仁为我们接风，契阔谈谦，群情欢洽。尤使我铭感难忘的是永川先生带来事先画好的《青松图》见赠，并附题南朝·范云诗相勉：“修条拂层汉，密叶障天浔。凌风知劲节，负雪见贞心。”得此珍品，实未敢奢望而喜出望外！又得永川先生的几种专著，这是我来台湾最大的收获。也不免有些遗憾，在台北与永川先生相聚只此一晚，行色匆匆未及畅叙，怅然若失！前些天与永川先生通电话言及此，亦甚有同感，问我何时能来台湾，约我一定到他家做客。我欣然应答：采芹斋书房时时在我念中。

二十四番花信风，番番讯报东风近。两岸畅通，我们重逢之日企踵可待。

书《竹林七贤图》

友人作巨幅《竹林七贤图》，嘱题。

我问青天朗朗月，飞镜可鉴魏晋时？
司马潜越曹魏崩，日惨惨兮云冥冥；
礼教虚妄仕途危，犹如蜾蠃之于螟蛉；
阊阖九重贤路壅，君子道其常兮小人计其功。
当此七贤啸竹林，蓬莱道风建安魂；
奇苦至郁何排遣，乃趋老庄振玄风；
捽屐宽衣扪虱谈，嗜酒佯狂浪得名！
阮籍好酒三百斛，求个官儿阮步兵；
绝巧能为青白眼，鄙弃礼俗嘘其佞；
咏怀愤激幽其旨，却缘酒颠避祸凶。
嵇康才高情趣远，龙章凤姿善弹琴；
谈理属文尤峻切，刚烈绝书罹祸身；
顾影一曲《广陵散》，寸阴孰绝千古音。
雅操迈时评山涛，苟媚取宠讥王戎；
神解音律弹阮咸，醉颂酒德颠刘伶；
思旧悲赋伤子期，使人读之感涕零！

史上论者何纷纷，画册纷纷何其然？
言玄堪叹世讳言，遁世只为世不容。
月是曾经月，鉴古亦知今。
翳云一洗蓝天碧，日月同辉见阳春。
我把美酒托明月，神邀七贤共酣饮。
当此盛世贤路涌，用光助其薪，重才爱其真，
黄钟大吕合和鸣，政清人杰共鼎新！

推陳出新

张百行 1944 年 8 月生，山东济南人。山东省文史研究馆馆员。现为山东省书法家协会顾问。曾任山东省书法家协会副主席。曾获得全国首届职工书展和全国首届电视书法大赛的一等奖，获得国家级各种书法奖励多次。

◎诗词

◎楹联

◎艺精技良字始工

——由米芾集古字说开去

诗　词

趵突泉

浑疑一梦到蓬瀛，平地三轮雪浪汹。
此水只应仙界有，人间第一御亲封。

黑虎泉

未至先闻虎吼空，喷波吐浪碧涛洪。
分庭趵突河东踞，啸傲湖山气独雄。

五龙潭

一潭丽水色青青，为伏五龙彰令名。
得月亭西春柳绿，游人迤逦谒秦琼。

珍珠泉

云影波光一镜平，珍珠串串吐晶莹。
泉溪北过花洲去，汇入澄湖耀大明。

题大明湖

山色一城湖半城，泉环柳护碧云清。
齐州胜境绝佳处，十顷清波号大明。

其　二

绿绕澄湖夏最葱，柳丝嫋嫋暖风融。

紫荷香里扁舟过，波映南山一望中。

咏　兰

常日青青少见花，深山幽处自为家。
居身无奈馨香重，求者纷纷遍海涯。

咏　竹

不将艳冶媚群心，秀骨清姿逸韵深。
一自结交文与可，丹青争写到如今。

咏　菊

独待秋来始著枝，花开何事故迟迟？
高情逸韵君知否，不乐春争艳逐时。

春游一首

南苑访桃李，春风乱扯衣。
笑吾来独早，新蕊尚犹稀。

春　行

春行处处醉游肠，嫩草娇花带野香。
最是桃源芳谷好，丹霞万树灿新阳。

仲　夏

酷暑能消几日凉？芳园雨过碧苍苍。
爽风频送绮帘舞，又得清宵一梦长。

初　秋

炎炎暑热减威光，白昼轻栽暮转长。
蛩唱声声时入耳，爽人天气夜初凉。

冬尽忽雪

洒洒飘飘瑞絮纷，玉龙抖落满天鳞。

经冬不见飞花舞,一夜轻狂最可人。

暮 秋

重阳渐去老秋光,枫叶红衰梧叶黄。
喜有菊卿还伴我,南窗戏墨乐清凉。

冬 雪

悄然夜落静无闻,晓起惊欣遍地银。
我乞天公勤播撒,早除旱魅助耕人。

咏 梅

傲立西风俏自菲,漫舒雪蕊意何为?
柔萼莫笑娇无力,能唤千红万紫随。

秋游明湖

波光柳浪动吟怀,万盏黄花着意开。
最是今朝云气爽,佛山倒影入湖来。

忆 旧

幼生历下小王府,长饮城南古鉴泉。
偶步河边寻旧梦,儿时往事都如烟。

望 春

东君一别又经年,始见梅花瘦可怜。
愿得殷勤风共雨,携红挽绿送春还。

醒 春

虫语初惊萧寺树,兰萼新绽历山坳。
谁摇团扇催春醒?一夜轻丝绿柳梢。

咏泰山

峨峨巍峙傲天东,五岳尊推第一雄。

云漫重峦连海雾，霞迎旭日耀祠宫。
举头霄汉星辰矮，纵目山川气象鸿。
独领中华苍厚韵，长教万世仰高风。

七古自嘲

未为鬓间华发惊，依然故我似顽甥。
偶萌稚趣捉虫咬，忽起淘情逗犬争。
惯捻狼毫涂茧纸，时招狗友侃牛经。
素心不起升沉叹，一任冬回春又青。

鹧鸪天·效朱敦儒词戏为

我乃齐州翰墨郎，天生洒漫带雄狂。
懒同俗论言深浅，耻与时流竞短长。
挥锦绣，赋辞章，淡怀冷眼对炎凉。
佳书胜友常相伴，气逸神闲似鹤翔。

暑热和梁修先生诗，并步其韵

天象乖张纵热狂，共工无计灭炎猖。
道途炙足同炉炭，池水蒸人似浴汤。
风助淫威怜意吝，雨消酷暑望心长。
愿期清露三千尺，庇得生民日日凉。

静夜雨

云凝风定湖山静，月隐星藏碧落倾。
怕扰花宁蛙不语，恐惊鸟寐雨无声。

雨中湖上

霏霏细雨雾轻笼，绿翠红娇爽气葱。
最是此时湖上美，水光山色两空蒙。

其二

云消雨霁日初红，蕖叶摇珠柳戏风。

一棹轻舟随兴往，此身宛在画图中。

论诗二首

学诗浑似学书法，规矩方圆未可差。

虽贵天然去雕饰，亦从精极到无华。

其二

脱尽陈言拂旧尘，诗家光景贵清新。

多堆藻典伤天趣，曲意雕求害朴真。

春憾

久负江南景胜花，难随绮梦到芳涯。

赏春犹忆西湖好，揽翠听鹂细品茶。

大运河感怀

樯橹连天漕运忙，观花独罪下维扬。

前朝旧事成陈迹，功过随人论短长。

诗梦

好裁丽局费长吟，忍令诗魔昏晓侵。

昨夜东坡翩入梦，笑言郊岛又重临。

注：郊岛，指孟郊、贾岛，唐代著名苦吟派诗人，有郊寒岛瘦之喻。

早春

雪尽寒归日暮迟，东风夜送雨丝丝。

暖融大地谁先觉？柳上新芽已满枝

夏日喜雨

风送清凉入画帘，凭轩听雨胜闻禅。
喜看万斛银珠落，饱我饥泉润我田。

秋　兴

闲步湖山屐履迟，秋园处处惹遐思。
泉喧柳婀堪移画，阁静茶清宜品丝。
忽见蟹肥思纵酒，偶惊花瘦欲寻诗。
骋怀不作凄清叹，常约金风会有时。

庚寅元日观雪即占

上元忽有闷雷雄，惊落琼花满宇空。
洒洒妆成银世界，晚来更助夜灯红。

婉谢再请重书

二十年前信手涂，参差人爱索重书。
新翻杨柳难同调，再写兰亭总不如。

咏　菊

自秉高怀自寂然，何曾跃跃去争妍。
偏因芳气蓄能久，独醉清秋万里天。

长江舟中作

舟自渝州下，昏披万县霞。
夜闻神女唤，留梦到巫峡。

论书一首

东摹葫芦西画瓢，北碑南帖任涂描。
巧施接木移花手，藉他古树结新桃。

一剪梅·雪日抒怀

一夜雪寒冷画桥，衢巷人寥，车骑声萧。
晓来处处著银袍。山也妖娆，水也妖娆。
此际真堪把友招，同放湖桡，共探梅娇，
兴来把酒助诗豪。恰是新晴，喜又风消……

登大明湖超然楼并观新区兼和梁修

飞阁凌空势接天，重楼初上意翩然。
望中山色云含黛，眼底湖光境比仙。
旧地旧情成旧忆，新风新景焕新妍。
但思暇日时来顾，好放米家书画船。

题千佛山

岚影照湖明，传曾大舜耕。
峰绵连岱岳，佛众远声名。
北瞩九烟莽，东奔一水泓。
梵云缥缈处，禅唱伴松声。

题辛弃疾

空有经天纬地情，晚来唯落以词名。
白头未竟平戎志，辜负胸中百万兵。

题李清照故居

丛菊年年还自开，故居非复旧亭台。
多情唯有阶前月，犹照青青石上苔。

题李清照纪念堂

堂前蕉柳又谁栽？廊壁新题旧咏裁。
漱玉千年流绝响，易安何日更重来！

题张养浩

正气浩然公独养，名贤旷代出云庄。
文飞泺水湖山醉，曲度青云日月长。
七聘频劳天子累，一应甘为庶民殇。
高风好待后人继，俊彩英光世世煌。

题漱玉泉

石上泉溪照眼明，易安堂外水清清。
澄波何幸伴词女，千载长流漱玉声。

注：李易安有《漱玉集》传世。

鹧鸪天·冬至喜雪

冬至欣逢大雪飘，江山一片美琼瑶。
更知末日言荒谬，欢喜人人上眼梢。
山益俏，水尤娇，齐州无地不妖娆。
清游何处最怡意？应是明湖放画桡。

——壬辰冬至，喜逢飞雪，
末日言碎，戏填小词。

楹联

名胜堂馆题赠联

题趵突泉

声震湖山气凌三岛;涛惊海宇名动万方。

题黄州赤壁

两赋尽抒前后意,一游能会古今情。

为朱自清纪念馆题

自有清章辉日月,独凭大义泣人神。

为九江浔阳楼题

凭栏怀古,问昔日英雄安在?

把酒赋诗,喜今朝雅会空前。

为烟台王懿荣纪念馆题联

文字赖君明始祖,国家因难识英臣。

为武夷山名士馆题联

武夷多秀,秀地秀天秀水;

名士咸高,高怀高义高才。

题济南青桐山波罗峪联

罗峪风回，九岭松涛连翠霭；
青桐霞染，五龙潭漪映华岩。

为千佛山一览亭题联

北望湖山，荷清柳碧泉喧处；
西瞻禅寺，乐净烟轻僧唱时。

为广东南华禅寺题联

六树一花，经尊中土；
七枝五叶，法衍全球。

题毛泽东书法诗词

狂墨勃飞，书惊后世；
雄词豪迈，气胜先贤。

为山东平原县文昌阁题联

（一）兴文乃可昌邦，此言允是；
积学方能励志，斯道有凭。
（二）文盛国昌，千秋致远；
阁隆天晏，万世承平。

题济南大观园

园兼沪海城隍气，楼带秦淮夫子风。

题济南大观园大观庙

慧德常施，有诚方显；
慈恩广布，惟善可求。

题青岛栈桥

（一）锦桥入海虹垂地，画阁凌风水接天。

（二）穿空鸥鸟凌波去，卷地风涛拍岸来。

为湖州王一品笔庄题联

笔有千家堪弄墨，庄唯一品可称王。

自题书斋联

东壁品书西厢读画，北轩览翠南牖观山。

为北洋大戏院百年庆题联

（一）老树繁花，重开灿烂；
今声古调，再铸辉煌。

（二）与群英共灿，园经百载；
同国剧齐辉，誉续千秋。

感事咏物联

淡欲随时多乐境，安怀无处不青山。

轻名淡利堪磨艺，静气凝心好读书。

显时安若闲时好，闹处何如静处佳。

字似佳书须耐读，人如古砚要经磨。

清吟皓月凉吟水，浓写牡丹淡写兰。

如鸦乱噪，偏要引经据典；
似蚓斜爬，居然入室登堂。

四面荷风香入座，一帘柳影翠迷人。

自有心胸凌海岳，每教翰墨起云龙。

奇词贵可新逾旧，妙墨难能古化今。

每以坦诚应世事，常将逸淡对人生。

百炼方消尘俗气，一超直入古人堂。
常情岁月逸情事，高调诗书低调人。
移转夏云来墨阵，剪裁春色入诗行。
泉水有声皆入韵，湖光无处不成诗。
座无俗客心常雅，枕有佳书梦亦香。
观书至透眼如炬，论道无偏气似虹。
翠竹临窗，一帘影秀；佳书挂壁，满目龙翔。
从来老墨多生趣，最是苍松有晚刚。
挥墨当期传后世，立心应敢越先贤。
浩气常随河岳壮，清歌每共水云闲。
但求高诣能如古，不耻浮名未及人。
恨不遍观天下景，憾难尽读世间书。
胸中气度凌云健，笔底风烟傲世雄。
欲养清操同绝诣，须轻俗利共浮荣。
作字何甘泥旧貌，赋诗不肯践陈言。
流俗难侵真雅士，寂寥能耐是高人。
身微不改回澜志，发白犹存扛鼎心。
吟诗自得烟霞气，弄墨皆成龙虎姿。
诗文境界晚方淡，翰墨功夫老更深。
近水遥山连绵画意，春花秋月烂漫诗章。
苟非所善休充善，知不能为莫勉为。
闲临碧水幽怀畅，坐对青山逸气生。
气逸方能轻宠辱，心平自可淡炎凉。
诗吟催落天中月，书读熬疲夜半灯。
骋毫自喜风云快，落墨敢欺虎豹雄。

旧诗未厌百回改，老笔难能一日抛。
自喜书悬如鹤立，每教笔驰似龙腾。
名彰未必真贤士，身隐无妨是卧龙。
诗当滥调陈词外，字应新情古意间。
养气清心兼寡欲，益身淡饭与粗茶。
淡对浮名轻对利，静修清品动修功。
畅怀绿水青山里，快意佳诗妙墨间。
研经集应邀明月，读佛书宜对美人。
但使逢人多遗德，何须见庙便烧香。
无事凭轩闲望水，有情当牖细观山。
妙墨常如华岳壮，佳诗每似碧泉清。
赏兰亭似晤名士，观洛赋如对美人。
立志当须凌海岳，修身最要远江湖。
菜根淡淡有真味，兰蕊清清无俗香。
见浅频多阿俗意，怀高自少媚时心。
与人为善己恒善，处事以诚自得诚。
助人时写右军扇，鉴古常观左传文。
静写黄庭闲戏草，淡看世事笑观天。
时花难更留香久，老柏独能继翠长。
应喜即时能得句，最难涉笔便成龙。
诗佳可报推敲苦，墨妙能酬挥运勤。
几片桐阴筛夜月，数枝竹影曳窗风。
艺成一绝终身可，行历三思每事安。
济人多送雪中炭，立品少添锦上花。
逸绪来时忘物我，狂毫落处起云烟。

自是泉湖多雅韵，从来山水有清音。
思成妙句清如水，挥就佳书淡似烟。
竹狂乱舞窗前月，风醉胡翻案上书。
每向窗前观竹秀，时从月下写兰清。

艺精技良字始工

——由米芾集古字说开去

近来,有些爱好书法的朋友,就书坛某些所见,提出了一些问题,表示了诸多的不解和困惑。诸如:当今书坛,风向多变,朝秦暮楚,令人无所适从;某些"书家"笔法不精,点划拙劣,反而颇擅时名,领一时之"秀",或称一方之"雄";年轻一辈中,追逐时尚,缺少真功,搞流行风者,却能获奖入会,风光一时。而笔者以为:有志于书法者,今后还要精研笔法,临摹碑帖,继承传统,师古出新。那么路究竟应该怎么走才好?

于是,在朗朗群星中,笔者想起了米芾……

米芾者,宋四家之一也,字元章,号襄阳漫士、海岳外史、鹿门居士,人称米南宫、"米颠"。

米芾天资高迈,为人狂放,不肯与世俯仰,能诗文,而不蹈前人轨迹;工于画,山水人物自成家法,"米家云山"享名于世;精鉴裁,历代奉为圭臬。书法则与苏轼、黄庭坚、蔡襄齐名,并称"宋四家"。若论对后世影响之大,又当推为四家之首。

且让我们从历代书评中择其要者,看看世人对他的赞誉:

《宋史·米芾传》说他“妙于翰墨,沉著飞翥,得王献之笔意,尤工临移,至乱真,不可辨”。

苏东坡极赞:“海岳平生篆、隶、真、行、草书,风樯阵马,沉着痛快,当于钟、王并行,非但不愧而已。”(《东坡集》)

黄庭坚称誉:“余尝评米元章书如快剑斩阵,强弩射千里,书家笔势亦穷于此。”(《山谷题跋》)

宋《宣和书谱》赞道:“米芾书学羲之,篆宗史籀,隶法师宜官。晚年出入规矩,自谓善书者只有一笔,我独有四面。寸纸数字,人争售之以为珍玩,请求碑榜,户外之履常满。”

宋孙觌评他:“超逸绝尘,不践陈迹。每出新意于法度之中,而绝出笔墨畦经之外,真一代之奇迹也。”

元赵子昂慨叹:“惟米元章英资高识,才欲追晋人,绝轨同时……故能脱略唐宋,齐踪前古,岂不伟哉。”

董其昌誉其“沉着痛快,直夺晋人之神”,“虽苏黄相见,不无气慑”。

而明代大书家,被誉为“后王胜前王”的王铎更是五体投地:“米芾书本羲、献,纵横飘忽,飞仙哉!深得《兰亭》法,不规规摹拟,予为焚香寝卧其下。”

其他尚有“研笔如铁,而秀媚之气奕奕行间”,“行书飞白变化无穷,有翔龙舞凤之势”,“如天马脱衔,追风逐电”,“深得乾坤造化之妙”,“宋人书、米为优”等赞语,备受推崇。

那么,赢得了这么高的赞誉,取得了如此巨大成就的一代书法艺术大师米芾的成功之路又是怎么走出来的呢?

还是让我们听听他自己是怎样说的吧:

余初学,七八岁也……见柳而慕紧结,乃学柳《金刚经》。久之，知出于欧，乃学欧……乃慕褚而学之最久。又慕段季转折肥美，八面皆全，久之，觉段全绎展《兰亭》，遂并看法帖，入晋魏平淡，弃钟、方而师师宜官《刘宽碑》是也。篆便爱《诅楚》、《石鼓》，又悟竹简以竹聿行漆，而鼎铭妙古老焉，其书壁以沈传师为主……

又云："壮岁未能立家，人称吾书为集古字，盖取诸长处，总而成之。既老，始自成家，人见之，不知以何为祖也。"

从这两段自叙，我们不难看出，米芾学书，是自幼就从名家书迹入手，进行严格和认真的临摹学习，而且胆识超卓，眼力过人，绝不墨守一家之规，对所宗之书，总是弃其短而取其长，博采众妙，转益多师，简直到了"朝秦暮楚"的程度！然而米芾的这种见异思迁，目的却始终如一，用他自己的话说，那就是"取诸长处，总而成之"。

正是为了这个"总而成之"，天资聪颖的米芾，却能不恃己聪，在临摹前贤名迹上下了大功夫。

他"早年得游内府，见历代名迹，孜孜摹学"，"于古名家书，学之几遍"。这种长期而艰苦的磨炼，也成就了米芾的一项绝艺，他临摹功夫极深，"至乱真，不可辨"，"每从人借古本临摹，临竟，以临本与原本并还之，令其自择，借家往往不能辨，误将临本取去"。你看，这位狂放不羁的"米癫"，在继承优秀的传统时，又何尝有半点的"癫狂"，是以后人咸为心折——"故论善临摹者，千古惟米老一人而已"。

然而，如此苦心的临摹，得到的却是"壮岁未能立家，人谓吾书为集古字"。面对时人之讥，米芾不仅不以为耻，反而不无自豪——已从遍临诸家获"集古字"之喻，那么"始自成家”不过只是时间问题而已——“冬天已经到了，春天还会远吗”？

终于，米芾以“集古字”的方法，叩开了“成家”之门，而又以艺术家的胆魄，彻底丢开了“集古字”，“呵佛骂祖，面目非故”，以“人见之，不知以何为祖”的独有的艺术风貌卓然屹立于大师之林，完成了他临摹—集古—自成一家的三部曲。

这，就是一代大师米芾的成功之路！

诚然，历代书坛上那些名标青史、书传后世的书法大家们，也无一不是沿着临摹、继承、创新的道路登上成功之巅的。但是，米芾和他们的相异之处，恰是在于他的“人见之，不知以何为祖”这一点上。

而切切不可小看的，也正是这个“不知以何为祖”！

绝大多数的书法艺术家，尽管都能以其卓然的成就和不同于他人的艺术风貌名垂书史，各领风骚，但有一点共同之处，那就是他们的师承之路大都比较明晰，有迹可循。独于米芾，对其师承，却是各执一词，众说纷纭，数百年来，迄无定论。

古之论书，以“神采为上，而形质次之”。学书之道，则是“遗貌取神”。追神似而弃形似，这无疑是正确的。但米芾这位横绝一世的艺术大师，却独树一帜，竟连神似也弃之不要。他是谁也学，谁也不学，择优弃劣；最后是谁也像，谁也不像，自树家法。即令是高如王羲之，他也敢于“自言无一点王右军俗气”！

这，才正是米芾的独特之处。如果说，别人走的是神似之路，那么依笔者之见，米芾所选的却是“髓似”之路。举凡形质也罢，神采也罢，总还是外在的东西，有迹可循。而“髓似”，却是外无形迹可考，内有血脉相承，令“人见之，不知以何为祖”。就这一点来看，米芾是真正悟后的“禅家”。在艺术上，他最终敢于“拆肉还母，拆骨还父，呵佛骂祖，面目非故”（董其昌语），从继承传统—批判的接收，到丢弃传统—大胆的否定又到自立传统—彻底的出新，米芾过人的胆识和胜人一筹的技艺终于孑然而出！

应该说，这才是米芾给予后人的最大启迪，也是笔者最为之心折的地方之一。

然而，令人遗憾的是，后世诸多学米者，大多没能抓住“髓似”这一关键的机钮，即高明如吴琚，也是徒具皮相而已。这就难怪宋高宗要发出“然千古效其法者，不过得其外貌”的慨叹了。

除去集古成家的独具特色，米芾另一个独享盛名的成就，就是他用笔的技巧和笔法的丰富。论及用笔，米芾自言己是“刷字”，是“振迅天真，出于意外”，并颇为自豪地宣称：“善书者，只有一笔，我独有四面。”同代与后世之人对其笔法，也是极尽赞赏之能事。苏轼说他“风樯阵马，沉着痛快”；黄山谷赞其“如快剑斩阵，强弩射千里，书家笔势亦穷于此”；宋高宗谓其“收六朝翰墨，副在笔端，故沉着痛快，如乘骏马，进退裕如，不烦鞭策，无不当人意”；蔡絛谓其“执笔能尽管城子五指撮之势，翩翩若飞”。当代有人更极誉其“蓄意八面出锋，运其匠心，使用侧锋。侧锋的使用，给米芾的字平添了千般风流，万种仪态……达到了出神入化之境”。

可以这样说，米芾对传统的继承突出之处在于笔法——

乱真的临摹和“集古字”;而米芾对传统的突破和发展,突出之处还是笔法——中侧并施,八面出锋。用笔是米芾书法的生命,没有他那独具特色的用笔,也就没有米芾那不同于任何人的书法风貌!

其实,视笔法为书法的生命,甚而穷毕生之力孜孜以求者,在古代书人中比比皆是,又岂止一个米芾。

魏之钟繇,便特重笔法,深知用笔于书法之要义,其极慕蔡邕书,欲求其笔法而不得。后知韦诞处藏有蔡之笔法,便顾不得脸面,一次次苦苦哀恳韦诞以求之,甚至到了捶胸呕血的地步。然则韦诞亦视笔法为生命,随你如何,硬是秘不示人,竟至死后也遗命将其随葬墓中,已经到了生死不离的程度。更有趣的还是钟繇,作为魏之重臣,为了这一笔法,竟然不顾律令和身后声名,知法犯法,暗地使人盗掘韦诞之墓,这才如愿以偿。钟繇死后,一如韦诞,其墓也因内藏笔法而为他人盗掘。这段故事,虽明显与史不符,系后人谬传,近已有人指出此误,但我们通过这些故事,却足以看出前人对于笔法看得是何等重要。

恰是钟繇通书意,重笔法,不惜一切毕生孜求,才造就了他在书坛上的崇高地位。以楷书而论,世称“钟王”,其显赫更在书圣王羲之之上,毕竟苍天不负苦心人。

说到笔法的重要,黄庭坚一针见血:“古人工书无他异,但能用笔耳。”他说得极明白:能否用笔,精不精笔法,乃是决定书法成败的性命攸关的大事!他自己更是以毕生之力,去探求笔法的奥秘,于此,他作了十分坦诚的自白:“尝学书三十余年,初以周越为师,故二十年抖擞俗气不得脱。晚得苏才翁子美书观之,乃得古人笔意。其后又得张长史、僧怀素、高闲墨迹,乃窥笔法之妙。”作为宋四大家之一,与米芾同享盛名于后世的一代书法大师,黄庭坚到了晚年,才敢言自己悟出了笔法,意到笔到,得心应手。你看,精通笔法,对于黄庭坚这样的大师,也还竟然是一个如此长期而艰难的过程!然而,这又是一个必须完成的过程,否则,黄庭坚在艺术上的辉煌,也就不复存在了。

另外一位极享盛名于世的元代大书法家赵子昂,论及用笔时,更是给后世留下一句千古传诵的名言:“书法以用笔为上,而结字亦须用工。盖结字因时相传,用笔千古不易。”他本人更是以自身的实践和巨大的成就为他“用笔为上”的理论,做出了令人叹服的说明。

赵子昂是自唐以后开宗立派的又一大家、中国书法史上的中兴人物、二王书派的集大成者,其书风笼罩中国书坛近五百年之久,其影响极其深远,历久不衰。

他“以书名天下”,“篆籀分隶真行草书,无不妙绝古今”,“天竺有僧数万里来求其书,归国中宝之”。近人马宗霍《书林纪事》中云:“元赵子昂以书法称雄一世,落笔如风雨,一日能书一万字。”如此的高水平,如此的高速度,不能不令人叹为观止。然这一切,又无不来源于他运笔的纯熟与笔法的精能。

对赵氏所提出的“书法以用笔为上,而结字亦须用工。盖结字因时相传,用笔千古不易”这一论断,历代的书法家们,都把它奉为圭臬,作为度人的金针和泽被后世的至理名言。然而时至今日,对这一论断产生怀疑并提出异议的人却多了起来。如果说在中青年一辈,因受西方现代美学思想影响和急于创新意图的驱使而大唱反调不足为奇的话,作为老一代传统书家领军人物的启功先生,竟也与赵氏琵琶反弹!

启功先生认为:“结构千古不易,用笔因时相传。”并在他的论书诗中开宗明义地提出“用笔何如结字难”,以为结字的难度和重要都较用笔为上,主张学习书法先练好结构,便可取得事半功倍的效果,是“一从悟得黄金律,便觉全牛骨隙宽”。结构问题解决得好,学习书法便能游刃有余。并在书法教学中也实践着这一主张。

作为一种艺术见解和个人的感觉,启功先生的论述本也无可厚非。对于启功先生,笔者是仰慕已久,于先生的人品、学问、品鉴、文章,更是十分敬佩。唯对先生此论,笔者尽管才疏学浅,却也不敢苟同,并且斗胆,“以子之矛,攻子之盾”,略论一下先生的书法。

综观启功先生书作,凡属小字,如尺牍、扇面、手札之类,尚多有可观,清雅娟秀。但一书稍大之字,问题便出来了,启功先生作字,或者是一种喜好,或者是一种匠心,在字的处理上,往往左重右轻,或上重下轻,通篇之中总似刻意安排,上几字极重,下几字又极轻。作为一种结构和章法处理,善用对比堪称一妙,但问题是先生重笔处虽然秀润朴厚,而细笔处却大多有骨无肉。纵是骨法用笔,中锋直下,但给人的感觉却是用笔的简单和技巧上的缺少变化。有的字甚至如同硬笔写成,实不免有“积薪”之嫌。特别是左右结构之字,几乎千篇一律。都是如此这般,对比强则强矣,但却有过犹不及之弊。运笔作字,骨肉停匀斯为上乘,但观先生之作似还未臻此境，亦且积习已深。其结字也过于平稳，一如用笔，同样是变化不多，形貌单一，以至遭“馆阁”之讥。虽言之太过，但先生之短，却是我辈想为贤者讳实又无法为之讳的。

平心而论，无论是用笔、结字，还是在书艺上所达到的高度及对后世的影响，今日之“巨匠”，较之古时之大师，都不逮远甚！而一者轻用笔，一者重用笔，其结果殊异，个中缘由，不是颇为耐人寻味吗？

清人朱履贞曾在他的《书学捷要》中说过这样的一段话：“学书要识古人用笔，不可徒求形似，若循墙依壁，只寻辙迹，则疵病百出。”不幸的是，今人，尤其是中青年中部分书者，偏是徒求形似者多，深研用笔者少。此等人中，有的是属涉书不深，对书法真谛缺少认识；有的则是不甘默然，急于求成。于是便观风察色，紧追时尚，今日流行章草，便仿写章草，明朝崇尚汉简，又掉头再来汉简。大幅走红，其作也齐天接地；手札看俏，又一齐娇小玲珑！甚至某人书法获奖，也能引起轰动效应，效仿者纷至沓来，活脱脱一副“循墙依壁”之相。再观其作，初看犹令人眼花缭乱，细究则不免“疵病百出”。虽然近些年来，高喊“创新”的鼓噪声已渐弱，书法界已从表面的“虚热”开始转向，并且掉过头来向传统回归，但就书法创作的整体而言，特别是中青年作者的创作，苛求一点说，依然难尽人意，真正高水平的还不算太多。在一些全国性的展览和书法报刊上，流行风和丑怪粗陋的东西仍还有相当的比重，低水平的作品也还时时充斥其中。即以近两届中青年书展为例，此类作品亦不鲜见，有的甚至还被作为优秀之作见诸报端。由此看来，即便是理论导向正确，整个书法界也认识划一(这都很难),要想清除积弊,提高整体创作水平,也绝非是一朝一夕之事。

行文至此,笔者之意已明,似已无须再说,友人指称之弊,也不必再条分缕析。追逐时尚者或可风光一时,但转眼便是明日黄花;艺无真功者或可侥幸名世,身谢道衰不过是过眼云烟。书坛会因之喧嚣一阵,热闹一时,但书法将依旧沿着它自身的规律发展前行。有志者当寄怀高远,有识者会耐得住寂寞。“识浅、见狭、学不足”者于书法将“终不能尽妙”(苏东坡语)。呜呼! 书法,名世或易,传世实难!

囿于时,困于学,仅以此浅文,奉诸垂询之友,是为答。

张宝珠　字还浦，号苍斋主人，1945 年 7 月生，山东济南人。国家一级美术师，山东省文史研究馆馆员，济南画院名誉院长，中国美术家协会会员，山东省美术家协会顾问。

◎回忆张彦青先生

回忆张彦青先生

在画界,张彦青先生是出了名的关心后生、提携后生。我印象中,20世纪七八十年代,在中国画开始进入大众的视野后,很多年轻的画家就开始做画展。张彦青先生每请必到,而且每到必有精彩发言。张先生的话,大都是即兴发挥,但总是鼓励,话语中表现出无尽的期望,让人听了,心里总是暖暖的。这一点,我觉得是最让大家钦佩的。

我记得在1970年,省里组织了十个人搞重点题材创作,我属于年轻的,张彦青先生就推荐我的画——《黄河两岸披新装》发表在《大众日报》上(1971年),这是"文革"后期报纸上发表的第一张国画作品,当时却是轰动一时。实际上,这幅作品的发表,与张先生的推荐是分不开的。

1980年,张彦青先生在山东艺术学院任教。当时,学校里缺山水画教师,张先生就推荐我,让我做他的助教。说实话,当时接到通知以后,我还真是有些发怵:我没上过大学,本身又年轻,面对一些大学生,这可如何是好?这时,张彦青先生跟我说,学校里对教师定了三条标准:出身好、人品好、画得好。在张先生的指导和鼓励下,我的课上得非常成功。给学生评分时,张先生又叮嘱我,一定要给同学们打满分,多鼓励大家。当时我确实很受感动,他这样提携我,对后生如此关爱,这的确让我终生难忘。

张彦青先生去世前三个月,在我小品展的研讨会上,张先生说看了我的那些小品,非常高兴。他在讲话中说道:“1980年,宝珠是我的助教。这个人我最喜欢了,错不了,画得好,好好地干。”张先生的话语重心长,对后生的这种关心、提携,也堪称是老先生中的楷模。

记得还有一次,省政协安排艺术家创作一幅大画。几位老先生带着我们一帮年轻画家创作。张彦青先生是负责人之一,他说:“宝珠啊,你年轻,有想法,小稿呢就你设计。”我能感觉出来,张先生是给我鼓励;到了吃午饭的时候,他吩咐我统一画面:“宝珠啊,下午你得忙活了。你淡墨用得好,你画泰山主峰,并把整个画面统一起来。”这一点,我很是感动;他能这么相信我,给我莫大的激励。

张先生生前一直活跃在画坛上,人都八九十岁了,见了年轻人就喜欢,桃李满天下,这一点他很自豪。这种高尚的品格,确实让人感动。我的恩师黑伯龙先生和张彦青先生是同事,他们都是山水画家,但这些先生之间没有任何隔阂,也没有半点门户之见,让我们这些后辈望尘莫及。

转眼间,张彦青先生离开我们已经六年了。但张先生的音容笑貌,时常浮现在我的眼前,他的谆谆教诲,更让我受益终生。

张蕾　1928年3月生，山东章丘人。山东师范大学教授，《齐鲁文史》主编，山东省文史研究馆馆员。曾任全国写作学会常务理事、山东省写作学会副会长、会长、顾问，济南市第八届政协委员。出版有《文章写作指要》、《山左鸿爪》、《海岱寻踪》、《济南名泉》、《写作心理学》、《斜阳居杂缀》等著作，发表论文多篇。

◎笔记编写的琐议空谈

◎有感于『借光』

笔记编写的琐议空谈

一

这套“丛书”称之为“新编”,很有些意思:

笔记文体,古已有之,自西晋以降,迄于晚清,作者辈出,著述如林;然民初以来,发展中断,今以为继,填此空白,可谓第一新。

清末民初至新中国成立,乃中国历史发生革命巨变的新时期,以马克思主义的历史观,编写笔记丛书,在笔记文学史上前所未有,可谓第二新。

钩沉钓遗,掌故今说,不独史料鲜为人知,而且开掘意蕴、匡正是非,力求陈言务去,革除习见,此可谓第三新。

传统笔记系个人之作,新编笔记出自群体,内容丰赡,材料更见真实,笔法有变,风格绚丽多姿,此可谓第四新。

以白话为主,兼融文言,文风典雅而不涩滞,精炼而不简古,清新明丽,含蓄隽永;并将思想性、知识性、趣味性熔于一炉,具有鲜明的时代特色与文学色彩,此可谓第五新。

总之,品品这个“新”字,对领会“丛书”的编辑意图,准确把握编写的原则精神,乃至于写作的具体方法和要求,都可算得是“登堂入室”的一个“顿门”。

二

历史由正反两面构成,并在其对立统一中向前发展。因此,取材必须全面,顾此失彼或慵流一端,皆非史笔。

笔记虽系稗史,以里巷风俗、遗闻旧事为内容,不同于正史,更有别于革命史,然仍为随笔杂记之史籍。

既然为史,就需有历史生活的博大包容;更何况"新编"笔记,以弘扬民族文化、促进社会主义精神文明建设为宗旨,与旧笔记相比较,新笔记则必须以历史的辩证法为指导,实事求是、客观公正地对这一段错综复杂、风起云涌的近百年史,做出全方位、多层面的立体折射和散点反映。这才能反映历史的全貌,以及它的主体精神。

鉴于文史馆的统战性与笔记的文体特征,适当弱化政治色彩,放宽取材的史的系统和正反比例,这是应该的,但若因此而出现取材的杂乱无章和过度偏移,在历史观上则将是片面的。

三

大和小的问题。

有人认为笔记是随笔短记,只可写小,不可写大,这看法并不确切。

先说写小。写小是对的,但写小是为了以小见大,并非以小见小。要以小见大,即须心中有大,大中取小,亦即大处着眼,小处落墨。如果心中无大,唯小唯是,就会迷离方向,失去取材的主臬,势必造成以小拒大,甚至因小害大之病。

再说写大。大是历史生活中的主导方面,笔记取材,不可因难以驾驭而摈弃。关键是写什么，怎么写。写什么，大中之小，即其中较有意义的点点滴滴；怎么写？以点点滴滴显示其人其事的重要意义，此即所谓“窥一斑而见全豹”、所谓“一滴水映出太阳的光辉”。大题小做、见微知著，何愁大题材中做不出精妙绝伦的小文章？

四

关于写好写坏。

从本质上说，人类历史是劳动者创造世界的历史，以生产力的发展为基本动力，但历史不是概念，不是干巴巴的抽象骨架，历史是皮毛覆盖，融汇各种思想、意识、道德、风尚的活生生的人类生活。因此杂记史料，应从历史的实际出发，透过复杂的整体现象，去发现历史的主流，以及在各个历史阶段上，与这一主流相一致，或在客观上有利于这一主流的不同阶级与阶层的进步因素，以促进主流的发扬光大，而不是以形而上学的阶级分析法，去进行好即绝对好、坏即绝对坏的机械分类。

正史评价历史人物，自应系统全面，有明确的阶级定性，笔记则不必如此。

笔记为稗史，可包罗万象，无所不载；笔记为野史，可积累史料好坏不计；笔记为趣史，可亦庄亦谐、娱人耳目。为此，好人之好，固不可少，好人之瑕，亦可为戒；坏人之恶，理应笔录，坏人之瑜，也应借鉴。韩复榘祸鲁，罪莫大焉，然其微服民间，为老农推车奉银之举，亦属可取。如恰当记述，传统的“贵民”思想，可从中得一曲折探视。

五

风俗民情是约定俗成的道德规范,因其多出现于文化落后的时代,有精华也有糟粕。为展示民族风貌,多所采记,固属必要,但应以民俗学的目光,对其加以多方审视。

第一,要考察其形成的历史年代、历史背景与历史因由。纵向考辨,可知其内容、含义及所以产生之究竟。

第二,要考察其流行范围,认清其波及面之广狭。横向辐射,可知其拥有的地域性与群众性。

第三,考虑其性质与功能,由此断定其为精华还是为糟粕,以便确立选材与记述的目的与角度,显示提倡或反对的倾向。单纯猎奇,客观笔录,虽可积存史料,但对社会影响未必有益。

六

关于笔记的文学性。

笔记是文学与历史交叉的边缘文体。笔记虽属文学,但非纯文学,而是文学的写实。编写笔记只可称笔记文学的写作,而不可称其为文学的创作。

笔记以真实性为生命,以文学性为功能,真实是第一要义,文学是第二要义。但在强调真实性的同时,必须强调文学性,这是笔记文学的传统,舍此,将难成为真正的笔记。

笔记的文学性,首先是语言。语言要精粹、要生动、要有情意、有韵味,还要有一定的刻画力。纯逻辑思维与纯科学的语言,写不出耐人阅读、有审美感的笔记文学。要多一点形象思维,要多一点艺术的修辞手法。

其次是构思布局。“文似看山不喜平”，小文章也要写得曲折多姿，玲珑剔透。滚石下坡，一个调调到底，小胡同道里赶猪，直来直往，没有多少人乐意读。

第三，行文要有情趣。板着脸说话，意思好，也叫人生憎。无论写人记事，无论议论说明，都要能怡人情，耐人寻味。文学性的显著特点之一，是娱乐性，笔记文学要讲点寓事于乐、寓知于乐、寓教于乐才算上乘。

七

最后谈谈作者力量的组织。

作者以谁为主？有的人主张完全以馆员为主，这不太实际：既难完成任务，也对文史馆开展工作不利。看来，还是中央文史馆的提法为妥：以馆员为主，与社会力量相结合。理由：

第一，笔记内容无所不包，只靠馆员，知识有限，人手不够。

第二，各省分册，覆盖全省。没有全省支持，任务盖难完成。

第三，文史馆馆员对象有变化，工作重心有转移，靠军政渐远，靠文史愈近，文史馆若要开展工作，在今后工作中求生存、求发展，就必须与社会广大文史工作者相结合，不如此，就等于作茧自缚，自寻狭路。

（1991年3月在《全国文史笔记丛书》济南第二次编辑工作会议分组讨论会上的发言。原载新编文史笔记丛书上海总编辑部编《编辑通讯》第二期，编者按云：张蕾系《笔记》山东卷主编，应邀为本刊写了这篇“琐忆空谈”，纵横广阔，鞭辟入里。）

有感于“借光”

“借光”，是人们爱说的一句话，但我却有些异样的感觉。

“借光”是有来历的，大概出于汉匡衡凿壁偷光，和晋车胤囊萤照读，最早都是比喻勤奋学习的意思。后来，演变成了人们打交道时的口头语。向人询问事情，或请别人给自己以方便时，常常听得见挂在口头上的这句客气话。

作为礼貌用语，“借光”虽有恭维讨好的意思，实在和“请问”或英语中的“哈喽”差不多，在人格上并不存在什么危机，但如果真地把它奉为人生的圭臬，那就不足取了。

可是人世间的是是非非，却往往是比较复杂的。不足取的东西，并非为人们所不取，相反，越是不足取，说不定倒越具有实际的利益。请翻历史，从那里可以找到一些证据。

唐玄宗的那位宠臣杨国忠，有什么德才？他之所以能够兼领四十余使，继李林甫之后为右相，权倾内外，骄横一时，还不是因为借了他堂妹杨玉环的光？

北宋高俅，原为苏轼的书童，只因会蹴鞠（踢球），能巴结上惯爱吃喝玩乐的宋徽宗赵佶，才平步青云，扶摇直上，一跃而成为执掌兵权的太尉，与蔡京等六贼专权用事，威震朝纲。高俅占了皇帝的光，他的干儿子高衙内又借了他的光，父子俩一道成了无恶不作、无人敢惹的坏蛋!

旧社会有一句民谚:“一人得道,鸡犬升天。”这虽隐约透露了对“借光”、“沾光”的不满,却也正是对一种历史现实的比较普遍而准确的概括。在漫长的人类生活中,诸如“母因子贵”、“夫贵妻荣”、“封妻荫子”、“光宗耀祖”,以及“在家靠父母,出外靠朋友”等等说法,无一不体现着相互借光、沾光的思想,以及对这种思想和行为的追求与肯定。要不然人们哪里会那么重视同乡、同行、同学、同宗、姑父、姨父、岳父、义父,还有什么姐夫、小舅子等的人际关系呢!

当然,在社会生活中,人和人之间是离不开互相帮助的。但这是真正意义上的帮助,而不是借光。另外,有才能的人的成功与发展,也与善于“爬萝剔抉,刮垢磨光”的育才者的发现与栽培分不开,所以说世有伯乐,而后有千里马,一味地孤傲,不与任何人合作,不借助于必要的、无伤于自尊和才能的客观条件,自然也是不对的。但不可否认,与此同时,有不少的人,却是专门依赖有光可借的大人物的吹捧、提携和恩赐。而在这些人中,往往又多是些平庸无能之辈,或虽不平庸,却十分热衷于钻营奔走、卖身投靠之徒。这样就逐渐形成了一种很不足取的社会风气:不厚脸“借光”,就难以找到安身立命之地,更别说位高禄厚、出人头地了。于是“借光”就成了发迹的通途,引得代代人中的富贵追逐者,争先恐后,趋之若鹜了。

世人如此,文化人亦并非不如此;甚至因为有文化,在“借光”的程度和手法上,更为一般人所难以企及。手下就有两个典型而可怕的例子。

一个是西晋与陆机齐名的文学家潘岳，这个人虽有才气，但人品却很不怎么样，最爱趋炎附势、攀结权贵。他为了借晋惠帝的皇后贾南风的光，竟然甘作害人的帮凶。贾后妒悍权诈，为专擅朝政，欲除掉愍怀太子，于是就指使潘岳代太子起草了一份要晋惠帝自裁的奏章，说："陛下宜自了，不自了我当入了之。"并用酒将太子灌醉，让他糊里糊涂抄了一份呈上。潘岳伪造奏章害人的行为，真够卑鄙的了！

再一个是比潘岳早些时候的文人路粹，这个人为了凭借曹操的力量往上爬，也是丧尽天良、以文害人。曹操欲杀孔融，找不到借口，就让他编织孔融的罪状。路粹挖空心思，给孔融捏造了两个罪名，其一是说"少府孔融，昔在北海，见王室不静，而招领徒众，欲规不轨"，即诬告孔融反曹谋反；其二是说孔融反对儒家孝道，到处宣扬"父之于子，当有何亲，论其本欲，实为情欲发耳；子之于母，亦复奚为，譬如寄物瓶中，出则离矣"。这两条罪状算得上是大逆不道，所以孔融便被曹操砍了脑袋。路粹此人也够狠毒的了！

在文人圈子里，其恶劣如潘、路者，实属罕见，然好势趋利，谄事权贵，醉心于借他人之力，以达个人之私欲者，亦不乏其人。即使是那些清高、孤傲之人，在某种情势下，也难保不做出违背自己意志的事情。就以为杜甫所称道的"天子呼来不上船"的李白而论，其风流旷达、超然物外，可谓已臻极致，但当其茅庐初出，也没有抵御住那时读书人依靠地方长官或当朝权贵，以求扬名海内，置身仕途的风气的诱惑，写了"生不用封万户侯，但愿一识韩荆州"那封对荆州刺史韩朝宗过分推崇，甚至是吹捧谀媚的信。(《与韩荆州书》)尽管这封信公认写得“英爽豪迈,毫无卑词乞怜”之态,但毕竟是为了想得到韩的赏识、举荐,而不得不去逢迎讨好人家。这种借光思想,发生在李白身上,固不可以一眚掩大德,也实在是令人深深感到遗憾的。当然,据说韩朝宗这个人礼贤下士,喜欢奖掖后进,曾推举过许多有志有才之士,颇为读书人所仰慕,也许如此,李白才写信给他。所以,这虽然也算是青莲居士的一点微瑕,但毕竟与那些专和王公大人、湖海名流套近乎、拉交情,诸如萍水一面,即称为旧雨;讨个签名,便夸说莫逆。于是乎写回忆、谈印象、怀旧事、抒感情等,其目的无非是拉大旗作虎皮,借他人之光以照亮自己者之流,当不可同日而语。

或曰:借光乃人之常情,何必小题大做。君不见藤蔓攀缠,狐假虎威,月亮靠太阳发光,飞鸟借风力翱翔,自然界都莫不如是,何足怪哉!窃以为:否否!常情云云,并非人皆云云,有志气者,嗟来之食不食,岂肯仰赖别人?至于自然界,鸟兽鱼虫耳,又岂可与万物之灵相比拟?!

况草木之爱,因人而异。陶渊明为何独爱菊花?金风肃杀,万花凋零,唯有金菊迎风傲霜,这难道不正是陶公卓然独立,不谐流俗,宁愿归卧山林,决不为借光而折腰的精神写照?!郑板桥一生耿介、超尘拔俗颇有为他所酷爱的竹子的清格。他不但不与那些显赫人物常来往,而且他的字画与诗文也尽量与这些人物脱离关系。他说他的画是“以慰劳人”,而不是专门送到官宦之家。郑板桥的著作从不请人作序,为什么?就因为他觉得“求之王公大人,即以借光为可耻,求之湖海名流,必至含讥带讽,遭其荼毒而无可如何”,因此,“总不如不序为得也”。

“以借光为可耻”！郑板桥有骨气，有自尊，有才能，有自信，这样的人有出息，这样的人多了民族才有前途！

陶潜、郑燮的操守值得千古为鉴。

李少群 女,1954年3月生,山东青岛人。山东社会科学院研究员,山东省文史研究馆馆员,享受国务院特殊津贴。"地域文化与文学"学科带头人,主要从事现代文学研究。承担和主持多项省级和国家级社会科学基金项目,出版学术专著6部,主编和撰写著作5部,发表学术论文、著作共约400万字。代表作有《齐鲁文学演变和地域文化》、《山东文学通史》(先秦—20世纪上下卷)、《李广田传论》、《追寻与创建——中国现代女性研究》、《新文化要义》等。曾获得山东省社会科学优秀成果重大成果奖、一等奖等奖次。

◎高峰迭出　风系百代

◎拓展地域文学研究的诗学格局

高峰迭出　风系百代

从历史的角度看，在一个长时间段里，一个地方的文化和文学的发展兴衰，不会总是在一个水平线上。它有高潮期，也有低谷期或寥落期。这与地域的文化积累、人员的迁徙流动，甚至一定时期内的区域行政体制状况和文化风尚等，都有着一定的关系。这也正是地域文学特有的规律。从齐鲁文学来看，它以先秦时代的《诗·国风》里的《齐风》《曹风》等为发端，在迄今3000年的历程里，起起伏伏，大致出现过四个高潮期，即从北宋时代至南宋前期、明代中叶到清代初期、20世纪30年代、20世纪80年代至21世纪初。这几个齐鲁文学的高峰时段里，涌现了大批的作家作品及文学流派、文学思潮、新颖的文学样式等，分别代表和开创了当时中国文学的时代新潮流。以璀璨卓越的艺术成就，累积了令世人惊叹的齐鲁文学宝藏。在漫长的文化传承和历史变革中，不同时代的文学，必然有着各自不同的风貌特点，齐鲁文学也不例外。同时，纵观它博赡浩渺的流程，便会发现，其间一直存在着与地域文化密切相关的传统精神血脉和艺术精神上的某种共同特征。概括来说，其一，便是源于儒学内核的、文学创作上一以贯之的入世热情、极为浓重的悯世情怀和家国民族忧患感。其二,与儒学为主体的“鲁”文化和趋于革新的“齐”文化背景下形成的文化心理结构有关,齐鲁作家们往往勇于创新求变,善领文坛风气之先。在历代的重要作家里,多有为某种文学思潮、文学体式或艺术风格的时代开创者和推动者。

满腔才情寄托于辞章

北宋至南宋前期的齐鲁文学,以王禹偁(954~1001)、李清照(1084~1146)、辛弃疾(1140~1207)等人为突出代表。为世人所熟知的李清照(号易安)、辛弃疾(字幼安,号稼轩)两位文学大家,一个是古代婉约词派的词宗,一个是豪放词派的集大成者。清代王士禛在《花草蒙拾》中称:“张南湖(綖)论词派有二:一曰婉约,一曰豪放。仆谓婉约以易安为宗,豪放惟幼安称首,皆吾济南人,难乎为继矣。”李清照一生在金石书画、诗词散文和词学理论方面都有极高的造诣,尤其是词的创作,受到了历代文坛的高度推崇。李清照写词,不师前人,不拘格套,提出了词“别是一家”(《词论》)之说。她最突出的一个特点,是惯“以寻常语度入音律”,多运用日常生活语言和口语,去表现对周围事物敏锐幽微的感触,对生命情感细致深切的体验。其真挚深婉的情思,清新雅致的语句韵律,或清丽俊逸,或典雅醇郁的意境,将“语尽而意不尽,意尽而情不尽”的婉约词风格,推向了极致。她的早期词主要描写闺阁生活和伤春怨别的女性情愫。后期词作于金兵入据中原、国破家殇的南宋初期,充满了伤怀人生孤寂、忧虑时代危亡的浓重伤感。李清照作词有很多创新之处,像

“绿肥红瘦”、“落日熔金,暮云合璧”、“载不动,许多愁”等许多自创名句,以及善用叠字形成的独特韵律等,都堪称前无古人的奇词绝调。她的诗则带有更多的政治讽喻色彩和慨然激情,如“生当作人杰,死亦为鬼雄。至今思项羽,不肯过江东”(《乌江》)。“欲将血泪寄山河,去洒东山一抔土”(《上枢密韩侂胄诗》)等。炽烈悲壮之情,动人心魄,表达了她深重的民族忧患感和拯时济世的襟怀。辛弃疾21岁时率领义军抗金,南归后历任湖北、江西、湖南安抚使等职,但终身不被朝廷信任。他将满腔才情寄托于辞章。他继承了苏轼对传统词体的改革,对词体解放的成就又超越了苏词,从题材到形式,大大拓展了词的表现疆域。辛词从情感的喜怒哀乐、一己的心路历程、爱情、政治、官场,到疆场驰骋、田园风光等,无不囊括其中,真正做到了词的“无意不可入,无事不可言”(刘熙载《艺概·词概》)。辛弃疾还打通了词与诗歌和散文的界限,他创造性地将经史子集、散文辞赋中的大量语汇、典故运用和融溶于词,也善用民间口语、俚语作词。其挥洒自如的地步,自是“横竖烂漫”,“又如悲茄万鼓……词至此亦足矣”(刘辰翁《辛稼轩词序》)。辛词自由奔放、风华卓然,充满强烈的个性魅力和爱国主义情感。像“何处望神州,满眼风光北固楼。千古兴亡多少事,悠悠,不尽长江滚滚流”(《南乡子》);“把吴钩看了,栏杆拍遍,无人会,登临意”(《水龙吟》)等等,他写下许多此类意蕴深厚、令人读来回肠荡气的辞章。英雄豪情,痛神州陆沉,伤壮志未酬,那在“长剑倚天”(《水调歌头》)、“金戈铁马,气吞万里如虎”、“烽火扬州路”(《永遇乐》)等词中燃烧的壮怀激情,是鼓舞南宋人民夺取抗金胜利的号角，在当时就产生了很大的影响。《四库全书总目提要》中评论辛弃疾："其词慷慨纵横，有不可一世之概"，"能于剪红刻翠之外，屹然别立一宗，迄今不废"。在后来国难危亡的岁月里，辛词特别为历代爱国志士所推重，能从中汲取强大的精神力量，是一个重要原因。辛弃疾与李清照的词，总体风格不同，而他们留下的艺术瑰宝，800 多年来，都已然成为中华民族一部分世代传承的文化审美意象、美好精神象征和情感符号。

宋代的另一位文学大家王禹偁，字元之，济州巨野（今山东巨野）人。因曾被贬谪黄州，亦世称"王黄州"。他29 岁中进士，历任成武县主簿、长洲县令、右拾遗、中书侍郎、左司谏知制诰等职。他在政治上主张变革，为官刚正不阿，敢于直言诤谏，因此仕途上曾三次遭贬，历尽波折而不屈不馁。《宋史·王禹偁传》里说他："词学敏赡，遇事敢言，喜臧否人物，以直躬行道为己任。其为文著书多涉规讽，以是颇为流俗所不容，故屡见摈斥。"王禹偁是北宋诗文革新运动的先驱人物。著有《小畜集》30 卷。他反对浮颓纤靡的晚唐五代文风，提倡"句之易道，义之易晓"（《答张扶书》）。他的散文流利晓畅，天韵自然，意境磊落深挚，清毅俊远。名篇《唐河店老妪》、《待漏院记》、《黄州新建小竹楼记》等，表现了对社稷民生的忧思关切，也有寄情山水的优美纾怀。其积极入世而又重视审美体悟"传道而明心"的文学风格，使他成为宋初最重要的散文家，对整个宋代散文产生了很大的影响。苏轼赞他："以雄文直道独立当世。"（《王元之画像赞并叙》）王禹偁的诗歌继承了白居易"惟歌生民病"的讽喻诗精神，写了大量反映民生疾苦、影刺社会现实的诗作。像《对雪》、《感流亡》等诗里,充满了对底层百姓和士兵生活的质朴描写和悯世情怀。前者因刺骨寒的大雪,牵念那冰天雪地里“车重數十斛,路遥数百里”的“河朔民”和“甲寒侵骨髓”的边塞兵。后者写谪居商州期间,看到因大旱流亡的一家人:“老翁与病妪,头鬓皆皤然。呱呱三儿泣,茕茕一夫鳏。”“襁负且乞丐,冻馁复艰险。惟愁大雨雪,僵死山谷间。我闻斯人语,倚户独长叹。”平易浅近的诗风,深得杜甫、白居易诗歌的精髓。王禹偁的诗文对后世影响深远,清代吴之振评论他“独开有宋风气,于是欧阳文忠(修)得以承流接响”(《宋诗钞·小畜集钞·序》)。他为后来欧阳修、梅尧臣等人的诗文革新运动开辟了道路。

浓郁的山东地方气息

明代中叶至清代初期,也是齐鲁文学大放异彩的时代。明代最醒目的文学现象大约是《水浒传》和《金瓶梅》两部长篇小说的出现。它们所描写的故事内容,分别发生在山东鲁西一带的阳谷和清河两地,其间的山川风光、社会经济、乡土和市井生活的风俗人情以及人物语言等,无不流露着浓郁的山东地方气息和齐鲁文化底蕴,是永恒的、令世界惊叹的中国文学经典。《水浒传》为中国第一部描写农民起义的长篇英雄传奇小说。成书之前,梁山英雄的故事已在民间的说话、戏曲杂剧等形式中流传了200多年。元代时山东的东平是全国的戏剧重镇,各类水浒戏的创作演出在当地热闹非凡。临清兰陵笑笑生的《金瓶梅》,则是中国第一部由文人独立创作的长篇白话小说，它那极鲜活生动的市井社会百态图，为人们呈现了当时资本主义经济萌芽之际丰富复杂的社会生活变迁。明代中期是俗文学的蓬勃发展时期。其时诗人李先芳（1511～1594）、于慎行（1545～1608）、谢榛（1495～1575）、李攀龙（1514～1570），散曲和戏曲家李开先（1502～1568）、冯惟敏（1511～1580）等，这些同是山东人的著名文人，其中不乏达官重臣。他们或写具有民歌风格的诗和注重诗的雅化，或将民间小调改造升华成新的散曲和戏曲，一时各逞风骚，引导风气。这使得山东雅文学和俗文学相互交融、图新创变的程度，远远超越了当时中国的其他地区。至清初康熙时代，王士禛（1634～1711），字贻上，号阮亭，又号渔阳山人，山东新城（今桓台）人，成为中国文坛影响最大的文学家和诗论家。他是顺治十五年进士，康熙年间官至刑部尚书。他早年与文友汇集济南大明湖，即景赋秋柳诗四首，一时四方和者众多，从而诗名大噪。他与当时的"济南诗派"时相过往，渊源深厚，常自称"济南王郎"。王士禛一生著述500余种，诗词、散文、笔记小说均被认为是一流的作品，其游历景物风光、融会"以往之人事"、寓写兴亡感慨的山水诗成就最高。特别是他总结司空图、严羽等人观点创立的"神韵说"诗学理论，不仅有力地促进了清代诗风的转变，对后世也产生了重大影响。王士禛身居高位，有清廉刚正的政治声誉，又能热心提携和平等交往文坛中人，对前朝和同时代的许多作家作品进行了介说和评论，其中包括对蒲松龄《聊斋志异》的支持和称扬，是当时众望所归的文坛领袖。"而一代正宗，必以新城王公称首。公以诗鸣海内五十余年，士大夫识与不识，皆尊之为泰山北斗”（李云度《国朝先正事略》）。随后孔尚任（1648～1718）的《桃花扇》、蒲松龄（1640～1715）的《聊斋志异》的问世，都在历史上留下了难以磨灭的光芒。《桃花扇》一剧融合了爱情、政治、历史、忠贞和背叛多重内涵，“借离合之情，写兴亡之感”，刻画了明清易代的兴亡斗争，也深刻地表现了人性的光明、阴暗和挣扎。《聊斋志异》尖锐讥讽批判了社会政治现实与科举制度，是一部抒写“孤愤”的奇书。它用繁多笔法记述各种狐鬼精灵，人伦鬼情，有着前所罕见的离奇情节与斑斓色调，大量撷取民间素材，赋予作品鲜明的民间叙事特征，从而产生独特的审美力量，蒲松龄向这一久远的文学传统，重新灌注了新鲜勃郁的生机和活力。

忧黎元　矜民生

到20世纪之初的新文化运动，开启了中国文学的现代航程，反对外来侵略和封建禁锢，追求“人”的解放与社会变革。齐鲁文学以深厚的创造力和热切追求社会承担的主体精神，展示出全新的文化姿态。20世纪30年代，在中西文化冲突和民族危机日益尖锐复杂的背景下，作为民族意识觉醒在文学上的突出表现，乡土题材的创作得到了更大的发展，并在现代文学的总体格局中占了十分重要的位置。齐鲁文学则在这方面取得了非常突出的成就。新文学革命的启蒙者王统照（1897～1957），此时“盖以痛心时艰殷忧无限”，要“在文艺作品中著力于农民生活的解剖，从微小事体上透出时代暗影的来临”（《银龙集·序》）。这时期他写下了《山雨》、《青纱帐》、《银龙集》等表现农村生活的作品。1933 年发表的中国现代第一部表现农民题材的长篇小说《山雨》，生动描绘了北方农村的动荡与崩溃，揭示内外交加的民族危机，立即引起了巨大的社会反响。茅盾（沈雁冰）发表评论说："到现在为止，我们还没有看到第二部这样坚实的农村小说。这不是想象中的概念的作品，这是血淋淋的生活的记录"，"到处可见北方农村的凸体的图画"（《文学》第 1 卷第 6 号）。同年，臧克家（1905 ~ 2004）发表了诗集《烙印》。诗中真实而凝练的格调，对中国农民的深沉抒写，"为文坛吹来一股清新的风"。象征着坚忍、勤劳和苦难的中国农民形象的《老马》，打动了所有人的心："总得叫大车装个够，它横竖不说一句话，背上的压力往肉里扣，它把头沉重地垂下！"代这土地上承受磨难的生命发出了对命运的抗争。闻一多说，这里的诗，"没有一首不具有极顶真的生活的意义"（《烙印·序》）。朱自清认为正是从《烙印》开始，现代中国"才有了有血有肉的以农村为题材的诗"（《新诗杂话》）。与此同时，李广田（1906 ~ 1968）以"地之子"的风貌，质朴真挚的笔触写作《画廊集》、《银狐集》、《雀蓑记》等多部散文集，描述了深厚齐鲁文化背景下的地方风土人情、山川景物、乡野故事。他善于将故乡传说、风光习俗与朴素劳动生活、乡人的生死哀乐巧妙糅合在一起，使作品展现出平中寓奇、朴野浑厚之中隐现绚烂的卓越风格。吴伯箫（1906 ~ 1982）也是以散文来抒写乡土风物和家国情怀，代表作《羽书》，字里行间充满了浓重的乡情和对美的喟叹，以及追求民族自强、御敌抗侮的时代呐喊，气势宛转跌宕、慷慨洒脱。这些齐鲁作家一向"忧黎元”“矜民生”的传统情怀，在大时代的冲击磨砺下，努力从民间土地上去获取精神和艺术生命的滋养，使他们的创作成为20世纪30年代文坛最坚实醒目的景观。

史诗性的宏阔演绎和感性抒写

风雨50载。20世纪80年代后，中国社会进入了改革开放的历史新阶段，齐鲁文学也迎来了又一个高潮期。以杰出作家张炜、莫言等为代表，作家们依然恪守积极入世、关怀民瘼世情的思想文化传统，同时更注重艺术主体精神与个性审美的独立和张扬。他们的文学活动以现实批判意识为重心，主要在两个层面上展开。其一体现为对社会经济迅速起飞这一历史阶段的文化反思与文化批判。如王润滋的《鲁班的子孙》，矫健的《老人仓》，张炜的《一潭清水》、《秋天的愤怒》、《九月寓言》等作品，刘玉民的《骚动之秋》，尤凤伟的《秋天的旅程》等。在对历史行进中的道德痛苦的关注里，呼唤物质文明发展与美好人性的统一；在其文化守成的姿态下，现代文化批判闪灼着耀目的时代光彩。张炜的长篇小说《古船》、《我在高原》可为这方面的代表。其二是对人自我的主体呈现和对民族生存历史与现状的多元观照。以高扬人的主体精神为主旨的书写，不少作家的作品有所涉及，包括孔孚、耿林莽等人的诗，而莫言的《红高粱》则将这一主题表现推向了巅峰。莫言的长篇小说《丰乳肥臀》、《檀香刑》和张炜的作品对民族心理轨迹的反顾、对历史人生史诗性的宏阔演绎和感性抒写，更是有力地拓展了文学表现的深度与空间。

拓展地域文学研究的诗学格局

地域文学与文化的研究，是20世纪后期以来在我国兴起并逐步成为“热点”的一个领域。在当前全球化趋势下，文学的地域性研究，既有坚持民族文化独立、维护文化多元的深远战略意义，又包含了对当下文学发展问题的思考。在20世纪60年代自欧美国家开始、后来影响至亚洲的“文化研究”概念中，地域文化研究是其涉及种族、性别、阶级、民族及差异性、女性文化和后殖民文化等众多研究意向的一部分。中国在进入20世纪80年代后，于社会转型期内外因素的作用下，文学的地域文化研究始形成潮流。迄今已有数量可观的各省或中央大辖区的地域文学史和专题研究著作出版。在这一领域里，人们或系统地描述一个地方区域的文学发展史，或对地域文化与文学的影响关联、对具体的地域文化文学现象、文学规律和作家作品、创作流派等进行论析和评价。这些成果，应该说对中国文学的整体研究格局都有所丰富和深化，也为解决相关的文学问题提供了一些切实的经验与途径。同时，作为一个新兴的学科方向，中国地域文化与文学的研究，无论是在其学科理念还是应对范型上，都还处在早期建设的阶段。作为一个广泛地涉及了中国文学和历史学、哲学、民族学、人文地理学、宗教学、社会心理学等多种学科的研究领域，它以深厚宏富的民族文化传统为依托，含纳着传统性与现代性、自然性与社会性、审美的时空关系、本土性与外来性等各种关系及其之间的连接、消长与交错，具有在新的时代基础上的宽广性和复杂性。当我们把这一领域的研究作为具有现代性的“学科”来建构，便必然会涉及一些基本理论问题，比如有关地域文化和文学的概念、范畴的建立、其特色与核心价值的确认等，都必须进行深入的探讨、归纳和提升，包括在认知其发展规律的前提下廓清这一领域的相对独立性，阐明其独特的理论价值等。同时，要应对领域内大量的文学创作实践，还应该有切合其内质的方法论系统，具体而言就是体现方法论思维上的科学性和开放性。而规律的概括和学理观念的提炼及产生，在很大程度上也依赖于丰富多样的文学创作实践和文学批评及阐释的过程。因此对这一研究领域的推进，既要以已有的理论积累积极面对大批的文学文本，也需要对现有研究格局的不断反思。

一

一个地区的自然地貌、人文地理环境，对这一方土地的文化人格、文学创作发生着重要的作用。我国古人对此早已进行过观察和描述。20 世纪初，学者刘师培的《南北文学不同论》，即是通过不同的地理条件、民风习俗来比较南北文学的差异，如其中论述“大抵北方之地，土厚水深，民生其间，多尚实际；南方之地，水势浩洋，民生其际，多尚虚无。民崇实际故所著之文，不外记事、析理二端；民尚虚无，故所著之文，或为言志、抒情之体。”①是近代较早阐明了地域自然环境与人和文学风貌紧密关系的论断。近20年来,在我国文学的地域文化研究兴起的这个阶段,正是文学理论思潮和文学研究观念、方法模式多次发生变化和转折的时期。80年代后人们在文学理论和研究方法上,先是突破了过去长时间里“历史—社会学”主导观念和固定模式的束缚,提倡由过去对文学的“外部性”研究,“向内转”,走向文学自身的内部研究;将目光由外在因素转向主体性,由“历史”转向“文本”。世纪之初曾在西方国家盛行的结构主义、新批评,其形式主义细读、原型批评、审美心理学分析;语言学方法等种种新思潮新方法,刷新着人们的感觉和视野,形成了以审美心理研究和作品细读为中心,专注于文学的叙事、母题、修辞、象征等内部规律的“纯文学”研究。后来随着时间的变化,又产生了大文化视野、大文学观的提法,直至近年的向文化研究的再度转向。实际上,在一定时期里发生的有关文艺观念、方法的转换与演变,往往会与历史上原有的观念与方法有着某些明显或潜隐的联系,而由于人们意识上的共鸣共通,中国和外国、东方与西方在不同时期里的观点,也仍会发生不受时间因素影响的相契合。比如主张以多学科为用的大文化观视野、文化研究的原则,重新认识到文学作为人类最活跃的思想元素,不仅有其自身的历史,而且以主动的姿态,参与了社会历史发展的进程,强调文学对社会、历史发言的能力。它与固有的历史—文学社会学方法,显然是体现了一种历史

① 郭绍虞、罗根泽主编《中国近代文论选》(下),人民文学出版社1959年版。

的螺旋式发展。而纯文学研究的形式主义细读,与我国古代讲究细致繁复地分析文体和言辞的文章学方法,也有不少不谋而合的相似之处。前者主要是致力于从文学的外部和各个社会环节,去打通文学之间、文学与社会之间的甬道;后者则是从文学内部如文体学、叙事学、语言学和审美鉴赏的角度,去梳理和发掘文学的内在律动。这也是近年来日益受到人们关注的两种研究趋向。

我国现有的地域文学研究,由于在主体意识上是从"文化"即从许多具有不同质态的地域文化入手,多是在历时性的史的结构中去描述、阐释受地域文化影响的文学现象的生成、发展并去找寻其规律,或是探讨某作家、作家群体及创作与所在地方文化的关系。因此在研究方法与类型上,大部分是属于历史—文学社会学范畴并向着文化审美方向展开的研究模式。相对而言,就较少有着重从文学内部去深入开掘其现象特质的视角及体现。而对于反映了独特时空关系的地域文学来说,既需要有"纯文学"视角的精密的文本分析,也要把握其与社会、历史、民族和宗教等多样外在因素的关系。只有将这两类研究线索、角度进行完满的结合,才能对其处于特定时空结构中的文学内涵产生更为贴切、深入的抉发与对应。

我们知道,地域文学的空间性,是历史与现实的许多因素共同构成的结果,大致离不开自然、种族、个人和时代的合力作用。而作家经由对地域文化的认同与选择,和其整体文化心理结构共同作用下产生的审美想象,特别是在相似的外部条件下地域文学形态的多样风貌与原创个性,是地域文学空间性的主体内容和重要表征。作家地理意义上的流动迁徙,则形成了地域文学的空间移动现象。这在人文地理学中被称为“空间位移”的情形,是地域文学重要的多维空间现象。中国古时的文人常会为交会文友而外出游历,或因赴官任、谋职、遭贬谪、避战祸等而迁居异地。20世纪文人作家的迁移或因“走异地”“求新知”,或由于战争和生存等原因,除了在国土区域内的流动,还不断有向台港地区、欧美等中国以外的区域的移迁,带有显著的时代特点。文人—文学的空间移动现象,一方面会给原有的地域性造成冲击,另一个可能则是由于异地文化、异质文化的加入和融汇淬炼,使那些以故乡地域记忆为文学出发地和生长点的作家,在创作心态和写作内容上拥有了更加丰富斑斓的层次和内涵。综合上述种种,从地域文化的角度研究文学,其一,必须关注文学时间性之外的作家作品产生的因素;其二,在作家的地域文化认同和其整体世界观、价值观与时代文化、外来文化的关联中,在其所创造的具体文学形态中,探察作家与地域的个性联系形式及其表现方式、审美特点。从而呈现地域文学如何在共时性互动中凸现自身的存在,并进而获得了更高层面的普遍性的意义。

因此,在地域性研究中我们既要关注、了解文学现象及其发展的社会经济、政治、文化等外部动因,也需要准确深细地把握其文学本体的内在机制和艺术构成特征,即其独有的精神和审美取向,叙事角度、技巧,母题的选择,修辞方式,象征譬喻的创造与偏好,等等。一些纯属于个体生命的情感投射方式、投射形态和位置,是作家如何具体地以文学的形式增殖于我们所身处的文化。

二

无论什么时候,社会文化的变迁总是缓慢于社会制度的变迁,前代文学必然会对后来的文学投下历史的光影。深厚传统的积淀,则是新的文学发生的不可或缺的内源性因素。中国文学的源流古今一体,而地域文化所具载的特殊地理风物、人文内核更是亘古及今、风韵绵延。在研究中以古今贯通的思路,提升对文学演变的整体观照意识,是近年学术界研究方式变革的一个方向。这种方式无疑也会给地域文学的研究带来更为阔大坚实的阐释空间。

从古今演变的角度研究地域文学,应该着眼于地域的空间特质及其与文学的关系,和地域文化(文学)发展的特殊规律。首先,是地域差异与文学的多样性关系。不同地域的地理环境差异引起的人情风俗的差异,必然会反映到作家的创作意识中来,影响着其文学的内容和风格。这主要表现在,一是"不同的地域,有不同的文体孕育生长,从而使一些文体带有不同的地方特色,至少在形成后相当长的一段时间内是如此"①。再者,还表现于同一种文体,在不同的地区而具有不同的特点。此所谓"橘生淮南则为橘,生于淮北则为枳"。这自然首先缘于不同地方的作家所受到的不同自然和人文地理方面的影响。同时,在历史时期中,不同时期的文学亦存在着一定的特殊性和差异性。不仅时间的流变演示差异,

① 袁行霈《中国文学史·总绪论》,高等教育出版社 1999 年版。

从不同的地域空间来看，中国北方和南方、东部和西部的文学，从古至今都有着明显的地域差异。时间和地域空间差异使文学具有了多样性。在社会文明史中，地域的差异性渗入了社会生活的各个方面，进而构成了文化的内蕴生机和人文张力。现代历史的进程使地域差异在逐渐缩小，但其客观上一直不同程度地存在。通过各个时期作家不断融入的选择、判断和创造，地域的差异性在文学发展过程里一直有鲜明的体现。

关于地域文学的差异性，还必须看到其发展历史上的不平衡特点。从我国文学而言，地域文学是整个中国文学的一部分，中国文学是一个大的整体，地域文学或可称作是它的一个子系统。然而，地域文学的历史拥有着独立的发展规律，其独立性和特殊性主要缘于地域差异和在不同历史时期的发展不平衡现象。有关政治、经济、文化的环境条件，对于地域文学的发展虽有一定影响力，但并不具备直接对应式的线性关系；而其与文学自身的内部因素交织重叠，表现为双重不平衡的复杂现象。地域文学史的不平衡性，则表现在它不是直线式的发展，只是间断性的出现繁荣景象。那么，面对复杂的、呈现不规则运动形式的文学现象，无论探究其整体演变趋势，还是阐明其具体发展中的某种现象或形态，用古今贯穿的视角，可在被中断或切割的时间里于历史的深层次寻求连通的脉络，加以前后时期进行多维比照、比较的方式，便更易于纵深勘察这一地域性的文学从古至今在艺术精神、文学内容和形式上的联系与变异。

另外，还要看到地域空间的恒定性和穿越性与文学审美传统的关系。山川土地、名胜景物等自然环境所造成的空间差异，在岁月的流逝中是恒久的存在，超越了朝代更迭、时世变换。这种穿越性意味着在同一空间中，不同时期的作家都在此生存和写作，而古往今来的作家对着同一空间的山水景物抒怀寄意，进行描写和表现，并对这种不变之变的时空天地生发着特殊的感悟和追忆。如此经过时间的层累，形成了深厚的空间文化积淀，自然景物拥有了深厚的人文意蕴。①作家与土地山川风貌、人文景观的这种关联，经历了漫长的时间演化，便由最初单纯的主客体关系生成为一种文化和文学传统。地域自然风物已不仅是作家文学作品的客观背景，而是构成其文学本身的重要的内在因子。同时，在地域文化的意义层面上，传统的形成并不只赖于自然条件与人文地理因素，文化在积累的过程中，还同时在不断地与其他因素相融合而生成其新质，丰富其空间层面，促进其传统性的生长与成熟。

文化传统越是发展到后来，越是与人文素质、人文程度密切关联，形成某种比较稳定的人文精神和审美文化个性，传延后代。对于文学来说，则显现为地域文学精神和独特审美意识的承传与延展。

以齐鲁文学为例，作家对民间文化资源的汲取和借鉴，清代蒲松龄的《聊斋志异》创造了一个高峰。在他这部“用传奇法，而以志怪”（鲁迅语）的“孤愤之书”里，记述狐鬼精灵，准神话、拟童话、仿寓言等文体繁多，闪现着前所罕见的瑰奇

① 李浩《地域空间与文学的古今演变》，《中国文学古今演变研究论集二编》，上海古籍出版社2005年版。

色彩。这种取撷民间素材、凸现民间叙事特征的文学传统，在20世纪30年代作家李广田等人的乡土文学里有过表现。到了21世纪前后的文学创作，这一久远的传统又在张炜、莫言等人那里有了新的话语语境下不同风格的脉络体现。有评论家说："张炜小说的叙事总是带有鲜明的民间叙事立场，含有民歌、传说、讲古、童谣杂糅在一起的特点，然而又不是简单的民间素材，它是一种知识分子强烈的当下性、批判性与民间叙事的复杂综合……"①

这些，便是从某种文学形态的角度，显现了在空间层累和文化贯穿意义上的地域文学个性。如果对此类原本属于不同时代的作家的审美活动与文学现象，进行从古至今的寻绎和分析，就会更清晰地了解到在长时间里文学演化的线索和样貌，了解其中所寓含的一些萌发于地域性的文学生长规律。

三

与研究路向紧密相关的是理论层面的观照。如前所述，地域文化研究在全球语境下属于文化研究的范畴。面对世界多元文化和东西方文化的交汇，中国地域文化与文学研究理论的生成，必须根植于中华民族自身生命与喘息的书写，并以此形成与世界文化的对话。

在当前文化中，经典性文学及其所代表的文学观受到了很大冲击和挑战。在社会的大舞台上文学与其他艺术形式、

---

① 陈思和《张炜〈刺猬歌〉》，《文汇读书周报》2006年第3期。

文娱形式相互交渗。随着人们对文学的接受不再有固定的模式,经典的原有"灵韵"(本雅明语)及其重大吸引力被稀释、被消解。同时,在强调差异政治和身份认同的研究者那里,经典则作为话语权力的建构受到质疑和否定。其实,无论哪一种文化,无论其经典以什么形式存在,都是这种文化和它所折射的人性之最深刻力量的呈现。以其不可重复的创造作为民族语言和思想的象征符号,通常意义上大众文化一直是浮在社会的表面,经典则进入了不断滋生民族文化活力的传统文化系统。它们分属于边缘或有交叉的社会不同文化层面。重要的是,文学研究不论采取什么方式,它的研究对象始终都是文学现象与文学历史本身。因此,对于经典,应持有一种现代的守成态度,在反思和不断地重新阅读中,保持思维的张力和多向度的阐释生成空间。

再是在地域文化的文学研究和地域文学创作中,强调应作为积极的对话和解构的力量而存在,质疑和排拒宏大叙事。作为一种理论立场和反思姿态,这无疑符合世界文化批判的潮流。然而如果偏于一端,不正视我国与西方国家历史发展中差异性的存在,忽视中国文学历史上政治文化的合力作用,以及现代以来地域文学中的国家民族意识话语及主流话语,便无以对我国社会文化和历史各阶段进程,文学创作和文学研究产生真正的反思。

中国进入近代社会以来,尤其是在20世纪后,"革命"成为中国文化的重要主题。革命意识形态与主流理论话语,与民主、科学等西方文化相交汇,展开了一场正是以颠覆为使命的文化转折。此间包括以乡土文学为代表的地域文学在内，产生了大量有多元取向的优秀叙事作品。“由于20世纪中国新文学与人民革命、现代化进程关系密切……中国现代文学的革命性、政治性以及文艺的大众化、民族化取向，正是中国社会和文学现代化进程的应有之义。”①对自己国家这种具体时空状态，我们只有深深地楔入那特定年代的特殊文化语境，去进行细致的探察分析。而20世纪80年代后的文坛去大叙事倾向，则是随着社会变革、意识形态的统一性解体后出现的一种“矫枉”式文学现象。个人欲求、文化心理、内在的释放本能、命运的偶然性等成为文学叙述的基本动力。近年也有作家因不满文坛的现象而试图重续“诗史性”叙述。换言之，如果只强调日常性的哲学思考和日常表现，那么关于社会转型的宏观思索和架构应该在我们的文学中占什么位置？其又如何被表达？关于边缘与中心的悖论会长久地存在。其实“现代性”本身就是一个多元并存的概念，我们在研究中应该扬弃非此即彼的对立性，树立一个相对科学客观的包容态度。

① 黄曼君《新文学传统与经典阐释》，湖北教育出版社2005年版。

杨守森　1955年12月生，山东高密人。山东师范大学教授，山东省文史研究馆馆员。文艺学省级重点建设学科学术带头人，文艺学博士点学术带头人。兼任中国文艺理论学会常务理事、中国中外文论学会常务理事等。主持承担过3项国家社科基金课题及多项省、部级社科课题。出版有《艺术境界论》、《艺术想象论》、《审美本体否定论》、《20世纪中国文学问题》、《灵魂的守护》5部学术著作；主编《20世纪中国作家心态史》及全国高校文科教材《文学理论实用教程》、《新编西方文论教程》等10余部；在《中国社会科学》、《文史哲》等刊物发表学术论文100余篇。获山东省优秀社科成果奖一等奖1项、二等奖3项及泰山文学奖、刘勰文艺评论奖多项。

◎论20世纪中国文学批评

◎康德心中的『上帝』

◎我的高密老乡莫言

◎旧体诗五首

论 20 世纪中国文学批评

文学批评，是文学发展的重要支柱，它不仅有其指判文学得失，揭示文学活动规律，促进创作繁荣的功能，且本身就是一种有着独立的思想文化价值乃至艺术价值的创造。别林斯基曾经强调："批评是现代灵智世界的唯我独尊的女皇"，"关于一部伟大作品说些什么这个问题，其重要性是不在于这部伟大作品本身之下的"。① 从中外文学史来看，那些一流的文学批评大师，体现出来的正是这样一种文学创作本身不可替代的意义。但在 20 世纪的中国文学史上，相对于创作而言，文学批评是贫弱的，缺乏目光敏锐、高屋建瓴、思想深刻、见解卓越、文采斐然的批评家；更没有出现像别林斯基、车尔尼雪夫斯基、勃兰兑斯这样产生了世界性影响的一流文学批评大师。许多批评文章，不仅语言枯燥乏味、苍白无力，而且往往存在着教条化、庸俗化、小集团性的无谓纷争之类弊端，更为严重的是不时陷入政治批判乃至人身批斗的歧途。

---

① 《别林斯基选集》第 3 卷，上海译文出版社 1953 年版，第 575 页。

一、偏狭拘谨的批评视野

文学之于人类社会的价值当然是多方面的，但作为一个艺术门类，必须首先具备艺术价值。一部不具备艺术价值的作品，该作品的其他价值只能是空中楼阁。但在20世纪的文学批评中，尤其是在一些主流批评家的笔下，关于艺术价值的批评，则一直较为贫乏。著名的革命文艺理论家钱杏邨就曾这样强调："专门注意技巧的批评，是一种最大的错误。批评家的重要职责是用科学的方法，具体地梳理全书的中心思想，加以阐明或批驳。现代文艺批评，应该注意思想的综合与分析。"①在具体的批评活动中，即以富有批评实绩，曾经写作发表过一系列"作家论"、"作品论"的茅盾来看，在那篇较早系统论述鲁迅创作的长文《鲁迅论》中，除了肯定鲁迅"用冷讽的微笑，一遍一遍不惮烦地向我们解释人类是如何脆弱，世事是多么矛盾！"令人"不能不懔懔地反省自己的灵魂究竟已否完全脱卸了几千年传统的重担"之外，便基本上没有涉及鲁迅作品的艺术成就。在《王鲁彦论》、《丁玲论》中，肯定的也主要是作者体现于作品中的"焦灼苦闷的情调"，描写了"乡村小资产阶级的心理，和乡村的原始式的冷酷"；"负着时代苦闷的创伤的青年女性的叛逆的绝叫"，"全体的农民就革命化起来"之类社会内容。对于叶圣陶的《倪焕之》，茅盾虽也从艺术方面指出后半部写得"空浮"、"连主人公倪焕之也成为平面的纸片一样的人

---

① 《中国新文学大系·文学理论集一》，上海文艺出版社1987年版，第154页。

物”之类不足，但又主要是从其“第一次描写了广阔的世间”，“有意识地要表示一个人——一个富有革命性的小资产阶级知识分子，怎样地受10年来时代的壮潮所激荡，怎样地从城镇到都市，从埋头教育到群众运动，从自由主义到集团主义”之类内容方面着眼，将其盛赞为“‘抗鼎’似的工作”（《读〈倪焕之〉》）。正是受制于这样的批评视野，使得茅盾面对一些具体作品时，甚至不时有“走眼”之处。比如庐隐走上文坛之初写下的表现农民遭受地主压榨的《一封信》，写军阀政府轰打请愿的小学生的《两个小学生》，写纱厂女工生活的《灵魂可以卖么?》等作品，尚是粗疏简浅的，而后来源于个人深切体验的《海滨故人》、《或人的悲哀》等作品，则更富有动人的艺术魅力，更能代表庐隐文学创作的成就。而茅盾高度肯定的则恰是前者，而认为此后的作品是令人可惜地改变了方向。

与文学创作动机方面日趋高涨的“工具论”相呼应，在后来活跃于文坛上的冯雪峰、周扬等这样一些更为专门性的有影响的批评家的笔下，更是较少见到深入细致的艺术分析的笔墨。有时即使顾及作品的艺术价值，也往往让人感到不过是一种示其全面的点缀。一位当代学者曾经这样概括周扬的批评套路：“先作思想内容的批评，然后用较小的篇幅分析语言形式的特色。”且论及语言形式也不外是“大众化语言”、“农民语言”之类。① 实际上，这样一种以内容分析为主，以轻描淡写的艺术分析为其点缀的批

① 温儒敏《中国现代文学批评史》，北京大学出版社 1993 年版，第 197 页。

评套路，又岂止是周扬，可以说正是20世纪中国文学批评的通病。

这种通病，可以更为集中地见之于我们以往众多的现当代文学史（实际上也包括中国古代文学史、外国文学史）。在这些文学史著作中，当论者在概括某一作家的创作成就时，长篇大论的多是作家“写了什么”，而谈及属于艺术性的“怎样写”时，则显得思路狭窄，语言贫乏。正面肯定的则无非是“结构严谨，线索分明，波澜起伏”；“以生动的故事情节塑造了某某人物形象”，“善于从情节发展的矛盾冲突中刻画人物”；“人物性格鲜明，语言流畅明快，生动活泼”；“细致入微地刻画了人物的心理状态”；“自然景物的描写对人物及情节发展也起烘托作用”之类千篇一律，几乎可以挪用到任何一位有成就的作家身上的套话。讲不足，也不外是“结构松散，语言过于显露”之类。

作为语言的艺术，“语言”本应是艺术分析的重心，而在我们的文学批评中，很少关于作家语言风格的分析。直至当今的批评界，虽然语言问题得到了重视，但其分析仍往往是浅尝辄止。如一位批评家这样评论范小青《裤裆巷风流记》的语言特点：“作者于小说语言的运用尤为重要。无论是叙述语言，还是人物对话，都采取了口语——方言的形式。还十分注意叙述的语调、人物对话时的情态、声口，相互间思想感情碰撞、交接、交流时的反应，以及吴语区域中人们表情达意时特有的语言方式，以渲染出日常生活所具有的氛围和情调。叙述语言与人物语言的对应相谐，不仅保证了整部作品在语言上的圆融一致，也从一个方面，使我们看到了与小说人物一起生活和思考着的作者的身影与情感。"①凡是优秀的作品,大多不注意"叙述语言与人物语言的对应相谐",中国作家中,善用方言者重多,因此,通过这样的分析,读者仍难真正认识范小青个人的文学语言贡献。

在20世纪的中国文学批评史上,我们还会注意到这样一种现象:有的批评家,本来是注重于艺术价值分析的,如20年代初期的成仿吾,曾这样批评冰心的《超人》:结构方面存在缺陷,其中的追忆安排得勉强,由于偏重想象而不重观察,致其作品呈现出"被抽象的记述胀坏了的模样"(《评冰心女士的〈超人〉》);在《诗之防御战》中,对胡适、康白情、俞平伯、周作人、徐玉诺、冰心等人诗作艺术缺陷的毫不客气的批评,也是令人叹服的;对鲁迅《呐喊》的批评,用语虽然尖刻了些,但所指出的:"《阿Q正传》的描写虽佳,而结构极坏";"《一件小事》是一篇拙劣的随笔"等(《〈呐喊〉的评论》),也是独具见地的。一直到"革命文学"运动初期,成仿吾开列出的文学公式仍然是:(真挚的人性)+(审美的形式)+(热情)=(永远的革命文学)。② 但随着对文学本身的现实功利目的的强调,作为"无产阶级革命文学运动"的重要宣传者之一,成仿吾先生的批评视角自然也很快集中到了作品的内容方面,而很少顾及什么"审美形式"了。结果,在这位本是富有潜力的文学批评家的笔下,此后竟再也没有写出过早期那

---

① 金梅《地域文化小说:〈裤裆巷风流记〉》,《当代小说评论》1988年第6期,第79页。

② 成仿吾《革命文学与他的永远性》,1926年《创造月刊》第1卷第4期。

样富有艺术眼光的批评文章。

在文学批评领域,注重于文学作品思想内容的分析,大致上可称之为“社会学批评”。“社会学批评”,本是文学批评的重要分支,在世界文学批评史上,是发生过重大作用的,曾经出现过斯达尔夫人、泰纳、别林斯基这样的批评大家。至今看来,“社会学批评”仍有着其他批评形态无法替代的重要意义。但这毕竟只是文学批评的形态之一,且毕竟存在着忽视艺术本体价值批评的局限。

而且,更为严重的是,实际上,我们的许多批评,甚至算不上真正的“社会学批评”,而是“社会学批评”的简单化。社会学批评强调既要研究整个社会状况(具体包括政治、宗教、风俗、法律、种族等)与文学艺术之间的关系,也要注重研究文学艺术与读者之间的相互关系。而我们的文学批评,更多的只是从某些政治教条、某种阶级斗争的理念,甚至某一具体的现实需要出发,简单地套裁评判作品。因为,在我们的许多批评家的心目中,日趋强化的批评理念竟是如此的明确而简单:“批评家就是革命家。”“文艺批评家的职任就是一个革命家的职任,批评家的任务就是促进革命的进展与成功,批评家要把握住他们的这一种伟大的使命!”①“批评家底任务,是在于他把一个艺术作品的观念,由艺术的语言,翻译成社会学的语言,以发现一个文学的现象底社会学的等价。”②“任何社会中的任何

---

① 《中国新文学大系·文学理论集一》,上海文艺出版社1987年版,第158、162页。

② 《“革命文学”论争资料选编》(上),人民文学出版社1981年版,第520~521页。

阶级，总是以政治标准放在第一位，以艺术标准放在第二位的。”①“文艺批评的政治目的性，必须十分明确而坚定。如果文艺批评不注意作品的思想内容，不能辨别作品中的倾向好坏，不为创作发展的正确方向斗争，那么这种批评，就没有什么价值了。”②显然，这样一种对于文学作品政治性的过分强调，与真正的“社会学批评”相比，也是有相当距离的。

从批评实践来看，这样的批评视野，自然束缚了批评家的手脚，致使许多批评家，有时虽然清楚某一作品艺术方面的缺陷，但缘其内容意义的重要，却又不能不勉为其难地尽力给予高度肯定。在主流批评界，我们便时常可见这样的尴尬。如冯雪峰虽然清醒地意识到，欧阳山的《高干大》，由于“表现上的艺术力量不够丰富和旺盛，使读者必须有一半要依赖于理智的分析。就是说，它还不是完全由于艺术的威力逼得你不得不感受着它的中心思想的力量的；……仿佛它不是一株生在旷野间的树，而是一株砍倒了的、并已经当作木材用了的树”。同时又因作品写了一个农民共产党员为人民忘我工作的高贵品性，批判了官僚主义等有关内容，而大加赞扬道：“这是一部很好的小说”，“这部小说的思想性是相当高的”，“是分明负起了政策的任务而得到了成功的作品”。③ 关于丁玲的《太

---

① 《在延安文艺座谈会上的讲话》。

② 《文艺理论学习参考资料》(下)，春风文艺出版社 1982 年版，第 1226 页。

③② 冯雪峰《欧阳山的〈高干大〉》、《〈太阳照在桑干河上〉在我们文学发展史上的意义》，见《雪峰文集》第 2 卷，人民文学出版社 1983 年版。

阳照在桑干河上》,冯雪峰一方面指出“作者还没有在这本小说中带来非常成功的典型人物”,同时又高度称颂“是一部相当辉煌地反映了土地改革的、带来了一定高度的真实性的、史诗似的作品”。②在当代批评界,我们也会看到,有人一方面赞扬一位热情歌颂党、歌颂祖国的“政治型”抒情诗人的作品:“诗情充沛,想象丰富,气势雄豪,意境宏阔,形成了鲜明的风格特征,显示出思想和艺术的成熟。”在同一篇文章中又指出其不足是:“他的作品思想内容还缺乏应有的广度和深度。”③在这些批评意见中,显然是不乏自我矛盾的:《高干大》,既然艺术力量不够丰富,缺少生机,缺少形象感染力,又怎能称得上是一部“很好的小说”?《太阳照在桑干河上》,既然没有写出成功的典型人物,又何以堪称“辉煌”的、“史诗似的”作品?既然“思想内容还缺乏应有的广度和深度”,又怎能说“显示出思想和艺术的成熟”?可以想见,在这样一种视野狭窄、自我尴尬的状态中,实在是难以写出如同别林斯基所说的不在其“伟大作品本身之下的”批评文章的。

二、理念在先的批评向度

文学批评的意义,具体说来,主要体现在两个方面,一是批评家以独特深邃的文化眼光与艺术视角,披文入情,感悟作品,然后通过理论化表述,阐发作品潜在的人生意蕴,张扬作品创生性的艺术价值;二是从某些既有理论原则出发,指出作品的成败得失,揭示作品之于人生经验、人类文明的促

③ 张俊山《时代的“大风歌”》,载《诗刊》1998 年第 10 期。

进或损亏,并进而分析其社会的、文化的、人格的、创作技巧的等诸多方面的根源,以利于文学艺术及人类文明的不断进步。这样的批评,理应是一个由理论到作品、由作品到理论的双向活动过程。

关于文学活动,由于人类已经积累了丰富的经验,已经形成了比较系统的理论体系,文学批评当然可以从既有的理论出发去审视文学现象。但,同人类对其他事物的认识一样,从根本上说,文学理论是来自于文学实践的,文学本身的发展,也必将推动理论本身的创造。故而举凡世界一流的文学批评大师,往往本身也是杰出的文学理论家。苏联的巴赫金,正是通过对陀斯妥耶夫小说的阅读分析,创建了"复调"理论;俄国19世纪的别、车、杜,正是通过具体的文学批评,建立了他们文学理论的伟业;德国莱辛的《汉堡剧评》,既是评论名著,也是理论名著;我国古代刘勰《文心雕龙》中的许多重要见解,也正是借助于批评实践提出的。

实际上,从文学批评史来看,越是独创性的作品,往往越是难以用既有的理论规范去套裁的。因为独创性本身就意味着对既有规范的反叛,如果合乎了既定规范,也就很可能意味着在一定程度上重复了前人。由此可见,如果仅仅用既有理论套裁作品,肯定的往往只能是那些循规蹈矩的作品,或作品中那些合乎常规的方面,而真正的独创性的作品,或作品中的某些独创之处,则很容易被忽视或否定。这样一来,文学又怎么有可能发展?而在我们的文学批评中,最常见的恰恰正是这样一种只注重从既定理念出发进行的单向批评。或根据生活真实与艺术真实的关系,判定作品有着怎样的真实性;或根据文学作品的认识、教育、审美的功能系统,判定作品的社会意义与审美价值;或根据人物、情节、环境、语言、结构之类的某些艺术成规,判定作品达到的艺术高度。这样一种由理论到作品的批评向度,对于阐明作品的意义,帮助读者更好地认识作品,自然是有重要意义的。但从整体上来说,如果文学批评只是停留在这一向度,自然只能永远是文学创作的附庸,而不可能促进文学理论本身的发展,更不可能具有独立的文化创造意义。

比如关于鲁迅先生的名作《祝福》,本是一部内容丰富的作品,但在中国文学界,长期以来,却形成了一个公认的简单而又粗浅的评价:作品通过祥林嫂的悲剧命运,控诉了封建礼教摧残人性的罪恶。特别是神权、君权、族权、夫权这样四大枷锁对妇女的血腥压榨。这个看法至少是不全面的,也是不符合小说本身的实际的。就作品的具体内容来看,鲁迅笔下的祥林嫂之死,主要是两种力量摧残的结果,一种是自然力量,即致贺老六于死地的伤寒与叼走了祥林嫂儿子阿毛的狼。一种是社会力量,即邪恶的封建势力的代表鲁四老爷及其不自觉的帮凶柳妈。如下所示:

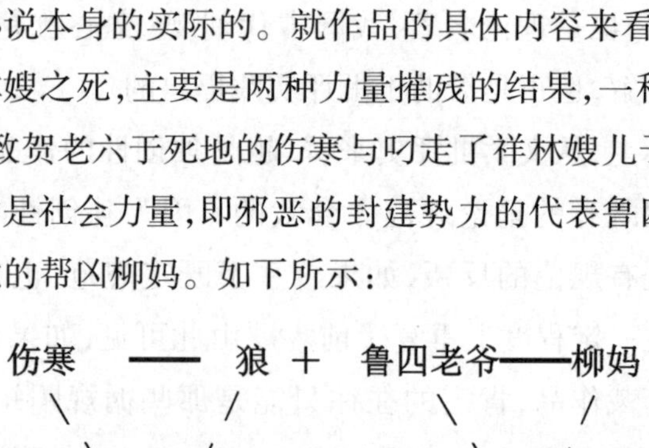

由以上图式可以更为清楚地看出：作品中的祥林嫂，实际上处在了一个由四个关节构成的无法逃脱的死结上。我们只要取消其中的任一环节，比如：贺老六没有死于伤寒，或阿毛没有被狼叼去，或鲁四老爷给以仁慈，或柳妈给以心灵的安慰，祥林嫂都有可能是另外一种命运。而这四个关节中的病灾与狼患，却无论如何是难以和四大枷锁、封建礼教之类扯上边儿的，实在正如作品中的卫老婆子所说：叫作"天有不测风云"，是人力有时难以抵御的。这该叫作什么呢？"命运乎"？"偶然乎"？"巧合乎"？不论鲁迅先生当年创作的本意如何，作品本身，是潜在着一种难以言喻的神秘意味的，而绝不像原来一些批评家们分析得那么简单。

更为严重的是，在由理念出发的批评模式中，由于批评对象常常成了用来证明某些预定理念的材料，故而一位批评家，往往只要熟知了诸如"社会生活是文学艺术的唯一源泉"、"文学作品要塑造个性与共性统一的典型人物"、"除了细节的真实之外，还要真实地再现典型环境中的典型人物"、"艺术真实高于生活真实"之类既有的理论话语，就可以随便抓住一部什么作品，不经仔细阅读，甚至仅凭内容简介，故事梗概，便可以率尔操觚，进行套裁式的批评了；就可以高谈阔论，对作家指手画脚了。这类文章中的见解，自然不可能超出作者本人，甚至难以超出一般的读者。这样的批评，自然也就很难为作家与读者感兴趣了。然而，20 世纪以来，特别是新中国成立以来，充斥着我们的报纸杂志的文学批评版面的，大多不正是这样的"批评文章"吗？至于那种直接从某种现实需要，从某些硬邦邦的政治教条出发的"大批判式"批评,就更是无须阅读什么作品,而仅凭作品中的只言片语,就可以“借题发挥”了,就可以“上纲上线”了,甚至就可以判定作品是“反党反社会主义”的“大毒草”了,这当然就更不属于文学批评了。

新时期以来,随着对西方众多文论的引进,虽然极大地拓展了我国文学批评界的理论视野,促进了中国文学批评的发展,形成了异彩纷呈的局面,但占据主导地位的仍是缺乏创造性的由理论到作品这样一种单向度的批评。即由西方的“精神分析”、“存在主义”、“现象学”、“结构主义”、“解构主义”、“女权主义”、“原型批评”、“后现代主义”之类理论观念出发,来分析评价中国当代作品。如有人曾这样评论张抗抗的《隐形伴侣》:作品“真正的艺术个性,它的特异和出众之处,还在于它着眼于表现人的心理和潜意识,以一种独特的语言方法成功地尝试了真正意义上的心理小说,正如张抗抗自己所说,是对超稳定的传统叙事模式进行了一次‘定向爆破’”。“它打破时空和编年史概念,超越时空,忽东忽西,它不注意故事的完整性,支离破碎,情节淡化;它不注重人物形象的客观描绘,而挖掘其隐秘的感性活动;它的叙述语言也不连贯和系统,而以人物的心理流程作为逻辑的依据,如此等等。”①这样的批评文章,虽然扩展了中国读者的文学视野,但这里体现出来的仍不过是由既成理论出发的单向度的批评,同样缺乏理论本身的开拓与创造。

新时期以来,我们的批评界还存在着另一种单向度的批评

① 转引自《文学评论》1987 年第 6 期,第 57 页。

现象,这就是追逐在某些作家或刊物的背后,被动地阐发宣扬其理论主张。80 年代,当韩少功、郑万隆、李杭育等作家提出了“寻根文学”的主张之后,于是,一大批从“寻根”理论出发的批评文章涌现于文坛;90 年代以来,当许多刊物先后打出“新写实小说”、“新状态小说”(《钟山》)、“新体验小说”(《北京文学》)、“新市民小说”(《上海文学》)、“凸凹”文学(《大家》)之类旗号之后,又有不少文学批评家追随其后,从这类“旗号”出发,评论某些作家作品了。这类“顺杆爬”式的批评文章,不仅更难以有理论本身的创造,即就批评本身而言,也大多是一笔糊涂账。比如究竟何谓“新写实”、“新状态”、“新体验”?这诸多的“新”究竟“新”在哪里,与“旧”又有什么不同?很少有什么文章真正说得清楚。有评论家讲:新写实把凡人常事作为关注的目标,强化环境描写,追求语言通俗化,就是“向现实生活原生态还原”(即把没有经过“本质”过滤的生活现象再度呈现出来,使他保持或更接近生活的本来面貌),而这样的“新写实”与左拉自然主义的有关主张又有什么区别呢?又比如同一位作家的作品,往往同时既被称作“先锋小说”,又被称为“魔幻现实主义”,也有人将其称为“新历史主义”。真可谓“不说还明白,越说叫人越糊涂了”。

1998 年,在《北京文学》发表的《断裂:一份问卷和五十六份答卷》中,作家韩东这样宣称:“当代文学评论并不存在。有的只是一伙面目猥琐的食腐肉者。他们一向以年轻的作家的血肉为生,为了掩盖这个事实他们攻击自己的衣食父母。另外,他们的艺术直觉普遍为负数。”这些话,未免偏激化、情绪化了些,甚或有点儿“刻毒”,然而,在我们的批评界,许多批评家的许多批评文章,缺乏对作品本身的真切体验与感悟,只是单向度地依据某些既定理念,对作品进行生硬套裁,却是随处可见的事实。

三、二极对立的批评方式

早在1924年,成仿吾在《批评与批评家》一文中曾经这样尖锐地指出:"假装批评的形式捧自己的朋党,已成公然的秘密。有种杂志很老老实实地自认:'我们的批评成了宣传的工具,——朋友赞美朋友。'有人说现在的批评界并且把批评当作了攻击敌人的工具。这些都是不忠于文艺,混淆黑白的行为,是关心文艺上的正义的人所应当痛恶而加以抨击的。"①成仿吾这里实际上已指出了文学批评界存在的"棒"与"捧"这样一种二极对立的弊端,遗憾的是,在整个20世纪的中国文学批评史上,这样一种两极化、简单化、以偏概全式的"批评"弊端,一直昌盛不衰。在这类批评文章中,被否定者,往往被说得一无是处,棍子、帽子齐来;被肯定者,则十全十美,甚至缺点也被说成优点。

在中国现代文学史上,有大批被认为缺乏革命热情,或被认为政治上有问题的作家作品,常常遭到的便是一种"棒杀"式的批评。活跃于20年代中期中国文坛上的"现代评论派",是一个成分复杂、思想观念并不同一的文学团体。其成员中,既有原创造社的成员丁西林、陈翰生等,有共产党人杜国庠、田汉、胡也频等,也有偏右的胡适、陈源,也有后来被视

① 《成仿吾文集》,山东大学出版社1985年版,第178页。

为敌人的王世杰、唐有壬等。从其思想言论看,《现代评论》杂志虽然发表过不少有着反动倾向的文章,但也发表过大量诸如《人权的保障在哪里》、《三月十八日惨案目击记》、《唯物主义的警钟响了》、《什么是帝国主义》、《劳动阶级政党组织上之二种见解》之类反帝、反封建,甚至是宣传介绍马克思主义的文章。对于这样一个复杂文学团体,不仅在当时即被简单化地判定为是"帝国主义及买办资产阶级的代言人",似乎至今仍缺乏客观的评价。至于像林纾、徐志摩、梁实秋、胡秋原、沈从文、苏雪林这样一些曾经长期遭到全盘否定的作家,更是难以尽数。即如鲁迅,也曾被判定为"是二重的反革命的人物","是一位不得志的 Fascist(法西斯蒂)"(杜荃《文艺战线上的封建余孽》)。

这类"棒杀"式的文章,不仅蔑视学理,而且还常常夹杂着格调低下的人身攻击。李初梨即曾出言不逊,径直骂鲁迅是一个"战战兢兢的恐怖病者",是在文坛上乱舞的"老骑士",其文章是"神经错乱"的"狂吠"。① 这样一种以谩骂讥讽代替批评的不良文风,在当代文坛上仍有增无减。在前几年那场关于"人文精神"的讨论中,王蒙即曾以"黑驹"指称论敌。谢冕先生重复编选 20 世纪文学经典,或许有不当之处,但像韩石山这样一类以嘲弄挖苦、贬低人格代替说理的文字:"你是北大的教授,博士生导师,你睡着都比凡人醒着聪明","说你不学无术吗?你也著书立说。说你坏了心术,故意要惑乱学界视听愚弄广大读者吧?……我实在不敢作

① 李初梨《请看我们中国的 Don—Quixote 的乱舞》,见《中国现代文学史资料汇编》上册,河南人民出版社 1979 年版。

如是想。”则不仅有失作为一位评论家的谨严，甚至有失文人之风范。董淑华在一篇杂文中将给鲁迅写信的陈仲山误为陈独秀，并对提出批评的张扬予以讥讽，其无知与固执固然可悲可叹，但张扬在《文坛“牛二”》中那些以骂对骂的话，诸如：“常人决不会有这种‘悟性’，而且这也不叫‘悟性’。这叫生拉硬拽胡搅蛮缠死不认错，是恶徒或蠢驴才会具备的特性！”“不只是‘昏话’而简直是在放屁了！”之类，也叫人感到实在有失一位知名作家的身份了。

与“棒杀”式及“谩骂”式的批评相反，中国文学批评的另一种弊端是脱离实际的“胡吹滥捧”。有些虽然取得了较高的成就，但并非十全十美的作品，却往往被我们的批评家捧得天花乱坠。60 年代，杨朔的散文，本来存在着明显的模式化缺陷且不无粉饰生活之弊，却得到了不切实际的高度推崇。某些虽然达到了某一时代的高度，但其思想艺术成就究竟如何尚需进一步研究的作品，竟不时得到了“史诗”性的过誉：如茅盾称赞李季的《王贵与李香香》“是一个卓绝的创造，就说它是‘民族形式’的史诗，似乎也不过分”①。冯雪峰认为《保卫延安》“以这部作品所已达到的根本的史诗精神而论，我个人是以为它已经具有古典文学中的英雄史诗的精神”（《论〈保卫延安〉》）；欧阳山的《三家巷》、《苦斗》，也曾被称颂为“是一部堪称史诗的作品”②。此类评价，至少与这

---

① 茅盾《再谈“方言文学”》，北平新中国出版局 1949 年 6 月版。《大众文艺丛刊 · 批评论文选集》。

② 金钦俊等《英雄垂青史，名城留佳篇》，《羊城晚报》1959 年 11 月 27 日。

些作品在后世读者心目中的地位是有相当距离的。

另有一些本来不过是迎合某种时代需要出现的作品，也往往得到了远远脱离实际的吹捧。郭沫若曾经这样称颂"大跃进"时期出现的新民歌："具有迥然不同的新内容和新风格，在它们面前，连诗三百篇也要显得逊色了。"(《"红旗歌谣"编者的话》)茅盾也曾附和说："现在一谈到《诗经》，许多人就肃然动容，好像它当真是'空前、绝后'了；空前呢，当然；绝后呢，不然！我看《红旗歌谣》三百首就比《诗经》强！"①并情绪高昂地宣称："我国历史上的伟大作家确有辉煌的成就，他们确实是'前无古人'的，可是，在今天，我们却不能说他们是'后无来者'。我们确信，我们这伟大的时代一定要产生超过他们的诗人、作家、艺术家。我们的新民歌的诗人说要超过李白和杜甫，并不是说大话，而是自信心的表现；把这种豪迈的革命浪漫主义精神和实事求是的态度结合起来，就可以保证自信心之成为事实。让我们深刻地体会党的冲天干劲和科学分析相结合的英明指示，在过去一年文艺大跃进的成就上争取今后的更丰硕、更灿烂的成果！"②这样的论述与评价，即使在当时的背景下，恐怕也很难真正令人信服。

此外，在某些批评家的笔下，领袖人物的作品，往往更是被夸赞为顶峰之作，甚至书写时的笔误，也被说成是有意为之的匠心所在。1965年2月，郭沫若在《光明日报》发表的一篇诠释毛泽东诗词《红旗跃过汀江》的文章中，即这样写道："主席并无心成为诗家或词家，但他的诗词却成了诗词的顶

①② 茅盾《鼓吹续集》，作家出版社1962年版第121页；第19、63页。

峰。主席更无心成为书家,但他的墨迹却成为书法的顶峰。例如这首《清平乐》的墨迹而论,‘黄粱’写作‘黄梁’,无心中把粱字简化了。龙岩多写了一个龙字。‘分田分地真忙’下没有句点。这就是随意挥洒的证据。然而这幅字写得多么生动,多么潇洒,多么磊落。每一个字和整个篇幅都充满着豪放不羁的革命气韵。在这里给我们从事文学艺术工作的人,乃至从事任何工作的人,一个深刻的启示。那就是人的因素第一、政治工作第一、思想工作第一、抓活的思想第一,‘四个第一’的原则,极其灵活地、极其具体地呈现在了我们的眼前。”这样的评论,自然只能为后世所诟病。

至今,在我们的批评界,廉价的颂歌与庸俗的捧场依然风行。在这类文章中,一篇本是十分平常的作品,却往往在缺乏分析论证的前提下,便被轻易地赞誉为“成功”、“深刻”之类,甚至被夸耀为“大手笔”、“重量级的作品”、“中国文学的重大事件”等。一位初出茅庐,才写了几篇稍有影响之作的年轻人,往往也会很轻易地被冠之以“文学新星”,甚至“著名作家”。只不过小有成就,而被捧为“大师”的,亦不乏其例。至于像季羡林先生那篇《三个小女孩》,固然不错,但像某批评家所说的是“一篇罕见的奇文”,是一篇“大胆,神秘,充满困惑与感应,情动于中而发抒于外”,“令人倍感惊讶”的“至性文章”①;本来不过是出自邵燕祥之手的一封普通短笺,竟被一位批评家夸赞为:“这样的短札,编到《明人小品》里,也是佳作。”②就径直让人感到有阿谀名人之嫌了。

① 雷达《婴儿状态与赤子之心》,《文学世界》1996 年第 6 期。
② 韩石山《又见邵燕祥先生》,《时代文学》1998 年第 3 期。

若按这样的“捧论”，20 世纪的中国文学史上，“一流的杰作”该是俯拾皆是了，仅是最近几年来的中国文坛上，也该数之不尽了。但真正算得上优秀之作的，到底有多少，读者心里大概是最清楚的。尤其那些一度为批评界大肆吹捧的作品，少有经得住历史考验之作。相反，倒是不少被批判过，甚至被视为“毒草”的作品，成为“重放的鲜花”。

上述以“棒杀”与“捧杀”为特征，有违于科学性的二极化批评，不仅败坏了读者正常的审美趣味，无助于社会大众文学视野的开拓及创作水平的提高，更为严重的是，常常导致文坛无谓的纷争，造成了文坛不应有的混乱。

四、机械呆板的批评文体

文学批评，作为一种理论文体，其价值高低当然首先在于是否以独特的理论眼光，对有关作家作品做出了科学精当的评析。但真正优秀的文学批评，本身就应有文学价值，就应富有文学本身的光彩，正如李健吾先生在《咀华集·跋》中所说，批评“本身也正是一种艺术”。文学批评之文学价值的体现，除了应该是自我生命灵性的展现之外，还应表现在批评文体的个性化及批评语言的生动形象等方面。

在体式方面，中外批评家已经创造了诸如对话体、随笔体、书信体、诗话体、断想体等，且不乏名家名作。如王国维的《人间词话》，将中国的诗话体批评发展到了一个辉煌的高峰；在西方，柏拉图是以“对话体”创建了他的文学理论与文学批评的伟业；尼采是以自由随意的“断想”体登上了他那个时代文学活动的高峰。以语言形式来看，在那些有成就的批评家的笔下,即使正襟危坐的批评文章,也往往写得文采飞扬,诗意浓郁。如曹丕的《典论·论文》、钟嵘的《诗品序》、韩愈的《送孟东野序》等,不仅见解精到,且本身就是情采斐然的美文;如海德格尔《荷尔德林与诗的本质》等文章中,本身就充满着一种盎然的诗意。

以20世纪中国文学批评的实践来看,有成就的文学批评家,也往往十分重视独特的文体及个性化批评语言的创造。如李健吾在活泼的随笔式的批评文体中,其语言也活泼生动,自由洒脱。他曾这样评论沈从文的《边城》:“一切是谐和,光与影的适度配置……叫人看不出是艺术的,一切准乎自然。……细致,然而绝不琐碎;真实,然而绝不教训;风韵,然而绝不弄姿;美丽,然而绝不做作。”(《咀华集》)胡风的批评文章虽然有着晦涩冗繁的不足,但我们仅从“主观战斗精神”、“自我扩张”、“精神的燃烧”、“力感”、“肉搏”、“精神奴役的创伤”、“原始强力”、“拥抱力”、“把捉力”、“相生相克”等这样一些独创性的理论语汇中,即可感到,胡风是一位创建了个人语体的批评家;在当代文坛上,谈笑风生、睿智机敏、文白杂糅、汪洋恣肆的王蒙的批评文章,也是富有文体创造性的。但从整体上来看,20世纪的中国文学批评,不仅体式机械呆板,较为单一,语言文字也大多干瘪生硬,枯燥乏味,且散乱芜杂,空洞无物,缺乏个性。具体而言,主要表现为以下特征。

板块组合:如系肯定性文章,通常是由思想内容、艺术特色、存在的不足三大块组成,即首先是对有关作家的创作或某一作品的内容进行复述性介绍,然后将其套入“通过……

反映了……表现了……”的公式，从中得出某一肯定性的结论；既而是关于人物形象、情节结构、语言风格之类的艺术归纳；然后通过“当然”、“也还觉得不无遗憾”之类的转折语，指出其不足。如系否定性文章，通常也是由这样三块组成：介绍内容；依据现实生活中的某些材料及相关的预定理念证明其错误；然后分析其社会危害，并进而揭露其作者的用心等。这类文章的用语，也多是千人一腔、众口一词。在肯定性的文章中，出现频率最高的语汇是“时代性”、“典型性”、“力作”、“难得的优秀之作”、“有着极强的艺术震撼力”、“白璧微瑕”之类；在否定性文章中，出现频率最高的语汇则是“歪曲了”、“暴露了”、“抹杀了”、“生活难道是这样的吗”、“这样的描写是真实的吗”等。这种公式化、板块化的评论，虽然早就令人生厌，但在我们目前的报刊上，仍是比较常见的体式之一。

复述内容，抄引原作：在这类文章中，批评家采取的是夹叙夹议的写作方式，但其中对作品内容的复述往往远远超过了关于作品的具体分析。一篇评论，如果只是为了让读者了解作品的基本内容，那干脆让读者去读原作或原作提要好了，还要评论干什么？更有甚者，有些这一类的文章，在介绍原作时，干脆大段大段地抄引原文，以代替归纳与分析，这尤其见之于新中国成立前一些批评家的文章。我们只要看看《中国新文学大系·文学理论集一》选录的那些代表作，就会深切地感到这一不足。比如茅盾那篇 14000 余字的《冰心论》，大段抄引的冰心原作即有 5000 余字；穆木天那篇 18000 余字的《郭沫若的诗歌》，大段抄引的郭沫若诗文即有 8000

余字(均按印刷版面计);胡风的《林语堂论》、许杰的《周作人论》等亦均有此不足。仅以文体而论,这样的文章就不易让读者感兴趣。

材料拼凑:在这类批评文章中,常见大量相关材料的堆砌,主要有:马、恩、列、毛泽东等革命领袖人物的某些相关论断;古今中外许多经典文艺理论家、作家的言论;他人关于同一批评对象的介绍分析等。这类文章,虽然看起来旁征博引、气势不凡,实际上空洞无物,少有个人见解。此可谓新中国成立后中国文学批评最突出的文体特征之一,"文革"期间盛行的"大批判"或"大歌颂"文章,可谓这类文体的样板。

用语玄虚,逻辑混乱:这是新时期以来中国文学批评出现的文体弊端。在这类批评文章中,常见生拼杂凑或硬译照搬西人而来的诸如"正向整合"、"叙述标示"、"抽象式叙述"、"异质解构"、"经验指认"、"彼岸世界的向往"、"物象的有序纠结"之类术语。或缘其含混不清,莫知所云,令人敬而远之;或不过是故作高深,把浅显的道理讲得复杂化了(如同有人所讥讽的"浅入深出"),为人所厌弃;或本来就是经不起推敲的装腔作势的废话:试问,只要称得上作品,哪一篇不是"物象的有序纠结",哪一篇不是"经验指认"?脱离人生经验,那还有什么文学?"无序",那还算什么文章?严格地说,这样的批评家,实在是尚缺乏逻辑思维与理论写作的基本训练。

五、确立真正的批评精神

作为一种独特的精神创造活动,文学批评绝不是轻易可为的。作为一位批评家,必须确立真正的批评精神,即要以严肃的科学态度,赤诚的事业心,超越性的文化眼光,执着的生命意志,敢说真话的勇气,潜心以求。

一位成功的文学批评家,必须首先是文学的真正衷情者,而不是借文学谋生者。只有这样,才有可能切实关注文学,深钻细研,弄清文学活动的奥妙。而我们的有些批评家,骨子里其实并不怎么喜欢文学,却阴差阳错地从事了文学批评的职业。这样的批评家,也就很难真正地进入文学。文学界有一种说法:搞不了创作搞理论,搞不了理论搞批评。这当然是对文学批评能力的误解,但不幸的是,却在一定程度上切合了我们文学批评界的实际。正因对文学本身的隔膜,许多批评家洋洋洒洒的长篇大论,的确常常不及某一真正有感于文学的作家的只言片语更富有启示意义。

文学批评是一种思想文化的再创造,这样一种再创造,当然也不是凭空而来,而必须是建立在对具体作品潜心阅读、含英咀华的基础上的。故而何其芳曾经说过,要写一篇评论文章,不读三遍不敢下笔。朱光潜甚至说,不读五遍不敢写一个字。当今台湾有成就的批评家龙应台这样谈过自己的批评过程:"我必须在灯下正襟危坐:第一遍,凭感觉采撷印象;第二遍,用批评的眼光去分析判断,做笔记;然后读第三遍,重新印证、检查已作的价值判断。然后,我才能动笔去写这篇一个字三毛钱的文章。"①显然,只有经过这样的潜心研读,才能透彻地把握作品的精髓,才能做出切中肯綮的

① 温儒敏《中国现代文学批评史》,北京大学出版社 1993 年版,第 227 页。

评判。更为重要的是,只有这样切实地研读作品,从实际出发,才能做到文学批评不仅是某些既成理论的运用,而是有可能跳出既有理论的匡拘,由作品上升到理论,使文学批评的过程同时成为新的文学理论的创生过程。而在我们的批评活动中,未经仔细阅读原作,便大发议论者,并非个别现象。甚至根本不读原作,只凭个人主观意愿,便指手画脚者,亦不乏其人。有的批评家自称:"老眼昏花,好些年我已不看小说,不光长的,中的短的也不看。唯一的信息,只有报刊上简略的记述。"这位批评家正是根据报刊上看到关于刘震云《故乡面和花朵》、周大新的《第二十幕》、徐小斌的《羽蛇》等几部长篇新作的信息,以及这样的个人偏见:"中国的四大文学名著,从严格意义上说,都不是长篇小说,只不过是众多人物的杂混,众多事件的连绵。"即信口开河,讥讽以上几部长篇新作篇幅太长,时间跨度太长。① 其见解或许不无一定道理,但既然不曾阅读原作,这些作品实际上究竟如何不得而知,其结论又怎么能叫人信服?

作为一种思想文化的再创造,决定了批评者自身必须具备广博的学养,敏锐的思想洞察力以及与政治、道德相关的高超的文化眼光。事实上,在思想能力方面,一位不能超越作家与读者的批评家,绝不可能成为一流的批评家。在中国现代文学批评史上,李健吾先生的批评是独具一格、卓有贡献的,但正是缘其更侧重于对于作品的主观印象式的批评,也导致了难以"出乎其外"的局限,限制了他的理论升华。正

---

① 韩石山《妄图遏止一个可怕的趋势》,《文学自由谈》1999年第2期。

如巴金曾经不满的:“你好像一个富家子弟,开了一部流线型的汽车,驰过一条宽广的马路。一路上你得意地左顾右盼,没有一辆比你的华丽,没有一个人有你那样驾驶的本领。你很快地就达到了目的地,现在是坐在豪华的客厅里的沙发上,对着几个好友叙述你的见闻了。你居然谈了一个整夜。你说了那么多的话。而且使得你的几个好友都忘记了睡眠。朋友,我佩服你的眼光锐利。但是我却要疑惑你坐在那样迅速的汽车里而究竟看清楚了什么?”(巴金《〈爱情三部曲〉作者的自白》)显然,这样的批评,往往文学性有余,理论性不足。同理,一位缺乏与政治、道德相关的超越性文化眼光的人,也不可能敏感地把握作品的社会价值及人性意蕴,不可能写出更有价值的批评文章。

要确立真正的批评精神,还需要批评家有说真话的勇气,要具备一种挑战性的理论人格。在我们的文学界,实际上并不乏有识之士,真正缺乏的往往是胆略与气魄。因习惯于尊崇“温、良、恭、俭、让”,“中庸之道”,“君子成人之美”之类的传统信条,中国文人往往“话到嘴边留半句”,总希望多种花,少栽刺。之于文学批评的影响便是:在我们的百年文学批评史上,除了某些政治性的大批判文字之外,在正常的文学艺术批评领域,往往是溢美之词多,批评缺陷少。特别是对于一些成就较大的作家,很少有人予以严格的挑剔。即使在一些名气颇大的批评家的笔下,也少见尖锐泼辣之作。倒是在一些不大为人提及的作家们写的批评文章中,更能见出直言不讳,却又不失公正的批评精神。如沈从文在《论郭沫若》一文中,既充分肯定了郭沫若的诗歌成就,也直言指出他的小说是失败的,其艺术水平"并不比目下许多年青人小说更完全更好","他不会节制,他的笔奔放到不能节制。……不能节制的结果是废话。废话在诗中能容许,在创作中成了一个不可救药的损失"。"他那文章适宜于一篇檄文,一个宣言,一篇通电,一点不适宜于小说。"苏雪林在那篇《沈从文论》中,一方面大力夸赞了沈从文的艺术才华,认为沈从文尽管写了许多短篇小说,可差不多每篇都有一个新结构,不会使读者感到单调与重复;句法也短峭简练,富有单纯的美;造语也新奇而富有想象力等。同时也毫不客气地指出:沈从文那些描写苗族民间生活的小说,"许多地方似乎从希腊神话,古代英雄传说,以及澳洲非洲艳情电影抄袭而来……初读尚觉新奇,再读便味如嚼蜡了"。与鲁迅、茅盾等人那些好像一股电气震撼读者心灵的作品相比,沈从文的作品"轻飘飘地抓不着我们痒处"。显然,这样的评论才更有益于读者与作者。

要确立真正的批评精神,当然还需要进一步营造宽松自由的批评空间,建立更加完善的学术机制。就目前我国批评界的情况来看,既需要批评家更高程度地解放思想,也需要被批评者能够正确地对待批评。近些年来,在我国文艺界,类乎张颐武、王干与韩少功之间的"诉讼"案已屡有发生,此类问题如果处理不当,将很可能对文学批评造成新的束缚。实际上,既然米洛拉德·帕维奇的《哈扎尔词典》已经翻译出版,面对张颐武用语不慎的批评,韩少功或其他批评家完全可以将两部《词典》加以比较,以正视听;王干所批评的"友情评论"、"有偿评论"等,也完全可以通过反批评辨明是非。也就是说,此类文坛争端,本来是可以在正常的文艺批评范围内解决的,大可不必惊官动府。这类“文坛诉讼”,固然说明了中国作家法律意识的提高,且有警示批评家必须言之有据之效,但令人不安的是:只要著书作文,大概谁也不敢保证每一句话都能绝对准确无误;而且,只要批评缺点,肯定就会在一定程度上伤及作家的人格尊严,就会在一定程度上侵害了作家的名誉权。这样一来,那还有谁敢对作家说半个“不”字?为稳妥起见,那大概只有多表扬少批评了。这种不利于自由批评的局面,同样应引起中国当代文学界的警惕。

康德心中的“上帝”

一

在论及康德时,常见有人指责他从前门(在《纯粹理性批判》中)赶走了“上帝”,又从后门(在《实践理性批判》中)迎进了“上帝”,甚至被说成是“以新的方式论证了这些宗教谬论存在的可能性”(全增嘏主编《西方哲学史》下册第85页)。康德这样一位伟大的智者,竟会如此粗率而随意吗?或者又果如某些批判者所说的,是当时德国资产阶级知识分子软弱性、双重性的表现吗?问题恐不这么简单,其实,康德前后对待的不是同一个“上帝”。他赶走的是宗教崇拜意义的“神学上帝”,迎进的是道德信仰意义的“哲学上帝”。

在《纯粹理性批判》中,康德是从本体论、宇宙论、自然神学论三个方面,论证了宗教神学意义的上帝之虚无的。康德认为,从本体论角度来看,上帝乃一纯然理念,既不像“三角形”或“一百元钱”的概念那样有着实际的本体存在,也不能由其自身扩大人们关于实际存在者的知识,故而上帝之存在与否是无法证明的。从宇宙论来看,传统宗教神学所肯定的那个最高的宇宙存在者(上帝),是人们据因果律而得出的一种先验性假定,但因果律仅适用于感官世界,而上帝之存在是超乎感官世界的,因而上帝存在之先验性假定是无意义的。在此,康德还特别批判了始于亚里士多德而为后来的牛顿、莱布尼茨及伏尔泰等人进一步宣扬过的基于因果律的“第一动因说”的荒谬。从自然神学论来看,康德强调,那种认为上帝是世界的创造者的看法也是站不住脚的,因为出现于我们感官世界中的只是具有某种属性的事物,谁也不能断定自己个别性的经验就是无所不能、无所不包的上帝的伟大智慧的体现,且由其事物的构成与秩序来看,倒是让人感到世界的设计受到了材料属性的限制,而不是一切都服从于另一目的,这也进而可见无所不能的上帝的虚妄。总之,在康德看来,在认识论范围内,上帝是无法被证明其存在的。在《实践理性批判》中,康德又指出,道德与幸福相统一的至善,是人类奋力追求的目标。但这道德与幸福相统一的至善目标实际上是很难实现的,因为幸福依赖于物质自然界和人的全部目标之间的相互和谐,也依赖于物质自然界和人的意志的必不可少的决定原理之间的相互和谐;而道德法服从的则是“绝对命令”,是不受自然原理支配的。人类应该追求至善,而至善又难以实现,那么,这个难以实现的至善存在的理由何在呢?康德正是据此推出:“必须悬设上帝的存在”,因为“只有假定了一个无上的存在者,一个具备与品性相协调的根据的最高自然,这个世界上才能有至善”。康德进而更为明确地指出:“假设‘上帝存在’,具有道德上的必要性”,“这种道德必要性是主观的,就是说,只是一种需要;而不是客观的,就是说,它本身并不是一种义务,因为我们并没有义务来假设什么东西存在”。可见,康德并没有出尔反尔地重新肯定神学上帝的存在,而不过是从追求“至善”的动机出发,在否定了宗教崇拜意义的“神学上帝”之后,复活了一个道德信仰意义的“哲学上帝”。这样一种由“神学上帝”向“哲学上帝”的转变,应当说是人类宗教情怀的一次升华。

二

康德曾自述其哲学的三大问题是:我能认识什么?我应做什么?我希望什么?这其实也就是他的三大批判的主题。如果用之于理解他所说的“上帝”,这就是:我无法认识“上帝”(《纯粹理性批判》),但应该相信“上帝”的存在(《实践理性批判》),希望人们通过信仰“上帝”实现美的人生(《判断力批判》)。正是据此,可以更为清楚地辨识康德的“上帝”观。

三

自西方文艺复兴以来,“宗教”虽屡遭重创,但“上帝”似乎并未受损。

长期以来,在我们的教科书上,一直高度肯定文艺复兴以及随之而起的启蒙运动的反叛宗教神学的革命意义。这类论断,实际上是值得怀疑的,至少是不够确切的,其中甚或不无误解。其实,西方人曾经反叛的主要是借“上帝”谋利的教会势力,以及以上帝的名义散布的禁欲、苦行之类反人性的教条,而非“宗教”与“上帝”本身。

考之史料,不仅当时的笛卡尔、莱布尼茨这样一些被称为“二元论”或“唯心主义”的哲学家从“完满性观念论”、“前定和谐说”等角度出发,设法论证过上帝存在的必然性,即如著名的英国唯物主义思想家洛克,也曾公开肯定过上帝的存在。甚至连启蒙运动时期的伟大思想家伏尔泰、卢梭、孟德斯鸠等人,也曾认同牛顿的看法,认为上帝是宇宙这架大机器开始运行的最初的推动者。而上述这些思想家,在高扬科学与理性精神,反叛宗教神学统治,推动思想解放方面,都是做出了巨大贡献的。而且,不少人为此而曾遭到过教会的严酷迫害,但值得深思的是,他们不仅未曾有过对“上帝”本身的微词,相反,竟大都保持着对“上帝”本身的敬畏。

如果说当时这些思想家的动机之一是纯化被教会玷污了的“上帝”,那么,康德的贡献则在于干脆再造了一个更具现代精神意蕴的“上帝”。

四

人类能够忍受各种各样的生活苦难,却无法忍受心灵的空虚与孤独。

除了宗教之外,人类虽也另外创造了许许多多的“主义”与“学说”,但在终极意义上,在人际关系的范围方面,却似乎没有哪一种能够比崇拜“上帝”的宗教更能满足人类渴望相互沟通、相互关爱的心灵欲求。故而连伏尔泰这样一位伟大的启蒙思想家,当年在激烈抨击天主教的同时,也不得不宣称:“如果上帝不存在,也有必要创造出一个上帝。”康德,亦分明是从这种“必要”出发,再造了一个“上帝”的。

五

康德的推断是正确的，尽管人类无法证实上帝的有无，但又“必须悬设上帝的存在”。事实正是如此，在康德之后的西方历史上，人们不仅没有彻底放弃上帝信仰意义的宗教，相反，经由宗教改革，社会大众的宗教热情有增无减，“上帝”的光辉仍在照耀着西方社会的进程。按照德国著名社会学家马克斯·韦伯的看法，宗教改革并不意味着解除教会对日常生活的控制，相反却只是用一种新型的控制取代先前的控制。正是经由宗教改革而产生的新教伦理，有效地促进了西方近代资本主义的发展。韦伯列举了这样一个引人注目的事实：在资本主义迅猛发展的国家里，“工商界领导人、资本占有者、近代企业中的高级技术工人、尤其是受过高等技术培训和商业培训的管理人员，绝大多数都是新教徒”。（《新教伦理与资本主义精神》）韦伯指出，新教伦理的重要信条之一是：人对财富的占有欲，并非人本身的罪恶，也不是资本主义本身的罪恶，因为财富是上帝对人的恩赐，追求财富是上帝赋予所有人的平等权利，只是这占有应是和平创造与自由竞争的结果。与之相关，应受谴责的不是占有财富，而是财富占有方式的不公，那些富而无瑕者，应该受到社会的敬重。这样的新教伦理，对资本主义的健康发展，无疑是至关重要的。据此而“悬设上帝”的存在，也就是不无意义的了。

六

“上帝”的生命力实在是顽强！

19 世纪的德国哲学家尼采宣称“上帝死了”，现在看来，为尼采赢得了巨大声誉的这一声“断喝”，也未免有点儿虚张声势。事实上，“上帝”不仅仍未随着尼采的喝声而寂然死去，而是依然有着强劲的生命力，仍在继续扩散着自己的巨大影响。据统计，目前地球上的大约 60 亿人口中，有 2/3 的人仍在信仰各种宗教，而且信众的数量正在呈日渐增大之势。宗教与科学本来是互相对立的，而实际上也并没有出现宗教危及科学的局面，有许多世界著名的科学家，本身就是宗教教徒，即如伟大的爱因斯坦，也曾坦承自己是一个富有宗教感情的人。另如美国，大概是目前世界上宗教最为兴盛的国家：各类宗教信仰者已占全国总人口的 95% 以上；美国新任总统就职时，都要对上帝宣誓；小布什总统当政时曾明确宣称自己是信仰“上帝”的。但这似乎也并没有影响美国成为当今世界上的第一科技强国。

七

科学的力量是伟大的，但科学给人类带来的并不全是幸福。科学的进步不仅未能提升人的道德，反而导致了人性欲望的失控；有时候，科学的力量越是伟大，人类的心灵倒越发空虚。在高度发达的现代科技生活条件下，人类虽然更加清楚“上帝”不过是一种假想，虚无的上帝不可能真正解决人类的自由、平等、幸福之类的“至善”问题，但在自己的同类中尚未出现能够彻底解决这类问题的伟大智者之前，“上帝”恐怕就仍是一种无可替代的选择。

八

宇宙是无限的,人力是有限的,这就决定了人类近乎本能性的“造神”欲望。

从人类文明的历史进程来看,由与巫术相关的实利性的多神崇拜,到宗教信仰形态的一神崇拜,无疑是一大进步。一神独尊,诸神告退,禁忌丛生的局面得以破除,这自然是有利于人类心灵解放的;不论你是国家元首,还是路边乞丐;不论你四肢健全,还是身有残疾,在同一个“上帝”面前,都是平等的,这也是有利于促成人的自尊意识、民主意识的。而在中国文化中,由于一直未能形成如同基督教那样颇具威势的一神崇拜,未能形成如同“耶和华”那样有着无上权威的“上帝”,这也就给中国人留下了随意造神的空间,使之长期难以走出诸神缠绕的困境:列祖列宗是神,死去的英雄好汉是神,活着的帝王是神,被怀疑为能够致人病患的草木、鸟兽是神,与人类生活密切相关的水有“水神”、火有“火神”、宅有“宅神”、门有“门神”、灶有“灶神”,甚至连厕所都有名为紫姑的“厕神”。在这样一个拥挤不堪的“上帝”王国中,人的自我意识又怎么确立?个性又怎么解放?应予深思的是,尽管已久经现代先进文化的洗礼,但至今,在我国,实用功利性的多神迷信仍然兴盛于民间,并频有悲剧缘此而生;各类形式的“造神”之举,亦仍时有所见,甚至连一些故去的革命领袖人物的肖像,都常常被出租车司机当作驾驶座旁的“护身符”了。这对于缺乏真正宗教形态的“上帝崇拜”意识的中国人来说,不知是幸还是不幸。

九

宗教，曾经被指责为是统治人类的一种手段，然而，人类所创造的所有文化，又有哪一种不具有“统治”人类生活的意义？何况，许多现代人心目中的“上帝”，实际上已不再是宗教迷信性质的“神学上帝”，而已是康德所肯定的“道德信仰”意义上的“哲学上帝”了。

虽然，无论从理性思辨还是从生命体验出发，我都无法相信上帝的存在。

不同的宗教信仰有着各不相同的至高无上的“上帝”，而且都在宣称只有他们的“上帝”才是真正的“上帝”，这本身就令人生疑：真正的“上帝”究竟何在？

但我仍无法否认“上帝”给人类带来的恩惠：他以无所不在的威势，令人类时时收敛自己的恶念，与宇宙万物和平相处；他在给苦难的心灵以慰藉，令生命变得刚毅而坚强；他在激发人类潜在的善之本性，以追求人生的圣洁与崇高。

康德指出，“人是目的”，这是无上的“绝对命令”！

在康德看来，这无上的“绝对命令”，便正是来自于“上帝”的召唤。

在“上帝”眼中，“人是目的”，而不是实现其他目的的工具。

我相信，这应该是“上帝”的心声，如果果真存在“上帝”的话。

我的高密老乡莫言

何镇邦老师打来电话，说他正在为《时代文学》主持的“名家侧影”专栏组织关于莫言的话题，希望我能写点什么。高兴地答应之后，却又感到无从下笔。与莫言虽是高密同乡，相识的时间也算比较长了，且还曾与贺立华兄编过一本《莫言研究资料》，约请一些朋友撰写过一本《怪才莫言》，但对莫言的了解其实并不多。主要原因是：莫言不是那种外在个性显赫，惹人耳目，易于知其“庐山真面目”的人。莫言虽曾在文章中多次声称“自己的嘴巴没遮拦”，实际上却全然不同，他不是那种伶牙俐齿，能吹善侃者，倒是正如他的笔名“莫言”所暗示的，即使朋友们之间，话亦不多。前不久，他送考入山东大学的女儿来济报到，我曾就便请他为我们的学生做过一次报告，讲了不过一个多小时，结束后，莫言即有几分疲惫地对我说：“真不知道你们整天在课堂上讲课，怎么熬的，哪有那么多话好说。”莫言的这一性格特点，曾为敏锐的上海评论家程德培先生在一篇文章中一语猜中：“我简直怀疑，莫言处处表现出那种对人处在无声状态的兴趣是否可以证明他本身就不喜欢说话。”

莫言的为人处世与作品给予读者的联想也大相径庭。

他的小说写得汪洋恣肆、天马行空，"犹如孙猴子在铁扇公主肚子里拳打脚踢翻筋斗"，好像"蝎子窝里捣一棍"，这很容易叫人联想到现实中的莫言也一定是一位前卫得可以、能折腾、不安分、有"故事"的角儿。有不少人甚至对他的个人生活乱加猜测，以至于作为比较知情的朋友，我们不得不经常为之代为辟谣，多次向人们解释：莫言不仅是一位恪守孝道的儿子，还是一位钟爱自己宝贝女儿的慈父，又是一位负责任的丈夫。莫言的不少名作，就是老老实实地躲在故乡父母与妻女的身边完成的。前些年，莫言退伍进入《检察日报》社之后，为了家庭生活的团圆及女儿培养的方便，已不惜代价，举家迁居京城。

莫言说自己"嘴巴没遮拦"，当然也不是有意撒谎。试想，对于一个小时候就带头造过老师的反，策划主编过《蒺藜造反小报》，骂过老师是"奴隶主"，登台演过文艺节目，与小伙伴们共谋干过偷园摸杏之类勾当的人来说，断不可能是那种拙嘴笨舌之辈。而当你面对现实中的莫言，从他那沉默而又带几分忧思的表情中，从他明澈而又凝重的眼神中，你也会意识到，莫言之"莫言"，也绝不是那种别有用心的城府深藏，不是成名之后拿架子式的故作矜持，而分明是一个人在饱经生活的磨难之后，挥之不去的阴影仍萦绕于心所致。因是中农子弟，加之得罪了老师，渴望读书的莫言，只读了 5 年小学即被迫辍学，而沦为年龄最小的农民；12 岁那年，曾因饥饿难挨，偷了生产队的一个萝卜，不仅惨遭毒打，而且被逼当着 200 多人的面，跪在毛主席像前请罪；18 岁之后，当他为了谋求人生的出路，报名参军时，又因出身问题屡屡受挫，第四年才蒙混过关,侥幸得成。这类生活中的苦涩与磨难,这类无情的心灵摧残,不能不压抑与扭曲一个人的个性。而又正是这压抑与扭曲,成就了莫言,将他本应是活跃在口头上的语言,内化为喧嚣的激情,积蓄为后来见之于小说的那样一种狂放不羁、淋漓喷涌的能量。

由于同乡之缘,莫言引起我的注意,应当说是比较早的了。早在 1983 年,当我从这年的《小说月报》第 7 期读到了他的短篇小说《售棉大路》之日起,莫言这个名字就深深地印进了我的心中。《小说月报》在转载这篇小说时的作者介绍中写道:莫言,原名管谟业,山东高密人,1974 年入伍,解放军某部干事。这篇后来莫言自己坦承是模仿之作的短篇小说,当时虽然并没有引起多大的反响,但那精美的文笔,奔涌的激情,鲜活的人物形象,特别是那透露着浓郁的高密棉乡气息的场景描写,令我这个喜爱文学且又在文学圈子里谋生的高密同乡很是激动。当时猜想,21 岁才离开高密的这样一位富有潜力的小说作者,在离开故乡之前,肯定已开始了文学求索,遂向当年高密的一班文朋诗友打探,却没人知道这位管谟业。

后来从莫言那儿得知,他的文学创作,的确在家乡时就已开始了。那是 1973 年冬天,莫言作为生产队的民工,被分派到昌邑县参加了开挖胶莱河的工程。冰天雪地,下泥下水,虽是苦不堪言,但莫言却为那人山人海战天斗地的壮阔场面所激动,于是便萌生了不可遏止的创作欲望。完工归家后,立即趴在土炕上,开始了一部题为《胶莱河畔》的长篇小说的写作,第一章的标题是:“元宵节支部开大会　老地主阴谋断马腿”。莫言拟定的这部作品的大意是：热恋中的妇女队长与民兵连长，为开挖胶莱河而一再推迟婚期。与此同时，村里的一个老地主却在暗中谋划着砍断生产队里一匹枣红马的马腿，企图破坏开挖胶莱河。莫言后来说，这部只写了不到一章的长篇小说，才是他真正的处女作。

莫言写这部处女作的时候，尚是“文革”后期。那时候，出于政治宣传的需要，有关方面对“文学活动”比较重视，各地盛行举办各种各样的创作学习班。仅一个高密县，就曾形成过一支至少四五十人的业余创作队伍。只可惜在当时高密的文学圈子里，竟没有人知道，此时，在本县东北乡一个叫作“平安村”的小村庄里，在一间破败不堪的民房里，还隐藏着一个正在做着文学梦，正在埋头于长篇小说创作的有志青年；更没人想到，十几年之后，这位离开高密之后的青年人竟凭依自己独具特色的《透明的红萝卜》轰动文坛，一举成名。此后遂一路风行，《红高粱》、《天堂蒜薹之歌》、《酒国》、《丰乳肥臀》等力作相继问世，累累爆响，为中国当代文学增添了光彩，也为故乡大地赢得了声誉。而当年那些曾经浮出高密文坛水面的文学爱好者们，其中虽也不乏钟情于文学者，不乏富有文学才华之士，后来大约有十几人曾早于莫言在省级以上报刊上发表过作品，有的作品也曾为《小说月报》等转载，但到头来，大多不过是昙花一现，无力攀高，而终于销声匿迹了。

同是高密人，同是在高密大地上开始的文学追求，只有小学文化程度的莫言，竟不仅远远超越了家乡的一班文学爱好者，且成为领中国文坛之风骚的人物，成为具有了世界性影响的作家。其中奥妙,是耐人寻味的。

现在想来,离开故乡之前的莫言,没有被有关方面发现,没有为人赏识,没有被收拢进当时的文学创作学习班,这当是他不幸中之大幸。这样一来,自然也就使他没有受到当时诸如“三突出”之类的非文学观念的恶劣驯化,没有误入过从红头文件出发进行创作之类的歧途。从他最早尝试的《胶莱河畔》中,虽然也可看出当时某些政治教条的不自觉影响,但毕竟中毒不深,这就使莫言能够从真正的文学体悟入手接近文学,能够直接从自己喜爱的文学大师那里汲取真正的文学营养。比如仅从福克纳那儿,莫言至少就悟到了两点决定他的文学成就的妙蒂。一是学会了建立自己的文学领地。福克纳的目光始终盯着自己那个邮票大小的故乡小镇,创造了闻名世界的“约克纳帕塔法县”这一文学地域形象。正是受其启迪,莫言虽然远离了家乡,目光也一直盯在了“高密东北乡”这片土地上,从而占据了一块最便于施展自己才华的文学地盘。二是从福克纳那儿悟通了“撒谎”(文学理论谓之“虚构”)的艺术本领。莫言非常欣赏福克纳“明明没当上空军,却到处说自己开着飞机上天打过空战,脑袋里还留下一块弹片”这样一种敢于“胡说八道”、“喜欢吹牛”的品性,并有意无意地接受影响。在与莫言谋面之前,我曾在《文艺报》上读到他的答记者问,其中这样说过:“我的年轻是一种假象,其实肉体老化得相当厉害了,日薄西山,百病缠身,三十几岁已是垂暮之年。我预感自己生命的蜡烛会有一天突然熄灭。”那时我曾真诚地相信莫言果如许多有成就的作家那样,是一位体弱多病的才子,并且曾经唤起过我对这位高密同乡很长时间的伤感。见面之后，才知道莫言的这一番话基本上属于“撒谎”性的艺术笔墨，这位自称“百病缠身”的人，实际上是一位能吃肉、能喝酒、能抽烟，膀阔腰圆、壮硕如牛的高密汉子。显然，莫言正是凭依从福克纳那儿悟到的这样一种“撒谎”本领，撒出了“我爷爷”、“我奶奶”等活跃在“高密东北乡”的那些人物和故事，撒出了一个属于自己的“文学王国”。

莫言很小失学，这对他的文学创作来说，未尝不是又一幸事。由于较早就远离了政治意味很浓的虚泛的学校正统教育，这就使莫言更容易直接汲取来自于民间的包含原始生命活力的文化影响，尤其是发端于齐之始祖太公望吕尚，后来曾特别凸现于管仲、晏婴、邹衍、田横、蒲松龄之类古圣先贤身上，至今仍潜存于作为齐之腹地的高密民间的齐文化的影响。目前的国内学术界，常将齐鲁文化并称，实际上齐鲁文化是判然有别的。鲁文化主要是儒家文化，重规范，重人伦，崇尚温柔敦厚，主张中庸平和，反对“怪力乱神”；在文学方面，则强调“文以载道”，主张“发乎情，止乎礼义”等。而齐文化则倡导思想自由，尊重异端邪说，甚至敢于任其鬼怪之说泛滥，表现出开放旷达的辉煌气度，这显然是一种更利于文学生发的文化。我们从莫言那些波诡云谲，奇思怪想，梦幻与现实融为一体，科学与童话汇为一炉，“鬼哭狼嚎，牛鬼蛇神一齐出笼”的小说中，从他小说中那些自由不羁、敢作敢为、富有血性气质的人物形象中，看到的正是齐文化的泱泱风采。

莫言开始文学梦不久，即离开了高密，这自然也是莫言走向成功的重要契机,这就使他能够拉开距离,冷静地审视自己的故乡。莫言在《红高粱》中痛陈的:高密东北乡,这“无疑是人类最美丽最丑陋,最超脱最世俗,最圣洁最龌龊,最英雄好汉最王八蛋,最能喝酒最能爱的地方”,便恰是其冷静审视的结果。正是出于对故乡的爱,成名后的莫言,曾经利用他的文学影响,在《人民日报》上连续发表了《高密之星》、《高密之光》、《高密之梦》等报告文学,为高密那些大刀阔斧、奋力献身于改革开放的“英雄好汉们”摇旗呐喊。那一阵子,有人甚至戏称《人民日报》变成了《高密县报》。此举,曾令国内许多地方的政府官员、企业家们嫉妒得眼红,甚至有不少人出重金收买莫言为他们谱写一曲赞歌。但莫言出于对高密故乡的忠诚,寂然不为所动,依然只是继续为高密人大吹大擂。正是出于对于故乡的恨,莫言又不怕担着“不肖子孙”、背叛故乡的骂名,在作品中淋漓尽致地揭露了“高密东北乡”的丑陋与邪恶,发出了“种的退化”的叩问。正是这爱与恨的交织,凝成了莫言作品中汹涌澎湃的情感张力,构成了其丰厚的文化底蕴。而当年高密的另一些迷恋过文学的人,难有大的作为,很大程度上便是因为:不曾离开故乡,也就看不清故乡,更无力背叛故乡,而只能局限于狭小的高密人的文化视野。可以想见,莫言如果不是有幸离开高密,恐也难逃其厄。

谈到莫言的成功,我们这儿不能不想到莫言家庭中的一个重要人物,这就是莫言的大哥,毕业于华东师大中文系、现为高密一中副校长的管谟贤先生。不论在书面文章还是在私下的谈话中,莫言每每深情地提到他的这位大哥。的确,在莫言通向文学圣殿的旅程中，这位兄长的意义是难以估量的。对于莫言，他不仅有过救命之恩（他曾经从粪坑里救出过两岁时的弟弟），又以其自身优秀的文学修养，给予蹒跚于文学之路上的弟弟以决定性的导引。外人也许不太了解，谟贤先生的才情学识，在某些方面恐是不在其弟弟之下的。读者如果有幸读过他在《青年思想家》发表的《杏坛白说》、《杏坛续说》、《莫言小说中的人和事》等文，即可了然。甚至仅凭其文笔，即可见出其老到的文学功力。

走出故乡的高粱地，而今终于成为著名作家的莫言，尽管从小苦大仇深，饱经磨难，但人生的机遇毕竟还是不错的。莫言是个好人，好人自有好报，所以，即使原本的不幸，竟也成为他走向辉煌的契机；莫言是个聪明人，聪明人能够抓住契机，能够充分地利用契机，所以莫言终于大获成功。

旧体诗五首

春日偶感

蛰居闹市久，忽闻燕语声。
遥念千里外，故乡已清明。
野田新禾出，桃李花冠生。
探问春消息，窗前看梧桐。

读史有感

庙堂总啼英雄血，深宫尽锁帝王灵。
三江明月珠含泪，五湖霞光玉吞声。
天有冷暖身上衣，月有圆缺杯中影。
春秋无字何由删，可怜夫子废才情。

关中行

千年黄土埋宫阙，满目衰草逐流萤。
潼关难锁壮士怀，渭水长流骚客情。
终南烟云犹挂树，地下战鼓悄闻声。
英雄豪杰今安在，秦川寥落帝王陵。

雨后暮登千佛山

大雨薄暮停，乱鸟噪晚林。
叶滴唐槐露，风吹禅寺音。
俯看山脚下，万家灯火新。
马路车声喧，几人出红尘。

己丑初夏，与锡杰兄夜饮山中

夕照洒余晖，夜色渐朦胧。
举瓶倚石频，挥箸临涧空。
醉眼星河外，狂啸野林中。
人生需恣意，非关魏晋风。

杨耀　字子虚，自号林泉室主，1938 年 12 月生，陕西延川人。山东工艺美术学院教授，山东省文史研究馆馆员，中国美术家协会会员，享受国务院政府特殊津贴。国家邮政发行《中国书画名家·杨耀邮票珍藏》一套（十枚），澳门邮政发行《杨耀诗书画泰山》与《杨耀诗书画黄山》各一套（各八枚）。出版有《杨耀画集》、《杨耀新疆山水画》、《书法与篆刻》等著作及画集。

◎画松源流概说

画松源流概说

自然界的松树，约有二百余种。我国疆域辽阔，各地皆宜生长，大约有八十四种之多，其中尤以泰山与黄山松著称。它们或卓然挺立，或俯身探临，千姿百态。而泰山的“望人松”，黄山的“迎客松”，更是驰名中外，并为人们所景仰。

松树与人，无论是在物质方面，还是在精神方面，都有不解之缘。它虽经寒暑但不凋不零，挺傲苍健而不攀不附，品格固高而美姿超然，因此，历来为人们所激赏。古时候，人们敬重松树，对松树顶礼膜拜，有时几乎到了神化的地步。传说夏后氏之世，“祀社以松”（《论语·八佾》）。或称“松柏为百木长，而守门闾”，“下有伏灵，上有兔丝；……伏灵者，千岁松根也，食之不死”（《史记·龟策列传》）。这些说法，虽难考其实，但古人敬重松树的感情却是显而易见的。

在我国的绘画中，松树也成了被表现的题材，最早描画松树形象的作品，是南京西善桥东晋墓葬中出土的画像砖《竹林七贤与荣启期》。画松所以出现于这一时期，与士大夫阶层的清高和描画自然景物的山水画的兴起，有着极为密切的关系。虽然这一时期所画的树木，“列植之状，则若伸臂布指”（唐张彦远《历代名画记》），但树形特征明确，风姿神韵亦有可观;松皮鳞皴、松枝、松针疏密有变;前后的穿插也错落有致,有江南平地斜坡所见松树的典型风貌。早期画松与后世相较虽稚拙,但能达如此地步,亦足令人为之叹服。

在山水画发展为一门独立画科的隋代,因其历时甚短(仅三十八年),所以画松未能有较大的发展。从我国现存最早的一张山水画(即展子虔所做的《游春图》)中的松树来看,则是"松不细写松针,直以苦绿沉点。松身界两笔,直以赭石填染而不作松鳞"(明詹景凤《东图玄览》),仍较为原始稚拙。

我国绘画进入唐代,盛况空前,名家辈出。在山水画迅速发展的形势下,画松极受人们的悦赏与重视。在画家中,又盛行以专习一物为能事之风。遂使一部分画家,或专攻画松(包括与松有关的松石、松竹之类),或画山水兼攻画松。中唐以后,此风尤盛。此时画松既注重"外师造化",又强调"中得心源"。同时,题诗著文论画之风特盛,(题画松方面如杜甫的《戏为韦偃双松图歌》、《题李尊师松树障子歌》,元稹的《画松诗》,符载的《观张员外画松石序》,朱湾的《题遐上人院壁画古松歌》)。这既益于诗人与画家的相互促启,又导引了绘画文学化的趋势;兼以赏鉴之风兴起,使得唐代在画松方面得到了很大的进展。因此,唐代的画松,无论在规模上,还是在表现能力所展现出的成就上,都十分可观。唐人的画松,今已少见。从今天仍能看到的,传为李思训所画《江帆楼阁图》、《明皇幸蜀图》,其子昭道所画的《春山行旅图》,唐人《宫苑图》,以及韩滉所画的《文苑图》等作品中的画松来看,确较唐以前画松有了很大的进步。如《文苑图》中的着色松树，既能细写鳞纹、松花，而又形色神韵皆备。《明皇幸蜀图》、《春山行旅图》与《宫苑图》中的松树，形态真实，叶针已能作车轮、半圆等形的变化与描绘。唐代在画松方面的进展和成就是很大的，对以后各代的影响也是深远的。如唐人所崇尚的龙状古松，一直成为后人对松树审美的一种传统观念。

五代十国时期，社会大为动乱，许多画家隐居山林，致力于山水画的探讨，对松树的研究与描绘，也获得了新的成就。其中贡献最大者，莫过于唐末至五代时期的山水画大家荆浩。

五代后梁之际，荆浩长期深入太行山洪谷之中，对风貌神态各异的古松反复写生研究，在实践的基础上，写成《笔法记》这一极有价值的理论著作。他在《笔法记》中，继南齐谢赫"六法"论之后，又进一步提出了"六要"论。强调了墨的用法。这正是水墨渲淡画法自中唐兴起以后，绘画风尚与技法的推移演进在理论上的反映。无疑，这对画山水与画松来说，是极为重要的理论。

五代十国时期，人们称松，往往称之为"古松"，或称"贞松"，足见当时所崇尚的是不凋不零、贞操始终的古松。山水画题，亦多以"古松"命名。如《古松峻峰图》、《石岸古松图》等。这一时期的画松，又往往以"君子"或"高士"为其蕴意。画松明标"君子"、"高士"者，在绘画中是前所罕见的，与以前各代是大为迥异的。从传为荆浩所绘的《匡庐图》中的松树看，确有一种卓然不群的"高士"风姿。从写实与艺术加工的能力，以及笔墨技法上看，亦较唐人成熟。

画松，历唐代之后，经五代十国时期荆浩等人的开发，将之推进到一个新的发展阶段。这一时期的画松能手亦当多有其人，只因战乱长期为患，致使画家名字少见于载籍罢了。除荆浩等人外，后周释德符善写松柏，前蜀姜道隐善写松石等，都为擅价古今者。

我国的山水画发展到宋初，已臻成熟。宋代（尤其北宋）画松，在许多主要方面，仍然遵循着中唐、五代以来的风尚和格局。如山水画家李成、郭熙、王诜等人，就基本上是承传着荆浩一系风范的。但宋代在画松方面，其重视的程度、研究的深度、开拓的范围以及成就等方面，都超越了前代而成为一个辉煌的时期。

宋人极爱重于松，视松为“众木之长”，“振挈依附之师帅”，名为“宗老”，敬称“公侯”。同时，绘画又极重于“理”，因此，导引了宋人对松性物理以及画法等方面的深细研究，而大大地推动了宋代画松的发展。有关研究画松的理论著作，以韩拙所著的《山水纯全集·论林木》与郭熙、郭思父子合撰的《林泉高致集》为最著。

宋代画松，从规模格局上看，大至巨壁大障，小到尺幅纨扇，竖轴横卷，形式丰富多样。描绘的范围，多则成林，少则截头折枝；从取题上看，则较前更为广泛而又有新的开拓。仅郭熙画松就有秀松、双松、巧石双松、三松、五松、六松、古木乔松、青松、长松、夏山松石平远、秋景松石、绝涧松雪、松轩醉雪、松石溅瀑、一望松等题。而松鹰、松鹤（此二类题材主要盛行于北宋时期）以及岁寒三友（即松、竹、梅）等题材，则为宋代新开拓，并且成为我国绘画传统题材的一部分。这些题材，除象征坚贞高洁、勇健进取外，其余则多表现祝福庆寿之意。从造型上看，宋人画松，枯枝槎枒，盘迴欲攫而极具龙状的，为当时所崇尚的典型风貌，致使后人有直呼其松为“盘龙”。至于树形较直者，不为当时的主流。从表现形式上看，水墨画松为其主流。青绿、浅绛、没骨诸体，亦间有所作。再兼之师承、旨趣、修养以至风格等多方面的原因，遂使宋代画松，尤显丰富多彩而蔚为大观。

在画松盛行的两宋时期（北宋与南宋），大家辈出而且各具风姿。北宋李成、郭熙、王诜等人画松槎枒其枝，乱撒其针，劲挺苍古；米芾在能渗化的纸上以淡墨画松，追求笔情墨趣，有着清雅润洁的韵味；赵伯驹、赵伯骕画松属青绿金碧一体；刘松年的严整谨细，马远的干曲枝回、龙状奇石；夏圭的风韵清奇，以及释法常的写意画松等，都影响于后代。

元代，统治阶级优遇画家不如前朝。时人多恨生不逢时。文人学士或借笔墨寄愁写恨，或凭山水遣兴鸣高。绘画（主要是元末）一改前代重自然物趣描绘之辙，而为讲求笔墨，重自我情趣摅写的写意风范，即使论画与鉴赏，也皆以笔墨、神逸为归，遂使元代成为我国文人画特盛的时期。其中画“四君子”（梅兰竹菊）一类题材的风气尤盛。至于画松，因其为节操坚贞、品格高洁的象征，故同样受到了时人极大的重视，并且又成变格。

元代画松，就造型而言，可归为两类：一类枯枝槎枒，勾攫盘迴；一类树形简直，率率天真。至于蕴意，则主要象以高尚绝俗的君子风仪之类。元末四家（黄公望、吴镇、倪瓒、王蒙），皆狷介孤高之士，辄以君子自喻。其画则被视为逸品

(旧称超脱绝俗的画格为逸品),画松亦自多幽淡高逸之趣。黄公望即曾明言,画“松树不见根,喻君子在野”,而画“杂树(则)喻小人峥嵘之意”。还有人称言画松“有贤人在下位之象”。就题材的选用范围方面看,则主要用于山水场景之中。其他或独写,或与石、竹等物结合为题,所作多属以鉴赏为用的卷轴类。

元绘画主在写意,故往往称“画”为“写”。或“聊写胸中逸气”,或“适一时之兴趣”,所谓“画不过意思而已”。由于追求写意之故,元末四家等人,画松率多简直之形。就画法而论,元人绘画由于多使用渗化力很强的生纸,所以,画法上一改前代绢质湿笔的所谓“水晕墨章”的画法,而为干笔皴擦,淡墨积画或水墨或浅绛(只用赭石为主,花青、藤黄等色淡染)的画法。至于青绿一体,除元初少数画家仍沿袭之外,其他多不取用。

元人画松虽各有师承,然又能自出胸臆,所谓“学古入化,惟元人能之”。元初赵孟頫画松,有时即采取近似白描的画法。倪瓒画松,辄取形体简率,叶针往往作雀爪式,干枝则空白不画或少画鳞皴。上述二类,虽或白描或略写,然松树超凡的风韵却尤为昭彰。黄公望在隐居富春山期间,每次外出,“皮袋中置描笔在内……见树有怪异,便当模写记之”,因能“得于心而形于笔”。在着色上,黄公望与王蒙等人,都极善于运用浅绛法而成为高手。其中黄公望曾创以藤黄或花青入墨画树。而王蒙画松,则又开水墨写针、赭石染干的新奇格法,极为古雅别致。

明代,自初叶兴大狱、杀画士之后,朝野画士多自警。元末注重个性抒发的放逸画风骤敛，而多追踵宋代（尤其南宋）画风，遂使明代绘画转入一个临摹风盛的时期。在画松方面，除少数特殊之士外，多受此风所囿。

明代画松，就其造型而言，主要崇尚盘回槎枒的龙状古松，认为松必“松偃龙蛇”方为入赏。而吴派（为院外文人画派）则多保持了松树真切自然的风貌。这是由于或宗前法（此派多宗北宋董源、巨然以及元末四家等人），或受地域环境影响之故。尤其后叶文人画复盛时期，画松辄以君子高士目之，且多被用于山水画之中。其次如松石、松竹、松鹰、松鹤以及岁寒三友等题材，亦仍前制。在其规模上，寺院巨壁虽有所作，然而已寥落势衰。从细微方面看，邢献之曾绘刻屋宇松竹于胡桃小物之上，又说明明代画松，已能与工艺制品相结合。

明代画松，正如上述，多为传写前人风貌，但从具体的笔墨技法方面，又较前有所改进。明代画松，水墨、青绿、浅绛画法都有，但以水墨者居多，成就也较为突出。其间如林良画松，能放纵南宋院体，笔墨劲率纵肆而多参书意，故被评为“树木遒劲如草书而人莫能及”。文徵明和徐渭等人画松，多求高逸闲雅的神韵，且往往以君子风骨为先意。在绘画的笔调上，则常参书意，所谓“不求形似求生韵”。文徵明画松，其树形率直，通体淡墨积画斡染，枯笔焦墨，勾提皴擦有序，叶针稀疏细劲，观之极感高洁清雅。这既属文氏的典型风貌，又为明人别于前代画松的一种格体。吴伟、吕纪、张路三人，同为明代中叶画家，又都承传南宋院体画法。他们画松，用笔率放而使墨重酣。所作松干，勾染涂抹而线面参互，色调深重且颇具体积光感；松针又改传统的单笔勾画，而为两两并行的双笔攒集的形式，或作车轮之式，或为蝴蝶针形。其中，吴伟又喜以泼墨写松。陈淳、蒋乾等人，画松亦多水墨之体。其画松针，改传统勾画之法，而为点簇的格式。

明代，在关于画松的理论方面，并无重要的阐发。在具体画法上，有一些总结阐述之说。汪砢玉在总结前人画松法时说道："松皮如鳞；写针有鼠尾、蝴蝶、车轮、笊篱等名。"在此之前，尚无人系统地确定这许多名目，这从一个侧面说明了明代在绘画上注重法式的事实。

清代在画松方面，多追求松树那种率直高逸的自然美，而往古那种槎枒盘迴、极具龙状的古松风貌，已不为时尚主流。这是受元末与明末吴派画风影响，而使文人写意画风复盛等原因所致。

在题材运用的范围中，除广施于山水场景外，单独画松或象人贞志，或为庆寿的风气亦颇盛行。其他如松鹰、松鹤、松石、松竹、松梅以及岁寒三友之类，作为一种传统画题，清代仍然沿用着。更有人以专擅画松鹤名世，如冯麟、龚渊、徐廷谟、朱其昌等人。同时，清人李鱓还能用谐言的手法，以《百龄》（画松树与凌霄花，取"凌"的谐音）、《松芝》（画松树与灵芝，取"灵""龄"的谐音）等新的命题画松，以为祝福庆寿。在规模上，清人画松则可巨至松围径尺、幅面数丈乃至数十丈（如张立松所画）；简到仅画瓶插一枝、松果一枚、疏针五束而已。在表现形式上，则工笔、写意、指画、水墨、青绿、浅绛以及没骨诸法都有。

清代画松，虽说多继承传统格法，但某些画家亦有所创造。由于历代画法的汇集,各人的秉承、意趣、修养的不同,所以呈现的风貌亦多端异样。如释弘仁、石涛等人画松,能直以黄山真松为师。项圣漠、沈铨(字师桥,与字南苹的沈铨非一人)等人,亦以黄山真松为本,所写极感真切生动。吴倚等人亦往往师法真松而为时人所称奇。这些能够继承传统的"写生派",在师古风盛行时期,能另辟蹊径而独抒胸臆,确属难能可贵。以画松技法而论,如:疏列松针,不画干枝而"半当点苔"的远松法;"解索"笔意的松鳞法等,都为石涛所开拓。朱耷写松,枝干叶针皆荒率疏简,表现出清绝孤高之意。袁江、袁耀画松,用笔谨严而设色古艳,多为枯枝槎枒、勾折盘回而极具龙状。华喦画松(如《松鹤图》),叶针、松鳞、松果等部分都一一翔实逼肖,风格古雅劲秀而神色俱妙。虚谷画松,笔法荒率,如作草稿,松干廓线,先以淡墨草草挥写而后再以重墨间勾;松皮则纵笔交叉皴画,而极似乱麻皴;叶针则常为鼠尾形的单层纵列,而多不用松枝贯串,叶间又点画球果,新奇别致,实为前所未见。再如戴熙所画的《松明石濑图》中的松干,先以淡墨积画,再以浓焦的密点加着于干身两侧,极具老皮皴爆之感。沈铨画松,干枝墨笔勾皴并以赭石着染,体质光感皆具;松针以绿色直接勾画,颇觉真艳。清中叶的卖画之风盛行以来,任颐画松,松树干枝先以墨笔画就;松叶则首以苍绿涂底,后复以浓重的石青等艳色加叠勾针,青绿辉映,尤觉艳丽。李方膺、龚有晖、赵之谦等人画松,能参互书意、讲重笔墨而韵致尤为超隽。清人画松除常规的笔写之外,更开创了以指画松的先例。如高其佩及王凤岗等人,都是此道中的佼佼者。

清代画松,其理论上,最有价值的,是把汇集的前人成法编为画谱,和画家根据自身经验所绘制为课徒临稿之类。如清初龚贤的《半千课徒画说》,王概的《芥子园画传·山水集》,吴定的《吴定山水画谱》等,其中都有关于画松的方法或用笔的图文,对初学者极为便利。另外,还有的将画松方法编为易记的口诀,如戴以恒的《醉苏斋画诀》中,就有关于画松的口诀。

我国现代的画松盛况空前,以至有专画松树的图册行世,应用的范围也更加广泛。除一般的绘画欣赏外,还广泛用于建筑装饰、工艺制品、商品包装、书籍装帧、壁报宣传以及舞台布景等方面,可谓洋洋大观。

今天的画松,多用于体现时代精神的山水画之中。其他独立的松树、松鹰、松鹤等题材,仍被采用着,并有新的开拓。这些题材,今天多被赋予新的蕴意:或象征革命者的高尚情操,或歌颂英雄人物的不朽业绩,或祝愿祖国的福寿无疆(如画松鹤)。由于时代对画家的要求,工具材料的改进,画家对写生、创作和研究的重视,致使现代的画松尤为繁复而呈现百家竞胜的局面。从时代的审美风尚看,多为苍健高洁、设色浓艳而生机勃勃的风貌。

现代画松,名家高手不在少数。由于历史的发展,今人既有丰富的民族绘画遗产可资借鉴,又善写生、创造,一定能在绘画方面取得更大的成就。

吴泽浩　号铁塔轩主,1943年7月生,广东汕头人。国家一级美术师,山东省文史研究馆馆员,享受国务院政府特殊津贴。曾任济南市政协副主席、山东省美术家协会副主席、济南市文学艺术界联合会主席,第九、十届全国人民代表大会代表。兼任九三学社中央书画院副院长、中央文史馆书画院研究员、中国美术家协会会员、中国书法家协会会员。

◎维丹青豪情　信气韵生动

◎山岳钟英　劲节凌霄

——苦禅大师仙逝二十周年纪念

维丹青豪情　信气韵生动

2003年3月，我赴北京参加十届全国人大第一次会议，入驻国谊宾馆。该宾馆藏有众多名人书画，其大堂两侧高挂陈维信先生的两幅国画作品，一幅是“万山红遍”，另一幅是“华岳参天”，一幅是重彩，另一幅是水墨，足可代表陈老师晚年的风格。“万山红遍”以厚重的水墨作底，层层渲染，遍遍着色，直至浓重的墨色和醒目的重彩红叶互相辉映，可见陈老师是当时画坛上巧用石色重彩的画家。“华岳参天”除了苍润雄劲、危奇险绝之外，更多地引起我对二十八年前两人共走万里长征路的回忆。1976年，陈老已六十多岁，毫不服老，走完艰辛的长征路之后，创作下大量写生画稿。翌年我们又第二次出发，经过华山，攀登天险，几遇危境。后来，他多次以华山为题，创作了大量佳作。这两幅作品就是陈老从济南调任北京画院之后，逝世前一年的遗作，弥足珍贵。

陈维信先生1914年生于山东省的阳信县，自幼喜爱绘画，后随其叔父到北京，旋入北京国立艺专学习国画，从师黄宾虹、周怀民、萧谦中诸大师，专攻山水画，努力追求传统，也兼习西方画法。他曾有机遇拜见张大千先生，故追求大千的豪放画风和长线条勾勒及积彩画法，且模仿大千蓄起一袭长髯，飘然胸前，大有张大千风神。新中国成立后，他在济南第二中学任美术兼制图和物理教师，带出一批艺术爱好者和后来成为美术家的学生。20世纪60年代初期，他调入济南市文联筹委会任专职画家，创作了陈列于人民大会堂的“泰山旭日”等佳作。“文革”到来，当时被济南称为“关黑弭陈”四大家之一的他成为最受冲击的“黑画家”，下放劳动，停止作画。后来虽调入济南市群众艺术馆，也不能放开手脚大胆创作。“文革”后期，江青指令全国画家创作“走资派还在走”的作品，使大家处于左右为难的处境。陈老灵机一动，想出画“红军路上到处莺歌燕舞，旧貌展新貌”的创作灵感，与我一道迈上二万五千里长征之路，经十一省，走三万里，画近千幅速写，五易其稿，十年辛苦不寻常的创作，画作终于取得很大的成功。1987年在北京中国革命军事博物馆展出，“长征路上”100幅作品和“万水千山”长卷全部作品被军事博物馆珍藏。北京画院因他成绩斐然，调他入北京任国家一级美术师。因创作了“黄河组画”，“重如泰山”、“苍鹰图”等佳作，名声更著。陈老在晚年往来京、鲁之间，于1990年12月，仙逝于济南的女儿家中。

陈维信先生对艺术不懈求索，不断创新，不惜奉献，实践“笔墨当随时代”的追求。他既有非常坚实的传统笔墨基础，又有很强的造型能力，更有新颖的紧跟时代的思维，还努力吸取国内外艺术家的长处。他厚积薄发，形成了雄健刚强的笔势，奇异险绝的构图，苍润厚实的韵味，对比强烈的色彩,整体响亮的效果。故此,他是当代山水画家中具有新面貌的名家。他的艺术有待深入的研究,他的技术有待后学者的追摹,他的品格有待人们颂扬。我这点滴回忆,如能引起对陈维信先生的艺术深入研究,则幸之至矣。

山岳钟英　劲节凌霄

——苦禅大师仙逝二十周年纪念

昨天晚饭后，我正在看抗击“非典”的电视新闻，忽接到李杭先生的电话，他要我写一篇纪念李苦禅大师仙逝二十周年的文章。本来，为这个纪念日，济南李苦禅纪念馆已安排了一系列活动，鉴于目前不宜人员繁集（“非典”时期），故用发表文章来纪念大师的业迹，也是一个好办法、好安排。

1983年6月11日中国大写意花鸟画家李苦禅大师走完他八十五年的人生之路，驾鹤西去。不久，苦老的夫人李慧文率全家将大师各个时期系列作品、手稿403件，古代文物数十件与生前部分生活、工作用品以及历史图片等珍贵的书画文物无偿地捐献给济南市。济南市人民政府遂择址于古色古香、景物幽雅的趵突泉侧的古典庭院、占地12000平方米的万竹院内建立了纪念馆。在李苦禅先生逝世三周年的1986年6月11日隆重开馆。开幕式的那天上午，从首都和全国各地专程赶来的领导人和名流大家及济南群众济济一堂，大家瞻仰了大师的塑像，饱览了大师的作品，听取了专家的演讲，对李苦禅先生的艺术成就，大家无不敬仰有加。当时的盛况，今犹在目，实在是全国艺术界在20世纪80年代的盛事。自此以后,纪念馆有计划地举办艺术活动,出版书画专集,参加学术会议,接待国内外专家,已成为向国内外传播传统艺术、齐鲁风情、中华文化乃至人类文明的课堂了。苦禅大师虽然离开我们二十年,但他的作品、理论以及纪念馆的兴建让我们亲切地感到他时刻和我们在一起,二十年来全国和山东爱好书画的莘莘学子从这个课堂中吸取了乳汁和营养,真是功德无量。

我多年来养成一个习惯,每当画不出理想的画或创作遇到困难的时候,特别是每当社会上刮起否定传统艺术之风,散布“笔墨等于零”言论的时候,都会不由自主地来到趵突泉公园的李苦禅纪念馆和王雪涛纪念馆,一个人静静地站在两位中国传统绘画巨匠的作品前,以求解疑释惑。当那些笔精墨妙、诗意盎然、千变万化、大气磅礴、叹为观止的大写意、小写意花鸟画生动活泼地呈现在自己眼前,耳边响起大师的谆谆教诲、眼前亮起佳作灿烂之光的时候,我的心情安定了,头脑清醒了,感觉敏锐了,意志坚强了。我同时还想到,自从济南市有幸建立了这两座纪念馆后,它对艺术追求者的进步和发展以及让他们迈上一条宽广的大道,已经起到了难以估量的作用了。

纵观苦老的艺术道路,他不畏坎壈,茹苦含辛,穷且益坚,不坠青云之志,方近而立之年,即信步艺坛。他绝非艺苑芳丛之中的闲逸之伦,更非象牙之塔的随喜香客。他,同国家民族的命运休戚与共,于民族危难之秋,甘留沦陷故土,广结志士,暗抗敌奸,陷囹圄,抗逼供,忍酷刑……“铁骨铮铮,正气浩然!如是民族气节,如是高尚人品,又当陶铸何等之画品!”(《苦禅宗师艺缘录·前言》)我们常说人品即艺术,中华民族衡量艺术的标准，除了技术水平的高低、声情并茂的程度、题材品类的异同等，更重视的还是人格上的爱国爱民、无私奉献、一以贯之的赤诚之志。每当国家有难人民有困的时候，就会有一批艺术志士站起来，把激越的行动与精湛的艺术紧紧地联系在一起，这就是我们所崇敬和追求的“德艺双馨”。

苦禅大师1899年生于山东高唐贫苦农家，取名英杰。青年时到北京大学“勤工俭学会”半工半读，学习绘画，又在国立艺专系学习。拜齐白石老人为师，受徐悲鸿教授之业。曾被日寇逮捕，始终不屈，抗战胜利后任艺专教授。新中国成立后在中央美术学院中国画系任教。“文化大革命”中受到不公正的待遇，并被下放劳动。20世纪70年代恢复教职，艺术上获得新生，创作了大量巨幅大写意花鸟画，在国际和国内奠定了艺术巨匠的地位。笔耕不辍，直到逝世。他出于蓝而胜于蓝，在齐白石老人的基础上拓宽题材，加大画幅，强化笔力，丰富墨彩。又以书法入画，题款豪放，气势宏伟。有影视资料将其创作过程仔细拍下，创作经验也及时整理出版，对其艺术研究工作日趋系统科学。更有李杭、李燕兄弟传薪乃父家学，又有李苦禅纪念馆全体员工努力地工作，这些自然使得苦禅大师继承的齐白石画派又有了巨大发展和跨越，硕果累累，留遗后世。

苦禅大师逝世二十年，李苦禅纪念馆建馆十七年，今年还是大师诞辰105周年，这在历史上是既漫长又短暂的事，纪念馆建设的艰辛和今后工作的不易，这一切都会铭刻在历史的典籍上。李苦禅先生作为一位画家而能永享人间纪念，成为中华英魂，他是何等的伟岸！

宋家庚 1940年9月生，山东济宁人。济南大学教授，山东省文史研究馆馆员。出版《稷下学宫人物故事》、《历代寓言赏析》、《电影艺术与电影文学》、《广齐音》等著作，发表论文多篇。曾获得山东省社会科学优秀成果三等奖等。

◎济南古园林探胜

◎蒲松龄的人生遭遇漫议

◎文学创作的审丑观照

——读《审丑观照下的西方文学史》随记

济南古园林探胜

园林艺术是建筑、山水、花木等组合而成的综合艺术。中国的古代园林覆盖了全国绝大部分风景名胜,作为人工的杰作和大自然的山水风光融为一体的结晶,乃是一个城市的亮点,体现了该城市的文化价值。今天,在现代化建设中,为了丰富、提高人们的文化生活,为了促进旅游业健康发展,重建或修复一些古代园林更是城市更新、建设中不可忽视的重要课题。

本文仅就笔者阅读所得,提供一些有诗文可查的记载,寻找济南业已消失了的风景——古园林名胜,聊作神游,领略昔年园林景观,作一次文明的呼吸。

济南是座园林城市。其园林的历史几乎与其城市的历史一样悠久。所以如此,无疑与济南独特的历史文化和地理地貌有密切关系。济南自晋怀帝永嘉末年(公元313年之前)郡治由平陵城迁至历城(即今济南旧城的东部一带)后,始终居地区的政治、经济、文化的中心地位。从地理、地貌上看,她北临济水之滨,南依泰山之余脉,得湖山之胜,以泉水众多名擅天下,自然风貌既具北地的浑朴,又有南方的优雅,二美交辉,悦人心目。从文化的视角考察,处在齐鲁文化的交汇点，而且因交通方便、经济发达，在文化上具有极强的包容力。正因如此，济南才那么诱人，那么宜人，历来是人文荟萃之地。

我国古代园林主要有皇家园林、寺观园林和私家园林三大类型。就济南而言，这三种类型的园林应有尽有，而且还轰轰烈烈、风光一时，为世人称羡。

首先，以皇家园林而论，当属济南市的珍珠泉大院。珍珠泉是济南四大泉群之一——珍珠泉群的主泉，世称济南第二名泉。早在金元之际，山东世侯元济南公张荣就在珍珠泉修建府邸，建成风景宜人的优美园林。园内不仅有珍珠泉、濯缨湖等名泉、名湖，并且有楼阁亭榭等宏伟建筑群。张荣的儿子张邦杰、孙子张宏相继袭封济南公。张宏又增其旧制，在泉畔建起高大宏敞的白云楼，雄踞济南城中。冬日雪晴，危楼隐现于波光云影之间，景象绮丽，被题为"白云雪霁"，为"济南八景"之一。元世祖至元二十六年(1289)，著名政治家、散曲家张养浩在19岁时写了《白云楼赋》，赋中生动地描绘了白云楼的宏伟气势。不过，当时张宏致仕后留居辽东，病卒于旧居，他的家人也不常在济南，其时的白云楼已非昔比，业已显得很寥落了。

明初，张氏府第一度改为山东都指挥使司。天顺元年(1457)明英宗(朱祁镇)封其第二子朱见潾为德王，封地原在德州，后因羡慕济南湖山泉水之胜，改来济南，并在元济南王府的基础上，大兴土木，进行扩建，宫室建筑愈加豪华。王府周围筑起了更高的宫墙，府门和四面的宫门门前均有牌坊，府门外有高大的砖砌影壁，后门有半圆形的围墙，另开东、西两个辕门供人出入。府内建有正宫、西宫、东宫和斋宫，还有承运、存心和圜殿三个大殿以及御书阁、孝友堂、燕居斋，并设有王府内部下属的部分机构等。又将珍珠泉和北面的张氏遗留下来的濯缨湖辟为西苑，同时在湖的北面叠山理水，院内开凿了玉带河，可以泛舟游湖，此外尚有白云亭、玩月轩、濯缨轩等园林景观。德王府规模，据资料记载，其范围东至今县西巷，南至院前，西至芙蓉街，北至后宰门（原作厚载门，系王府后门的通称），所占面积约为当时的济南城的三分之一。德王府泉林优美，宫室富丽，结构形制，俨然一副皇家宫苑气派。

皇家宫苑与王朝命运息息相关，兴建不易，毁弃却不难。崇祯十二年（1639），清兵攻入济南，最末一代德王被掳走处死，王府大部分建筑被付之一炬。清朝初年，山东政治、军事中心从青州移到济南，康熙五年（1666），山东巡抚周有德在原德王府旧址上修建了巡抚衙门，衙署大堂是用从青州蘅王府大殿拆卸下来的材料，搬运到济南来进行建造的。巡抚衙署较之德王府大大缩小了规模，但巡抚署内建造得十分幽美。“潆泓冲融，清澜百步，旁流带垣，通舟二里，鱼鸟荇藻，怡情悦性”（王闿运《珍珠泉铭序》），王培荀在《乡园忆旧录》中记得更为具体：“济南抚署，传云圣驾南巡驻跸居之，故正门常闭，巡抚各官俱由东角门出入。署内西偏，巨竹挺生；再西，广厦五楹。向南，前有池，方广亩余，水深而清莹澈底，气自下腾，结成圆泡，如万斛明珠，随流涌出，累累不绝，谓之珍珠泉。水内有台，可演优，两廊宴客。池水北流，绕官宅后，停蓄汪洋，谓之海子，深莫测。扁舟一叶，凌波泛绿，不出墙垣可命酒邀月，诚胜概也。”原来巡抚署衙建造得如此胜景宜人，乃是为了迎合皇帝和朝廷官员游乐的需要。康熙皇帝和乾隆皇帝南巡时都以这里为行宫。至今仍有乾隆亲笔题写的诗碑立于珍珠泉池的北岸。

珍珠泉大院里的园林一直没有正式的园名。这是因为它是封建王朝的产物，为皇帝和王公贵族们所享用。但这并不能掩盖园林本身的美妙本质。随着王朝的兴替，皇帝王公一个个被雨打风吹去，彻底消失了，而作为劳动人民智慧和汗水结晶的园林虽屡遭劫难，备受摧残，依然遗迹尚存，而且日益受到珍视。

千里莺啼绿映红，水村山郭酒旗风。

南朝四百八十寺，多少楼台烟雨中。

杜牧的这首《江南春》绝句可以说是我国魏晋南北朝时期佛教盛行的艺术写照。诗中的南朝系指东晋亡后偏居江南的宋、齐、梁、陈四朝。南朝的皇帝和王公贵族崇信佛教，其中以梁武帝（萧衍）为最甚。《南史·郭祖深传》记载：“时帝大弘释典，将以易俗，故祖深尤言其事，条以为：都下佛寺，五百余所，穷极宏丽，僧尼十余万，资产丰沃。所在郡县，不可胜言。”江南如此，北方的少数民族统治者，既少文化修养，对儒学又没有感情，为了巩固统治，也便借重宗教之力，为扩大佛教影响，到处建造佛寺，劈山雕佛。据杨衒之《洛阳伽蓝记》记载，北魏末年，洛阳附近的佛寺有 1367 所之多。早在西晋时期，西域高僧佛图澄即到济南传扬佛法，使济南成为佛教的中心。历下寺院惟神通寺最久，创于太康（280～290）中，而“神通之名则自隋开皇三年（583）始”（董芸《广齐音·神通寺》题记)。神通寺原为朗公寺,建造在今历城区柳埠镇东琨瑞山下。《水经注·济水》记载:“济水又东北,右会玉水,水导源泰山朗公谷。谷旧名琨瑞溪,有沙门竺僧朗,少事佛图澄,硕学渊通,尤明气纬,隐于此谷,因谓之朗公谷。”朗公谷是当时北方最兴隆的佛教基地。释慧皎《高僧传》说竺僧朗于“金舆谷崑崙山(即琨瑞山)中别立精舍……创筑房室,制穷山美,内外屋宇数十余区”,“上下诸院,十有余所,长廊延柔,千有余间”。历北朝二百年,虽经统治者几度毁寺灭法,朗公寺却安然无恙,至隋开皇三年(583)杨坚大兴佛寺,派人到济南寻找生母吕苦桃,以“通神屡感”故赐寺名为“神通”。唐、宋两代,复又建佛塔,广造佛像,香火繁盛,成为“三齐名刹”。此后战火频仍,神通寺“几为榛莽”,明代弘治年间(1488~1505)进行重修,至清逐渐衰败,现只存四门塔及四十余座墓塔,而殿舍经堂则荡然无存。

在神通寺西,泰山北麓的灵岩寺更是名扬海内。传说,竺僧朗在此说法,“猛兽归伏,乱石点头”,因而得名“灵岩”。二百年后,北魏孝明帝正光元年(520)法定禅师在此创建寺院,当时规模不大,到了唐代贞观年间,高僧惠崇在今现存的灵岩寺位置重新兴建。北宋时灵岩寺仍为全国著名的禅林,今寺内建筑多为宋时遗物。灵岩寺在唐宋鼎盛时期,有殿阁四十余处,禅房五百余间,僧众五百余人,唐司空曙的《题灵岩寺》一诗中云:“百丈金身开翠壁,万窗灯焰隔烟萝。”可以想见当时的景概。它与天台国清寺、南京栖霞寺、江陵玉泉寺并称“域中四绝”(唐李吉甫《十道图》)。其殿宇崇宏,胜迹甚多,自古即为旅游胜地,“灵岩是泰山背最幽绝处,游泰山而不至灵岩,不成游也"(清王士禛语)。除灵岩寺外,在济南周边山区建造的佛教寺院尚有诸如寿圣院(始建于西晋)、般若寺、开元寺、兴国禅寺、兴隆寺(均建于隋唐之际)等多处,至于城内建造的寺院,大大小小,棋布星罗,何可胜数。

金元之际,道教的全真教派先盛于山东,继而传布全国各地。济南的道观众多。洞真观是建于金章宗泰和年间(1201~1208)的全真派道观,元时被封为"护国神虚宫",明万历皇帝封之为"保国隆寿宫",成为道教的仙都。洞真观所在之地五峰山因而与泰山、灵岩寺并称为"鲁中三山"。另有建于金宣宗兴定四年(1220)的华阳宫。直至明、清两代还陆续修建了泰山行宫、三元宫、崇正祠等建筑群体,规模之宏大,在全省堪称首屈一指。由金入元后,被元太祖称为"神仙"并掌管天下道教的丘处机来济南后,主持修建了以自己道号命名的长春观,是一处庙宇宏伟、殿堂巍峨、朱户碧瓦、翠柏成荫的琼林阆苑。

建筑宏丽、金碧辉煌的皇家宫苑,暮鼓晨钟、祥云缭绕的梵宫宝地,乃是济南历史上皇家与宗教遗产中的精华,显示着济南古代文化创造的极致。千百年来,改朝换代,世事沧桑,物随时变,这些名胜古迹大多名存实亡,有的虽有一些遗迹亦非原貌。但它们存在过、兴盛过,作为历史的产物和文化的凝结,充实了济南文化的底蕴。

私家园林的兴建,最早的记载见于唐段成式的《酉阳杂俎》,计两处:一为使君林。"历城北有使君林。魏正始中,郑公悫三伏之际每率宾僚避暑于此。取大莲叶置砚格上,盛酒三升,以簪刺叶,令与柄通,屈茎上轮菌如象鼻,传吸之,名为碧筒杯。酒味杂莲气,香冷胜于水”(卷七)。该书同时还记载了历水陂(即今大明湖)之北的明媚风光,“湖中多莲花,红绿间明,乍疑濯锦。又鱼船掩映,罟罾疏布,远望之者,若珠网浮杯也”。据清人董芸考证,使君林原址就在该地:“今北水门外,树林阴翳,流水澄清,居人多治蔬圃,俗呼北园,疑即其地。”(《广齐音·使君林》题记)另一处为房家园。《酉阳杂俎》卷十二载:“历城房家园,齐博陵君(房)豹之山池。其中杂树森竦,泉石崇邃,历中祓禊之胜也。曾有人折其桐枝者,公曰:‘何谓伤吾凤条?’自后,人不复敢折。公……曰:‘昔季伦金谷山泉何必逾此!’孝逸对曰:‘曾诣洛西,游其故所。彼此相方,诚如明教。’孝逸常(尝)欲还邺,词人饯宿于此。逸为诗曰:‘风沦历城水,月倚华山树。’时人以此两句,比谢灵运‘池塘’十字焉。”房家园遗址今无考。两处园林建于北朝时期。使君林建于北魏正始(504~508)年间,当时鲜卑族拓跋氏统一了北方,努力推行“汉化”政策,社会相对安定,经济得到恢复和发展,文化也开始复苏。当时的济南是怎样的情况呢?史学家魏收,仕北魏、北齐两朝,他于北齐天统二年(566)出任齐州刺史。《酉阳杂俎》载:“昔魏仆射收临代,七月七日登舜山(千佛山),徘徊顾眺,谓主簿崔谓:‘吾所经多矣,至于山川沃壤,衿带形胜,天下(指北朝)名州,不能过此。’”可见当时济南是个经济文化相当繁荣的城市。这也正是私家园林在济南发展的历史条件。秦汉以后,园林从皇家苑囿变为统治者游乐的场所。这两处园林的主人一是地方最高长官,一个是当地门阀士族;建造园林的目的是“避嚣烦”,“寄情赏”,优游山林。就文中简略的记载来看,这两处园林均属郊园。郊园与宅园不同,郊园近自然,多野趣。我们从尹孝逸回答房豹的话语中得知,房家园与季伦的金谷山泉"彼此相仿"。金谷山泉指金谷园,又名梓泽,是西晋石崇(字季伦)修造的别墅。石崇在《金谷诗·序》中说:"余有别庐在河阳(今河南洛阳西北)县界金谷涧中,有清泉茂林,众果竹柏,药草之属,其为娱目欢心之物备矣!"金谷园繁荣华丽,极一时之盛。房豹自负地说:"昔季伦金谷山泉,何必逾此!"可见其规模之大、建造园林的技艺之高了。这两处园林开了济南私家园林的先河。

我国园林建筑到了唐宋两代已进入了成熟期,园林的主要建筑是亭台楼阁,适应了我国登高的传统,吻合了文士的要求,成为士大夫寄情流连的场所。对济南而言,私家园林受战乱影响,在唐代未有建树,而到了北宋时期,特别是宋神宗熙宁五年(1072),唐宋八大家之一的曾巩任齐州太守期间,政通人和,百废俱兴。曾巩热爱济南的锦山秀水,对大明湖、趵突泉一带风景区进行建设与美化,在大明湖(宋时称西湖)地带植树造林,先后兴建了北水门、北渚亭、鹊山亭,修筑百花台、百花堤、百花洲、百花桥;并在郡斋内先后修葺了名士轩、仁风厅、芍药厅、静化堂、芙蓉堂、凝青斋、环波亭、水香亭等建筑。另外,在趵突泉畔建造了历山堂、泺源堂等,作为往来官员的客舍。正是曾巩使济南赢得了"济南潇洒似江南"(黄庭坚语)的称誉。此外,见于诗文记载的私家园林还有齐州秀才兼当地名医徐遁(字正权)的私家园林(位于城西五龙潭一带),园中的溪亭,有人认为是李清照仅存的一首描绘故乡景物词《如梦令》中"常记溪亭日暮,沉醉不知归路"

的溪亭(苏辙《栾城集》有游赏徐正权城西溪亭的诗作)。还有一处见于南宋吴曾《能改斋漫录》中记载的齐州城西张意谏议园亭:“齐(州)为东方名郡,而张氏济南盛族,园池乃郡之胜游。”北宋时济南园林的兴盛与当时城市的经济繁荣、文化昌盛无疑有着极为密切的关系。

宋金交兵之初,济南幸免兵燹之祸,济南城市建筑与园林景观没有受到破坏。金代文学家元好问在他的《济南行记》中说,他幼年时曾到过济南,成年后也常听人讲济南“风土之美,游观之盛”,“楼观天下莫与为比”。金亡之后的第三年(1235)他到济南,当时虽经“贞祐之乱”,市容业已残破,但入目处,“虽高甍画栋,无复其旧,而天巧俱在,不待外饰而为奇也”。那时号称“出材(木材)不匮”的历山已被砍伐为秃山,但是佛慧寺下的寺院,东郊的闵子祠,华山的华阳宫(道观),城西趵突泉附近的槛泉坊、胜概楼、万竹园,城内大明湖的北渚亭,以及开元寺、祐德观(唐名瑞气观,宋名元庆观)等名胜景观仍存,城市面貌依然相当繁盛。意大利杰出的旅行家马可·波罗游历济南后,不禁发出“园林美丽,甚阅心目”的慨叹。

元代的济南处于投靠蒙古的“山东世侯”张荣的统辖之下,这在一定程度上保护了封建文明的物质基础,制约了蒙古游牧贵族的野蛮破坏。张氏在珍珠泉畔修建的府邸,成为元、明两代著名的园林。值得特别提出的另一处优美的私家园林是政治家、散曲家张养浩的云庄(在今济南市北园镇张公坟庄至工人文化宫之间)。元至治元年(1321)张养浩弃官回乡,修建了云庄别墅。董芸《广齐音·七聘堂》题记云:云庄“有云锦池、雪香林、挂月峰、遂闲堂、绰然亭诸胜。（养浩）性好鹤，作惜鹤十诗，置奇石十，呼为‘十友’。”（按：云庄原有太湖石十块，其中四块最为细致精美，玲珑剔透，以麟、凤、龟、龙命名，称“四大灵石”，今仅存龟石，在趵突泉公园漱玉泉附近。）他不满元朝的黑暗统治，“寄傲山林，纵情诗酒”，在云庄隐居八年，写下了大量脍炙人口的诗文。

明、清两朝，济南作为山东省省会，既是政治经济中心，又是人文荟萃之区，私家园林更是兴建不辍，进入兴盛阶段，不啻是个园林之城。晚明诗人王象春说：“北地风景似江南者，自齐城之外并无二地。故吴侬客此甚多，风气自南而北，淫靡渐生，醇朴渐离。”“凡宦济南者，每耽山水谦游，或至废政。小淇园、烟雨楼、水面亭、千佛山，排当殆无虚日。”（以上均见王象春《齐音》）当时，北园及四大泉群区域私家花园形成园林群，亭台楼阁，依山傍溪，林荫蔽日，风光旖旎，美不胜收。

明代科举取士，济南登第者甚众。这些人年老归家，购田宅，建园林以娱晚景，像李攀龙筑白雪楼，殷士儋建通乐园（一名川上精舍），许邦才修梁园（又名水村别墅），赵世卿营小淇园以及孟醇在大明湖构烟雨楼、濯锦亭等，皆景色优美，小桥流水，成为文人雅士诗文唱酬、宴饮游乐的首选之处。清代皇帝们，特别是乾隆皇帝酷爱园林，园林兴建更是远迈前代。只可惜几百年间风雨沧桑，济南园林荣荣枯枯，兴兴废废，众多名园于今都已烟灭迹绝，昔年胜景只能从当时或后世文人墨客的诗文中领略了。清乾嘉时期，平原诗人董芸在所著诗集《广齐音》中保存一些园林名胜资料，借此可见当日名园的盛况美景。

其一，漪园。该园为清初张秀所建，俗呼“张家园”，位于济南市东流水街南头路西古温泉处。董芸在诗的笺注中保存了王士禛的《游漪园记》：

门北向，甃石为路，路尽复为门，两垂柳夹之，婀娜可爱。有堂亦北向，颜曰“漱玉”。堂之后为池，白石为栏槛，水清碧，可鉴毛发。下视，石子纵横如樗蒲，中多龟鱼，金鲫游泳蘋藻间，见人殊不畏。池之东，循廊而南，为清皓之阁，级石而上，南山如画屏，萦青缭碧，争效栏楯。下石磴，北下复长廊，廊西即大溪阁，跨溪水，登阁者不知水，至是乃知之。……廊北皆巨竹，廊尽有亭，颜曰“云根雪瀑”。亭前有栝、桐数株，可荫可憩，西出得二垂柳，与来径合。

其二，贤清园。该园建在七十二名泉之一的贤清泉畔，位于济南市五龙潭东。泉上原有明末济南士族陈文学建的伊人馆，后来此泉为逯坦购得，重建园林，题名为“逯园”。清乾隆年间归德州贵族罗渊碧所有，易名“贤清园”，俗呼“罗家园”。乾隆间山东按察使沈廷芳用生动形象的文字记其风貌，今天读来，可想见当年园内花木之盛：

园可十亩余……其南一池，方可三寻……澄澈逾镜，净不可唾。东西凿沟，西从垣出，穿柳根，根浸久，皆红色，清藻相映，殊可爱。东沟注而北，穿篠道二十步许，又稍北，自地中行，迸石窦间，窦拱大，水渍尺余，与趵突三窦等。……窦泄为北池，视南池浅，而广其半焉。菱叶荷花，轻鲦白沙，致亦佳。……南池阳屋三楹，颜曰

“贤清草堂”。东西俱篠，北池北屋如之。屋左设石几，可饮可弈。其花木有黄梅花、桃、杏、李、合欢、紫薇、海棠，杂以修竹、蒲桃，而栝、柏数本，高柳十章，青入天半，俱数百年物。它琐屑，不复记。

其三，小沧浪，位于大明湖西北岸铁公祠附近，是清乾隆五十七年(1792)由山东盐运使阿林保(字雨窗，满族人)修建的别墅，因系“仿苏州沧浪亭建成”(《历下区志》)，故题名“小沧浪亭”。后阿林保移任天津，由山东布政使新安人江兰(字滋伯)领之。江兰在藩署西边建园林，园中有雪泉，筑有亭榭堂馆，名为“江园”。小沧浪亭当是江园的一个园区。董芸游时，小沧浪已数易其主了。笺注曰：

小沧浪，在铁公祠西偏，门东向，入门砌石子为路，杂花铺锦，路西北隅修竹十余竿，中有堂三楹，西为平台，容数人列坐，宜望月。下台循长廊南行数十步，稍折而东，为水榭。开窗面南山，环列如屏障，榭半浸水中。导湖水自廊下入，北流折而东，板桥跨之，水自桥下虢虢鸣。又折而北，迤西汇为方池。莲花盛开，鲦鱼数百头，倏忽往来游泳。时槛外有白鹤方刷羽，见游人，避池中立，俯而啄，不顾。过桥，别一径东北出，径尽，得小山。山，筑土叠石为之，石骨瘦削，巉巉刻露。山顶建一亭，高于平台者数尺，坐亭中小憩，全湖烟景尽在一览中矣。

这几处园林建于清初，或清新自然，或古朴风雅，或以锦丽动人，或以理水制胜，均建造得精巧玲珑，咫尺而有千里之势，人工景物，浑然天成，表现出造园艺术已达到了很高的造诣。

回顾历史,我们不难看出:古园林是济南人文气质和城市品格最鲜明、最直接的表现形式。笔者认为发扬济南这种文化优势,把一些可以修复的古园林修复起来是非常有必要的。

旧园林的修复不同于改建,应心存“复古”二字,修旧如旧,力求恢复原貌。园林的文物古迹、名人故居、诗文额联、轶事趣闻,可平添历史文化风韵,吸引中外游人驻足流连,产生更多的兴会、联想。这才能体现出古今文化多样性的中国园林。

蒲松龄的人生遭遇漫议

有人感叹:人生是一个矛盾体,存在着太多的迷惑,有点近似一道无解的方程,找不到答案。

蒲松龄就是这样一个复杂矛盾的载体。

他热衷于科举,孜孜以求出将入相,光宗耀祖,但现实却是"试辄不售",备尝酸辛,一直被摈斥于仕宦门外,"潦倒于荒山僻隘之乡"。他当过县太爷的师爷,结识过大员名流,长期在缙绅家坐馆,在本乡本土文名籍籍,但他的求仕活动处处波折,坎坎坷坷,一直处于怀才不遇的逆境。他的活动天地不广,但他的知识面却极宽。他生在农村,长在农村,老死于农村,但他始终不是农民。他是封建时代的文人,但他和农民同病相怜,对农民的疾苦有深切了解,心是向着农民的。论起社会地位,可谓卑微,72 岁高龄才成为岁贡生,得一"候选儒学训导"的虚衔。《清史稿》中对他无一字提及,但他的社会知名度却大得惊人,即便是一些封建帝王也未必有他那样大的声望,数百年来,不用说读书人中皆知他不同凡响的伟名,就是目不识丁的村妇野老以及引车卖浆者流,没有听过他写的《聊斋志异》故事的能有几个?

命运之神就是这样恶作剧般地嘲弄着这位享誉千古的

大文学家：它既耽误了蒲松龄，也成就了蒲松龄。

说耽误，是指蒲松龄幼负轶才，卓荦不群，且怀有积极用世的政治愿望，19岁时“初应童子试，即以县、府、道三第一补博士弟子员，文名籍籍诸生间”（张元《柳泉蒲先生墓表》）。本应由此一帆风顺，俯拾青紫，可是此后四十余年屡试屡挫，每每铩羽而归，“频居康了之中”，使他不禁发出“落拓名场五十秋，不成一事雪盈头”（《蒙朋赐贺》）的哀叹。

论成就，则是指正是由于屡试不第，才使他经常处于激奋、苦闷和复杂的矛盾之中，激发起“寄托如此”的《聊斋志异》的创作冲动：“才非干宝，就爱搜神；情类黄州，喜人谈鬼。闻则命笔，遂以成编。久之，四方同人，又以邮筒相寄，因而物以好聚，所积益夥。”（《聊斋自志》）从而成就了他那部辉煌的“孤愤之书”——《聊斋志异》。

可是，在当时蒲松龄并不能完全理解自己著作的社会意义和价值。他40岁那年，《聊斋志异》一书大体已成，在所写的《自志》中云：“……独是子夜荧荧，灯昏欲蕊；萧斋瑟瑟，案冷疑冰。集腋为裘，妄续幽冥之录；浮白载笔，仅成孤愤之书；寄托如此，亦足悲矣！嗟乎！惊霜寒雀，抱树无温；吊月秋虫，偎栏自热。知我者，其在青林黑塞间乎！”蒲松龄的人生是个悖论，一个主观体验和客观价值之间不和谐的悖论，他得到了他不曾想得到的千秋盛名，而失掉的仅是他渴盼得到的一时的功名利禄。

历史是公正的，人民群众从不辜负那些为人类文明做出贡献的人。

那么如何理解蒲松龄的人生悖论呢？

蒲松龄低微的社会地位和贫困的生活境遇,确乎是他人生的不幸,然而也因此使他接近了社会下层民众,特别是农民,看到了他们的生活状况,倾听到他们的呼声,了解了他们的灵魂和意愿。他科举失意,困于场屋,最终断绝了入仕的念头,使他不必肩负为圣人立言的重担,亦无须为朝廷张目捉刀,而能够保持一种自由的写作心态,向民间文艺学习,从中摄取养料,丰富完善自己的创作。试想,如果蒲松龄的心不是向着农民,感情志趣不同广大农民相通连,那么他能精心地利用民间文学艺术形式为民众写作吗?他的同乡晚辈,道光年间的王培荀在《乡园忆旧录》中有这样一段忆述:

> 先生松龄……性诙谐而刚直,不少假借。就自作《志异》中择《珊瑚》、《张讷(诚)》、《江城》编为小曲,演为传奇,使老妪可解,最足感人……世人或讥其轻薄,不知嬉笑怒骂皆具救世婆心,非以口笔取快一时也。所著《聊斋志异》,人服其才学,而未知其生平心术,故略录梗概焉。

可谓知人论事之的评。人所共知,蒲松龄一生所致力的是他那部《聊斋志异》,其中近五百篇瑰丽奇异的小说、故事大多是在以民间传说、故事为素材的基础上进行再创作而成的。其中寄托着他的"孤愤":"写鬼写妖高人一等,刺贪刺虐入骨三分。"(郭沫若为蒲松龄故居所题联语)但《聊斋志异》用的是精奥的文言,他觉得文言不能被广大农民群众所接受,故又用白话进行写作,共留下14篇散发着浓郁乡土气息的聊斋俚曲,三出幽默风趣的小戏。这些都是古代罕见的由文人专门为农民而写作的艺术作品。有人会嫌这些作品粗俗,有失艺术的纯净,但它们却体现了文学艺术的本质,内含着道德和功用的内容。这些作品反映的多是广大民众所关切的社会问题、家庭问题。其中对封建吏治的黑暗、贪残的揭露,对社会陋习的抨击,锋芒犀利,酣畅淋漓。特别是作品的情节、人物和语言均生动而饶有风趣,为民众所喜闻乐见,不少作品至今仍然在舞台上演出,表现了旺盛而长久的艺术生命力。

正是不幸才促使蒲松龄的人生观和艺术观发生了变化,使他的创作能够真实地反映出时代生活的面貌,表达出劳苦民众的思想感情和愿望。这是个悖论。倘若无此悖论又将如何呢?还会有这样一位享誉千古的杰出文学家吗?可以肯定地说:不可能!司马迁说:“古者富贵而名磨灭,不可胜记,唯倜傥非常之人称焉。”(《报任安书》)何谓“倜傥非常之人”?能够舍弃物质生命去成就精神理想的人,如庄子、屈原、司马迁、李白、杜甫、关汉卿、蒲松龄等是也。这些人都是诚实正直的人,意志坚强的人,继承并发扬了中华民族精神的人,他们有历史使命感和强烈的社会责任心,而且能够超越自我,超越现实,化悲为乐,上下求索,九死未悔,不懈地追求人生未来的理想。正是这些人发现并认识了他们所无法改变的带有规律性的东西,“皆意有所郁结,不得通其道也”(司马迁语);“其胸中有如许无状可怪之事,其喉间有如许欲吐而不敢吐之物,其口头又时时有如许欲语而莫可所以告语之处,蓄积既久,势不能遏”(李贽《李氏焚书》卷三)。他们要反映它,并且创造它!天才总是要表现自己的,天才最终总能找到适合于自己的形式。“屈原无所诉其忠,而托之《离骚》、《天问》；蒙庄无所话其道，而托之《逍遥游》；史迁无所抒其愤，而托之《货殖》、《游侠》；昌黎无所摅其隐，而托之《毛颖》、《石鼎联句》。”而蒲松龄呢？则以《聊斋志异》“以俟百世之知焉者”。（引文见蒲立德《书〈聊斋志异〉朱刻卷后》）这些中华民族精英的人生实践，是对人的价值、人的尊严的肯定与高扬。

另外，这些人又都是精神自由的人，他们能够凝聚意识、勇于创新。以蒲松龄而论，发泄“孤愤”是他的目的，但不是唯一目的，他在《聊斋自志》中说：“遄飞逸兴，狂固难辞；永托旷怀，痴且不讳。”这就告诉人们，他的《聊斋志异》是一种生命体验的创作，是一种艺术形式美的体现。他的孙子蒲立德深得其中三昧，在乾隆五年（1740）为《聊斋志异》写的跋中这样写道：

其事多涉于神怪；其体仿历代志传；其论赞或触时感事，而以劝以惩；其又往往刻镂物情，曲尽世态，冥会幽探，思入风云；其义足以动天地、泣鬼神，俾畸人滞魄，山魈野魅，各出其情状而无所遁隐。此《山经》、《博物》之遗，《远游》、《天问》之意，非第如干宝《搜神》已也。（此跋载青柯亭本）

《聊斋志异》是蒲松龄以一种与一般艺术家不同的情感品格和独特的艺术方式，表现自己人生体验的作品，倾注着蒲松龄深刻的人生体验，是他审美活力的审美结晶，其艺术形式就是他生命的形式，亦即蒲松龄在人类历史长河中这一段之生存的样式。这样的作品是真正的艺术作品，而真正的艺术作品一定是富有人民性的，是艺术与人民在实质上的结

合。俄国文艺批评家别林斯基说过:

> 谁有天才,谁就是真实的诗人,他不可能不是人民的。文学对他们来说,是人民的意识。在文学里,犹如在明镜中,反映着人民的灵魂和生活;在文学里,犹如在放大镜的焦点上,可以看见民族的使命,以及他在人类大家庭中所处的地位。

当然,对于蒲松龄来说,他的与民众结合,从而促使其人生观、艺术观发生可贵的变化,乃是由当时主客观复杂因素促成,绝非是自觉进行的。他的身后殊荣,他的不朽著作对人类文明史的巨大贡献,也是他生前始料所不及的。但是,他的人生遭遇给我们留下的是对人生意义的无限思索,他的人生悖论作为一个严肃的生活课题是很值得我们认真地去探讨、破解的。

文学创作的审丑观照

——读《审丑观照下的西方文学史》随记

从20世纪80年代开始，丑学研究在我国美学界逐渐兴起，并蔚然成风。审丑观照是继新时期以来意识形态批评、审美批评之后的第三次在批评方法上的变革。应特别说明的是，丑在本质上仍然是一种美，它是美学研究范围的扩大，这扩大的部分超出了人们的审美经验，因此常被看作是丑的。审丑就是对那些此前还被排斥在美的范畴之外事物的确认。丑学问题是美学领域中最前沿的问题之一。

其实，丑/审丑和荒诞/审荒诞自古就有，中外皆然。例证可信手拈来。请看我国先秦寓言《列子·说符》中的一则：

> 昔齐人有欲金者，清旦衣冠而之市，适鬻金之所，因攫其金而去。吏捕得之，问曰："人皆在焉，子攫人之金何？"对曰："取金之时，不见人，徒见金。"

列子以讲故事的形式，叙述了一个荒唐人干的一件荒唐事，揭示一个人生教训：利令智昏。这里丑和荒诞都有了。不过寓言故事中的荒诞是指一种反常、意外、不可思议的现象，是一种表现违反习以为常的生活逻辑的事物的方法。这里荒诞所悖的只是常理，而不是生活真实的本质。崔苇同志说："荒诞是逼近真相的舞蹈。"这是一个很精彩的比喻。而丑与荒诞作为现代主义美学的概念、文论主潮却是近代的精神产物。

19 世纪末到 20 世纪初西方涌现了一批非理性哲学家，他们对于至今拥有社会制度、宗教、道德和人自身的概念的一些毫无疑问的东西，提出了怀疑，以全新的方法看待人在世界上的地位和作用。这为现代主义文论打下了一定的思想基础，因为丑与荒诞和人类的非理性（即感性，如情感、直觉、想象、潜意识、本能、欲望等）息息相关。而以理性（某种社会规范及社会因素等）作为基石建立起来的传统美学是厌恶丑、排斥丑的，认为丑与荒诞只是一种否定的力量，而以非理性主义哲学为基础的现代主义美学则让丑与荒诞代替了崇高和滑稽，成为审美理想标志。半个世纪以来，现代主义作家们在题材和形式上进行了坚持不懈的多方面的实验，各种文学类型都产生了重要成就，那些深刻揭示社会弊病、剖析人性丑恶的皇皇巨著，在世界上产生了巨大的影响。有论者做出这样的判断：近百年来，西方文化进入了以审丑为主潮的发展阶段。

现代主义这一思潮对我国"五四"时期的知识界起过较大影响，特别是在反传统文化和传统文学方面，在某种程度上支持了当时的反封建主义的斗争。鲁迅在谈到五四文学诞生的问题时，这样讲过："自然，一方面是由于社会的要求，一方面则是受了西方文学的影响。"这是符合当时的社会实际的。我国新文学最初一代作家，无一不是先读了西方文学作品而后才提笔进行创作的。20 世纪 20 ~ 30 年代是我国历史上前所未有的思想自由、文化开放的时期，国外各种哲学、社会、政治、文艺思潮被广泛翻译介绍进来，知识界精英以“海纳百川”的恢宏的胸襟，予以兼容并蓄。这种中西撞击与融合呈现全方位、自觉性的态势。我国新文学正是在外国文艺思潮的推动下发生的，它从思想倾向到形式、结构、表现方法诸方面对五四时期作家发挥了启迪、指导作用。最初主要是俄国、北欧的批判现实主义，创造社、新月社等新文学社团的作家则从西欧弗洛伊德学说中找到了爆发自己情感的突破口。30 年代初期以李金发、戴望舒为代表的诗人受法国象征派的影响，比利时的凡尔哈伦之于艾青，美国的奥尼尔之于曹禺，影响之深非常明显，30 年代后期，冯至、卞之琳、穆旦从德国的里尔克、英国的奥登和美国的艾略特等现代派作家那里得到借鉴，形成了自己的风格，而施蛰存、穆时英等探求“现代型”小说，则从中吸取营养，为小说技巧上的创新发展做出了贡献。西方文学使中国旧文学得到催化、改造，加速了进入世界文学行列的步伐。这是不争的事实。

本着“从别国里窃得火来”，“煮自己的肉”的鲁迅，在翻译、介绍西方现代主义思想理论方面更是做了大量工作，他本人在思想上也深受尼采、叔本华、克尔凯郭尔（丹麦哲学家，存在主义哲学鼻祖）以至弗洛伊德学说的影响。他曾明确表示自己在小说《不周山》（收入《故事新编》后改名为《补天》）中用弗洛伊德学说解释创造——人和文学的缘起。在中国将审丑、审荒诞纳入审美范畴并予以实践的，鲁迅是第一人。可以这样说：有了鲁迅，20 世纪的中国文学才具有了世界现代文学的共同品质。

长期以来，文学批评家对五四新文学中一些艺术形象感到困惑，因为很难用一种既成的模式将这些特异的艺术形象分别归纳于某一类型，如阿Q、狂人，郁达夫笔下一些人物，以及30年代心理分析小说中的一些人物。毋庸置疑，这些人物的出现都与西方现代主义文艺思潮有密切关系，弗洛伊德的精神分析、萨特的存在主义显然为作家们提供了理论依据和思想指导。以《阿Q正传》为例，对阿Q形象历来众说纷纭，莫衷一是，原因即在于人们忽视了这一大的历史背景。

《阿Q正传》发表于20世纪20年代的北京《晨报副刊》的“开心话”一栏里。鲁迅在《〈阿Q正传〉成因》中说，他是应该报副刊编辑孙伏园之约而写的。其创作初衷很可能只是想按编者要求写成一篇娱乐性的作品，借荒诞的世相，以幽默的体验来解释现实，供读者们在茶余饭后作为谈助，取个乐子，所以用的是讽刺、调侃的笔法。“因为要切‘开心话’这题目，就胡乱加上些不必有的滑稽”。如：为阿Q作传，但对传主姓甚名谁、何方人氏都“有些决不定。他虽然多住未庄，然而也常宿在别处，不能说是未庄人，即使说是‘未庄人也’，也仍然有乖史法”。但发了几期，越写越开心不起来，从第二章起便移到了“新文艺”栏内，认真起来。显然，小说表现的是人类在世上的尴尬处境：主人公阿Q莫名其妙地来到这个世界上，莫名其妙地生活，莫名其妙地犯罪并被处死。一个冷酷无情的世界曾经容纳过这样一个人，其后又把他消灭。这个人似乎在世界上存在过，又似乎没存在过。阿Q是一个荒诞的人，他生活的世界是一个荒诞的世界。作品是对人本体的探索，带有存在主义色彩，这很容易让我们联想到法国作家阿尔贝·加缪的长篇小说《局外人》。《局外人》是荒诞派文学的代表作。但《局外人》是加缪于1942年发表的，而鲁迅的《阿Q正传》则写于20年代，更何况法国作家笔下的莫尔索绝不同于中国的阿Q。正如鲁迅在俄文译本《阿Q正传·序》中所说："……要画出这样沉默的国民的灵魂来，在中国实在算一件难事，因为，已经说过，我们究竟还是未经革新的古国的人民，所以也还是各不相通，并且连自己的手也几乎不懂自己的足……所以我只得依了自己的觉察，孤寂地姑且将这些写出。作为在我眼前里所经过的中国的人生。"表明鲁迅写阿Q已不再是简单地判决封建礼教"吃人"，而是在对其否定之后，开始对社会、人生及人的"存在"进行更深邃的思考了。《阿Q正传》是一部具有超越性的文学杰作，体现了现代意识。今天的评论家用现实主义的标准和阶级分析的方法去衡量、评定，当然会陷入"异元批评"的误区，缘木求鱼，何可得也！

1949年新中国成立后，学习苏联模式，出于政治、经济体制的要求，文学也要统一，独尊苏联的社会主义现实主义创作方法，故而十七年的文学作品从思想内容到文学形式、艺术技巧，以至审美理想等，都有程度不同的"苏化"印记。影响所及，一些作家以审丑观照创作（当时称"干预生活"，"揭露社会阴暗面"）的作品被打成反党反社会主义毒草，使这些有才能、社会责任感强的作家长期遭受不公正的待遇。进入新时期，商品经济迅猛发展，既定的阶级关系、价值观念和生活方式发生深刻变化，中国文学开始了历史性蜕变。这首先体现在朦胧诗的出现——诞生于70年代初期的一股现代主义诗潮，曾于1980年前后在中国文坛乃至在整个社会掀起了波澜。文学形式的重大发展产生于意识形态发生重大变化的时候，它体现感知社会现实的新方式以及作家与读者之间的新联系。新时期的作家们不再蹈常袭故，面对崭新的社会现实，大胆吸收和借鉴西方现代主义各种文学流派的优秀成果，为新时期文学注进新鲜血液和时代活力，一反十七年极端英雄化、政治化定势，变而为书写平民百姓、凡夫俗子的生活琐事，强化生活气氛，增强人情浓度，进入世俗化的写作，涌现出了多种形态的、带有后现代性的小说创作流派：先锋小说，以王朔为代表的描写人性丑陋的所谓"痞子文学"，相继而起的是标榜"表现生活的本来面目和原生态"的新写实小说，新状态，个人化写作，到了90年代又有新现实主义文学的异军突起。文坛一片喧嚣，一时间争"先"恐"后"，不一而足，短短几年间历练了西方一百年的写作范式。充分表现了作家们勇于创新、勇于试验的开拓精神。

著名美学家周来祥教授说："在我看来，美学是研究文学最基础的学科，所有文学中出现的问题及其解决，最终都要归结到美学上去。"从美学视角观察上述新时期纷繁的文学状况，有助于我们理解文学新潮、文学形式的创造及其深刻根源。

《审丑观照下的西方文学史》（中国文史出版社2007年出版）是济南大学文学院张中锋副教授继《徘徊于审美与审丑之间》之后，新推出的另一部研究丑学的论著，是用丑学理论研究西方文学史所取得的可喜成果。作者在这部书中从审丑的视角切入，研究西方文学史和一些重要作家作品，在论证过程中,作者把论证方法和丑学逻辑发展与具体作品的材料相结合,新意迭出,多有发人深省之处。研讨的对象是西方文学,但对我们观察今天中国文学艺术界的纷繁现象也很有借鉴作用。特别是其中关于审丑理论的研究,更是全书的亮点。

周来祥教授在为本书所做的序言中,对这部美学著作给予了很中肯的评价:“……应该说该书的出版意义是比较大的,不但带来研究西方文学历史在方法论上的变革,使很多作品在审丑理论的分析下新意迭出,而且对读者还起到了审丑教育作用,使他们不但认识到了文学作品在艺术上的复杂性,认识到了艺术的道路是多重的,有审美,有审丑,甚至还有审荒诞,而且还有助于读者能够对生活的复杂性有更深的认识。生活中有真善美,也有假恶丑,这是不应回避的。过去我们只是采用审美教育,把学生教得太单纯了,以致于他们对眼前这个变动不居的世界,难以认识和适应。”

在文学艺术“审丑时代”来临之际,看看有关审丑的美学理论著作,对于我们观察、分析中外复杂纷纭的文学现象,阅读、欣赏各种门类的文学艺术作品,丰富、提高个人文学素养一定是大有裨益的。

陈梗桥　1940 年 1 月生，山东济南人。山东省博物馆研究馆员，山东省文史研究馆馆员。从事古代书画鉴定与研究工作。曾任中国书协学术委员会委员、创作评审委员会委员、鉴定评估委员会副主任。兼任山东省文物鉴定委员会委员，山东省书协顾问。出版有《书法自修》、《书法源流概谈》、《古代书法欣赏》等著作。发表论文有《郑碑初探》、《高凤翰述评》、《书法的审美特征》、《二王启示录》等。

◎儒家思想对书法审美的影响

◎肯定东方

儒家思想对书法审美的影响

一

儒家思想一直是书法审美的指导思想。

“书如其人”是一个由来已久的话题。赞成者强调人品对书法的重要影响,指出人品高则书法境界亦高。怀疑者列举许多奸臣书家,证明“书如其人”之不确。问题在于,“书如其人”的“人”指什么?概念是模糊的。

争论双方列举的代表人物,颜鲁公以忠烈著称,他的字也有一种刚烈之气。蔡京、秦桧、张瑞图等奸臣,也写一手好字,怎么解释?岳飞的草书《出师表》,被题署上“书如其人”,似乎有民族英雄之气,那么是否还能看得出镇压农民起义的什么影子呢?其实,岳飞《出师表》原本是赝品,不足为凭。

另一种情况是民族问题与皇权问题。倘若汉人做了别族皇权的官,便是大逆不道。所以,不做清朝官的明末人傅山,极其蔑视赵孟頫,因为赵身为大宋宗室却接受了元朝的官衔。其实,赵书的美学价值远非傅可企及。

颜鲁公的大字端庄肃穆,极具庙堂气,但艺术上并非完美。姜夔早就指出:“颜柳挑剔,为后世丑怪恶札之祖”,“颜鲁公行字可效，真便入俗品。”但恰恰也是姜夔所说：“作书全以风神超迈为主。”“风神者，一须人品高，二须师法古。”（《续书谱》）

人品对书法审美有重要影响。但人的情操、品德、胸怀，与政治路线、艺术敏感之间的相互关系却是非常复杂的。

“书如其人”本身并没有错，只是传统的、狭隘的“忠君”说，淡化了“人”的意义，把丰富的审美简化到了贴标签的程度。

二

儒家思想对书法审美最具指导意义的是中庸。

儒家把中庸作为最高行为规范，不偏不倚，无过无不及。《论语·雍也》说：“中庸之为德也，其至矣乎！”何宴集解：“庸，常也，中和可常行之道。”

书法美的实质是和谐。《礼记·乐记》：“其声和以柔。”书法亦然。《礼记·中庸》：“喜怒哀乐之未发谓之中，发而皆中（zhòng）节谓之和。”认为人的修养应当达到中和的境界，亦即“致中和”。古代书家对此十分虔诚。虞世南有一段精辟的论述：“欲书之时，当收视反听，绝虑凝神，心正气和，则契于妙。心神不正，书则欹斜；志气不和，字则颠仆。其道同鲁庙之器，虚则欹，满则覆，中则正，正者，冲和之谓也。”（《笔髓论》）这“冲和”是书法的一种高境界。喜怒哀乐的抒发皆转化为含蓄的艺术语言，而不屑剑拔弩张、赤裸裸。

书法与写字是两层概念。写字只是对客观文字的表现，而书法需要抒发主观的丰富的感情。“书者，散也。欲书先散怀抱,任情恣性,然后书之。”(蔡邕《笔论》)书家的情性须是高雅的,高雅的情性须由诗文、书画、历史、哲学等多方面营养滋润而成。所以,自古以来,一些学者、贤达的墨迹,即使法度稍欠,但气息总有可观处。当然,这里说的不只是儒家。事实上正如黄庭坚所说:“书中有笔,如禅句有眼。”“右军笔法如孟子言性,庄周谈自然,从(纵)说横说,无不如意,非复可以常理待之。”(《山谷题跋》)由此可见,写字虽属小技,但理解书法的意境却并不容易,说中国书法博大精深不为过分。其中,也反映了儒家学说的博大精深。因为,古代书家修身养性,虽然也有的得益于佛道诸家,但毕竟都融合着儒家思想,儒家思想的影响最深最广。

书法艺术的审美价值在韵。韵,指气韵,即神采、风度、格调、韵味。黄庭坚说:“论人物要是韵胜尤为难得。蓄书者能以韵观之,当得仿佛。”其实,诗文书画莫不如此。绘画讲究“气韵生动”(谢赫《古画品录》)。“文章以气韵为主”(陈善《扪虱新话上集》卷一)。

中国书法的韵,崇尚风流蕴藉,体现了宽和、涵容与适度。与韵相映生辉的是度。度是指具体的技巧、法度。只有韵而欠度,意境是空的,因为意境要靠艺术形象来实现。只有度而没有韵,可以是好字,但不会是上乘书法。所谓“有功无性,神采不生;有性无功,神采不实。”晋人书以韵相胜,而二王书法韵度兼备,正所谓“右军父子拔其萃耳”。

三

书法审美,从微观来说着眼于线、结体与章法。

为了形成好的线，要讲究行笔与用墨。行笔的基本原则有提、按、导、送，轻、沉、便、涩。这对四字是对立统一关系，相反相成。每一项要求，不到不好，过分也不好。例如，起笔、收笔，没有提按便好像没有关节，提按过重则出增生般的病态。线条需要生动、流畅，但一味的流畅便失之于轻飘、浮滑；线条应当坚实，行笔要取涩势，但不能用雕凿、造作代替涩势。墨法与笔法互为表里。墨法讲究干湿浓淡，燥以取险，润以取妍。使用不当便会破坏笔法的效果。凡此种种，都必须把握适度：无过无不及。

字的结体，有许多法则。《欧阳询结体三十六法》，系托名，本非欧阳之作，但确是流传有绪的一部关于结体的经验总结之作，由此可以看到古代书家审美的视角。这三十六法各自顺理成章，其中，“各自成形”具有提纲挈领的意义。就是说，结体之法，千条万条，协调是第一条。这道出了一条重要的审美原则。作品的谋篇布局也是以协调为原则。

书法的法，是法则、法度、技巧，法是存在的，但也是灵活的，法不是一成不变的，这就要书家“运用之妙，存乎一心”，在这里最重要的就是适度。

所以说，中庸之道对于书法几乎“须臾不可离也”。

四

书家的进步过程是一个“眼高手低”的过程。先要眼高，然后才是手的问题。眼不高，手的问题注定解决不了。就是说，首先要提高审美水平，明白手要追求什么。往往有人一味苦练，手的模仿能力不谓不高，但是书法总不过关。原因是他追求的目标错了,这不是练手能解决的,而是必须加强审美能力。

继承优良传统,首先要分析前人的得失。王羲之的出现,有历史条件,也有个人条件。个人条件中,很重要的一项是善于剖析前人得失,在剖析的基础上,有所增,有所损。可见审美作用的重要。

各个书法品种分别有各自的审美价值最高的黄金时代。回顾历史可以发现,黄金时代均恰在成熟时期,不早不晚。

举例说明。

对汉隶的欣赏。汉代的书法资料有三类:简牍、石经与著名碑刻。前些年,汉碑是唯一资料。后来,简牍墨迹的出土使人们开阔了眼界。从正面讲,简牍墨迹没有经过雕刻之类的加工,所以真实、生动地反映了当时的书写手法,较之碑刻有无可比拟的透明度。简牍墨迹,因是出于实用,没有什么造作意识,偶尔还会流露出某些笔墨趣味,使书家得到意外的收获。从负面讲,简牍的书写者未必都够得上书法家,墨迹未必都有审美价值。汉石经的书写者都是高手,法度具备,而且石经出土较晚,字口清晰,可以矫正汉碑因残损、剥泐而造成的误差,但石经是为公布标准版本而刻,难免有过于用心的地方。对以上三类资料的欣赏与运用,都明显地存在一个适度的问题。

再说真书。真书自魏晋盛行,经六朝、隋而至初唐,八法早已非常成熟,中唐以来,"法"越来越讲究,越来越经意,反而束缚了艺术情趣的表现,审美价值已呈下降势态。正如姜夔所说:"真书以平正为善,此世俗之论,唐人之失也";"唐人以书判取士，而士大夫字书颇有科举习气，颜鲁公作干禄字书是其证也”；“故唐人下笔，应规入矩，无复魏晋飘逸之气”。(《续书谱》)

五

书法审美受到多方面的影响。

个人方面，先天的，资质、禀赋、性格始终起很大作用。后天的，书法流派的继承，姊妹艺术的学习，其他各方面的修养，以及经历、职业、信仰、处世哲学等，都影响着一个人的书法审美。

社会方面，民族传统，地方上人与大自然的熏陶，时代风尚，以及国家的政治、经济、文化等方面的政策、抑扬，对书法审美有笼罩与渗透般的影响。

个人的天性一般难有彻底的改变，尤其内向型与外向型的转化更为少见。各自的修养、经历不同，审美情趣也会不同。同时代的人尽管有共同之处，但总存在许多差异。共性与个性相比，共性的作用更大。一个时代的书风总有一个基本倾向。比方说，汉碑气厚，晋人尚韵，唐人尚法，宋人尚意。历史上无论个性多么突出的书家，也终究超越不了时代的局限。各个时代的书风都受政风、民风、文风的影响，其中当然包括哲学思潮的影响。考察书法审美的发展必须参考哲学史、思想史的发展。

中国历史上经历了诸子百家、独尊儒术、佛道之争、程朱理学等各类变革，书家的思想烙印不尽相同。质言之，所谓书家并非只是书家，他们是文学、历史或其他学科的专家兼以书法名世。有的书名盛极,几乎掩盖了主要成就。他们对世界与人生的认识并非来自书法,起码不是主要来自书法。相反,他们是用从其他方面学来的认识论来认识书法。也就是说,历代书家的审美观念都不过是从属于他的思想体系的一部分。历代书家无论释道或其他,都融合着儒家思想。所以,中国书法的审美受儒家思想的深刻影响,是历史形成的。

六

中国书法审美长期以来受着以中庸为主的儒家思想的深刻影响。中庸之道简直是书法审美的灵魂。其间,也曾有人试图摆脱,但正如前文所说,任何人都超越不了时代。在漫长的封建社会里,儒家思想根深蒂固。20 世纪初及五四运动,引进西方文化,欢迎"德、赛"二先生,打倒"孔家店",批判中庸之道,对书法审美的传统观念形成了冲击。但这一冲击与清末阮元、包世臣、康有为的北碑南帖论并非一辙。明清台阁体、馆阁体盛行,人们由厌恶馆阁体进而株连到晋唐。新文化运动以来的书家,既看清了馆阁体弊病,又分清了翻刻阁帖与晋唐诸贤的区别。既看到尊碑说的客观意义,又指出了它的偏颇。特别是由于文化科学的发达,晋唐墨迹影印件的传播,人们对以二王为代表的书法传统有了更清楚的认识。于是,宗法二王重又蔚然成风。

二王书法体系之所以流传千古,技巧的因素是次要的,主要原因是它的风流蕴藉的格调、气息适合中国文人的大儒风度的审美倾向。这种倾向只是整个文化艺术的审美观念的一部分,是与完整的自成体系的东方文化分不开的。

随着经济的发展以及中外文化交流的加强，儒家思想，特别是中庸之道，再次受到冲击。依附于儒家思想的书法审美也毫不例外。这是历史发展的必然，不足为怪。目前是书坛最热闹的时期，从理论到创作，有各种各样的探索与尝试。不同的审美体系之间，在一定历史条件下会互相渗透、交融，但终究不会互相取代。不必以一种模式为标准，取代或套改另一种模式。

“传统”本身具有历史性、延续性，好的传统有旺盛的生命力，有自我调整、适应的更新能力。中国书法仍将是以风神超迈为主、以韵相胜的高雅艺术。

肯定东方

一

近年来,“高雅艺术”时时见于报端,反映了社会舆论对高雅艺术的关心与向往,是非常可喜的现象。但是,“高雅艺术”,如果不是从定义出发,而是面对现实,则很难界定。如果以艺术门类来分,究竟包括哪一些,排除哪一些,根据是什么?如果以艺术家、艺术作品而论,势必更难说清。

书法艺术一向被认为是高雅艺术,但是,看看书坛、书家,未必真的高雅(当然,所谓俗的不一定没有艺术价值)。情况在变,青红皂白不好一言以蔽之。

艺术原本来源于实用,艺术在逐渐升华的过程中也与原本的实用拉开了距离,而艺术本身的分化也便逐渐明显。

以篆刻为例。印章的原本意义在今天的许多公事中依然存在,但那不是艺术。作为艺术的印章,已经像树干生树枝一样派生得种种不一了。明代以来,石章与文人画的发展,使诗、书、画、印相辅相成,至清代则涌现出许多大家。随着闲文印的时兴,不作书画的人也喜欢用用印章,以铭座右。于是一部分印章已经脱离诗、书、画。近几十年来,篆刻艺术获得了独立发展的时机,以毛主席诗词、宣传口号、座右铭等入印,或发表于报刊,或结集出版,篆刻的独立性日益增强。在印章为书画服务的情况下,印章的风格要与书画相协调,不能起破坏作用,收藏印尤其不能喧宾夺主。治印作为独立艺术让人欣赏,印人便可以为所欲为了。这与印章的原本意义已经相去甚远。用途的多样化,促成了风格的多样化。现代印坛的特征之一便是独立,自我作古。

其他艺术也有类似情况。以与书法同样被列位国粹的京剧为例,琴师是演员的助手,要起到烘云托月的作用。同一出戏,各家唱腔不同。同一位角唱同一段戏,每次也不尽相同,琴师就要随机应变。李慕良对马派的发展起到了非常重要的作用。现代样板戏,曲谱统一,谁唱谁拉都是一样的,琴师对演员的依附状态减弱,独立性逐渐增强。现在连旧戏也统一曲谱了,而且不少琴师在追求独奏效果,即便在伴奏,也大有先声夺人之势。

时代背景的变化,实际应用的变化,促使了艺术家创作心理的变化。历史发展到今天,国粹艺术已经不可能不变了。有着悠久历史的书法艺术,面临的现实是世界范围的文化交流与日益加快的生活节奏。书法与文化、生活的关系非常密切,它随之而变、而分化是大势所趋,这也是“不以人的意志为转移的”。

传世古代书法名迹,多与文化、生活实用有关,时代越早实用性越强。且不说商周甲骨、金文,秦汉刻石,六朝墓志,即以王羲之、王献之书札而言,原本也是实用品,只是后人全心全意地当作艺术品。书札以外,古人写的诗文之类则艺术创作的意识逐渐增强。大体可以分作三个阶段:公事或日常生活实用,实用而兼艺术,艺术创作。在书法史的发展过程中,书家的艺术创作意识逐渐增强,到今天则达到空前强的程度。

古代的所谓实用,有两种情况,一种,本来是书家,虽为实用而书,但书迹有很高的艺术价值;另一种,书者并非高手,所书无甚艺术价值。古代书家有娴熟的技巧和深厚的功力,自凡写字便足欣赏,不经意者每每更佳。脍炙人口的《兰亭序》、《祭侄文稿》是代表。这个传统延续下来,经久不衰。

现代的情况则不同,记录与表现文字的手段大大丰富了,毛笔之外有许多种笔;笔之外还有打字、复印、轻印刷。文人使用毛笔写字(尤其是写小字)的劳动大大减少,技巧与功力去古人远甚。客观上实用意义的削弱,导致了主观上积极性的衰退。这符合"用进废退"的规律。从这个意义上说,一代不如一代,是事实,不必讳言。

整个社会在前进,毫无疑义,但就某一点来说可能是"废退"的,这并不矛盾。比如武术,在古代不只是健身,更主要的是防身、打仗、战斗。现代化的武器发明以后,武术作为体育项目,健身乃至表演的成分大大增加,技击成分减少。今天的武术冠军,论技击可能不如古代一般水平的武林人物。再如唱,几十年前没有扩音器,慢说是铜锤金少山,就是音量甚小的奚啸伯也能用洞箫般的声音灌满园子。靠什么?靠功夫。近些年来,剧场、舞台有先进的扩音设备,演员身上藏着小麦克,轻松了,省事了,可是下苦功夫的人少了。举这些例子,无非是要说明,某些客观条件的进化导致了某些主观功夫的退化。今人书法功夫不及前贤是必然的,不足为怪,更不必回避。

除了“用进废退”这方面的原因以外,现代生活的节奏加快,使书家没有足够的时间练功,是另一方面的客观原因。且不说魏晋清谈,也不说米芾、董其昌的悠闲,就说近代名贤的客观条件,我们也无缘得到了。因为我们毕竟有好多事情要做。练字以外的好多事情都是对社会、对人民很有意义的,我们必须去做。像前人那样日日临池已经是不可能(也不必要)的了。面对这种现实,人们有不同的选择。有的依然沿着传统的道路走,对前人的艺术精华充满着羡慕,“虽不能至,然心向往之”。有的感到沿着老路走恐怕难有出头之日,还是改弦更张为妙。有的认为当前到了废弃传统、开辟新纪元的时代,有一种“天将降大任于斯人”的责任感,极力并加速前锋探索。于是,当前的书法创作可谓流派纷呈,五花八门,千奇百怪。种种现象都是时代的产物。

各种客观现象的出现,都会引起人们的评论。书人无论走什么样的道路,都会受到正反两方面的议论,现在可以说人人如此。社会舆论集中反映到报纸、杂志以及广播、电视等新闻媒介,新闻媒介又返回来影响着书坛。这影响当然也包含了正反两方面,好影响、坏影响都有。所以,当前的书法评论也是公说公有理,婆说婆有理,莫衷一是。走同一条道路的书人,对同一种议论的反应,有同有异。走传统道路者,近几年来听到的声音,促进者少而促退者多。舆论之一,中国传统书法是保守型的、封闭式的,末日来临,中国书法若要走向世界,必须否定传统、打破传统。舆论之二,传统虽然还要，但必须加快创新的步伐。面对舆论之一，接受者遂即另起炉灶，否定者依然我行我素。面对舆论之二，赞同者真的开始加快创新的步伐，看别人有什么新招，看展览有什么新动向，其中尤其注意获奖的行情；对此论不以为然者则虽然也认为要有新意，但对人为的加快不怎么心切。至于倾心于前锋探索者，既遇到过斥之为野狐禅的冷言冷语，也遇到过热情洋溢的赞美，他们的心声与作品已经时常在报刊与展览上与读者、观众见面，新闻媒介给予了更多的关注。

当然，新闻媒介的关注远远不止这些。诸如用手以外的部位、毛笔以外的工具写字，用其他各种特殊的方式写字，报纸、电视一炒再炒。书坛煞是热闹。

现状不再罗列，有雅有俗显而易见。有的变，无损大雅；有的变，可能即入时俗。需要说明的是，雅俗都是社会的需要。作为创作者本人自有充分的选择的自由。世界上美的因素好多，本不必强求一律。

二

古代的书法理论比较庞杂，上海书画出版社编辑出版了《历代书法论文选》，是一件很有意义的工作。此后许多文章由此转引古人的话而疏于查核第一手的资料。应该承认我们对古代论述的研究还不够深入，原因是我们的书法理论队伍在史学及古汉语方面的根底并不厚。整理与研究古代文献是一项非常艰苦、细致的工作，即使是大学问家也不敢掉以轻心。当初，廿四史的标点工作，是集中了很多专家（其中不少是全国第一流的专家）进行的，最后仍有个别句读值得斟酌，谈何容易！当然，我们不能要求每位书法理论家都像乾嘉学派一样精通训诂，但是起码应当谨慎一点，不要望文生义，尤其不要轻易否定：因为轻易否定的时候也或许是我们误解了前人的意思。人们常说潜心研究，真正潜心是很难的。由于近几年书法界讲传统少，讲创新多，无形中比较忽视对古代书论的学习与研究。老一辈书家、学者早在青、中年时代就打下了比较坚实的文史基础，加上几十年临池的实践心得，对古代书论的阐述不乏真知灼见，遗憾的是并没有引起人们足够的重视。

本来，书法包含着浓厚的文人气、诗人气、学者气，近些年来，许多学者不关心书坛了，他们觉得书坛与他们的关系远了，这种现象值得思索。也可能不只书法，其他艺术也有类似情形。小说作家，如鲁迅、茅盾、叶绍钧等，诗人，如郭沫若、闻一多等，都有着学者的底蕴。当前的小说界与诗坛则是另一种情形。在这里，我无意贬低当代小说与新诗，我不过是借以说明若干种艺术都出现学者气退化的现象。但这种退化并不意味着某种艺术的整体退化，而只是意味着时代形成的一种必然变化。这种变化往往在多种艺术领域里都出现，时间前后相差无几而情况近似。

老一辈的各门类的艺术家、学者的知识基础是 20 世纪 30、40 年代就打下的，50、60 年代的作品还是在原来基础上的继续、深化和提高。十年浩劫不提它了。近十几年来，各种潮流冲击着各种封闭与保守，冲击得不足、正好、过头的现象都会有，不足为怪。社会发展会使各种现象得到自然调整。在这个过程中，人们会遇到一个知识、观念更新的问题。

这里说的更新并不是简单的否定与置换,而主要是增加。因为毕竟文化交流的范围猛然扩大,从地域来说扩大到全世界,从学科门类来说,边缘学科、不同学科之间的互相渗透增多。由于文化交流的媒介、方式增加,学科之间的借鉴比较容易。又由于现代人们所从事的工作本身可能就是跨学科的,他自身就进行着学科之间的借鉴。因此,近年来的学术研究往往显示出一种前所未有的"新",新在借用了国外的、其他学科的知识、思路、观念及词汇。于是又渐渐形成各种风气。老专家看了新论文直摇头。新论文能不能少用点儿新名词儿?我们应当尽量把文章写得实在一些,尽量减少水分;但是也必须看到新名词的出现不可避免。各行各业莫不如此。像"负增长"、"几个百分点",已经广为流传。语言是种社会现象,社会现象复杂了,语言也就相应地复杂。"学者气"也就跟着变点儿味儿。因为今天的学者所关心的范围已经涉及较多的学科了。其实,自然科学的好文章倒是非常实在的。

变,时代在变,书风在变,书法理论在变,人们的审美情趣在变,人们的思维方式在变。这一切变,都在情理之中,人为地促成与阻止都无济于事。

艺术是社会生活的反映,当前的艺术思潮空前活跃,几乎席卷着古今中外的各种艺术流派。面对着艺术的海洋,不同的人们有不同的心态,执着、猎奇、敏感、寻觅、呼号、沉思,应有尽有,不一而足。

各门艺术都有它的民族性、历史性。艺术的民族特点是随着民族各方面历史的发展而逐渐形成的,艺术始终显示着历史的延续性。中华民族的历史发展创造了灿烂辉煌的民族艺术,中华民族的艺术有着悠久而又良好的传统。传统包含着许多具有特点的社会因素,传统本身具有历史的继承性,它不断发展,而绝非一成不变。

书法是中国传统艺术的典型代表之一,它有着鲜明的民族特点。它表现的是汉字,主要工具是毛笔,创作手段是写。这在世界上是独一无二的。书法来源于生活,具体地说来源于写字,是写字的升级。书法不是孤立的,它随着历史的发展而不断演变。历史上每一位大家的出现,每一个流派的形成,都有着历史的必然,绝非拔苗助长而来。二王的出现并非偶然,客观上,汉字的成熟,造纸术的广泛应用,汉魏书家奠定的基础,晋代书风之盛,都为高峰的拔地而起准备了条件;主观上,本人的天资与努力,特别是敏锐的艺术思维起了作用,对前人的书迹善于"剖析",对前人的技巧善于"增损",总之,在继承传统的过程中,有所守,有所弃,有所创。二王书法植根于深厚的土壤,符合了民族的审美观念,因而经久不衰。历史上,文人比较崇尚高雅、恬淡、雍容、虚和的风度,这在二王书法中得到了很好的体现。这好像太极拳而不像拳击,犹如西湖龙井而不似麦氏咖啡。东方与西方的审美情趣是不同的。但这并不意味着哪一方保守。中外文化的互相渗透由来已久。例如,佛教的音乐、绘画、变文,都被吸收、融化到中华文化之中。中华文化在不断吸收各方面精华的过程中,使自身更加丰富,而绝没有把自身化成了外方文化。这说明它不是保守的,而是随着历史的发展不断吐故纳新,这正反映了中华文化的博大精深!

近几年,人们接触西方的艺术理论多了,加重了对我国传统理论的怀疑,发现了东西方审美观念的许多差异,这不奇怪。世界各民族的原始艺术有共同的地方,譬如音乐、舞蹈、诗歌的“三一致”。随着历史的发展,各民族有自身的经济、文化、生活环境,作为上层建筑的艺术,自然随着经济基础而变化,东西方的文化好比两个相交的圆,既不是分离的也不是重合的。相交的部分是共同的,其余的部分仍然各自东西。可以说,相同是相对的,不同是绝对的。西方人对东方文化很难吃透。像京剧、太极拳、书法、中国画以及诗词曲赋、中医药,西方上层人士知其高深却未必知其究竟。简单地以西方模式来测量东方模式,并进而否定东方模式,非常盲目。作为东方艺术学子,如果也如此这般地自我否定,那可真应该迷途知返了。

美籍华裔诗人、翻译家、比较文学学者叶维廉先生,提出应当“把握住我们传统理论中更深层的含义”,“我们另辟的境域只是异于西方,而不是弱于西方”。他在对东西方文化多年研究的基础上认真地提出“重新肯定东方”。当然,他同时指出这并不表示拒西方于门外。(《寻求跨中西文化的共同文学规律》)如前所言,善于吸收和融化外来精华是中国传统文化的一大特点。书法是一项综合艺术,文学、史学、哲学、音乐、美术哺育着它,儒、释、道等多方面的思想影响着它,它随着历史的发展而变化,其中,汉字的应用、书写工具的改良、起居环境的改变,对书法的影响尤为直接。家具的由矮到高,纸幅的由小到大,促成了创作由手卷到立轴的发展。现代生活、工作的方式,衣食住行的变化,使人们的审美情趣与古人比有了很大的差异,对美的追求广泛、丰富、多样化了,好比说既要品茗也想尝尝咖啡了。这种种变化都对现代书家产生影响。但是,民族文化自身的变化是历史延续的,它不会割断历史。张大千早年临摹过佛教壁画,晚年参考过西洋画,但张大千毕竟还是张大千,可以说"万变不离其宗"。这"变"就是不断吸收,这"宗"便是中国画,中国文化。老一辈书家、学者,不同于闭关自守时代的私塾先生。他们有的是新文化运动以来的先知先觉者,不少曾在国外留学,对国外的文化并不陌生。他们没有因此而舍弃祖国传统艺术。他们在发扬优良学风方面做出了很多贡献,同时,也在纠正前人错误方面取得了宝贵的进展。近几十年以来的书家、学者承前启后,为现在的书法事业的发展奠定了良好的基础,我们应当珍惜。我们要利用现代化的条件,更好地吸收和融化外来的精华,进一步丰富我们的传统文化。

书法有着非常广的群众基础,其中,书坛的中坚力量遍布各行各业,各人的客观环境、主观因素不同,对书法的视角不同,在欣赏、创作、批评、研究等各个方面都会产生差异,这很正常。我们应当有一种热烈而宽松的氛围,利用广泛的、有差异的触角,编织起一个最大范围的信息网络,"资料共享",研究与解决新问题。应该承认,我们在若干方面(包括对西方艺术的研究)都存在不足,而当前最显得不足的仍然是对传统文化本身的学习与研究。叶先生强调要研究"传统理论中更深层的含义",可谓甘苦之言!事实上,日本、韩国、欧洲、美洲等地都有专家在兢兢业业地学习与研究我们的传统文化,我们怎能做"灯下黑"呢?

东西方艺术各有各的审美价值,相互间既有共通的艺术原理,也有各自鲜明的艺术特点,不必用一个模式去套改另一个模式。书法艺术要走向世界,不能靠迎合外国人的口味,而要靠我们自身深入研究,拿出既有民族传统、又有时代特征的好作品,帮助他们学习、认识,加深理解。东方否定不了,就像西方也否定不了一样。我们这一代人肩负着让中国高雅艺术走向世界的重任,理应有一个坚定的信念:肯定东方。

注:

叶维廉《寻求跨中西文化的共同文学规律》,北京大学出版社 1987 年第一版。

杜耀云　1930 年 3 月生，山东潍坊人。山东师范大学历史文化与社会发展学院教授，山东省文史研究馆馆员。长期从事中国近代史和中国近代经济史的教学和研究工作。出版有《辛亥革命在山东》、《中国近代社会的演变》、《中国近代史论》等著作，发表论文 50 余篇。

◎辛亥革命在山东的历史作用及其特点

◎甲午战争前之中朝日关系

辛亥革命在山东的历史作用及其特点

辛亥革命是以孙中山为代表的革命民主派发动的一场以推翻封建君主专制，创建民主共和为主旨的民族民主革命。辛亥革命至今百年的历史表明，由这场革命所开启的民主共和是不可抗拒的时代潮流。由此，一切"复辟"、"独裁"、"专制"势力，在不可逆转的社会大变迁中，只是同近代社会格格不入的"残余之物"。中国社会的发展和进步正是由此开始，而山东则是这方面的重要阵地。

一

辛亥革命是反映民族资产阶级政治、经济要求的革命，不同地区民族资本主义经济的发展状况，决定着这次革命在不同地区的历史风貌。

山东在甲午战前，民族资本主义经济虽已出现，但力量甚微。甲午战后，帝国主义对中国的经济侵略，由以往的商品输出和掠夺原料为主，转向资本输出为主。因之而起的山东人民收回利权运动，激发了人们兴办实业、挽回利权的爱国热情，据《东方杂志》载：1905～1907年，烟台、青岛、潍县、济南、济宁、泰安等地的民族工业有了较显著的发展。到

1910 年民族资本经营的工矿企业有 65 家,其中烟台就有 7 家之多。

与此同时,随着胶济铁路的通车,济南、潍县、周村的自开商埠,有些县市的商业日趋繁荣,成了“商贾荟萃之地”,尤其胶澳、烟台,“轮船火车往来如织”,各地商会相继出现,“联络感情,启导商智,保护商业”。

上述山东近代工商业显著发展的特点,是以“挽权利”、“塞漏卮”为号召;由以往官绅倡导,转为职商独立办厂,以仿行西法、抵制洋货为目的,这标志着山东传统的小农社会向近代工商社会转型迹象的真正出现。

山东民族工商业的发展是辛亥革命在山东兴起的经济基础,而“痛外侮之纷乘,恨满族之专制”,是其兴起的社会条件。

外国侵略势力直接侵入山东,始于第二次鸦片战争。到 19 世纪末,山东成了帝国主义侵略的重灾区。先是甲午之战,日本侵占了荣成、威海;继之,1897 年德国以巨野教案为借口,出兵强占胶州湾,并迫使清政府签订《中德胶奥租界条约》,把山东变成德国的势力范围;接着 1898 年英国强租威海卫,使山东人民受到极大刺激。

随着外侮纷乘而来的是民族灾难的日益加深,洋货潮水般地涌入山东内地,严重阻碍了山东民族经济的发展,迫使广大农民和手工业者卷入了世界资本主义市场的压榨之下。人们因之大声疾呼:“嗟我山东,民何恃而不穷,财何恃而不尽哉!”①

---

① 《山东省志资料》1962 年第 3 期,第 81 ~ 82 页。

山东人民除痛外侮纷乘，还恨满族专制。义和团反帝爱国运动被镇压后，清政府更加重了对人民的搜刮，而推行的“新政”，实是“经事者借端浮收，事多无实，而害且滋深”。至于宣称的预备立宪，则是“立宪其名，专制其实”。当时山东爱国志士，皆认为“清政不纲，列强环伺，岌岌可危”，在积极探求振兴中华的道路中，形成了民族资产阶级的政治代表，这种情况的出现，又是同新型知识分子群体的出现密切相关的。

清末废科举、兴学堂、派游学，目的是造就“通体达用”的统治人才，但客观效果与清朝统治者的主观愿望相反。在山东成立的各级学堂，使不少青年得以“涉猎《王阳明遗书》，卢梭《民约论》，《饮冰室文集》诸书”，“及读东西历史，以华盛顿、西乡隆盛自负”。①

山东留日学生，据《东方杂志》载，1904 年共 40 人，此后一年多起一年，到 1906 年出现了“联翩东渡”的热潮。多数留学生在剧烈的社会动荡和严重民族危机的促使下，迅速接受欧美国家的民权学说，如同清朝政府所惊叹的：“惑自由之邪说，张民约之谬论，聚党结会，妄议国事，其为后患，何可胜言。”②

山东同全国其他许多地方一样，多数知识分子都受过封建传统教育，但因影响程度不同，社会地位亦有差异，政治主张也不同。像当时东渡留学的丁世峄、王志勋、周树标、曲卓

---

① 《山东近代史资料》第 2 分册，山东人民出版社 1958 年版(下引此书同此版本)，第 153 页。

② 转引自章开沅《辛亥革命》上册，第 379 页。

新等人,出身“望族”,又具有“科名”,政治上主张立宪,排斥革命;而同时留学的徐镜心、丁惟汾、陈干、谢鸿焘等人,虽家世业儒,但其本人主要是接受了新学,又无“科名”,最早接受了孙中山在日本东京创立同盟会确定的“驱除鞑虏,恢复中华,建立民国,平均地权”的政治纲领,成了“缘潮流所趋,非共和无以救国”的革命民主派。据统计,1905~1907 年先后加入中国同盟会 38 人。① 其中的徐镜心被孙中山委以山东主盟人,丁惟汾等助之。自此,他们陆续回省,“以扩充会员,倡导革命为己任”,并认定“培植革命人才,须先由学校入手”,除在官办的新式学堂进行革命活动外,并纷纷集资设立公学(私学)。据统计,从1906~1911 年先后创办公学 30 余处。其中影响最大的是由徐镜心、刘冠三、陈干先后创办的烟台东牟公学、济南山左公学、青岛震旦公学。这些公学办学目的十分明确,就是“鼓吹党义,扩大党势”。

为了宣传同盟会的纲领,山东同盟会党人积极创办报刊。国外有丁惟汾在日本东京创办的《晨钟报》,国内有刘冠三等人在济南创办的《山东白话报》、陈命官等人在烟台创办的《渤海日报》。通过学校和报刊,努力从政治上唤起人们的觉醒:“盖数年间,莘莘学子得烟台东牟公学、济南山左公学、青岛震旦公学等学府,鼓吹推倒清朝,建立民国,已到不可压抑的程度,一有机会,即时爆发。”②

1911 年10 月 10 日,辛亥革命在武昌爆发,各省纷纷响应。山东烟台起义先于济南一天,却是同天宣布独立的,而

---

① 冯自由著《中华民国开国前革命史》编序第 12 章。

② 《山东文献》第 1 卷第 2 分册,第 94 页。

两者的独立各具特色。

烟台是民族资本主义经济集中地区，又是同盟会北方支部所在地，同盟会党人在这里活动最早，成效最大。因对本地海陆军早有运动，于11月13日光复了烟台。正是“山东未经独立之光，烟台首举义旗，其中大有人在也”①。

省城济南是鲁抚孙宝琦的驻地，是封建顽固派和资产阶级立宪派活动的重要基地。11月5日咨议局召开各界人士会议。徐镜心提出《山东独立大纲》七则，遭到顽固势力的反对是必然的，但也不为立宪派所接受。会后立宪派改为《劝告政府》八条由鲁抚代奏。随着苏杭、上海的相继独立，在势如燎原的革命形势下，立宪派与革命派联合，推翻了顽固派把持的咨议局，成立了由立宪派掌权，又有同盟会党人参加的全省各界代表联合会，从而迫使山东巡抚孙宝琦一度宣布山东独立。

显然，烟台首义是由同盟会党人独自领导的武装起义，而省城独立是以和平请愿为特征的，以上两起独立斗争，对辛亥革命的全局产生了重大影响。

因济南地处南北要冲，烟台又为天津门户、京师屏藩，这样便与北京以东的滦州起义和以西的山西起义遥相呼应，对清廷北京构成了三面包围的形势，既牵制驻山东、北京一带的清军不得南调，又给南方镇压革命的清军造成了后顾之忧，有力地支援了南方革命形势的迅猛发展。

孙宝琦是在革命洪流不可遏抑的处境下，“权宜承认”山

① 《山东近代史资料》第2分册，第94页。

东独立的，因之到 11 月 24 日，就顺袁世凯的旨意取消了山东独立，致使原主张山东独立的联合会分为两派，立宪派推举夏继泉（溥斋）、丁世峄赴北方“设法向北方当道疏解”，革命民主派推举谢鸿焘、雷光宇赴南方参加军政府，继续谋求山东的独立斗争。

先是徐镜心绕道上海与陈其美、胡瑛商定“先据烟台，再取登州，以图济南，且约期会实力援助”①。继而刘冠三“谒总理于沪上，被委以重任”②，回省以青岛震旦公学为据点，发动胶济铁路重要城市的独立斗争。再是陈干原本就反对立宪党人搞和平独立，认为“此种革命，并不彻底”，因之，决然由青岛率震旦公学骨干南下，“沿津浦路北伐”，实行三股力量同时并举“攻下济南，影响全省”的战斗方略。

1912 年元旦，以孙中山为首的南京临时政府成立，孙中山接受同盟会党人的建议，决定举行北伐，认为“山东地势举足轻重，关系革命大局”，指示山东同盟会党人积极进取。由此，徐镜心等人精心策划，由大连起航，一举光复了登州，并乘胜光复了黄县、龙口。当黄县处于清兵反扑，“局势危机时”，孙中山允山东同盟会党人之请，命沪军都督陈其美派沪军三千以刘基炎为司令登陆烟台，成立了以胡瑛为都督的山东军政府。这不仅鼓舞了胶东滨海诸县的独立斗争，实现了文登、荣成、牟平的光复，也推动了诸城、青州、高密、即墨等胶济铁路沿线的独立斗争。

---

① 《山东近代史资料》第 2 分册，第 12 页。

② 《山东近代史资料选辑》，山东人民出版社 1959 年版，第 186 页。

特别是登州、黄县、烟台、诸城、高密、即墨的独立和山东军政府的成立，不仅使得清廷“乃以渤海之门户已失，恐我军直捣津沽，不得不遑遽退位”①，也为南京政府壮大了声威，使孙中山的六路北伐，以及向烟台运兵成了可能，而且与陈干率领的徐州北伐军遥相呼应，对山东的独裁统治形成了两面夹攻的形势。

当时的山东巡抚张广建致电袁世凯告急：“窃以东省地据要冲，现在大局未定，民军违约，南逼固镇，东占登、黄，两方军事同时吃紧。”②袁世凯正是身处不利形势下承认“共和”的。

史实表明，辛亥革命在山东的兴起和发展，是推翻中国几千年来君主专制，实现民主共和的重要力量。

二

山东同盟会党人，在辛亥革命兴起和发展过程中，由于认真实践了孙中山“使人效死革命，必赖于主义传播”的教导，通过兴学堂、办报刊，积极宣传同盟会的纲领，使得不少爱国志士，坚定了对孙中山创立的“民族、民权、民生”三民主义学说的信仰，从而造就了一代富有民主共和理想的革命先驱，他们认识到“不推倒满人的专制，欲求共和而不可得，不得共和民国的成立，难使列强之改观”③。为此，他们在斗争中勇往直前，奋不顾身。有的在敌人法庭上“慷慨陈述革命

---

① 《山东近代史资料》第 2 分册，第 393 页。

② 《山东近代史资料》第 2 分册，第 279 页。

③ 《山东省志资料》1963 年第 1 期，第 58 页。

大义”,有的危争时刻表示“即使牺牲生命也不放弃革命”。特别是文登的革命斗争,表现得尤为惨烈,有五十九位革命志士“斩指断舌,粉身碎骨,皆作玉破,而无一瓦全”,通称“五十九烈士”。其中有的“尸骨粉碎,并燃以煤油,毛发无存”;有的“乱刀齐下,身无完肤”;有的“衣履全炬,目裂腹溃”;有的死后“并以乱刀、乱棒,故体碎如粉”;更有丛琯珠及其次弟琦珠、三弟环珠,林仲滨及其胞侄哲民、新民全遭杀害,这就是当时人们惨称的“一门三烈士”。

面对敌人惨绝人寰的野蛮暴行,文登五十九烈士,其舍身取仁的浩然之气,足以壮山河而光日月,在临刑前,有的慷慨而言:“为国为民牺牲身家俱无遗憾,独恨不见共和之成立耳”;有的振臂高呼:“人皆有死,能死其志,虽死犹生”;有的环顾同志曰:“为国家死,夫复何憾。”时人评论:烈士们对民主共和来说,“虽事业未竟,而规模粗具,已开自治之先声;建设未周,而福利攸关,已立共和之基础”。待暴乱平息后,邑中贤达,或传其事,或著以文,或痛哭以吟诗,或慷慨而题词。为烈士召开追悼大会时,祭悼、挽联,琳琅满目。其中有位梁宗翰先生,为挽学生宋景恭之联是这样写的:

打破生死关头,乃为英杰,叹先烈,击平等鼓,撞自由钟,鲜血淋漓,购得亚东新世界。

割断权利思想,便是男儿,愿同胞,拜共和神,驱专制鬼,雄心磊落,爱此民国好河山。①

这幅短短的挽联,道出了烈士们为推翻君主专制,建立

① 《山东近代史资料》第2分册,第188页。

民国的理想追求，他们追求这一理想的法理依据，就是人人平等、主权在民和自由民主。烈士们正是在这一理论的启迪下，坚定了献身共和的政治信念。而烈士们洒热血以涤腥风，抛头颅而扬共和的献身精神，成了近百年来凝聚和激励山东人民，坚持铲除“复辟”、“独裁”、“专制”残余势力，建立真正民国的强大精神动力。

三

辛亥革命在山东，极大地激发了人们的政治热情。在省城，宣布山东独立的当天，济南各学堂的学生，整队游行，“欢声若雷，震动闾里”，各界人士莫不为此“白章缠臂，额手庆贺，奔走相告”。有的革命志士返回青岛演说以至“皮唇焦枯”，而“绅商奉迎，称为善策”①。山东出现了人民上下一心，共济时艰的可喜景象。各方来访问接洽者日多，建议条陈不计其数，其中有请暂定临时政府权限和临时约法的，有请办山东国民公报的，有请筹办储蓄银行及监督地方政府财政的，有请办民团及扩充警队的，还有建议临时政府政策的，实在是“五光十色，美不胜收”。上举一日数百起的来访，不知其数的条陈建议集中反映了山东独立激荡的民主潮流的高涨。

特别是随着中国君主专制的被推翻、民国的建立，中国由王朝政治变为民主共和政治，自此，西方资产阶级的民主观念得到广泛传播，按西方模式建立新的国家，成为当时的

---

① 《山东近代史资料》第 2 分册，第 73 页。

社会热潮，从此，山东人民更多地对国家政事发生了兴趣，冲破了传统社会不准“庶民议政”的禁区。人们开始将集会、结社、选举作为社会活动的重要内容。在一些城市里，今日开会，明日结社，不曰男女平等，即曰财产均等。民主、平等、自由成了人们议论的时尚话题。而这一时期，具有重要意义的改变，是议会制度的出现和政党及其舆论的特别发达，出现了全省政党林立、社团名目繁多的政治格局。在这方面，1912 年 9 月，一次欢迎孙中山来济南的活动得到切实的印证。记者报道，当时到济南火车站欢迎孙中山的各团体有：政界、警界、学界、议会、新闻界、女界、国民党、共和党、自由党、统一党、社会党、共和促进会、十府三直隶州联合会、国民事务所、基督教会、回教促进会、大同会、警监协会、垦植协会、铁道协会、路矿研究会、法学协会、法政学会、历城保安会、历城国民分会、红十分会、人群进化会、孔教会、光复烟台同志会、社会党济南分会，烟台学生军等。这次欢迎活动，充分展现了辛亥革命给山东带来的活跃的民主气氛。①

辛亥武昌起义后，山东同盟会党人在烟台、黄县、登州、文登、荣成、即墨、诸城等发动独立斗争，通过选举成立的军政府，实行民主行政，宣布“惩罚贪官”，“消灭劣绅”，“除掉陋规旧弊”，提倡“剪发放足”，“兴学堂”，“办新政”，发展“工商”，“各县武官（千把总）一律裁废。县政府分科办事，三班六房一律裁减”②。上述除旧布新的法令，较大程度上动摇

---

① 《山东省志资料》1961 年第 4 期，第 48 ~ 50 页。

② 《民立报》1912 年 10 月 2 日、3 日、4 日连载《孙先生东行记》。

了封建社会的传统观念，使得山东人民的政治思想、政治结构、社会面貌发生了深刻的变化。

由革命转向建设，是革命发展的必然。南京临时政府成立时，孙中山就欣然指出："革命有非常之破坏，则不可无非常之建设。"基于此，山东爱国志士发出"欲振兴中国，非振兴实业不可"的呼喊。人们不再将从事实业看成"弃本逐末"的事，怀着"破坏告成，建设伊始"的兴致，纷纷成立"中华民国工业建设会"、"西北实业协会"。有些县、市为发展实业办贸易、建工厂、培植人才。有的设实业局，凡关于提倡劝导者，无不讲求备至，建陈列所，开博览会，立专门学校以造就人才，派出专员以考察办法，并以今昔对比描述了农、工、商业的发展变化："一言农业，昔之深耕易耨听民自为者，今则设农会以为之指导矣；一言工业，昔之通工易事人自为营者，今之有工厂以为之容纳矣；一言商业，昔之懋迁有无居无定者，今则应商会以为之联络矣。"①上述表明，辛亥革命在山东促进了先进生产力的发展。

知昔可以观来，值此辛亥革命一百周年，中华大地发生的历史巨变，正是由辛亥革命起步的。正因如此，山东人民永远缅怀中国民主革命的先行者——孙中山先生为民族独立、社会进步所建立的历史功勋，永远缅怀辛亥先烈为中国民主革命而英勇献身的光辉业绩。

① 《齐河县志》卷17《实业》，1933年版。

甲午战争前之中朝日关系

中日甲午战争，是由日本军国主义对朝鲜的侵略引起的，因当时的朝鲜是中国的传统属国，因而，中日“属邦”之争，揭示着日本军国主义挑起这次战争的历史进程；交织着国际帝国主义在远东地区的激烈争夺；反映着这次战争的起因和性质。

一

中日两国是一衣带水的邻邦，有着友好交往的悠久历史。甲午战前，两国虽然在程度上各有不同，但都受到了西方列强的侵略和压迫，又大体同时开始了学习“西法”图谋自强的活动。然而，日本经过 1868 年的明治维新，在成为资本主义国家的同时，走向了对外扩张侵略的军国主义道路。

日本先是于 1870 年派使到中国谈判订约，要求按照“西人成例”，取得“一体均沾”的侵略特权，遭到清政府的严词拒绝。因当时的日本尚没有足够的力量胁迫清政府屈从；而清政府考虑到日本同中国一样，都是遭受西方侵略的国家，“正可联为外援，勿使西人倚为外府，宜先通好，以冀同心协力”①。1871年双方签订了《中日修好条规》，首款规定：“嗣后大清国、大日本信敦和谊，与天壤无穷。即两国所属邦土，亦各以礼相待，不可稍有侵越，俾获永久安全。”②这反映了清政府同日本政府睦邻友好的真诚愿望，但日本政府却把它当作“名为通好，实图窥伺”。

再是继举兵侵略台湾的1876年，派军舰侵入朝鲜的江华岛，胁迫朝鲜“开国”的同时，令其驻华公使向清朝总署大讲朝鲜“背约拒使”，要求由日本政府派人前往朝鲜“修好”。对此，清朝总署答以“查李鸿章前与该国订立修好条规，第一条载明‘两国所属邦土，亦各以礼相待，不可稍有侵越’等语，朝鲜向为中国藩服，日本自应遵守条规，不得占其邦土”③，并指出：“朝鲜虽隶中国藩服，其本处一切政教、禁令，向由该国自行专主，中国从不欲闻，今日本与朝鲜修好，亦当由朝鲜自行主持。”④

然而，日本为实现其扩张侵略野心，置《中日修好条规》于不顾，否认朝鲜为中国的属邦。自此，中日双方通过反复照会，开始了激烈的“属邦”之争。

日方，以总理衙门王大臣所说，“朝鲜虽曰属国，地固不隶中国，以故中国曾无干预内政，其与外国交涉，亦听彼国自主，不可相强等语”，强调说：“朝鲜是一独立之国，而贵国谓之属

---

① 《筹办夷务始末》(同治朝)，卷27，第35页。

② 《同治条约》卷20，1915年版，第21页。

③④ 《中国近代史资料丛刊·中日战争》(1)，新知识出版社1956年版(下引此书同此版本)。

国者徒空名耳。”提出:“凡事起于朝鲜日本间者,于清国与日本条约上无所关系。”①其用意就是否认中朝两国的传统关系,阻挠清政府对日朝关系的干预,从而实现其侵略朝鲜的野心。

中方,面对日方的强词夺理,先是据理反驳:“查朝鲜为中国属国,隶即属也,既云属国,自不得云不隶中国。且日前回复贵大臣,并无不隶中国之说。《修好条规》内所属邦土,朝鲜实中国所属之邦之一。”并且声明:“合照《修好条规》所属邦土不相侵越之意,彼此同守,不敢断以己意谓于条约无所关系。”②继而针对日方把朝鲜为清朝属邦说成是“空名”的种种责难,既答以“盖修其贡献,奉我正朔,朝鲜之于中国应尽之分也,收其钱粮,齐其政令,朝鲜之所自为也,此乃属邦之实”;也晓以“纾其难,解其纷,期其安全,中国之于朝鲜自任之事,此待属邦之实”③;再次申明中日双方理应彼此同守《修好条规》所定“所属邦土”,“不可稍有侵越”之约的原则立场。从而挫败了日本政府企图迫使清朝政府承认朝鲜为“独立国”的外交讹诈。

然而,日本政府在同清政府展开“属邦”之争的同时,就以“江华岛事件”为借口,同朝鲜政府直接谈判,迫使朝鲜签订的《日朝修好条规》特意规定“朝鲜为自主之邦”。并以此为借口,向清政府进一步发起争夺朝鲜自主权的斗争。显然,“属邦”之争,势必持续下去。

二

清政府的部分官员如李鸿章等人,深知《日朝修好条规》

---

①②③ 《中日战争》(1)第289、293、295、297页。

是日本以“兵威胁制朝鲜”签订的，它必将给中朝关系带来严重影响。清朝总署面对这一严重局面，提出了“以敌对敌”的对策。在《奏拟朝鲜交聘各国片》中指出，日本“将来必有逞志朝鲜之一日”，到那时，“中国将往助而力有未逮，将坐视而势有不能”，不如密劝朝鲜“统与泰西各国立约；日本有吞噬朝鲜之心，泰西无灭绝人国之例，将来两国启衅，有约之国皆得起而议其非，日本不致无所忌惮”。① 而清朝的最高统治者，也鉴于当时的世界形势，认为朝鲜坚持闭关自守已势不可能，因而同意总署的建议，密谕李鸿章以个人名义劝说朝鲜执政官员与西方列强立约通商。自此，中日“属邦”之争，由以往的外交谈判，转入了对朝鲜政治上的争夺和军事上的控制。

由于日本“夙谋专制朝鲜”，在朝鲜积极扶植亲日的开化党势力，致使“朝臣阴附日人者不少”②。因而，1882 年在朝鲜爆发了以反对日本侵略势力和朝鲜政府亲日派之间的“壬午兵变”。

事变发生后，日本政府疾派海陆军 1200 余人进驻汉城。清政府恐日本政府乘此机会，“或助国王以灭乱党，或助乱党以废国王，从此大权在握，操纵自如”③，因而，要尽“匡植属藩之义”，以“潜杜日本藉口伺间之心”。在派丁汝昌、吴长庆率兵入朝的同时，又令驻日公使黎庶昌向日本外务省告以清政府居间调停之意。在这次事变中，清政府派兵镇压了兵变，虽稳住了“属邦”，但日本政府先是以朝鲜为“独立自主”

①②③ 《中日战争》(1)，第 301 ~311、334、337 页。

之邦,自《日朝修好条规》签订后,有关日朝之间争端,清政府无权过问,拒绝了清政府居间调停的用意;又以"焚馆逐使"为借口,逼迫朝鲜政府签订了《济物浦条约》,取得了在朝鲜的驻兵权。这对日本来说,就为"属邦"之争进一步提供了借口,增强了实力。

从此,清政府出自"中国之于朝鲜,固不能强预其政事,不能不切望其安全",改变了对朝鲜的无为政策,派袁世凯为驻朝全权大使,协助朝鲜训练军队,令吴长庆所率6营军队暂留驻汉城,以防"日本窥伺挟制,千方百计以愚朝人"①。清政府在采取上述措施的同时,并密劝朝鲜政府与泰西各国立约通商,"隐以备俄而抗日"②。当朝鲜首次同美国立约时,李鸿章坚持"首款须提出朝鲜系中国'属邦'"的主张,对此美使坚决拒绝而是要求援照"日本成式"立约。双方为此争执相持月余,最后议明由朝鲜国王"另给照会声明属邦"③。此后,英、俄、德、法各国"均照此约为蓝本"。这表明,在"属邦"问题上,其他帝国主义列强同日本一样,都不承认朝鲜是清国的"属邦",而是打着朝鲜为"自主国"的旗号,各自向朝鲜扩张侵略势力。事后,李鸿章对此颇有感触地说:"臣等前为代筹与美、英、德各国陆续议约,开埠通商,无非欲使(朝鲜)日臻富强,声明为我属邦,而各国皆置不答。亦由于日本一气勾通,但不便与我明争耳。"④由此,"俄人屯兵海参崴,而通商于朝鲜之元山津;日人屯兵对马岛,而通商于朝鲜之釜山津;英美各通商于仁川,而英又据其济州之巨

①②③ 《中日战争》(1),第376、370、618页。

④ 《中日战争》(1),第516页。

文岛”，而“各国又恐他人之占先，其强将不可制，乃各起而据其一方，以为立足”①，朝鲜成了帝国主义列强在远东争夺的集中地区，因为“各国之图中国者，无不图先占朝群，而中国之左臂断，进可以制东三省而摇我根本，退可以屯兵积聚观时而动”②。

“壬午兵变”后，日本政府除驻兵汉城，加强对朝鲜的军事控制，并多方唆惑“朝鲜国王自主，不应藩属他邦”③。而朝鲜国王“外贪自主之名，而忘逼处之祸”④。因而，乘1884年中法战争爆发，日本驻朝公使策动了一次“挟王叛华”的军事政变，史称“甲申政变”。当时的驻朝清兵，击败了这次政变，由此中日“属邦”之争，由对朝鲜的政治争夺，发展为军事对抗。

“甲申政变”后，日本统治集团中的部分官员主张乘中法构衅，“速取朝鲜，与中国一战”⑤。日本执政者鉴于当时国力不足，主张“速节冗费，多建铁路，赶添海军”⑥，积蓄力量，待机而动。对朝鲜问题，提出通过谈判撤兵，迫使清政府让步。中日“属邦”之争因之又趋激烈。

中方认为朝鲜是中国属邦，“中国保护朝鲜之兵，与日本无涉”⑦。而日方提出，“属国”之说，西洋各国“皆不承认”，“日本与朝鲜约内，我国本有留兵之权”⑧。中方进而指出：“日本留兵为保护使馆，中国派兵为保护朝鲜，事各不同，中

①② 《中日战争》(1)，第585页。

③④⑤ 《中日战争》(1)，第392、287、611页。

⑥⑦⑧ 《中日战争》(1)，第600、511、521～522页。

国本有派兵保护之权”①。概括起来,两国所提议案的根本不同点在于:中方坚持朝鲜是中国的属邦,只有中国有驻兵权;日方则坚持双方均不派兵驻朝,但在特殊情况下,双方均有权向朝鲜派兵。经过激烈争论,日本终于迫使清政府于1885年4月签订了《天津会议专条》,规定中日两国同时从朝鲜撤兵,“将来朝鲜若有变化重大事件,中日两国或一国要派兵,应先互行文知照,及其事定,仍即撤回,不再留防。”②这实际上是把日本提高到了朝鲜保护国的地位,为后来日本出兵朝鲜,把“属邦”之争推向发动侵略战争提供了借口,埋下了祸根。

三

19世纪90年代初,日本国内发生了经济危机。又因1891年俄国开始动工修建西伯利亚铁路,加剧了日本发动侵略战争的欲望。因为在日本执政者看来,“西伯利亚铁路竣工之日,即俄国对朝鲜侵略之时”③。因此,当1894年朝鲜东学党领导的农民起义爆发时,日本故意揪住不放,使中日“属邦”之争再趋激烈。

一是关于两国出兵朝鲜问题。清政府应朝鲜政府之请派兵入朝,知照日本外务省,系“保护属邦之旧例”,且“一俟事竣,仍即撤回,不再留防”④。而日本政府抓住清政府出兵

① 《中日战争》(1),第522页。

② 《光绪条约》卷19,第6页。

③ 《山县有朋意见书》,第177页。

④ 《光绪朝中日交涉史料》卷13,第9页。

照会中有“保护属邦”一语，照覆清政府“帝国政府未曾以朝鲜为贵国之属邦而加以承认”①，提出：“因朝鲜现有变乱重大事件，我国派兵为要，政府拟派一队兵。”②

清政府得知日本要出兵朝鲜，当即知照日本政府，阐明两国出兵朝鲜性质不同，任务也因之各异，即中国是“因朝鲜之请，系保护属邦成例”；而日本“并非朝鲜所请”，且中国出兵“专剿内地土匪，事定即回”，而日本“专为保护使署，自无须多派，且断不可进入内地，致人惊疑”③。

然而，日本为挑起事端，故照覆清政府：“我政府并未承认朝鲜为清国属邦。此次，我国派兵朝鲜是凭《济物浦条约》而于为之，遵照《天津条约》办理在案”，至于日方出兵，“其应几多调派，我政府不得不自行定夺，其应如何行动，非所掣肘”④。就是在派兵朝鲜问题上，否认中方的合理性，肯定日方的合法性，暴露了日本决定出兵朝鲜，挑起事端，发动侵略战争的险恶用心。

再是关于两国撤兵问题，清政府根据《天津条约》要中日两国同时撤兵。然而日本不但拒绝撤兵，又提出所谓“中日两国共同改革朝鲜内政”的提案。清政府认为日方的上述提案是挑起新事端的借口，属于明目张胆地干涉朝鲜内政。为此，照覆日本政府，强调指出：“（一）韩乱告平，已不烦中国兵代剿，两国会剿之说，自无庸议；（一）善后办法，用意虽美，止可由朝鲜政府自行厘革。中国尚不干预其内政，日本素认朝

①② 《日本外交文书》卷27，第519、525号文件。

③ 《六十年来中国与日本》卷2，第29页。

④ 《日本外交文书》卷27，第545号文件。

鲜自主,万无干涉其内政之权;(一)乱定撤兵,己酉年两国所订条约俱在,此时无可更议。"①揭露了日本政府明认朝鲜为自主之国,实则干涉朝鲜内政的企图,重申了朝鲜为中国"属邦"的实际内涵,表述了中日两国同时撤兵乃理之当然。

清政府的照覆,虽是义正辞严,理直气壮,但一纸外交文书并不能消戢日本的侵略野心。日本政府一方面在外交活动中,对朝鲜问题坚持"不论取如何方针,务不损害第三者欧美各国的感情"②,并"竭力不使事态超出中日两国范围以外"③,从而使清政府乞求列强干涉避免战争的努力落空。另一方面以"改革朝鲜内政"为借口,日本于7月23日派兵冲进汉城王宫发动政变,组织了亲日的傀儡政权,以此名义宣布废除同清政府缔结的一切条约,授权日军驱逐在朝清军。同一天,在朝鲜牙山湾丰岛附近海里,日本对中国船舰发动突然袭击,悍然挑起甲午战争。

总之,中日甲午战争是由日本蓄意制造事端挑起的。而日本通过这次战争,迫使清朝政府割让中国领土台湾,承认朝鲜为日本属国,赔偿日本发动侵略战争的军费白银二亿两,并为赎回辽东半岛又增银三千万两。由此日本成了19世纪最大的暴发户,用中国人民的血汗,实现了"现代化",并成了20世纪亚洲乃至全球的腥风血雨的制造者。

---

① 《六十年来中国与日本》卷2,第37页。

② 《中日战争》(7),第160页。

③ 《蹇蹇录》第34页。

金延铭 1952年2月生，山东烟台人。山东省文史研究馆馆员。曾任烟台市城市管理局局长，中共烟台市委城市管理工委书记，烟台市第十三届人大代表，第十一届政协常委，鲁东大学兼职教授。出版有《烟台要事考略》等著作，发表论文和调研报告50多篇。

◎中英《烟台条约》的签订及其影响

◎关于成功反对美军登陆烟台的历史分析

◎《马关条约》烟台换约考

中英《烟台条约》的签订及其影响

在中国近代史上，帝国主义列强强迫清政府签订的一系列不平等条约，主要集中在几次较大的侵华战争之后，如第一次鸦片战争、第二次鸦片战争、中日甲午战争、八国联军攻占北京等。在常用的历史教科书中，对这些战后签订的不平等条约的记述也比较多。中英《烟台条约》在众多的不平等条约中，有它的独特性，这个条约是英国在非战争背景下、以一起命案为借口强迫清政府签订的，此约不仅扩大了英国对中国的侵略特权，而且使列强通过这个条约在中国进一步攫取到一系列的利益，其中的关键条款直到 1931 年才被停止。所以，要研究中国近代如何被半殖民地化的过程，中英《烟台条约》是一个非常重要的历史文件。

一、英国借马嘉理案提出蓄谋已久的特权要求

在十九世纪七十年代，印度和缅甸已被英国侵占，并建立了殖民政府。英国为了扩张在中国西南地区的势力，策划从缅甸仰光到我国云南思茅地区修建一条铁路。1874 年（清同治十三年）英国组成一支近 200 人的武装探路队，由上校军官柏郎（Horace A. Browne ）率领，企图从缅甸进入我国云

南。这年 6 月，英国驻华公使威妥玛(Thomas Francis Wade)以英印政府欲派“探路队”从缅甸来我云南境内考察为由，向总理衙门提出派英国驻北京使馆翻译官马嘉理(Angustus Raymoud Margary)前往迎接。经总署同意并发给护照，同年 12 月云南地方官派人把马嘉理护送出境，到缅甸八莫(新街)与柏郎上校率领的“探路队”会合。1875 年(清光绪元年)2 月，马嘉理在未先知会云南地方官的情况下带领柏郎的武装“探路队”擅自入境。2 月21 日，马嘉理及其随从在蛮允附近被当地居民阻拦盘问，马嘉理蛮横地开枪打死中国居民一人，打伤多人，当地居民奋起反击，把马嘉理打死。而此时柏郎的武装“探路队”正行至南坪河一带等候马嘉理的消息，在班西山下被当地居民阻其去路，“探路队”开枪杀死中国居民数人并放火焚烧山林后折回缅甸。这就是“马嘉理案”，又称“云南事件”或“滇案”。

马嘉理案发生后，英国公使威妥玛在 3 月 19 日就此案第一次照会清朝总理衙门，提出六点要求：一、中国须派专人前往腾越调查，英使馆及印度当局得派员参与其事；二、英印政府如认为必要，可再次派探测队前来云南考察；三、中国偿银十五万两；四、中英应立即落实咸丰八年(1858)《天津条约》所定外国公使“优待”办法；五、两国商定办法，免除英商于正税及子口半税以外的各种负担；六、解决各地历年未结的教案。[①] 威妥玛提出这六条照会，距马嘉理被杀只有二十多天，在当时的交通和通讯条件下，不可谓不快，尤其值得注意的

① 丁名楠等：《帝国主义侵华史》第一卷，人民出版社 1961 年版，第 241 ~242 页。

是，六条中的后三条与马嘉理案毫无关系，而且是在过去所签的不平等条约基础上，进一步在经济上、外交上和宗教上提出特权要求。在此后围绕马嘉理案的交涉中可以看出，英方所提的这些要求并不是临时起意，而是蓄谋已久。

威妥玛的第一次六条要求提出后，总理衙门据理驳斥。一个月后，威妥玛转而先提其中前三项，即涉及马嘉理案的相关要求。到了这年8月8日，威妥玛派英国驻北京使馆的汉文正使（翻译参赞）梅辉立去见李鸿章，传达他愿在天津商谈滇案，并又一次提出六点要求：一、中国须速派钦差大臣去英国说明滇案，所派使臣应为一二品大员；二、遣派使臣，请明发上谕，以使中外共知；三、即请明降谕旨，予云南地方官之与阻止柏副将（柏郎上校）、戕害马嘉理有责任者，分别议处；四、所派使臣赴英时应请由印度都城经过，与英印总督会晤，说明滇事；五、滇缅交界道路须任英人通行，并由中国使臣与英领印度妥商边界贸易章程；六、各国驻京公使除与总署商议交涉事情外，还请与各部院大臣交往应酬。威妥玛这次提出的六点要求，在涉及的范围上比第一次的六点要求缩小了很多，除了第六条外，基本上都和滇案能扯得上。所以，中方表示，前四条可以商议；只是滇缅边界贸易章程一时碍难定议，亦未便与印度商办；驻京公使与各部院大臣联络交接本无明禁，但不能商办公事。① 威妥玛第二次提出的六点要求，只是退一步进行试探的策略，并不代表英方的真正意图。

---

① 《述威使要求六事》，国家清史编纂委员会《李鸿章全集》第三十一卷，安徽出版集团、安徽教育出版社2008年版，第282～283页。

此后又经过十个月的反复较量,威妥玛在1876年(光绪二年)6月2日,第三次提出议结滇案的六条办法。一、由总署上奏惋惜马嘉理,并请旨晓谕各处保护洋人,张贴告示;二、英方可派员赴各处查看是否张贴;三、凡有中国人伤害英国人案件,英国得派员观审;四、双方派人商议滇缅边界通商事宜;五、英国得在云南大理、四川重庆派驻领事官;六、增开通商口岸,如奉天大孤山、湖南岳州、湖北宜昌、安徽芜湖及安庆、江西南昌、浙江温州、广东北海等处,且各项洋货在本口交纳正税后即不再重征,入内地则请领税单再完半税。并称"以上六条定明后,即钦派使臣前往英国,国书内说明滇案不无可惜之意",至于赔款一节,俟核定数目后再议。① 威妥玛第三次提出的这六条办法,显露出了英方借马嘉理案谈判的真实意图。6月4日,总理衙门照复威妥玛,六条办法不能全允。认为其第一、二两条尚属可行;第三条在滇案查办中业已行之,亦可通融;第四条俟滇案办结后即刻派员商量;此外两条则不能允许。大理、重庆并非通商口岸,不应派驻领事,除宜昌可照准增为口岸外,其余各处均碍难允准。至于税务一事,若洋货仅交正税而不再重征,则中国即无厘金可征,亦万难照准。威妥玛阅毕,竟然"愤激异常"②。6月6日,威妥玛先是派梅辉立到总署传达他的意见,将遣使、偿款二条添入,加上原有的六条共为八条,作为议结滇案的条件。旋后,威妥玛又亲自到总署,于八条之外又提出两条要求,一是"正子并交"即洋货正税和子口半税一并交纳,二是"划定

①② 《清季外交史料》卷六,第8~9页。

口界”即将通商口岸与未经开放之处划分明确。总署答以正子并交虽于厘金有损，尚属可行，划定口界则有类租界，弊病不可胜言，必不可允①。但等到了烟台会谈时，威妥玛提交的《议结滇案草约》已变成了十六款。

从上述过程可以看出，英国人企图不断扩大在华特权的野心早已有之。在1875年8月3日，即威妥玛的第二次六条要求出笼前，他与李鸿章在天津谈马嘉理案时，曾直言不讳地说：“自咸丰十一年到今，中国所办之事，越办越不是，就像一个小孩子活十五六岁倒变成一岁了。……不但云南一事，内外各处官与官、商与民交涉各种规矩情形，俱要认真整顿，改变办法”②。咸丰十一年的上一年，即历时五年的第二次鸦片战争结束的1860年，英法联军攻占天津、北京，抢掠并火烧圆明园，英国、法国、俄国分别迫使清政府签订了《北京条约》、《天津条约》等一系列不平等条约，帝国主义列强在第二次鸦片战争中获得了比以前更多的特权和利益。1861年1月20日，清政府为办理洋务及外交事务，设立了总理各国事务衙门，简称总理衙门、总署、译署。从1861年到马嘉理案发生的1875年，这十几年的时间里，清政府完成了对太平天国、捻军等农民起义的镇压，推行以洋务运动为标志的“自强新政”，国民经济有所恢复。而这期间，中国与列强之间也没发生大的战事，英国和其它列强的在华特权也没有再继续得到扩大。但这种状况正是英国等列强所不满意的，资本的

① 《清季外交史料》卷六，第8~9页。

② 《与英国威使晤谈节略》，国家清史编纂委员会《李鸿章全集》第三十一卷，安徽出版集团、安徽教育出版社2008年版，第280页。

本性是攫取最大的剩余价值,帝国主义的本性是侵略和掠夺,因而,不断扩大在华的特权,是英国等列强的一贯要求。从鸦片战争以来,他们的这种要求主要靠"炮舰政策",通过一次又一次的侵华战争来达到的。这十几年间,英国与清政府之间既然没有大的战争,也就没有签订什么新的重要不平等条约。而马嘉理案的发生,给了英国人一个借口,他们趁机要挟清政府,迫使清政府不断让步,最终达到了不经过战争也同样获得特权的目的。

二、在强权胁迫下进行的中英会谈

围绕马嘉理案展开的中英交涉历时一年半,由于英国人从一开始就要借题发挥、另有所图,为达到目的,英方自始至终采用了威胁强迫的手段。谈判从北京到天津、从天津到上海、从上海再到天津、从天津再回北京,最后举行了烟台会谈。威妥玛在整个会谈交涉中,骄横跋扈,步步紧逼,连最后的谈判地点和清朝的谈判代表,都是由他来指定的。

对于英国人欲借马嘉理案进行要挟,清政府一开始就有所警觉。1875 年 3 月 21 日,清廷在命云南巡抚岑毓英确切查办马嘉理案、暗防英人不测之谋的谕旨中就指出:英国注意云南等处已非一日,现欲籍此开衅,以为要挟之计,亟应加意筹防。① 然而,英国人并不仅仅关注在云南等中国西南部的利益,而是借马嘉理案要和清政府就英国在整个中国的特权进行重新洗牌,这使清政府感到难以接受。于是,威妥玛

① 中国人民大学清史研究所《清史编年》第十一卷,中国人民大学出版社 2001 年版,第 6 ~ 7 页。

使出各种手段进行威逼。威妥玛一方面抓住马嘉理案本身的查处不放,不断提出新的要求;一方面坚持他所提出的谈判内容,坚决不同意就事论事来解决马嘉理案,而要借此和中国签订新的不平等条约。

对马嘉理被谁所杀一事,威妥玛咬定是清朝驻腾越的官兵所为,而据云南地方官的奏报,马嘉理系被当地“野人”(山民)所杀,他之所以没得到地方政府的保护,是因为马嘉理“何日由缅来滇,未据知会,无从接护”①。对云南地方官员的这种奏报,威妥玛十分不满,在他的威胁下,1875 年 6 月,清廷下诏派湖广总督李瀚章前往云南查办马嘉理案。威妥玛立即派员到武昌会见李瀚章,提出不仅要查明马嘉理被何人所杀,还应查清柏郎“探路队”缘何受阻。李瀚章回答,只奉命查办马嘉理案,其余非所应问。8 月 3 日,威妥玛跑到天津找到李鸿章,表示对李瀚章的这一回答十分不满。他说,听了令兄之言,实在不能不怀疑清廷的诚意,腾越厅文武算不得什么,云南抚台也算不得什么,我只向京中去讲,与总署商议,看他怎么办法,如果没有一个成事的把握,改变的凭据,那时候我只好出京,把云南事交与印度节度大臣(英属印度总督)办理,各口通商事务交与英国远东舰队司令办理,英商税概不准完纳。② 这时威妥玛已拉出一付要刀兵相见的架

① 中国人民大学清史研究所《清史编年》第十一卷,中国人民大学出版社 2001 年版,第 16 页。

② 《与英国威使晤谈节略》,国家清史编纂委员会《李鸿章全集》第三十一卷,安徽出版集团、安徽教育出版社 2008 年版,第 279 ~ 280 页。

子,看你清政府按不按他的要求来办。

在威妥玛到天津会见李鸿章的五天后,即 1875 年 8 月 8 日,英方向中国提出了第二次六点要求。李鸿章表示愿意在天津商议滇案。按照威妥玛第二次六点要求的有关内容,9 月 7 日,清廷从李鸿章请,派前江苏巡抚薛焕前赴云南,帮同李瀚章查办马嘉理案;又从李鸿章请,发出委派郭嵩焘为钦差大臣赴英国说明滇案的上谕。9 月 18 日,威妥玛照会总署,称中国办理滇案"丝毫未见实心","本大臣现当陈明本国,不日将带同僚属南下"①。9 月 28 日,威妥玛再照会总理衙门,称马嘉理被杀和柏郎"探路队"受阻,皆中国官员调兵所为,而且在派遣郭嵩焘出使英国的上谕内,未将"英国"字样抬写,显有轻视之意云云。很显然,不管清廷所查马嘉理案是怎么回事,英国人要求必须惩办官员。而上谕里"英国"字样抬不抬写,更是过分要求。总理衙门也不得不告知威妥玛,"上谕系专谕中国臣民,例不抬写外国名称"②。

在威妥玛的要求下,李瀚章、薛焕于 12 月 9 日奏报查办马嘉理一案情形,请将地方官吴启亮、蒋宗汉等暂行革职。理由是:虽该洋人自缅境折回未先知会地方官派人迎送,而腾越厅同知吴启亮于绅民聚团时未能开导弹压,预防其渐,致外国有所籍口,实属办理不善;署腾越镇总兵蒋宗汉于地方出此巨案毫无察觉,亦有应得之咎,相应请旨将二员一并撤任,暂行革职,归案审讯③。四个多月后的 1876 年 4 月 19

① 《清季外交史料》卷二,第 22 页。

② 《清季外交史料》卷三,第 24 ~ 25 页。

③ 《清季外交史料》卷四,第 13 ~ 14 页。

日，李瀚章、薛焕奏滇案审讫，查马嘉理初来腾越及出境，岑毓英饬总兵蒋宗汉、同知吴启亮等保护无事，有马嘉理致蒋宗汉之谢函为证；后由缅甸入境时，未先知照地方官，行抵户宋河，突遇久惯路劫之“山匪”而通凹、腊都等百余人，向彼等索要过山礼，马嘉理开枪毙其一人，“匪众”遂一起上前将马嘉理及其随从四人一并杀死，劫去马匹、行李等物。柏郎行至南坪河等候前途消息，在班西山下被众三面合围，阻其去路，随行之印缅兵开枪击毙数人，并放火焚烧山林，众始散去。是为马嘉理被戕、柏郎被阻之实情。所起获的马嘉理马匹及什物五十六件，已交给威妥玛派往云南观审马嘉理案的代表格维纳，抓获了参与杀死马嘉理等人的“匪众”十余人，并将腾越团练首领副将衔参将李珍国参奏革职，请饬下总理衙门会同刑部对李珍国、吴启亮、蒋宗汉、而通凹、腊都等定拟罪名，并与威妥玛在京将此案议结①。三天后的4月22日，云南巡抚岑毓英丁母忧解任。5月1日，恭亲王等前往英使馆会见威妥玛，言滇案业已审毕，应由双方商议结案。威妥玛则称：“马嘉理被杀及柏郎被阻，其根由在清廷大吏皆以攘外为心，所以李珍国是奉宪谕，岑毓英是奉谕旨。今惟有问之中国国家如何去攘外之心，如何保其将来。”随后即递来照会，说“滇省问案，直同儿戏”，派梅辉立到总署，把李瀚章审理滇案之奏折及各供词并李珍国与腾越绅民往来信函抄件带回阅看。② 之后又数次到总署，对上述文件极力挑剔，称李瀚章等复奏情节与他们在印缅访查情节不相符合。恭亲

---

① 《清季外交史料》卷五，第22～30页。

② 《清季外交史料》卷六，第6页。

王等答以“访查得之传闻,查办却凭供证”。威妥玛进一步要求将已丁忧在家的云南巡抚岑毓英等各官各犯提京审讯,李瀚章、薛焕查办不实,也应一并处分。遭到拒绝后,威妥玛威胁说,如不照办,是中国国家“愿自认其咎,自取大祸”。于是,威妥玛抛出了第三个六条办法。①

6月15日,威妥玛因提的条件没有得到满足,中止了与总理衙门的谈判,离开北京,前往上海。行前致函恭亲王,称滇案若不与英方商议而径自结案,英方亦将不待商酌,自行办理。6月17日,威妥玛行至天津,李鸿章已接到奉留该使在津续议之谕旨,第二天就派员往见,请来相谈。6月19日,李鸿章与威妥玛在天津会见,威妥玛坚决不同意在天津续议滇案,认为英方所提的八条,是从轻通融的办法,马嘉理案除将岑毓英等提京审讯之外,别无另行会商之处。李鸿章再三劝说,请他在天津暂留数日。威妥玛执意不允②,于6月21日晨在天津乘轮船赴上海。总理衙门为恢复谈判,派总税务司英国人赫德(Robert Hart)赴上海向威妥玛说和。7月10日,赫德途经天津,会见李鸿章商议转圜之事。7月17日,赫德自上海致函李鸿章,说威妥玛大约在一周后前往烟台,如中国派大员往商,可以与谈,惟该大员“须奉有全权便宜行事谕旨”,“商办事件要大方,不要让一步又站进一步”,拟请李中堂奏明请旨,即派李中堂或别位大臣到烟台会商。同日,

① 《清季外交史料》卷六,第8~9页。

② 《威妥玛决裂赴沪折》,国家清史编纂委员会《李鸿章全集》第七卷,安徽出版集团、安徽教育出版社2008年版,第101~102页。

赫德再次致函李鸿章，说明前一函所说真实可靠，劝说李鸿章答应英方的条件，“不照此议，实无别项和睦办法”；要李鸿章对比眼下强弱情形，处以和气大方，所有不免相让之处，不妨善让，莫要推辞①。7 月 28 日，清廷派大学士直隶总督李鸿章为全权大臣，往烟台与英使威妥玛会谈滇案条约。

1876 年 8 月 21 日，李鸿章与威妥玛在烟台举行第一次会谈。威妥玛老练而狡猾地把最重要的谈判目的先放了下来，抓住一个李鸿章没法答应的问题大做文章，这就是要求把滇案的全案人证提京复审，而且一定要把丁忧在家的岑毓英提到北京，宣称若不允行，便无可商办。李鸿章答复说，马嘉理案业经钦差大臣查办清楚，供证确凿，断无再提京复审之理，如必欲提讯，英方须将可靠的证据交出查验，否则仅凭传闻之词，遽行提审督抚大员，各国皆无此办法。8 月 29 日，李鸿章与威妥玛举行第二次烟台会谈。威妥玛在这一次会谈中，一方面仍坚持“提京审讯”的要求，另一方面开始与李鸿章谈及此前在京与总理衙门所议的通商事宜等条件，并要把滇案与通商事宜一并议办。此时，美、法、德、俄、意、奥等国驻华公使和英国、德国的水师提督以避暑为名，齐集烟台，他们所关注中英烟台会谈的内容，不在于滇案怎么处理，而在于中英之间新订立的通商事宜的条款。这也反映出对这次谈判的重视程度和谈判结果对各国在华利益的重要程度。8 月 30 日，李鸿章以万寿圣节为名，在烟台设宴招待包括威妥玛在内的各国驻华公使和水师提督，“各国使臣公论亦谓

① 《清季外交史料》卷六，第 20～22 页。

无确凭据擅请提京为非”,威妥玛看到“提京复审”的要求得不到各国公使的支持,不得不收回这一恫吓手段。①

8月31日,李鸿章与威妥玛举行第三次烟台会谈。威妥玛不再坚持要求“提京复审”,把会谈内容转到了通商事务上来。他告诉李鸿章,此前在北京所拟的八条(即第三次的“六条办法”加上后来补充的遣使、偿款两条要求),英国的臣民都不满意,这一次要商量的办法,必须要比八条更多更重,方可服英人之心,而且“所议条款须全答应,即转请本国结案”②。9月2日,威妥玛致函李鸿章,宣称对于英方即将提出之条款,不论于滇案有无关系,必须通盘合并议定,“如不允行,决然停议;如可允行,彼此画押为凭”③。这封信函,实际上是一个图穷匕见的最后通牒,而李鸿章收到这封信时,尚不知道英国人所提的条款究竟有哪些。

9月5日,威妥玛正式向李鸿章提交了汉译本的《议结滇案草约》十六款,包括“昭雪滇案”六款,“优待往来”三款,“通商事务”七款。于是,李鸿章与威妥玛连日举行会议,至9月11日,在威妥玛所提交的文本框架内,就个别条款达成修改意见后,条约正式成稿。按照烟台会谈前威妥玛的要求,李鸿章此次奉有全权便宜行事谕旨,“可有权柄做主”,因此

① 《烟台议结滇案折》,国家清史编纂委员会《李鸿章全集》第七卷,安徽出版集团、安徽教育出版社2008年版,第143~145页。

②③ 《烟台议结滇案折》,国家清史编纂委员会《李鸿章全集》第七卷,安徽出版集团、安徽教育出版社2008年版,第143~145页。

不等李鸿章把条约文本报往北京，便于1876年9月13日，由英国驻华公使威妥玛和清朝北洋大臣李鸿章分别代表各自的国家，在烟台东海关税务司办公楼里签订了中英《烟台条约》。

三、中英《烟台条约》使近代中国更快地走向半殖民地化

正式签订的中英《烟台条约》又称《滇案条约》或《芝罘条约》，分为三大端十六款又一专条。李鸿章在谈判中煞费心机地与威妥玛讨价还价，在个别条款上威妥玛也作了让步。但这个条约总体上是按英方的要求订立的，就是因为涉及通商事务的个别条款没有完全达到英方的利益要求，后来英方又几次要求重新确定洋药税厘等约定。几经折腾，到1885年7月，又签订了《烟台条约续增专条》，致使《烟台条约》在签字后的第十年，即1886年才在伦敦换约，而换约之前，条约规定的内容早已在实际上生效执行了，这在近代世界外交史上也是罕见的。

《烟台条约》的第一端“滇案昭雪”，约定了清政府要在各省张贴有关滇案发生、处理的文告，威妥玛在两年内可以派人到各地察看是否张贴；清政府派钦差大臣前往英国表示“惋惜”，所派大臣衔名及所赍国书底稿当先经威妥玛同意；英方在五年内得派员前往云南，商定云南和缅甸之间的边界及通商章程；中方偿付滇案恤款银二十万两，等等。在最后几天的会谈中，李鸿章认为这一款的内容除了偿款数目外，其他条款在这之前总理衙门都已应允了英方，和威妥玛主要

就偿款数目进行交涉。威妥玛在滇案发生后，第一次照会总理衙门时，提出中国“偿银十五万两”，但一年半后，在烟台会谈中，威妥玛称去冬以来，英国专为滇案调来大兵船四只保护商民，费用已近百万。① 李鸿章认为两国并未失和，无认偿兵费之理。当时，正值上海英商在年初擅造吴淞铁路一案引起中英双方争执，威妥玛在北京与总理衙门交涉亦相持不下。于是威妥玛提出，如李鸿章能出面了结吴淞铁路的争端，则滇案偿款数目他可以做主定为二十万两。李鸿章答应可以派员赴沪会商，“滇案昭雪”这一款的内容就这样定了下来。《烟台条约》签署后，李鸿章派员前往上海商议吴淞铁路的处理办法，最后以二十八万五千两白银把这条中国境内修建的第一条铁路买了下来，又在第二年 9 月拆除了。这年 12 月 3 日，出使英国大臣郭嵩焘、刘锡鸿带着“惋惜滇案”的国书，从上海启程，前往伦敦，成为清政府首次任命的驻外公使。

《烟台条约》第二端“优待往来”的主要内容：由总理衙门照会各国驻京大臣，会商交往礼节，期与泰西各国交际情形无异；中国各地遇有英人命盗案件，英使得派员前往该处观审；中国各审断交涉案件，视被告为何国之人即赴何国官员处控告，原告之本国官员只可赴承审官员处观审，等等。李鸿章认为这些“优待往来”的条款，有的在过去条约中已经有了，有的在烟台会谈前总理衙门已同意实行了，因而无大问题。《烟台条约》还定有一个专条，即英方可以派员赴西藏

---

① 《烟台议结滇案折》，国家清史编纂委员会《李鸿章全集》第七卷，安徽出版集团、安徽教育出版社 2008 年版，第145 页。

探路,中方可发给护照。这一条在威妥玛最后提交的汉译条约文稿中,是写在"通商事务"中的,在最后的会谈中,李鸿章曾想与威妥玛商议修改。但最后不仅没有去掉,反而独立出来成为一个专条;不仅规定英国派员从北京经甘肃、青海、四川等地进入西藏到印度探访道路要由总理衙门发给护照,而且规定英国人由印度进入西藏,"俟中国接准英国大臣知会后,即行文驻藏大臣,查度情形,派员妥为照料,并由总理衙门发给护照,以免阻碍"①。自此,打开了英国人进出西藏的大门。

《烟台条约》中,对中国利益损害范围最广、时间最长的是第三端"通商事务"。这一端的内容与马嘉理案本毫无关系,却是威妥玛花了一年半的时间,利用马嘉理案,最终迫使清政府签字的《烟台条约》最重要的内容,也是李鸿章在与威妥玛的会谈中花费精力最多的一部分内容。在最后通过的文本中,这部分的主要内容有:以各口租界作为免收洋货厘金之处;在宜昌、芜湖、温州、北海四处添开通商口岸,作为领事馆驻扎处所,重庆可由英国派员驻寓;沿江之大通、安庆、湖口、武穴、陆溪口、沙市等处,洋商轮船准暂时停泊;新旧各口岸其租界未定各处,由英国领事馆会商各国领事馆与地方官商议,划定洋人居住处所界址;洋药(鸦片)与其他洋货有别,应抽收税厘若干,由各省察勘情形酌办;洋货运入内地,由总理衙门划一半税单照款式,华洋商人均可请领;洋商将

① 《烟台议结滇案折·附〈另议专条〉(改定)》,国家清史编纂委员会《李鸿章全集》第七卷,安徽出版集团、安徽教育出版社2008年版,第152页。

土货由内地运往口岸，英商完纳子口半税即可运往海关出口；香港洋面粤海关已经设立的巡船稽查收税事宜，由英国选派两名官员、中国选派一名官员，重新会同核议定章，等等。①

对照威妥玛提交的《议结滇案草约》十六款的内容，与经过李鸿章与威妥玛连日会谈所签的条约内容相比，李鸿章并不是全部接受了英方的条件，除谈定了赔偿款额外，在"通商事务"部分，李鸿章争取了三项改动：一是把英方派员赴西藏探路从"通商事宜"中分出列为专条，并加上"由总理衙门、驻藏大臣查度情形"字样；二是说服威妥玛免定通商口岸不抽厘金之界；三是减少了新增通商口岸的数量并做出了相关规定。李鸿章在《烟台议结滇案折》中说"免定口界、添开口岸两事，反复争论"，才达成一致修改意见。② 实际上，在威妥玛第三次提出"六条办法"后，他曾亲自跑到总理衙门提出增加的两条要求，即"正子并交"（洋货正税和子口半税一并完纳）和"划定口界"（将通商口岸与未经开放之处划分明确），才是整个《烟台条约》中威妥玛最为重视的内容。

当时，称海关所在口岸为"母口"，内地常关、厘卡所在地为"子口"。凡进口洋货运往内地，或土货从内地运往国外，除了在海关交纳进出口税外，沿途所经内地关、卡，也应缴纳税、捐和厘金。海关税为中央国库的收入，各地关、卡收缴的税厘为地方财政的收入。在1858年（咸丰八年）中英《天津

① 《芝罘区志》，1994年版，第739～741页。

② 《清史稿》卷一百五十四·志一百二十九。中华书局1977年版，第4530页。

条约》中,首次规定了英商在口岸和内地间的货物运输,除了交纳海关税外,可以在第一子口按海关税的一半一次性缴纳,以后各地不另征税,这就是“子口半税”。但《天津条约》签订时,清政府与太平天国的战争正在激烈进行,各地官府和拥兵将领为了筹措军饷,纷纷设卡征收税、捐、厘金。到战争结束后,地方征收厘金的制度已在全国推行了。在《烟台条约》中,规定了洋货运入内地,不论华洋商人,都可领取统一格式的半税单照,享受子口半税的特权;洋商自办土货从内地运往海关出口,也享受同样特权,华商则不能享受。在《烟台条约》签订后,清政府很快在全国各地执行了这些规定。子口半税的特权规定,起到了保护洋商洋货、排斥华商华货的作用,使地方政府的一部分财政收入变成了洋商的利润,侵犯了中国的主权。这一特权直到 1931 年民国政府实行关税新税则时,才被裁撤。

在李鸿章和威妥玛烟台会谈之前,总理衙门曾对威妥玛所提的“正子并交”、“划定口界”两条要求有过答复。总署认为,正子并交,虽于厘金有损,尚属可行,至划定口界,则有类租界,必不可允。按照总署的这一态度,李鸿章在与威妥玛会谈时,对洋商洋货子口半税的特权,基本上没什么争执。但在划定口界上,则反复争论。由于租界内洋货是免交厘金的,而许多通商口岸并没有租界,威妥玛提出在“通商口岸划定不应抽收洋货厘金之界”①的要求,实质上是要把外国人在租界内的特权扩展到所有通商口岸。租界,是近代中国陷

---

① 《烟台议结滇案折》,国家清史编纂委员会《李鸿章全集》第七卷,安徽出版集团、安徽教育出版社 2008 年版,第 144 页。

入半殖民地的象征之一。1845年,英国通过《上海租界章程》取得第一个租界,此后美国、法国等列强在许多通商口岸建立租界制度,在租界内行使完全独立于中国行政系统和法律制度之外的征税权和司法权,使租界成为“国中之国”。李鸿章与威妥玛在划定口界上反复争论的结果,是双方各让了一步。威妥玛应允了免定口界,仍然只在租界内免抽洋货厘金,李鸿章则同意了在没有租界的新旧各口岸,由英国领事馆牵头与地方官商议划出洋人居住处所的界址。包括烟台在内的许多口岸城市,至今仍可看到当年外国人居住区的轮廓,而当时在华外国人所写的书籍文章中,把这些居住区也是叫做“租界”的。① 这种经地方官府同意划出的外国人居住区,因有治外法权存在,实质上仍然是变相的“国中之国”。

“添开口岸”,是鸦片战争以来帝国主义使用“炮舰政策”迫使清政府打开国门以便“商品的重炮”进一步侵入的重要手段。这次烟台会谈,在无战争的情况下,清政府又开放了沿海、沿江、沿湖的一批口岸城市。威妥玛在最后提交的条件中,对添开口岸提出了三种类型,涉及14个城市:以重庆、宜昌、温州、芜湖、北海为领事官驻扎,湖口、沙市、水东为税务司分驻,安庆、大同、武汉、陆溪口、岳州、玛斯为轮船(指外轮)上下客商货物。在烟台会谈前,先是总理衙门已应允开放宜昌、温州、北海三处口岸,随后赫德续请添芜湖口岸,亦经奏准。李鸿章与威妥玛议定,仍然开放这四处口岸,重庆可派英员驻寓,俟轮船能上驶时再行议办;李鸿章没有答

---

① 阿绮波德·兰德著,王成东、刘皓译《穿蓝色长袍的国度》,中华书局2006年版,第20页。

应在不是口岸的地方由税务司分驻，调整了六处可准外轮暂泊并上下客商货物的码头。① 鸦片战争后的中国，凡在通商口岸都要设立海关和税务司，海关管理权自 1853 年（咸丰三年）江海关事变后，先是由英、美、法三国共管，后变成英国一家独揽。1861 年起，中国的总税务司就由英国人担任，1863 年赫德任总税务司后，将总税务司署从上海迁往北京，并正式规定各关税务司及外国帮办人员均由总税务司署募请调派。在形式上，各口岸海关机构是由中国政府任命的海关监督与总税务司任命的外藉税务司共同管理；实际上，各关监督对税务司多无权过问，各关税务司只对总税务司负责，按期向总税务司报告关务和当地的政治、经济、军事和社会动态等情报，成为一种"秘密行政"。因此，当时的"添开口岸"，就是要扩大帝国主义侵略掠夺中国的范围和权利。

中英《烟台条约》签订后，李鸿章"复与德国使臣巴兰德议及德国修约添口，即照英国议定办理"②。按照帝国主义列强在华利益共沾的政策，《烟台条约》使列强在中国都得到了特权和利益。但英国人仍不满足，于 1879 年再次要求重新商定厘税并征确数，总理衙门答复仍照烟台原议条款办理。1881 年，李鸿章与威妥玛商议加征鸦片税厘，威妥玛忽而答应忽而翻口，无法确定，却提出在各口租界外，酌定二三十里为界免收洋货厘金，李鸿章以"租界免厘，载在条约，业

① 《清史稿》卷一百五十四 · 志一百二十九，中华书局 1977 年版，第 4530 页。

② 《清史稿》卷一百五十四 · 志一百二十九，中华书局 1977 年版，第 4530 ~ 4532 页。

经开办有年,何得复议推广? 拒之”。[1] 1883 年,上谕:洋药税利并征,载在《烟台条约》,总理衙门历次与英使威妥玛商议,一味籍词延宕,威妥玛现已回国(上年任满回国),著派出使大臣曾纪泽妥为商办[2]。曾纪泽当时是清政府驻英使臣,接到上谕后就与英方就此进行谈判,这一谈又是两年多,确定了鸦片每百斤交纳正税三十两并纳厘金不超过八十两,双方签订了《烟台条约续增专条》,即《洋药税厘并征条款》。1886 年 5 月,双方在伦敦正式交换了《烟台条约》批准书。

以马嘉理案为由展开的中英会谈,最后达成了一个大大超越滇案本身涉及内容的《烟台条约》。根据《烟台条约》,帝国主义列强在中国的经济、政治、司法、外交等方面的特权进一步扩大,中国的主权和利益进一步被侵犯和掠夺。今天的中国正在和平崛起,但对这段耻辱的历史我们不能忘记。中华民族的子子孙孙必须牢记“弱国无外交”、“落后就要挨打”这个道理。我们只有艰苦奋斗,奋发图强,才能自立于世界民族之林,才能够与世界各国论平等、讲和谐、谈和平。

---

①② 《清史稿》卷一百五十四·志一百二十九,中华书局 1977 年版,第 4530 ~4532 页。

关于成功反对美军登陆烟台的历史分析

1945年秋天，抗日战争刚刚结束，在当时共产党八路军解放的最大港口城市烟台，发生了一场反对美国海军陆战队企图登陆接管烟台防务的斗争。这是中国共产党领导的人民军队同美国海军主力部队的第一次面对面的较量。经过解放区党政军民团结一致开展有理有节的积极斗争，美军最终放弃了在烟台登陆。这场斗争以人民的胜利载入了史册。今天，我们把这一事件放到当时中国历史的大背景中，分析取得这一斗争胜利的主客观原因，能够更加清楚地看到取得这一胜利的历史必然性和重大意义。

一、延安总部的高度重视和直接领导是取得胜利的关键

对于美军企图在烟台登陆的情报，延安总部在9月中旬就已经掌握。9月27日，十八集团军参谋长叶剑英受朱德总司令之命，经美军驻延安观察组叶顿上校，就美军计划在烟台、威海卫登陆向美军总部声明："这些地方均在十八集团军控制之下，附近并无日军"，如美军突然在上述地点登陆，"将引起中外人士怀疑美军干涉中国内政"，"希望美军不要在上

述地点登陆，并请求美军总部予以答复”①。同日，中共中央电示胶东区党委书记林浩和山东分局，指出美军有拟在烟台、威海、秦皇岛登陆的消息，要求速做准备、及时报告情况，以便采取对策。9月29日晨，5艘美舰驶抵烟台崆峒岛附近海面，美军派舍尔托夫少校上岸要求允许随舰而来的美海军第七舰队赛特尔少将登陆拜见烟台当局。10月1日至3日，我方代表与美军将领互相拜会，并安排了美方在烟台的有关活动。10月4日，美军增加了烟台海面舰只，并派员向烟台警备司令部声明，根据美海军上将金盖德的来电，要求十八集团军部队及烟台市政府撤离该市，并“负责有秩序地将烟台市移交美军接管”，遭到我方严词拒绝。② 10月6日，中共中央再次电示胶东区党委和山东军区罗荣桓、黎玉，进一步做出强硬拒绝美军在烟台登陆的指示。同日，叶剑英参谋长奉朱德总司令之命再次向美军总部发出郑重声明，要求美军勿在烟台登陆，“美军如未经与本军商妥竟然实行在该处登陆，因而发生任何严重事件，应由美军方面负其全责”③。10月9日，山东军区司令员兼政治委员罗荣桓、副政委黎玉、政治部代主任舒同签发了山东军区司令部、政治部《为增强沿海防务，准备给任何侵犯的反动势力以打击》的命令，其中指出：“对盟邦部队，如未奉朱德总司

①③　烟台市地方史志编纂委员会办公室编《烟台市志》，科学普及出版社1994年版，第379、380页。

②　烟台市芝罘区地方史志编纂委员会编《芝罘区志》，科学普及出版社1994年版，第250页。

令命令，坚不许其擅自登陆”①，这一命令被公开刊登在解放区的报纸上。10月10日，美国驻华两栖作战部队司令丹尼尔·巴比在重庆发表公告，声称美军不在烟台登陆，因为“美军无军事理由在该处登陆”，至10月30日，美舰全部撤离烟台海面。

中共中央、延安总部对守住烟台如此重视，是由当时中国共产党在抗战胜利后的战略需要决定的。

第一，是保卫人民抗战胜利果实的需要。在日本宣布投降前的1945年8月13日，毛泽东在延安发表了《抗日战争胜利后的时局和我们的方针》的著名讲演，他把抗战胜利果实比喻成桃子，并把桃子分成了三批。他说，一批大桃子，例如上海、南京、杭州等大城市，“是要被蒋介石抢去的”；一批中小桃子“是双方要争夺的”；还有一批是“靠得住落在人民手里的”，其中他就点到了山东解放区。在这篇讲演中，毛泽东旗帜鲜明地宣告：“人民得到的权利，决不允许轻易丧失，必须用战斗来保卫。”②十几天后，在《中共中央关于同国民党进行和平谈判的通知》中，明确指出，华北方面收复了烟台等一批城市，使“我军威振华北”，“造成了我党的有利地位”，在“山东占领了整个胶东半岛”，“造成了极好的形势”③。在美军企图登陆烟台的时候，国共重庆谈判已接近尾声，中共中央已基本同意让出南方八个解放区，而此时烟台作为十八集团军自己解放的山东解放区最大的港口城市，地位十

① 《大众报》，1945年10月12日，第一版。

②③ 《毛泽东选集》第四卷，人民出版社1991年版，第1127～1129、1152～1153页。

分重要，而且不在要让给国民党的解放区范围内。烟台一旦被美军占领，就变成了国民党统治区，这不仅将使胶东半岛解放区的完整性遭到破坏，而且会威胁到整个山东解放区的安全，并使山东解放区失去了对外交通运输的重要海上通道。这种让步，超越了中共中央的底线，是延安总部不能允许的。

第二，是开辟建立东北根据地的需要。早在1945年4月召开的中共“七大”上，毛泽东就指出：“东北四省沦陷最久，又是日本侵略者的产业中心和屯兵要地，我们应当加紧那里的地下工作。对于流亡到关内的东北人民，应当加紧团结他们，准备收复失地”①。在“七大”召开期间，毛泽东多次讲话都提到东北对于我们党的发展和中国革命的重要性。日本投降后，中共中央立即着手向东北派军队、派干部。8月28日，是毛泽东赴重庆谈判的日子。就在这一天，朱德在延安为即将去东北开辟工作的干部作报告，提出要派五万军队、万把干部去东北，刘少奇在会上也讲了话。但是，当时中共中央对怎样进入东北尚未有明确的部署。事情很快出现转机。8月底和9月初，中共胶东区委跨海派往东北的先遣部队报告了东北的情况和苏联红军将不干涉中共军队的允诺。9月11日，在延安主持中央工作的刘少奇立即向在重庆的毛泽东汇报了这一情况，并报告说：“从胶东去东北，水路甚便，亦甚安全，部队过海船只亦不成问题……已电山东抽调四个师十二个团共两万五千至三万人，由肖华率领即日分散进入

---

① 《毛泽东选集》第三卷，人民出版社1991年版，第1089页。

东北”①。9月24日，中央电示山东军区司令员兼政委罗荣桓“率轻便指挥机关日内去东北”。9月25日至9月29日，毛泽东和中共中央连续三次向陈毅、罗荣桓下达严厉的命令：“精密组织渡海，务使每日不断，源源北运”，“必须在二十天里至一月内渡过两三万部队和干部，否则绝不能完成你们的战略任务”。②为了防止被空袭，渡海部队分散在烟台港以西的各小港口出发，其中蓬莱县的滦家口和黄县的龙口是主要渡口，罗荣桓、肖华等山东军区首长和司、政、后机关就是从这两个港口分别渡海的。此时如果烟台港被美蒋军队占领，可想而知，胶东沿海港口将被从海上封锁，运兵东北的海路将会失去。在1945年进军东北的十万部队中，有六万人是山东八路军的主力部队，其中大部分是从海路进入东北的。

第三，是配合重庆谈判的需要。毛泽东在重庆进行谈判历时43天，于10月11日返回延安。美军要求在烟台登陆的时间，是重庆谈判的《会谈纪要》即“双十协定”正处于定稿的阶段。在毛泽东赴重庆之前，中共党内、军内的声音以不同意为主，怕出危险。毛泽东为了国家民族的前途，置个人安危于不顾，统一了中央高层的意见，于8月26日向党内正式发出《关于同国民党进行和平谈判的通知》，在阐明和平谈判的重要性和必要性后指出，我党要坚持“又团结，又斗争，以斗争之手段，达团结之目的；有理有利有节”等原则，“绝对

①② 田玄著《解放战争全记录》（第一卷），四川人民出版社2007年版，第104、125、129页。

不要依靠谈判”，要“依靠自己手里的力量，行动指导上的正确”。① 毛泽东临行前，一些将领担心国民党来进攻的话，如果打起来可能会成为蒋介石加害毛泽东的借口。而深知蒋介石为人的毛泽东却要将领们不要担心，他认为八路军打得越好，他在重庆就越安全，谈得也会越好。在回到延安后召开的干部大会上，毛泽东明确地说：“人家打来了，我们就打，打是为了争取和平。不给敢于进攻解放区的反动派很大的打击，和平是不会来的”②。美舰出现在烟台海面时，赫尔利大使正在重庆以“公正”的面目调处国共两党的意见，当延安总部坚决果断地表明了反对美军在烟台登陆的态度，并公开命令胶东军民做好武装反击准备后，赫尔利那张“公正”的脸皮还不能马上撕下来。延安总部在这一事件上的态度，也正是坚持了毛泽东、周恩来在重庆谈判中关于让出南方八个解放区的同时，要承认其他解放区地方政权合法地位的立场，并用行动把这一立场明确地展示出来，使国民党和美方了解到了中共的底线，对最终签署“双十协定”有实际的推动作用。

二、解放区军民捍卫抗战胜利果实的决心和有理有节的应对是取得胜利的保证

抗日战争期间，胶东地区在共产党八路军的领导下，军民共同浴血奋战、英勇斗争，从日伪军手里解放了自己的国土，并建立起民主政权。胶东军民对国民党投降派十分痛

---

①② 《毛泽东选集》（第四卷），人民出版社 1991 年版，第 1154、1159 页。

恨。据《烟台市志》记载，八年抗日战争中，全区志愿参加人民军队的青壮年9.5万人，人民群众出动支前民工13万人次，担架2.73万副，大小车辆1万多辆，仅妇女做军鞋就达12万多双、军服1万余件。胶东人民支援八路军等抗日武装与日、伪军作战7590多次，其中粉碎日本侵略军扫荡130多次，攻克据点925处，毙、伤、俘日、伪军13.4万余人。抗日战争胜利后，胶东军民于1945年秋在栖霞县桃村英灵山辟建当时全国规模最大的抗日烈士陵园，园内的三座纪念塔身上刻有姓名的烈士就有20850人。① 抗日战争期间，驻胶东的国民党军队20多部5万余人，消极抗日，积极反共，进攻人民抗日武装，到处捕杀共产党员、八路军家属，激起民愤，遭到抗日军民的坚决反击。抗战期间，胶东军民共歼国民党顽固派、投降派部队5万余人②。在日本天皇宣布投降后，八路军胶东军区奉山东军区命令向日伪军发出限期投降听候编遣的通牒，但驻烟台的日伪军拒绝缴械投降，等待国民党派人来烟。1945年8月19日，八路军向驻烟台的日伪军发起进攻，于8月24日解放了烟台。在这样的历史背景下，胶东军民当然不会允许美军到烟台来接管防务，因为这就等于把烟台交给了国民党政权。

在接到中共中央和山东分局关于坚决反对美军登陆烟台的指示后，烟台党政军民更加坚定了保卫抗战胜利果实的决心，他们万众一心，组织有力，沉着应对，有理有节，既坚持原则性，又讲究策略性，在这场军事外交斗争中打了个漂亮

---

①② 烟台市地方史志编纂委员会办公室编《烟台市志》，科学普及出版社1994年版，第338～339、350～351、465～467页。

的胜利仗。首先，调整充实了领导力量。9 月中旬，根据有关美军企图登陆烟台的情报，中共中央山东分局电示胶东区党委指派专人到烟台做外交工作，以配合军事斗争，守住烟台。胶东区党委调区党委统战部部长于谷莺赴烟台，任外事特派员兼烟台市代市长，并在烟台设立外事办公厅。10 月 3 日，为了进一步加强反对美军在烟台登陆斗争的统一指挥，成立了以驻军政委仲曦东为书记的烟台市党政军民“统一行动委员会”。第二，充分组织群众，广造声势影响，多方面开展斗争。当美军舰只到达烟台海面并企图登陆的消息传出后，烟台市民群情激愤，纷纷向市政府请愿，反对外人和反动派来当家。烟台党政军领导一方面让群众充分表达意愿，一方面组织群众开展有理智、有节制的抗议活动。10 月 4 日，在烟台的希腊、法国、意大利等 11 国 41 名侨民联名向美国爱好民主和自由的人士呼吁和平，反对美国干涉中国内政。10 月 6 日起到 10 月 8 日，“各群众团体、各界人士推派代表或致函市政府和警备司令部询问请愿者，不绝于途”①。10 月 8 日，三万余市民举行了声势浩大的反侵略集会和示威游行。10 月 10 日，烟台数万人民群众集会纪念“双十节”，反对美军在烟台登陆，反对国民党当局借用外国力量抢夺抗战果实。胶东参议会的代表在集会上代表 800 万胶东抗日人民的意志，向苏联、美国及全世界反法西斯盟国发出通电，反对美军在烟台登陆。第三，我方在谈判中坚持原则，在接待美方人员时保持友好。美舰到达烟台海面后，于谷莺代市长于 10 月 1

① 《烟台日报》，1945 年 10 月 10 日，第一版。

日乘艇至美舰拜会了赛特尔少将，此后几日，在谈判中我方在原则问题上寸步不让，但对美方人员在烟台的活动给予了盟军的礼遇。我方允许并安排美军士兵不携带武器临时登崆峒岛休息，赛特尔及其随员可进入市区。赛特尔一行拜访烟台市政府和驻军领导人时，受到了盛情的款待，我方陪同美方察看了原美国领事馆馆址、教堂和美侨财产等，烟台警备区还协同美海军人员勘测了烟台海岸。10 月 9 日，在美舰主力撤离烟台海面之前，巴贝中将专门偕同罗克、赛特尔上岸向我方表达，由于他的有力建议，他的上级已同意美海军陆战队不在烟台登陆，特来辞行，留下赛特尔及其分遣队与我方继续联络。巴贝的这一做法，起码是他们几位美军将领对我方的友好表示，这也是我方采取有理有利的工作策略成果的体现。而此后担任联络任务的赛特尔也不断地和我方作友谊往来。

随后发生的“崆峒岛海战”，使美方彻底认识到解放区军民保卫胜利果实的信心和力量。10 月 17 日晨，赛特尔突然率舰离去。同日，国民党新编山东保安 37 旅 1700 余人，乘炮艇和武装舰只 13 艘，驶至烟台外海并占据崆峒岛，企图进犯烟台。胶东军区把部队和烟台工人纠察队编成联军，分成陆海两支战斗队伍，于 10 月 29 日凌晨向敌人发起进攻，陆战部队分两路在崆峒岛登陆，仅激战 20 分钟就歼敌一个营，占领了岛上各处高地，很快结束了陆地战斗。海战部队在该岛南小鱼圈战斗到午时，击沉敌船1 艘、俘敌汽船 2 艘，毙、伤敌军 200 余人，余者逃窜。10 月30 日，赛特尔再次乘舰来烟，声称之前突然离去是为了避免参与中国内部斗争，这次是来祝贺我们取得的海战胜利，然后带领他的特遣舰队离烟而去。①至此，烟台军民反对美军登陆的斗争胜利结束。

三、国民党军队的力不从心是美军取消登陆烟台的重要原因

日本宣告投降后，国民党400万军队的主力远在西南、西北，而共产党领导的130余万八路军、新四军及220余万民兵则遍布于华东、华北等广大地区。此时的中国，内战一触即发。杜鲁门政府深知，中国内战的结局不仅是领导权的争夺，而且是两种不同社会制度的兴替，这不仅关系到亚太地区国际政治力量的较量和平衡，也关系到战后美国在亚洲的霸主地位。美国确立了全力支持蒋介石国民政府的方针，但如果公开帮助蒋介石打内战，既与二战刚结束时美国的国际形象不符，也会在国内国外遇到太多的反对，不利于美国在新的国际秩序中建立其领袖地位。因而，美国政府采取了出动海空运输力量帮助蒋介石运兵运武器抢占地盘、为蒋介石政府提供援助、在国共双方中扮演调停人角色为国民党争取时间等策略，来协助蒋介石完成所谓的统一独立。美军登陆烟台的企图，正是其中的一个具体行动。美军最后取消在烟台登陆，除了我方有理有节的外交斗争和充分军事斗争准备、解放区人民的坚决反对外，美蒋方面不具备登陆烟台的条件也是个重要因素。

从美国方面来说，美海军第七舰队在烟台海面从出现到

---

① 烟台市芝罘区地方史志编纂委员会编《芝罘区志》，科学普及出版社1994年版，第252页。

离开长达一个多月的时间，正是重庆谈判“双十协定”签订前后的时段。此时美方在国共双方中间摆出的“公正”脸孔不宜随便改变；而这一个多月时间里，一直没有国民党军主力部队来响应和配合美军的行动；如果单靠美舰上的海军陆战队武力进犯烟台，难有胜算，而且有损美国形象；最后国民党拼凑了一支部队先占据崆峒岛然后要占领烟台，结果在海上和岛上就被共产党军队给打败了，使美军对国民党军队失去了信心。舰队长期漂在烟台海面进不了港，北面的旅顺和大连已在苏联红军控制之下，对烟台的八路军的防务又找不出什么理由可以强行登陆来接管，国民党军队又指望不上，美军除了撤离烟台海面、取消登陆烟台的计划外，还能怎么办呢？

从国民党方面来说，解放区的地盘有多少要多少只是一厢情愿的想法，能占多少、吃多少则是一个现实的能力问题。在抗日战争中，共产党领导的山东抗日根据地取得了辉煌战果，到抗战结束时，除了济南、青岛等少数几个城市外，全省其他地方基本被共产党控制。当时国民党在山东几乎没有主力部队，国民党第八军的3.7万人是直到1945年11月才由美军帮忙从九龙海运至青岛。烟台的战略地位当然在青岛之下，所以在十月初国民党军根本就没有主力可以运到烟台。日本投降后，蒋介石曾命令日伪军就地维持秩序，不准向共产党军队缴械，等候国民政府派员受降。而烟台等地的日伪军正是执行蒋介石的指令而被八路军消灭或打败的。那支拼凑起来跑到崆峒岛被消灭的国民党新编山东保安37旅，就是八路军解放烟台时被打败逃往塘沽的伪军王子善、张立业的部队,国民党给了个新番号,就又跑回来挨了一顿打①。美方在宣布放弃登陆烟台后,又留下赛特尔特遣分队"联络",表明他们并没死心,而美军后来看到国军如此不堪一击的情况后,显然会得出美军即便在烟台登陆也几乎没有什么军事意义的结论,于是赛特尔礼貌地向烟台八路军和政府首长辞行离去。

美国作家史沫特莱在《伟大的道路》一书中,记载了美军企图登陆烟台的事件和朱德总司令为此而同美方进行的交涉,她写道:"美国人在烟台事件上低了头。"②反对美军登陆烟台斗争的胜利,在中国革命史上是很独特的一个事件,这一胜利具有重大的历史意义。它告诉人们:任何外国军队在人民政权领导下的中国国土上随便进入的历史已不能重演了;一切反动力量,在团结起来的人民面前都是可以被战胜的;在新的历史阶段,对敌斗争的阵地,不仅在战场上,也在谈判桌上,既要会"打",也要会"谈",才能争取胜利。这个胜利极大地树立了共产党和人民军队在胶东人民、山东人民乃至全国人民心中的威望,在此后的解放战争中,胶东人民给予人民解放军以空前规模的人力、物力支援,充分体现了人民群众对共产党的信任和拥护。

---

① 烟台市芝罘区地方史志编纂委员会编《芝罘区志》,科学普及出版社 1994 年版,第 252 页。

② 〔美〕艾格妮丝·史沫特莱著,梅念译《伟大的道路》,东方出版社 2005 年版,第 502 ~ 503 页。

《马关条约》烟台换约考

1895 年 4 月 17 日，为了结束甲午战争，清政府与日本政府签订了《中日讲和条约》，日方称为《日清讲和条约》。条约是在日本马关签订的，又称为《马关条约》。这个条约对中日两国此后的历史发展具有十分重大的影响。

条约签订后，需经过双方批准换约才能生效，《马关条约》的换约地是在中国烟台。2003 年编纂完成的《山东省志》、出版于 1994 年的《烟台市志》和《芝罘区志》里，关于《马关条约》烟台换约的记载，都只有短短的一两句话，有的还把时间搞错了。由于地方史料严重缺失，要还原当时烟台换约的史况十分困难。好在中、日、美等国有一些重要历史文件从不同角度留下一些记载，现予以整理，以使我们特别是后代对《马关条约》烟台换约的情况有一个大概的了解。

一、烟台是怎样被定为换约地的

烟台成为甲午战争中日谈判的见证地之一，最早是在选择议和地点时，就已经在李鸿章的建议中了。在甲午战争中连连失利的清政府，于 1894 年 11 月就开始准备求和了。当时李鸿章派洋员天津海关税务司德璀琳拿着他给日本总理大臣伊藤博文的照会赴日,试探日本政府的态度和条件。日本以不是中国大员为由拒绝与德璀琳谈判,同时又通过美国驻日公使转告清政府,可以议和,但中方必须派具有正当资格的全权委员。李鸿章恐怕派员赴日受到要挟,建议清政府把会谈的地点设在烟台或者上海。① 但这一建议被日本政府强硬而简单地否定了,会谈地点按照日方的意愿安排在日本下关。

李鸿章带队于 1895 年 3 月 13 日从天津乘船至 19 日抵达下关,与伊藤博文等日方代表先后进行了五次谈判。至 4 月 15 日,在第五次谈判即最后一次谈判的最后时段里,双方在讨论完条约的主要条款后,对条约换约地的选择进行了讨论。问题是伊藤首先提出的,他问:换约之地何处? 李鸿章答曰:当在北京。伊藤认为,日本在北京没有使臣驻扎,如派兵护送换约使臣不方便。李鸿章又提出可在天津换约。伊藤则提出可否在旅顺换约,因当时日军在大连湾有 20 万兵力。双方在天津、旅顺之间相持不下时,伊藤提出:何故不在烟台换约? 李鸿章以在烟台换约需要请旨,予以推脱。双方此时又把换约批准的时间与地点扯在一起争议,日方着急早点换约,中方想延迟换约时间。后来李鸿章表态:烟台换约从尔,日期当由我定。当时日方坚持签约后二十日换约,李鸿章要求一个月换约。最后,伊藤以每年减少中方对驻华日军 50 万两兵费为条件,迫使李鸿章答应二十日内换约。4 月

① 《致总署报德璀琳回津》,顾廷龙、戴逸《李鸿章全集》第 36 集,信函八,安徽教育出版社 2008 年版,第 57 页。

17日,《讲和条约》在马关正式签字,其核心条款是清政府割让辽东半岛、台湾和澎湖列岛给日本,并赔付日本军费二亿两白银。条约最后一款约定,二十日后的五月八日在烟台换约。①

二、双方换约大臣的确定

中日双方换约大臣的首选人物,都是从李鸿章与伊藤博文马关谈判的随员中产生的。条约签字后,日方很快于四月二十日批准条约的同时,就确定了内阁书记长官伊东巳代治为换约大臣,伊东巳代治参加了中日马关谈判的全过程,是一名老练的外交官,在履行换约使命中,忠实地执行了陆奥宗光外务大臣给他的"必须如期前往芝罘,进行批准交换后,急速回国"的训令。②

清朝的换约大臣并不是一次确定的。先是于五月二日(农历四月初八),才确定跟随李鸿章参加马关谈判的二品顶戴候选道伍廷芳为换约大臣,随后在第二天又"添派三品衔升用道联芳,与伍廷芳同往烟台换约"③。联芳并没有参与马关议和,为什么突然把他添派为换约大臣?可能因为他是一位满员。清政府曾有定制,凡完成重大任务委派的官员,

① 《第五次问答节略》,顾廷龙、戴逸《李鸿章全集》第16集,奏议十六,安徽教育出版社2008年版,第49、50、54页。

② 《陆奥外务大臣致伊东办理大臣电·关于完成批准交换后从速回国之训令》,戚其章《中日战争》(《中国近代史资料丛刊续编》)第十册,中华书局1995年版,第352页。

③ 《换约大臣伍廷芳联芳禀》,戚其章《中日战争》(《中国近代史资料丛刊续编》)第五册,中华书局1995年版,第375页。

初期都是满员，后来在不得不派汉员时，也要再派一满员进行监督。伍廷芳是清末民初外交、司法界的重量级人物，中国近代第一位法学博士。《马关条约》换约的第二年起，他出任清政府驻美国、西班牙、秘鲁公使。辛亥革命爆发，他宣布赞成共和，并作为民军方面议和全权代表，与清政府代表举行南北议和谈判，达成清室退位的协议。此后他先后担任过中华民国司法总长、外交总长、财政总长等职，代理过黎元洪政府的总理职务。后来为维护共和来到广州，担任护法军政府七总裁之一，先后兼任外交部长、财政部长、广东省长。1922年4月病逝后，孙中山亲撰悼词、祭文和墓表，给予很高评价。

五月三日（农历四月初九），李鸿章致电译署："查伊东系内阁总书记长官，职二等，比我国侍郎职分，我仅派道员，又无'全权'字样，彼最好挑斥，必以为轻藐，向例换约虽少全权，但此约事关重大，似宜加'全权'，与日一律。"①第二天，清廷即批准"换约大臣伍廷芳联芳均应加全权字样，刊给关防，届时钤用"②。五月四日，李鸿章又向清廷建议，聘请曾任美国国务卿、担任马关议和中方顾问的科士达"同伍廷芳赴烟襄助"③，亦获批准。五月五日，清廷的换约大臣从天津

---

① 《复译署·光绪二十一年四月初九日戌刻》，《李鸿章全集》第26集，电报六，安徽教育出版社2008年版，第125页。

② 《换约大臣伍廷芳联芳禀》，戚其章《中日战争》（《中国近代史资料丛刊续编》）第五册，中华书局1995年版，第375页。

③ 《复译署·光绪二十一年四月初九日酉刻》，《李鸿章全集》第26集，电报六，安徽教育出版社2008年版，第127页。

乘公义轮赴烟台，于六日抵达；伊东已代治一行乘横滨丸于五月七日到达烟台。

三、双方围绕换约展开的交涉

《马关条约》签订后，国内国际舆论一片哗然。国内从南到北一片反对声，要求毁约再战、惩处李鸿章的奏折如雪片般呈送到军机处。然而，无可奈何花落去，清廷已无再战能力，只能要求日方再让一让步。在国际上，俄、法、德三国出于各自的利益考虑，正式出面干涉，要求日方不要割占辽东半岛，但清政府要再付给日本三千万两白银的"赎辽费"。美、英等国也都从自身利益出发，在中日之间开展了一系列交涉活动。

面对国际社会的干涉，日本的态度是能顶的就坚决顶住，因而他们要求伊东已代治到烟台只执行一个任务，就是尽快换约并在换约后立即回国。而清政府却指望在国际社会干涉下，推迟换约时间，尽量减轻条约的苛刻程度。

烟台换约的接待准备工作，因清廷的换约大臣确定的时间较晚，不能赶到烟台布置，于是就交给了登莱青兵备道兼东海关监督刘含芳。刘含芳于五月五日晚赶回烟台，主要安排双方换约大臣的公馆和有关警卫巡护事项。俄、德、法三国此时一方面加紧与日方的外交干涉，一方面关注烟台换约情况，并派兵舰到日本海口施加压力。同时，世界列强纷纷派兵舰前往烟台，关注烟台换约这一重大事件。担任清方换约顾问的美国前国务卿科士达在回忆录里写道："我们在港内看见有英、美、德、法、意的军舰，可见世界各国对于在这个港口所欲完成的行为感兴趣。除此以外,俄国政府在中国海域集中了未曾有过的、最可怕的舰队,包括十七艘军舰,数只水雷艇及其他俄国海军舰只。俄国的示威,意在恐吓日本,还希望引诱中国不采取最后的步骤使条约生效。"①

此时的伍廷芳等人,虽然拿着全权的授权谕旨和关防到达烟台,但是否换约还要按朝廷的电令行事。日方的换约大臣伊东已代治于五月七日晨带文员七人、兵从十五名到达烟台港。东海关监督刘含芳派员带领"先锋"号前往迎接登岸。伊东不肯登岸,提出"停战换约,均于明日期满,务须今日先行议妥,明日准十二点钟以前互换合约,方肯登岸",并于当日照会刘含芳,要求清廷的换约大臣"务请遵照约内订期,与本大臣会晤,以便互换经奉两国大皇帝批准之合约及另约"②。随后,伍廷芳派他带的日文翻译卢永铭与东海关的官员再次前往迎迓。伊东仍坚持要确定换约时刻和会晤地方方可登岸。卢翻译回来时,已过了正午时分,而何时可以换约,伍廷芳仍未接到指令。于是再次派卢翻译去"横滨丸"相请,并告知伊东,登岸会晤后,一切自可面商,会晤地点定在烟台新书院。这时伊东让了一步,提出会晤面商的地点"以外国顺德饭店为公中之地,较为妥便。当于彼处相见晤谈之后,仍回船歇宿"。下午六点,伍廷芳等到顺德饭店与伊东见面,伊东立即提出要确定换约时间。伍廷芳说,贵大臣

① 中国史学会《中日战争》(七),上海人民出版社、上海书店出版社 2000 年版,第 482 页。

② 王芸生《六十年来中国与日本》第二卷。生活 · 读书 · 新知三联书店 2005 年版,第 328 页。

远来劳顿，今晚且稍休息，明日再商。双方一直谈到晚八点，尚未晚餐。伍廷芳只好带人回到公馆，等候伊东再谈。大约九点钟，伊东携带敕书并随员五人，到伍廷芳所住公馆互相交验换约的授权文件，并为有无光绪的御笔御玺为凭又争论不休。经伍廷芳再三坚持，伊东答允就换约问题电询日本政府，并告知如日本政府复电不准展缓的话，仍于明日午后换约。双方于是商定明日再商。此时早已夜深，在伍廷芳的坚留下，伊东答应晚上住在饭店，没有回船。①

第二天，五月八日，午刻，伊东派汉文翻译楢原陈政来告知伍廷芳，下午两点钟如不换约，日方人员将当即上船回国。伍廷芳立即赶到饭店会晤伊东。伊东告知，昨夜已电询日本政府，但迄今未接回电，今早日方有旅顺运船带到各项公文，均无展缓换约之说，而今日停战期满，必须期内换约方好。伍廷芳提出，停战之期到今夜十二点钟为止，为何要以两点钟为期满？伊东说，日本大军驻扎旅顺，无电报可通，船行要十个小时，故要先往招呼，以免临时开仗。双方争执良久，伊东要求至迟四点钟换约，并约定三点钟再见面会商。②

下午三点钟，伍廷芳往晤伊东，双方又是一番唇枪舌剑。伍廷芳坚持谕旨一到即可互换，今晚十二点钟前都属限期内的时间，倘若不待期满而伊东自行离去，即为背约。伊东只好答应十一点或能更早些换约。伍廷芳回到公馆后，接奉电

---

① 戚其章《中日战争》第五册，中华书局 1995 年版，第 377 ~ 381 页。

② 戚其章《中日战争》第五册，中华书局 1995 年版，第 377 ~ 381 页。

旨，谓已接三国覆信，准令互换。当晚十点，伍廷芳带同随员再到饭店，与伊东履行换约手续。双方对各自带来的约本及另款详细校阅，逐字比对，除了日方所交汉字约本中“朝鲜国”漏一“国”字外，均无讹误。所立互换文凭汉文、日文各二份。换约之际，伍廷芳奉旨面交照会两件，又钧署饬拟照会一件，同时应伊东所请向日本说明清国皇帝签约向来御笔亲批之照会一件。前三件照会伊东坚决不收，他强调此次来中国只有换约一个任务，没有其他任务。这三件照会，第一件是欲从三国之议修改和约，第二件是欲对台湾另作商量，第三件是声明中国已得三国知照，日本允还辽东，中国即行准备收回。伍廷芳再三要求伊东带回这三件照会，伊东只得暂时留下。五月九日拂晓，伊东乘船离烟，临行前委托美国驻烟台领事署将中国三件照会退回，并附照会一件，告知将三件照会送回，请伍廷芳查收。伍廷芳一行亦于五月九日午后乘船回天津，到北京销差。① 至此，烟台换约结束。五月十日，日本天皇以敕令公布了《马关条约》。五月十一日（农历四月十七），清廷明发朱谕，宣示批准条约的苦衷，留下一篇国耻史上的沉痛文字！

四、换约的准确时间和具体地点

关于《马关条约》换约的时间，首先要准确还原它的日期。我所看到的材料里，1994 年出版的《烟台市志》写的是 1895 年 5 月 7 日，而同时期出版的《芝罘区志》里写的是 5 月

---

① 戚其章《中日战争》第五册，中华书局 1995 年版，第 377 ~ 381 页。

9日。中央电视台在2008年10月于一套节目黄金时段播出的电视剧《台湾,一八九五》里面还用字幕加画外音说成是1895年4月17日。从我所查找到的双方当事人留下的历史文献来看,烟台换约的准确日期是1895年5月8日,这既是当初双方在马关约定的最后期限,也是实际换约的时间,并记载在双方签名的交换证书上。① 其次,是5月8日何时完成换约。一些著作中记为5月8日晚上十点换毕。从伍廷芳联芳关于与伊东问答情形的奏呈中,明确记载晚上十点是他们到饭店与伊东会见开始换约的时间,不是"换毕"的时间。而在这个奏呈之前,伍廷芳曾在办理换约前发一封短电,说:"廷等遵旨今晚十点钟与日使互换条约"②,其实这里说的也是开始进入互换程序的时间。待双方互相校验完文本,才正式换约,双方还签署了交换证书。③此时中方又面交三件照会给伊东,伊东再三推托,中方再三坚持,"伊东踌躇无法,只得暂留。时已子正"④。参加换约的科士达,对完成换约的时间是这样写的:"五月八日下午十一时三十分,他们完成了最后的一个行为,于是条约成为一个完整的文件。"⑤伊东已代治在换约完成后,立即电告外务大臣陆奥宗光:"批准交换

---

① 中国史学会《中日战争》(七),上海人民出版社、上海书店出版社2000年版,第143~144页。

②③ 中国史学会《中日战争》(四),上海人民出版社、上海书店出版社2000年版,第99页。

④ 戚其章《中日战争》第五册,中华书局1995年版,第377~381页。

⑤ 中国史学会《中日战争》(七),上海人民出版社、上海书店出版社2000年6月第1版,第482页。

业于十一时三十分执行完毕。本使臣立即向旅顺口出发。”①另外还有个插曲，在伊东于5月7日晚电询日本政府后，日本政府在5月8日商量后，伊藤博文曾电示伊东，日廷允停战展延五日。但清廷的准换电示先到，所以5月8日晚双方使臣已完成了换约。

关于烟台换约的具体地点，是一个需要进一步考证的问题。从现在能查到的资料来看，涉及换约会谈的地点有两处，一处是日方代表团的住地，一处是中方换约大臣的住所。后一处旧址尚存，即现位于烟台市市府街的芝罘区老干部活动中心，这是当年作为伍廷芳一行公馆的广仁堂，目前大门和正厅都在，按照礼节，日使来访，伍廷芳应当在正厅接待会谈。而日方住的宾馆，也是最后完成换约的地方，至今尚未发现记载准确明白的历史资料。目前能看到的资料，一是刘含芳报告接待准备工作的电报，称“东使公馆已备定德国大客寓一所”②；二是清方换约大臣伍廷芳、联芳在禀报换约会谈过程的附件中，写明日方住所为“顺德饭店”③，但烟台目前尚未查到当时哪个饭店叫“顺德饭店”，只有一个利顺德饭店；三是日方发布的关于“媾和条约的批准交换”的战报，记载为“中国预先以居留地的海滨饭店作为办理大臣的旅舍，

① 戚其章《中日战争》第十册，中华书局1995年版，第360页。

② 《寄译署·光绪二十一年四月十三日申刻》，《李鸿章全集》第26集，电报六，安徽教育出版社2008年版，第133页。

③ 《换约大臣伍廷芳联芳禀》光绪二十一年五月初一日，戚其章《中日战争》第五册，中华书局1995年版，第377~379页。

以代治一行乃投宿于此”①，但在伊东上报的数份会谈情况报告中，只说在他住的饭店有什么活动，一直没提饭店的店名；四是科士达回忆录中，虽然没提日使所住饭店的字号，但明确记述了饭店的位置是在海岸的“正相对面”②。

依据以上资料，目前对日使的住地，主要有利顺德饭店和海滨饭店两个说法。我认为：第一，这个饭店的大体位置可以确定为在烟台山东南角（现在的金海湾酒店）到东河（今解放路）的滨海地段，长度不足三百米；第二，这一带原来的饭店已被拆除殆尽，其中海滨饭店于1931年拆除，利顺德饭店于1998年拆除；第三，关于《马关条约》烟台换约情况的历史资料现在不能说已全部找到了，还应继续查找，可能会找到原始的佐证资料确定日使的住地，现在还不到靠论证推断来做结论的时候。日本在《马关条约》的签订地下关市春帆楼设有“日清讲和纪念馆”，其用意无须多说。而烟台却一直没有任何关于《马关条约》换约的纪念场所昭示后人。要建立《马关条约》换约纪念馆，我认为最好是利用芝罘区老干部活动中心，即中方使臣的住地，这里也是双方换约大臣的两个主要谈判场所之一。这个纪念馆应该尽早建立，并把它办成一个爱国主义的教育基地。

---

① 《媾和条约的批准交换》，中国史学会《中日战争》（一），上海人民出版社、上海书店出版社2000年版，第285～286页。

② 《科士达外交回忆录》，中国史学会《中日战争》（七），上海人民出版社、上海书店出版社2000年6月第1版，第482页。

单应桂　女，1933年9月生，山东高密人。山东艺术学院教授，山东省文史研究馆馆员，中国美术家协会会员，山东省女书画家协会终身名誉主席，享受国务院政府特殊津贴。曾任第四届中国美术家协会理事。

◎艺术·生活·画家的眼睛

◎恩师李可染

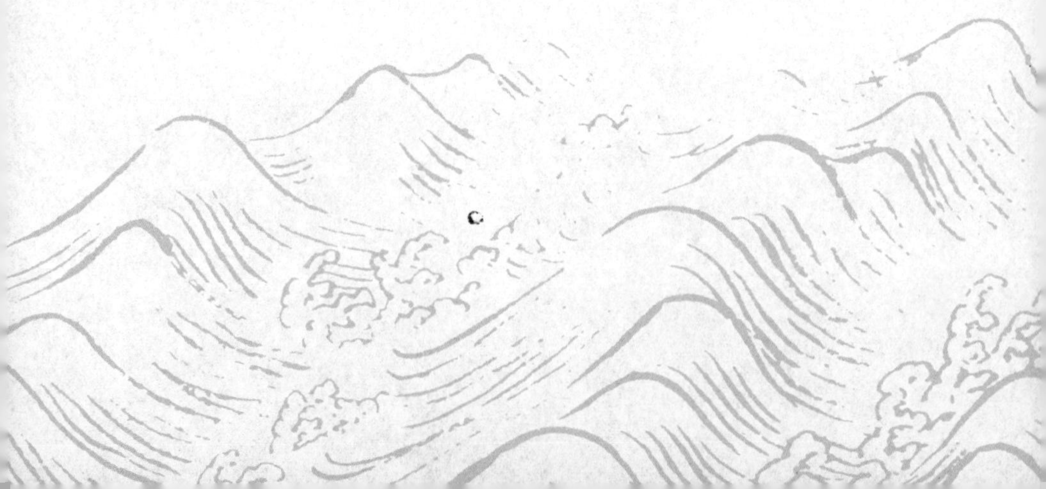

艺术·生活·画家的眼睛

生活是艺术的源泉。

离开了生活，艺术将成为无源之水、无本之木，就要枯萎。这对一个文艺工作者来说，是终生都要牢牢记住的。

任何一个民族，她的文化的形成，都离不开人民的生活和历史的发展。中外历史上所有有成就的大文学家、音乐家、画家，他们的作品之所以能为广大的人民群众所喜爱，并能够经得起历史的考验而流传百世，除了他们高超的艺术表现力和独特的民族风格之外，关键是他们的作品反映了生活、反映了时代、反映了民族精神，因此它才能有血有肉。例如关汉卿、曹雪芹、蒲松龄、托尔斯泰、贝多芬、柴可夫斯基、珂勒惠支等人的作品都是如此。文艺作品既然是社会生活的反映，它就要求文艺工作者的脉搏和时代的脉搏跳动在一起，去表现人民群众的欢乐和痛苦，想人民所想、爱人民所爱、恨人民所恨，这样的作品才能深受人民群众欢迎。凡是优秀的文艺作品，都应该做到真实而深刻地反映社会生活。

一些人一味表现自我，脱离生活，玩弄技巧，把自己置身于象牙之塔，甚至为了赚钱一味重复自己，粗制滥造、闭门造车，这样又怎能创作出人民所需要的有血有肉的好作品呢？

正像鲁迅所比喻的那样:“从喷泉里出来的都是水,从血管里出来的都是血。”因此,每一个文艺工作者都应该到生活中去体验人民的喜怒哀乐。那样创作出来的作品才感染人,才能获得更多的读者和观众。

我也曾听到有人这样说:“到生活中去未必能画出好画来。”这话不是没有一定的道理,但用它作为不必要到生活中去的借口就错了。的确,并不是每个人到生活中去都能画出好画来,也不是每一次去都必然能画出好画来。因为艺术创作不像探囊取物那么容易,除生活之外它还有诸多的其他因素。艺术的创作过程是调动作者对生活的感受、理解、知觉和想象的全过程,是不断深化和升华的过程,也就是作者对生活原型进行艺术加工的过程。只有这样,才能做到“比普通的实际的生活更高、更强烈、更有集中性、更典型、更理想,因此就更带有普遍性”。一个美术工作者走到生活中去,这只是第一步。在对待生活的态度上,除了和其他文艺工作者共有的为广大人民群众服务的动机之外,作为画家还要有自己观察体验生活的特有方式和角度,那就是用画家的眼睛去观察生活。否则,即使到生活中去了,也将会视而不见,空手而返。

作为一个美术工作者,一个画家,如何深入生活进行创作活动呢?走马观花或采取功利主义的态度,想立竿见影,下去十天半月就能获取一个好的题材,就能拿出不朽之作,这是不可能的。同时画家也不能用作家深入生活时所采用的文学采访的方式去体验生活,因为文学作品有它自己的创作规律、自己的表现手法和特点,因此在深入生活的方式上也必然有自己的特点。如果画家用文学家或戏剧家的方法去做,忘掉了使用画家的眼睛去观察,往往是事倍功半,我在这方面是有过教训的。记得一次我到胶东半岛去深入生活,想画一张抗日战争的历史画——地雷战。去之前我翻阅了这个县的人民在抗日战争中的许多历史资料,访问了老民兵英雄于化虎、赵守福,听他们讲当年打鬼子的故事,老英雄带着我跑遍了村周围的山头,指点着:在那里我们用地雷炸死了多少鬼子,在那个山口打了大胜仗。访问笔记记了大半本儿,画了许多的头像和速写,脑子里装了不少的故事情节,自己也深深被那些可歌可泣的故事所感动。但当我拿起画笔构图时,又觉得这一切都用不到画上去。问题出在哪里?我诚心诚意地到生活中去,为什么画不出来呢?百思不得其解。晚上躺在山村的土屋中常常想得头昏脑涨昏昏睡去。前边做的那些工作都错了吗?也不完全是。后来我才醒悟到错在没有用画家的眼睛去寻找绘画的语言。我苦思冥想画出来的大量草图都失败了。也许由于付出的劳动太多了,不甘心就此搁下,又硬着头皮画下去。最后画出了《截断敌人的退路》,画幅虽然很大,由于情节和人物动作基本上是想象出来的,过于戏剧化,因此观众反应冷淡,没能感动读者。虽然主观上一片真心想画好,却不可避免地失败了。

一天,我在村小学前的广场上散步,老英雄赵守福正在给小学生们讲他们当年如何埋地雷炸鬼子的故事。老赵那布满皱纹的脸和浓密的胡须,以及激动发亮的眼睛,十分入画,还有那有力的大手比画着;孩子们稚气的脸上显露出惊奇的神情,老少两代人形象的鲜明对比,有着强烈而精彩的艺术效果,这情景一下子打动了我。便急不可耐地跑回我的小屋,当晚就画出了《如果敌人从那边来》的草图。第二天拿给老乡们看,他们都说很有意思。当这幅完成的作品在全国美展展出时,反应很强烈,各种报刊几乎都刊登了此画。

前面的失败,后来的成功,说明了一个问题:引起画家冲动的东西,也就是灵感的导火索,常常不是一通大道理,而是一个动作、一个眼神,或是田野里飘动着的姑娘的红头巾,或是一群战斗在井架上的石油工人充满力量的劳动形象,以及年轻妈妈亲吻孩子脸蛋的一瞬间,这些丰富的、感人的生活现象打动了作者,引起了他的艺术联想,唤醒了画家往日种种的生活积累,这种积累就是画家全部思想修养、艺术修养和丰富的生活经验。灵感来了,火花亮了,这时要紧紧抓住这可贵的冲动,将它画下来并加以深化。记得画家石鲁先生曾经说过:"灵感像一条顺水漂来的小船,当它来到你身边时,你要赶快跳上去,否则它又漂走了。"在生活中许多人由于不注意运用形象思维去观察事物,捕捉形象,往往就抓不住它,不珍惜它,为此放掉了许多灵感的小船。

这种灵感绝不是主观想象,绝不是自我感觉,而是从生活中撞击出来的火花,它是健康的,和群众的思想感情是一致的。

1963年我去农村,和村里的妇女们一起下地劳动,在麦田里锄草,正值初春小麦返青的季节,绿油油的麦田被风吹拂着,干起活来分外惬意。这时一个姑娘的头巾散开了滑下来，当她将锄柄倚在肩上，微微低着头、两臂举起结头巾时，红头巾在微风中飘动，被绿色的麦田和淡紫色的远山衬映着，那姿态、那色彩美极了。时时总有要将她画下来的冲动，但由于种种原因未能如愿，这形象一直储藏在我的脑海里。到20世纪80年代初，我终于完成了这个构思，题目叫《春风》。这幅画和读者见面后获得很好的评价，1986年它随中国画家代表团去日本，当该画在东京银座的中央美术馆展出时，日本的观众说她是典型的中国劳动妇女的形象。在另一次中国画巡回展在日本展出时，日本朋友将这幅画放大复制后放在展览馆门前，作为该展的标志。

画家还要注重对生活的储存和积累，要使自己头脑中有千千万万个活生生的形象，包括人物和景物。当画家在生活中某一情况下点燃了创作激情的火花时，便会立即唤起作者的这些生活积累，你所需要的东西将会跃然眼前。我的《做军鞋》和《参军图》中许多的形象都是我童年生活的积累。我曾在鲁西南地区整整生活了八年，那正是抗日战争时期，群众生活在水深火热之中，他们的苦难、他们的欢乐给我留下了不可磨灭的印象。男人纯朴憨厚的脸庞，带着尘土的老棉袄；姑娘们长长的辫子，扎着鲜艳的红头绳；媳妇们梳着极富装饰味的发髻，她们朴实而健康。夏天她们三五成群坐在临街门的过道里唱着民歌做针线活儿。男人们扛着镢头踩着厚厚的沙土下地去刨挖那贫瘠的土地……当我画《做军鞋》时，这些做针线活儿的大姐大嫂的形象就生动地出现在眼前。后来这件作品获全国年画三等奖、省一等奖。每当我画历史画时，那一个个朴实憨厚的形象都很自然地从记忆中走出来，这些生活的积累使我的创作受益匪浅。生活给了我许多的恩惠，几十年来我下过煤井，到过油田，去过海岛，到过沂蒙山、微山湖、青海高原，交了无数个朋友。

通过自己的艺术实践，我深刻认识到生活是艺术创作的源泉的道理，当然到基层去是艰苦的，但当我的作品为人民群众所喜爱时，我又是幸福的。

恩师李可染

最后一次师生聚会

中央美术学院中国画系的三位老教授李可染、叶浅予、刘凌沧是同龄人，都属羊，被画界称为“三羊开泰”。1987 年是他们八十岁的生日，我们 1956 年入学的这班学生相约去北京为三位老师祝寿。事先我找到中国画研究院的刘勃舒副院长，将我们的打算告诉他，他非常赞成，表示积极支持，同学们的食宿就安排在中国画研究院，把此活动当成研究院的一项工作，尽量提供一切方便。

10 月，来自北京、天津、山东、湖北、吉林、新疆、河南等地的十一位年过半百的老同学，相聚在首都北京，开始了为三位恩师的祝寿活动。由于老师们年事已高，行动不便，决定分别举行庆祝仪式。事先，吴休、邵声朗和我先向李先生汇报了全班同学的心意，将我们的活动计划告诉了先生，并说：“我们将向三位寿星老每人献上一个大蛋糕，祝老师们健康长寿。”李先生听后非常高兴，开心地笑着说：“不要送蛋糕，咱们还是按照中国的传统习惯，你们就送给我几个桃子吧。”

第二天，全班同学提着一塑料兜水蜜桃来到三里河李先生的家中。老师和师母高兴地把大家请进画室兼会客室里，一进门就可看见"师牛堂"三个大字挂在右边的墙上，一个大画案子占去了房间的一半，十几个人往里边一站已经十分拥挤了，老师也站着和大家说话。学生们向李先生祝寿，无拘无束地谈笑。望着这些像孩子般的老学生，先生慈祥地说："模样都没大变化。"这时不知谁开始拍起照来，于是大家都抢着和老师合影留念。气氛更加热烈了，师母也高兴地拿出相机照起来。一阵热闹过后，大家便挤坐在沙发上听老师讲话。老人家向一个个同学问长问短，最后说："今天我特别高兴，已经打电话给卢沉周思聪夫妇、黄润华、李行简等，请他们也来，稍候咱们到民族饭店去吃饭。"没想到老师已做了如此周密的安排，本来是学生们为先生祝寿，倒教先生请了学生。不一会儿人已到齐，便驱车来到饭店，整整坐满了两大桌。席间学生们争着祝老寿星健康长寿，感谢老师对我们的培养和教育。这群年过半百的老学生又像当年在先生面前一样显得年轻起来，争抢着唱歌助兴，新疆的龚建新专为老师表演了自编的"新疆迪斯科"。李先生频频鼓掌，特别是大家讲起50年代发生在国画系师生中的许多笑话，李先生竟高兴地仰起头来大笑，开心极了，这在一向持重的老师来说是很少见的。最后李先生说："今天我太高兴了，很久以来我没这样大笑过了。这对健康有好处。"的确，只有当年的这些老学生才能在老师面前毫无拘束、毫无保留地把真情流露出来，这种师生之情不是其他任何感情所能代替的，这是一次永远难忘的聚会。

不料两年之后先生竟与我们永别了，我们这群老学生再也听不到老师的教诲了，更不能再在他面前说唱使老师高兴了。噩耗来得是那样突然，我立即赶到北京向老师的遗体告别。那天，天阴冷阴冷的，似乎祖国的山河都在为老师哭泣。在八宝山公墓的灵堂前，国家领导人和老师的生前好友、学生们排着长长的队伍流着眼泪依次和这位画坛巨匠的遗体告别。叶浅予先生沉痛地说："下一个走的就是我了。"听到这话学生们的泪水更止不住了。归来，我们二十几个老学生有黄润华、孙美兰、周思聪、李宝林等，围坐在中央美院国画系的办公室里，流着泪水回忆起一幕幕的往事，想起先生教我们学艺的岁月……

一颗明亮的巨星陨落了，这位中国画坛的一代宗师，一生对中国的艺术事业怀着强烈的使命感，在绘画理论和艺术实践上苦心钻研，为中国画的发展做出了巨大的贡献。他常常说："一个艺术家如果能把中国的绘画历史往前推进一点点，就是非常了不起的贡献。"老师实践了他对祖国艺术的誓言，他的绘画作品，他的绘画理论，不仅对中国画坛，而且对东方艺术都起到重要的推动作用。李先生又是一位赤诚的爱国者，他说："画山水就是为祖国的山河立传。"他特意请齐白石老人为他写了"江山如此多娇"的题词，印在他的画册上。他的每一幅作品都注入了他对祖国山河的无限深情、无限热爱。李先生还是一位杰出的教育家，他培养了一代新人，他不只教学生如何作画，还教学生如何做人。这点，每个学生都有着深刻的体会，周思聪满怀深情地说："我们每个学生都装在老师的心里……我生病后李先生非常着急，亲自给我请医生……"的确是这样，先生关心着每个学生的成长，对出了校门的学生也是如此，我们每一点的进步都使他感动不已。记得1964年新中国成立十五周年全国美展期间，我来到北京，在王府井大街遇见了老师，他笑嘻嘻地从马路对面走过来，第一句话就说：“你那张画我在美展中看到了（指《育苗》），画里的形象很生动，很朴实，就像鲁南和我家乡徐州一带孩子的形象。”李先生有千百个学生，有很多的画友，他能在展览会几百张画中认出自己学生的作品，而且记得那样清楚，使我非常感动。的确，他把每一个学生都装在他宽阔的胸怀之中。今天是12月5日，是老师逝世五周年的日子，我对恩师的思念并未因为岁月的流逝而冲淡。先生的人品和画品都将是画坛一代又一代人的楷模。

老师的题词

我是幸福的。20世纪50年代中期我考入中央美术学院中国画系，当时李可染、叶浅予、蒋兆和、李苦禅、刘凌沧等先生都在中国画系任教，年龄都正值壮年。他们共同担当起系里教学的大梁，共同携手使中国画系的教学办得十分有生气，因此说，我们这一代的同学们都是幸运儿。

1959年《李可染水墨写生画集》出版，同学们争相购买，我也买了一本，捧在手中如获至宝，反复研读爱不释手，心想一定请李先生在画册上签个名，作为永久纪念。这天先生来给我们上山水课，我急忙把我的心愿告诉了先生，他欣然应允，说：“我把画册带回家去写。”我本以为先生会拿起笔来签上名，这是很方便的，为什么要带回家去写呢？第二天先生将写好的画册交给我，我恭敬地接过来，急忙打开一看，两行整整齐齐的毛笔字竖写在扉页上，下边盖着可染二字的红色印章，题词是这样写的：

应桂同学：这里画孰好孰坏望能仔细观摩评定，假若要从中取得借鉴的话，亦望能有师长舍短的精神。建国十周年可染略记数语以留纪念。

这件事对我教育很大，说明老师从不草率地去做任何一件事，即便是学生要求签个名，他也当成一件严肃的事情认真去做，以求得对学生有所教益。这是李先生做事的一贯作风，说明了先生严肃的治学精神。他常对学生们说："一个人的进步不外有两条，一是发展自己的长处，一是改正自己的缺点，你如觉得你在哪一点上不足，就在哪方面用功。例如，你的树画不好，你就集中精力反复地去画树，一直到画好为止，这就前进了一步，每前进一步都要付出艰苦的劳动。"他一再教导我们在学习中要有师长舍短的精神，要学会运用分析的方法。学习古人也要分析，他的笔墨好，你就学他的笔墨；线条好，你就学他的线条。老师早年学习时有个极好的学习方法，他说："我订了一些小本子，把古画中的树木、山石、人物分别临摹下来。如果这张画意境好，就把整个构图临摹下来，收益颇大。"艺术大师当年就是这样刻苦学习的。先生在自己的画集中给我写下的这段话，体现了一个绘画大师的谦虚精神，同时勉励学生在学习时要有师长舍短的精神，教给了我一个正确的学习方法，使我受益终生。先生的虚怀若谷和平易近人，使我这晚辈学生感到一种无形的压力和动力，那就是今后更应该谦虚求学，不可有丝毫张狂。这是老师以他的实际行动给我上的终生难忘的一课。

再看看当今社会上的青年人，稍有进步，甚至还没啥进步就自封"大画家"、"大师"等称号，大肆招摇过市，自我吹嘘。这是很可怕的，也是很肤浅无知的。"谦虚使人进步”,这本是尽人皆知的一句激励人上进的话,但现在却被某些人视为迂腐,这是十分可悲的。记得李先生常常给同学们反复说:“学习一定要扎扎实实,来不得半点虚假,争名争利的人,投机取巧的人,在艺术上是不会有大成就的。因为他们是抱着投机取巧的心理来从事艺术,这种人实际上是很蠢的。”老师还说:“我虽然画过几百幅山水写生,但每逢面对着新的对象还感到惶悚、吃力、很困难。”这是多么可敬的谦虚精神啊!

墨越重而画越亮

李先生山水画课的安排,是先在课堂里上临摹课。老师把他近二十幅原作拿来,装在镜框中放在教室内,让同学们观摩和临摹。我临的是一张苏州河的小景,有乌篷船、小石桥和两岸的街景。当我们每人把自己临摹的画都一字摆起来请老师批评时,先生前后认真地看了一遍没说一句话,然后转过身来生气地说:“你们以为我的画都是黑的吗?!”这时同学们都不敢出声了。再仔细看看画,果然,我们临摹的画都夸张了原作的黑,每张都黑乎乎的,我们错误地理解了先生的作品,以为先生的画特点就是黑,难怪先生生气了。这时,先生的声调缓和下来,说:“黑是为了亮,不是为黑而黑,应该是墨越重而画越亮。”他指着《雁荡山下的水田》说:“你们看我这张画,山树都是逆光而画,用墨较重,但山下和树后边的水田却很亮。作画时我将逆光下的山和树有意识地画重,层层递加,这千笔万笔都是为了突出水田的亮。作画一定要把握住对比效果,和对比相抵的是‘对吃’‘对消’,黑白明度一样,就达不到对比效果,画面无力的原因常常就在于此。”这时大家才恍然大悟，才开始理解老师画中黑与白的辩证关系。这说明当时我们对先生作品的理解是十分肤浅的。

第二天先生来上课时把他非常喜欢的一张作品《鉴湖》带来让大家观摩。他说：“在写生这张画时，起初觉得此景很平淡，意境并不十分明确，但当我静下心来慢慢细看，望着明镜般的水面，淡淡的倒影，美极了。想到古人有句话叫‘湖光如鉴’，很有启发，完成后就叫它作《鉴湖》。”的确，没用多少笔墨，一个明净、清新的鉴湖展现在面前。黑与亮是根据画的主题和意境来确定的，在老师的耐心教导下，我们对艺术的创作规律一步步加深了理解。

“有人一辈子精力都没集中过”

临摹阶段过后，老师带我们到西山八大处写生，住在中国作家协会的招待所里，据说《林海雪原》的作者曲波正在这里写书，但由于我们外出写生早出晚归，始终没见过这位作家。当时正是秋高气爽的红叶时节，西山明净如妆，令人心旷神怡。同学们在老师的带领下，分散在山坡上作画。当老师发现同学们存在着共同的问题时，就把大家集中起来。我们围坐在老师身旁，老师边谈画面上的问题，边讲述绘画的理论，这些理论是老师在艺术实践中总结出来的，它不但丰富了中国的画论，并使之有所发展。同学们认真记录下了这些精辟的论述，后又经过班长吴休整理成册，我们亲切地叫它《李可染画语录》。“文化大革命”后，由上海人民美术出版社出版。在王琢辑录的《李可染画论》一书中，这些笔记成了里边重要的内容。

写生课开始，老师要求我们每人一天完成一张写生作业。先生也和我们一起画，但是我们总是画得比先生快，原因是心没有完全静下来，观察对象也不够深入细致，表现上就更谈不到充分了。先生看出了同学们的问题，于是叫大家停下来，第一句话就说："潦草是最大的错误，没有比潦草的错误更大了。艺术家从事创作不是探囊取物，要把整个生命力投进去，犹如狮之搏象、无鞍骑野马、赤手捉毒蛇，必须全力以赴。有的人马马虎虎，一辈子精力都没集中过，因此什么事情也做不好。大科学家、大艺术家都是能够高度集中精力的。聪明是什么？聪是听得清，明是看得明，也就是高度集中的意思。"先生这一番讲话对我震动很大，正点中了我的毛病。至今老师的语调和严肃的神情犹如在眼前，以后每逢做事情注意力不集中时，我就想起了先生的教导，这对我一生中的学习和创作起到非常重要的鞭策作用。

难忘的小站

西山写生结束后，我们便来到丰沙线（丰台到沙城的铁路）上的一个小火车站住了下来。小站的名字叫珠窝，据说当地老百姓叫它"猪窝"，是很小的意思。这里周围群山环抱，山峦起伏，连绵不断。虽然山上几乎没有树木，但很有气势，典型的北方山川。小站就位于山窝窝里，除货运外每天只在早晨和下午各一次客车过往，其余时间候车室里几乎没人。经和站长商量，男同学晚上就把自带的行李铺开，睡在候车室的联椅上；李先生和两位女同学受到"优待"，分别住在老乡家的土炕上。就在这样艰苦的条件下，李先生开始了他的教学。白天，我们背着画夹、带上馒头或者窝窝头，里边夹上咸菜，这就是午餐了。老师也不例外，也用手绢包上两个馒头，背个军用水壶和大家一起跋山涉水，分别在山坡上各自寻找自己的构图。中午就地啃着凉馒头、喝着凉开水。晚上一起回到候车室将当天的写生作业陈列在联椅上，等候老师的指导。每次，先生都一张张仔细观看，有针对性地提出意见，然后在幽暗的灯光下开始讲课。

先生思索问题的深刻性是一般人都不能相比的。他一生全部精力都高度集中于艺术创造上，他讲的每一句话都经过反复的思考、总结和归纳，因此十分精辟和切中要害。先生平时讲话并不多，但一讲起学问来则滔滔不绝，全身心地投入，常常激动得脸都红了。我们知道先生血压有些高，而且常常吃安眠药，但为了把教学搞好，先生从不说生活上的问题，更不说苦。现在回想起来，当时的生活条件实在太苦了，都怪我们那时太年轻，不知道多关心老师的饮食冷暖，现在越想越觉得内疚。

就在这个简陋的小站上，先生给我们留下了金子般的语言，给我们讲从艺之道，讲人品画品，讲至诚治学，讲如何磨炼基本功，讲艺术上的惨淡经营，讲画家的历史使命。先生这些经验的结晶正是"李可染画论"的精华。

李先生曾经师从齐白石、黄宾虹二老。他对前辈画家极为尊重，常常拿二老对事业的勤奋刻苦来勉励我们。记得一天先生要带我们乘火车到离珠窝下一站的山里去写生。候车时，大家坐在候车室门外，太阳晒在身上暖洋洋的。李先生讲起齐白石、黄宾虹和盖叫天三位艺术大师艰苦学艺的故事。他说："齐老师一生勤奋，除了生病，作画从不间断，过了九十五岁时，精力陡然衰退，神智经常不清，有时连自己的名字也不会写了，就在他临终前两年，还为后人留下极其精彩的艺术品，老人家到死才放下画笔。黄宾虹老先生一生坚持磨炼，百折不挠，年近九十高龄时，双眼出现了严重的白内障，伸手不辨五指，仍然坚持作画，有时把两三个字重叠写在一处，有时一张画画了正面又在反面画，就这样仍坚持不断地画。我们应该学习前辈老师勤苦的精神。1954 年夏天，我有幸得与京剧界的老前辈盖叫天先生相识，留下了难忘的印象。一次我同他在西湖边上一家茶馆喝茶，盖老盘腿坐着，用长衫盖着腿。我当时有些奇怪，问他为什么这么坐，他当即掀开长衫，原来他把一只脚插在八仙桌的横撑里，在练伸筋拔骨的功夫。盖老在舞台生涯中一次折断了臂，又一次摔断了腿，这对武生演员来说打击太大了，可是他并没有终止自己的艺术生涯。盖老曾说：‘要把练功看得重如泰山，偷懒取巧永远不会在艺术上有所成就。’”

在我相册中至今还保存着那天师生坐在一起的合影，可惜由于摄影技术差，不甚清晰，但它忠实地记录下了当时的情景。这一段学习生活，深深地印在我的记忆之中。我们敬爱的可染老师，画坛的一代宗师，就是在这个小站简陋的候车室里，给我们留下了他许许多多的精辟画论，为我们这一代学生的成长，洒下了他辛勤的汗水。

老师背着画夹、提着画凳，迈着稳健的步伐走在这山区小站上的身影，永远深深印在我的脑海里。

郑杰文　1951年3月生，山东临淄人。山东大学古典文献研究所所长，二级教授，博士生导师，山东省文史研究馆馆员，享受国务院政府特殊津贴。山东大学古典文献学学科带头人，主要从事子部文献的整理与研究，国家社科基金重大项目"《子海》整理与研究"首席专家，兼任中华文学史料学会副会长暨古代文学文献研究会会长、中国古代散文学会副会长等。出版有《中国墨学通史》、《战国策文新论》、《穆天子传通解》等20余部著作，发表学术论文170余篇。曾获山东省重大成果奖，教育部高校科研优秀成果一等奖，山东省社会科学成果一等奖，教育部高校科研优秀成果三等奖。

◎墨家学团考论

墨家学团考论

墨子是先秦时期继孔子后第二位门徒众多的私学大师。以他为首的墨家团体,以半军事化“学团”的组织形式从事学术活动和社会活动,所以我们将其称为墨家学团。

一、墨家学团的形成和各类弟子的课业

据《淮南子·要略》记述,墨子先“学儒者之业,受孔子之术”,后来为改革儒家弊端而自创新说。① 墨子创立新说的主要目的是为了救世。为了推行自己的学说以救世,他也像孔子那样,广招门徒以宣扬学说,四处游说以推行学说。在此招生授徒、宣扬学说、推行学说的过程中,形成了墨家学团。

1. 墨子招收弟子的方式及弟子的类别

墨家学团的首领是墨子。墨子为改革孔门儒学的弊端而自创新学说体系后,便招收门徒,以传其学。《墨子·公孟》关于此方面的记载是:“有游于子墨子之门者,子墨子曰:

① 刘安等《淮南子》卷二十一,中华书局出版刘文典《淮南鸿烈集解》,1989 年,第 709 ~ 710 页。

‘盍学乎?’对曰:‘吾族人无学者。’子墨子曰:‘不然。……好美、欲富贵者,不视人犹强为之。夫义,天下之大器也,何以视人必强为之?’”①由墨子以“好美”“欲富贵”为比喻而不是以向他学习后可以“为仕”为诱惑来看,这当是墨学初创、尚未产生较大社会影响,即还不能推荐弟子到诸侯国为官时的事情。而下则记载则似是墨学已产生影响、被部分诸侯欣赏时的事情。《墨子·公孟》:“有游于子墨子之门者,身体强良,思虑徇通,欲使随而学。子墨子曰:‘姑学乎,吾将仕子。’劝于善言而学,其年,而责仕于子墨子。”②墨子许其弟子学成后“吾将仕子”,是墨学产生相当大的影响、被部分诸侯欣赏且部分诸侯已经接受墨家之徒为官为仕后的事,否则墨子空言所许,是不会被“游于子墨子之门者”者所信从的。

由这两则记载,我们可以分析墨子初期招收弟子的方式及门下弟子的类别。

(1)这两则记载,不论是在墨学初创、尚未产生较大社会影响而门徒寡少时,或者是在墨学产生相当大的影响、被部分诸侯欣赏、肯定是门徒众多后,墨子无一例外的都是主动招徕生徒向他学“天下之大器”的“义”,墨子无一例外地都强调学习是人们天经地义之事,这都是墨家“强力为之”、“扻而不舍”的执着精神在教学中的表现。

---

① 墨翟等《墨子》卷十二,中华书局出版孙启治点校孙诒让《墨子间诂》,2001年,第462页。

② 墨翟等《墨子》卷十二,中华书局出版孙启治点校孙诒让《墨子间诂》,2001年,第461~462页。

(2)由这两则记载看,在墨子早期门徒中有"游于子墨子之门"者与"学于子墨子"者之区别。联系《墨子·耕柱》所载墨子答县子硕之问时所讲的学生中有"能谈辩者谈辩,能说书者说书,能从事者从事"的分类可推测出:"游于子墨子之门"者,是指"能从事者",指从事工匠技艺或守城保卫等体力劳动的弟子,他们皆出身于下层,其前没有从学的身份资格和学习习惯,故而墨子劝他们中的一员学习时,他说"吾族人无学者";而墨家弟子中的"学"者,则是指"能说书者说书"一类人,即那些"思虑徇通"之人,他们可堪造就,故墨子令其学习文献;另外,墨家弟子中那些不仅"思虑徇通",而且"身体强良",即一表人才且又具从政潜能者,墨子则既令其学习理论,又令其锻炼"谈辩"技能以游说、以出仕,准备达到一定理论水平后或外出传学,或被推荐到诸侯国中为官,以更加利于推行墨家学说。《墨子·公孟》所载"游于子墨子之门者",虽"身体强良,思虑徇通",但可能不具从政潜能,故墨子仅使其"随而学",而最后没有把"吾将仕子"的许诺付诸实际。

(3)由以上所引及分析又可看出,墨子教授弟子时注重因材施教、因能分工,让学生"能谈辩者谈辩,能说书者说书,能从事者从事",这可能是墨子先学孔门儒学,而接受孔子教学方式方法的结果。

2. 墨家三类弟子的不同课业

墨家弟子既有"从事"、"说书"、"谈辩"三派,他们将来从事的工作不同,因而学习的内容和学习的方法也不同。

"从事"类弟子即那些从事工匠技艺等体力劳动或守城

保卫的弟子,他们学“规矩方圆”,学“射”等军事技艺。这种教育弟子的方式,符合墨子“天下从事者,不可以无法仪”的一贯思想。《墨子·法仪》载:“子墨子曰:‘天下从事者不可以无法仪,无法仪而其事能成者,无有也。虽至士之为将相者皆有法,虽至百工从事者亦皆有法。百工为方以矩,为圆以规,直以绳,正以县。无巧工不巧工,皆以此五者①为法。巧者能中之,不巧者虽不能中,放依以从事,犹逾己。故百工从事,皆有法所度。今大者治天下,其次治大国,而无法所度,此不若百工辩也。”②《墨子》之《法仪》篇,胡适定其为“墨家的余论”,而梁启超以为“墨家记墨学概要”。③ 总之,我们用它来考察墨子言行,不致大谬。此则语录载墨子讲,不论从事工匠技艺还是从政治国,都应遵从“法仪”。这些话虽不一定就是针对弟子的学习所言,但我们可从中分析墨子的教学思想:在墨子看来,“百工从事者”与“治天下”、“治大国”者是有区别的。像后者必须具备一种“法仪”一样,前者也必须具备另一种“法仪”,这另一种“法仪”就是“为方以矩,为圆以规,直以绳,正以县”以及“平以水”的五种技艺。从墨子要求此类弟子所掌握的技能,可推测出墨子教授“从事”类弟子的课业即此五种技艺的学习与练习;而《墨子》之

① 孙诒让曰:“以《考工记》校之,疑上文或当有‘平以水’三字,盖本有五者,而脱其一与?”见中华书局出版孙启治点校孙诒让《墨子间诂》,2001 年,第 21 页。

② 墨翟等《墨子》卷一,中华书局出版孙启治点校孙诒让《墨子间诂》,2001 年,第 20 ~ 21 页。

③ 参见杨俊光《墨子新论》,江苏教育出版社,1992 年,第 38 ~ 39 页。

《经上》、《经下》、《经说上》、《经说下》，极有可能是接受这五种技艺的弟子所记录的课业内容。

"从事"类弟子还有一种课业内容。《墨子·公孟》："二三子有复于子墨子学射者，子墨子曰：'不可，夫知者必量亓力所能至而从事焉。国士战且扶人，犹不可及也。今子非国士也，岂能成学又成射哉？'"①在墨子看来，"学"与"射"是两类知识和技艺，"国士"犹不可兼具，那么他的弟子更不可能兼"成"，故墨子反问弟子"岂能成学又成射哉"。由《墨子·公输》载墨子言"臣之弟子禽滑厘等三百人，已持臣守圉之器，在宋城上而待楚寇矣"可知，墨家弟子中有很大一部分人是学军事技艺的。那么，"成射"当是墨子教授"从事"类弟子的一种重要课业内容。

由上述可见，"从事"类弟子的课业内容是"为方以矩，为圆以规，直以绳，正以县"以及"平以水"这五种工匠技艺，和"学射"等军事技艺。

对于另一批所谓的"坐而言义"(《墨子·贵义》)的"说书"类弟子，即将来要传墨子之学的一类弟子，墨子则特别强调他们向书本学习。《墨子·贵义》："子墨子曰：'古之圣王，欲传其道于后世，是故书之竹帛，镂之金石，传遗后世子孙，欲后世子孙法之也。今闻先王之遗而不为，是废先王之传也。'"②据《淮南子·要略》，墨子改革孔门儒学弊端的途径

① 墨翟等《墨子》卷十二，中华书局出版孙启治点校孙诒让《墨子间诂》，2001年，第464页。

② 墨翟等《墨子》卷十二，中华书局出版孙启治点校孙诒让《墨子间诂》，2001年，第444页。

是“背周道而用夏政”，倡“夏政”故讲“古之圣王”之“道”。“古之圣王”之“道”都“书之竹帛，镂之金石”而“欲后世子孙法之”，所以要向书本学习。向书本学习，既是墨子自身的做法，也是墨子教“说书”类的学习方式。为“后世子孙法”的“书之竹帛，镂之金石”的古圣王之“道”，是墨子的“说书”类弟子的课业内容。

“谈辩”类弟子与“说书”类弟子的学习方式又有不同。《墨子·贵义》：“子墨子南游使卫，关中载书甚多，弦唐子见而怪之，曰：‘吾夫子教公尚过曰：“揣曲直而已。”今夫子载书甚多，何有也？’子墨子曰：‘……翟闻之：“同归之物，信有误者。”然而民听不钧，是以书多也。今若过之心者，数逆于精微，同归之物，既已知其要矣，是以不教以书也。而子何怪焉？’”①弦唐子听公尚过说墨子教他学习时强调“揣曲直而已”，今见墨子外出还带如此多的书，故怪而问之。这则记载反映了墨子依据弟子不同资质和将来从事不同工作而教授不同课业的史实。“读书”应是墨子教那些“说书”类弟子的学习方法。对于古代历史特别是“古之圣王”之“道”，因为“民听不钧”而致使“同归之物，信有误者”，所以一定要向书本学习，这是自周公以来的学习方法和学习传统。墨家这类弟子以弦唐子为代表。他们将来要传墨家之学，故要好好向书本学习，学古圣王之“道”，亦即学墨子的种种主张。而“揣曲直”则是墨子教公尚过一类学生的学习方法。据《墨子·鲁问》，墨子曾“游公尚过于越。公尚过说越王，越王大

① 墨翟等《墨子》卷十二，中华书局出版孙启治点校孙诒让《墨子间诂》，2001年，第445页。

说”。由此可见,公尚过颇具游说才能。而在那个骋才驰辩的时代,游说成功便可为官为仕。公尚过应是“谈辩”类弟子的代表。墨子对于此类弟子,因他们于“同归之物,既已知其要矣,是以不教以书”而令其“揣曲直”,既强调自身的分析和感悟能力的提高,从而将来面对纷纭复杂的政治形势和各类棘手的问题时,可以凭自己的分析和感悟从容应付,提出行之有效的解决方案。从中可看出墨子教学时从实际出发的现实精神。

但是,无论是哪类弟子,墨子都特别强调学生们在学习中对自身道德的改造。《墨子·所染》:“子墨子言见染丝者而叹,曰:‘染于苍则苍,染于黄则黄,所入者变,其色亦变,五入必,而已则为五色矣。故染不可不慎也!’”①墨子正是从染丝中受到启发,“所入者变,其色亦变”,才极力强调坚持不懈地学习,强调“慎于染”以改造自己。

墨子强调学习,更强调言行结合、通过学习圣人之“言”改造自己的“行”。《墨子·贵义》:“子墨子曰:‘言足以迁行者,常之;不足以迁行者,勿常。不足以迁行而常之,是荡口也。’”②《尔雅·释诂》:“迁,徙也。”迁行,即改变行为。“言足以迁行者常之”即足以可使自己改变行为的载“道”的言语教诲,应经常诵习。此则语录与《墨子·耕柱》“言足以复行者,常之”云云一则语录应当有异,故编辑者作为两条

---

① 墨翟等《墨子》卷一,中华书局出版孙启治点校孙诒让《墨子间诂》,2001年,第11~12页。

② 墨翟等《墨子》卷十二,中华书局出版孙启治点校孙诒让《墨子间诂》,2001年,第442页。

不同的墨子语录收录。墨子以为那些载“道”的言语可使人改变自己的行为，可以使人改造自己的思想质量，从而加强自身的道德修养，故强调不断诵习此类载“道”的语言，以改造自己。

另外，墨子特别强调，无论遇到何种情况，无论挫折与成功，各类弟子都不能放弃自己的“道”，即各自所接受的课业精华。《墨子·贵义》：“子墨子谓二三子曰：‘为义而不能，必无排其道。譬若匠人之斲而不能，无排其绳。’”①“匠人之斲而不能”是其技艺不成，不能因此而放弃绳墨，否则更不成；墨家弟子“为义而不能”，是其学说不精、“辩谈”技术不到家，不能因此而“排其道”，否则更不能成其事，更不能达到自己的人生目标。坚信自己所学习的“道”（包括“从事”之道、“说书”之道、“谈辩”之道），将其付诸实践，是墨子对弟子的坚定不移的要求，所以墨子想方设法运用比喻要求弟子行“义”到底。《墨子·贵义》：“子墨子曰：‘商人之四方，市贾倍徙②，虽有关梁之难、盗贼之危，必为之。今士坐而言义，无关梁之难、盗贼之危，此为倍徙不可胜计，然而不为。则士之计利，不若商人之察也。’”③商人趋利，士人为义。商人不畏“关梁之难、盗贼之危”，是因为他们看到了“倍徙”之利；士

---

① 墨翟等《墨子》卷十二，中华书局出版孙启治点校孙诒让《墨子间诂》，2001 年，第 443 页。

② “倍”原作“信”，从毕沅、孙诒让校改，下“倍”字同，见中华书局出版孙启治点校孙诒让《墨子间诂》，2001 年，第 447 页。

③ 墨翟等《墨子》卷十二，中华书局出版孙启治点校孙诒让《墨子间诂》，2001 年，第 447 页。

人无此决绝态度,是因为他们短视,没有看到"坐而言义"之后的"倍徙"之利"不可胜计"。墨子学孔子的"儒家之业",从一个"贱人"成为士人,进入知识阶层;墨子自立学说,"坐而言义",又从一个士人而成为学团首领,游说诸侯,推荐学生,辞越王"地方五百里"之封(《墨子·鲁问》),在行义于天下的同时实现了自己的人生价值,终获"不可胜计"的"倍徙"之利。而部分学生看不到"坐而言义"背后"不可胜计"的"倍徙"之利,不能坚定"言义""行义"的信心,故墨子有此教导。

在墨子苦口婆心的教导下,众多弟子坚定信心,各学其"道",各行其"义",形成了声势浩大的墨家学团。

二、墨家学团各类弟子学成后的工作

墨子要求弟子各学其"道",各行其"义",各尽其能,即其所说的"能谈辩者谈辩,能说书者说书,能从事者从事"(《墨子·耕柱》)。我们就以此为划分标准,分别来看墨子在世时墨家各类弟子所从事的不同活动。

1."谈辩"类弟子游说从政

由以上引用和分析可见,墨子教授弟子有诸多的层次,因其能力或潜能而教之以"从事"、"说书"、"谈辩"。"谈辩"弟子应是墨子所教弟子中的最高层次,他们多以自己的"谈辩"能力游说诸侯,参与政事,推行墨子的学说。见于记载的墨子"谈辩"类弟子有高石子、管黔敖、公尚过、胜绰、高孙子等人。

《墨子·耕柱》:"子墨子使管黔敖①游高石子于卫,卫君致禄甚厚,设之于卿。高石子三朝必尽言,而言无行者。去而之齐,见子墨子曰:'卫君以夫子之故,致禄甚厚,设我于卿,石三朝必尽言,而言无行,是以去之也。卫君无乃以石为狂乎?'子墨子曰:'去之苟道,受狂何伤!……'子墨子说,而召子禽子曰:'姑听此乎!夫倍义而乡禄者,我常闻之矣。倍禄而乡义者,于高石子焉见之也。'"②高石子在卫为官,位高禄厚,但其依墨家学说所进之言却不被采纳,故离官而回到墨子身边。这种为义不为利的精神大得墨子赞扬。管黔敖能够成功地"游高石子于卫",使"卫君致禄甚厚,设之于卿",也是个成功的墨子"谈辩"类弟子。

《墨子·鲁问》:"子墨子游公尚过于越。公尚过说越王,越王大说,谓公尚过曰:'先生苟能使子墨子至③于越而教寡人,请裂故吴之地,方五百里,以封子墨子。'公尚过许诺。"④公尚过以墨子"之道""说越王"而使"越王大说",使越王欲"裂故吴之地方,五百里,以封子墨子",公尚过也是一位成功的墨子"谈辩"类弟子,但他不能体味墨子为义不为利的学说要义。

---

① "敖"原作"激"字,从毕沅、孙诒让校改,见中华书局出版孙启治点校孙诒让《墨子间诂》,2001年,第432页。

② 墨翟等《墨子》卷十一,中华书局出版孙启治点校孙诒让《墨子间诂》,2001年,第432~434页。

③ "至"字原脱,从孙诒让校增,见中华书局出版孙启治点校孙诒让《墨子间诂》,2001年,第474页。

④ 墨翟等《墨子》卷十三,中华书局出版孙启治点校孙诒让《墨子间诂》,2001年,第474~475页。

《墨子·鲁问》:“子墨子使胜绰事项子牛。项子牛三侵鲁地,而胜绰三从。子墨子闻之,使高孙子请而退之,曰:‘我使绰也,将以济骄而正嬖也。……绰非弗之知也,禄胜义也。’”①胜绰与高孙子皆墨子“谈辩”类弟子。但胜绰没有完成墨子分派的任务,置墨家“非攻”主张于不顾,“项子牛三侵鲁地,而胜绰三从”,故墨子“使高孙子请而退之”,并以“禄胜义”谴责之。高孙子亦是墨子“谈辩”类弟子。

《墨子·贵义》:“子墨子仕人于卫,所仕者至而反。子墨子曰:‘何故反?’对曰:‘与我言而不审②。曰“待女以千盆”,授我五百盆,故去之也。’……”③此仕卫者当为墨子弟子,因卫君先言“待女以千盆”而结果仅授予“五百盆”,故其“至而反”。这是墨子的一位失败的“谈辩”类弟子。

通过这几位墨子弟子的言行事迹,我们可以对墨子“谈辩”类弟子的特点及墨子的从政策略和社会思想作如下评说。

(1)墨子想通过“谈辩”类弟子到诸侯国出仕来推行自己的思想学说。尽管诸弟子都各尽其能,或“三朝必尽言”,或以墨子之道说越王而使“越王大说”,但均不得其用,或“言无行”,或不能“用墨子之道”。更有甚者,有的弟子竟计较

① 墨翟等《墨子》卷十三,中华书局出版孙启治点校孙诒让《墨子间诂》,2001年,第478~479页。

② “审”,原作“当”,从孙诒让校改,见中华书局出版孙启治点校孙诒让《墨子间诂》,2001年,第446页。

③ 墨翟等《墨子》卷十二,中华书局出版孙启治点校孙诒让《墨子间诂》,2001年,第446~447页。

“五百盆”与“千盆”的待遇差距，置墨家学说的推行于不顾；有的弟子干脆“三从”“项子牛三侵鲁地”而违背墨子“非攻”的主张。总之，墨子的政治理想的推行通过“谈辩”出仕这条路没能实现。

(2)墨子的“谈辩”类弟子在被派出仕之前，肯定在墨子身边学习过较长时间，以掌握墨子的思想学说；而墨子在派人之前，也肯定会对所派弟子做过一番考察，认为他出仕后能贯彻墨家学说，才会放心派出。但是，由以上所记诸位墨子弟子的所作所为和结局来看，除高石子的行为结局使墨子满意而称赞外，其余弟子都使墨子失望；有的弟子如胜绰甚至还背叛了墨子的派出初衷，成为项子牛侵鲁的帮手。这又说明，墨子教导这类弟子的方式方法存在着问题，即仅用榜样力量以及“鬼监鬼察”等“明鬼学说”来控制面对纷纭社会和形形色色诱惑的出仕弟子①，是远远不够的。

(3)在外派弟子“谈辩”出仕时，墨子都有一套整体规划，如让高石子仕卫前先“使管黔敖游高石子于卫”，如胜绰违背墨子所遣的初衷而“三从”“项子牛三侵鲁地”，墨子“使高孙子请而退之”。如此等等，都说明墨家学团在“谈辩”从政、推行学说时有周密的部署和统一的行动。关于这一点，我们在下面还将作详细讨论。

2.“说书”类弟子承传学说

① 由《墨子·鲁问》载曹公子就仕宋“谨祭祀鬼神”却“人徒多死，六畜不蕃，身湛于病”而对墨子提出疑问看，墨子是用“鬼监鬼罚”“天明天佑”诸说教导和控制出仕弟子的。

“说书”类弟子的主要任务为继承和传播墨子学说。这里首先应讨论的是治徒娱和县子硕。《墨子·耕柱》:“治徒娱、县子硕问于子墨子曰:‘为义孰为大务?’子墨子曰:‘譬若筑墙然,能筑者筑,能实壤者实壤,能欣者欣,然后墙成也。为义犹是也,能谈辩者谈辩,能说书者说书,能从事者从事,然后义事成也。’”①治徒娱和县子硕向墨子问“为义孰为大务”,这似乎是初入师门、欲选择学习科目以便日后从事某种职业前的问话。“为义”是墨子向弟子多次强调的目标,治徒娱和县子硕欲做“为义”之“大务”,其雄心可嘉。而墨子以筑墙为比喻,强调“能谈辩者谈辩,能说书者说书,能从事者从事”,各尽其务,“然后义事成也”。那么治徒娱和县子硕究竟“从事”了什么?

《吕氏春秋·尊师》:“子张,鲁之鄙家也;颜涿聚,梁父之大盗也:学于孔子。段干木,晋国之大驵也,学于子夏。高何、县子石,齐国之暴者也,指于乡曲,学于子墨子。索卢参,东方之巨狡也,学于禽滑黎。此六人者,刑戮死辱之人也,今非徒免于刑戮死辱也,由此为天下名士显人,以终其寿,王公大人从而礼之,此得之于学也。”②县子石,陈奇猷从孙诒让“硕、石”古通之说,认为他就是《墨子·耕柱》之县子硕。③

① 墨翟等《墨子》卷十一,中华书局出版孙启治点校孙诒让《墨子间诂》,2001 年,第 426 ~ 427 页。

② 吕不韦等《吕氏春秋》卷四,学林出版社出版陈奇猷《吕氏春秋校释》,1984 年,第 205 页。

③ 见陈奇猷《吕氏春秋校释》,学林出版社,1984 年,第212 ~ 213 页注[二九]。

据《吕氏春秋·尊师》可知县子硕原为乡里之“暴者”而遭众人指斥唾骂，但后来因师从墨子而“为天下名士显人，以终其寿，王公大人从而礼之”，其根本原因在于“得之于学也”。那么县子硕当是继承墨子学说的“得之于学”的“说书”类弟子。治徒娱虽一同问学于墨子，但史料有缺，今天难考他后来学到了何类学问、成为哪类墨家弟子。

墨子的“说书”类弟子应该还有弦唐子。据《墨子·贵义》载，随从墨子南游使卫的弦唐子因墨子“关中载书甚多”，与公尚过从墨子那里听到的“揣曲直而已”的教导有违，曾向墨子发问。墨子曾解释说：“同归之物，信有误者。然而民听不钧。”所以需要读书；但由于公尚过“之心者，数逆于精微。同归之物，既已知其要矣，是以不教以书也”；就是说对不同的弟子应实施不同教育。由此我们知道，墨子教育学生时，依据其具体情况和日后的发展需要，或教以“知其要”而“不教以书”，或教以像周公旦那样“读书百篇”。另外，我们还可由墨子的谆谆教导推出，墨子或许是欲将弦唐子培养成与公尚过不同类的弟子，故以读书相开导。如果此推测不无道理的话，弦唐子应是墨子的“说书”类弟子。

据《庄子·天下》“相里勤之弟子五侯之徒，南方之墨者苦获、已齿、邓陵子之属，俱诵《墨经》，而倍谲不同，相谓‘别墨’；以坚白同异之辩相訾，以觭偶不仵之辞相应；以巨子为圣人，皆愿为之尸，冀得为其后世，至今不决”①云云，又据

① 庄周等《庄子》卷十下，中华书局出版郭庆藩《庄子集释》，1961年，第1079页。

《元和姓纂》引《韩子》云相里勤曾“著书七篇”①。相里勤或许就是墨子的“说书”类弟子,或此类弟子的弟子后学。

《汉书·艺文志》“墨家者流”中载“《我子》一篇”,颜师古注“刘向《别录》云为墨子之学”。②《我子》的整理者刘向既谓其属“墨子之学”,那么我子当或为墨子“说书”类弟子,或为墨子“说书”类弟子的弟子后学。《汉书·艺文志》“墨家者流”中又载“《隋巢子》六篇”、“《胡非子》三篇”,班固均注曰“墨翟弟子”。④隋巢子和胡非子既是墨子弟子,又有著述传世,当为墨子的“说书”类弟子无疑。

由上可知,从事“说书”类活动而传墨子之学的弟子有县子硕、隋巢子、胡非子,确定为墨子弟子而有可能从事“说书”的有弦唐子,能确定为从事“说书”即传播墨家之学而不能确定是墨子弟子还是弟子后学的有相里勤、我子。当然,无论是“谈辩”类弟子,还是“从事”类弟子,都应熟悉墨子学说或学说的一大部分,才能去从事墨子指派的工作。这里所考辨的墨子“说书”类弟子,应是那些专门从事记录和整理墨子言行思想且能在弟子后学中教授、传播墨子学说思想的墨子弟子们。从这一角度出发,后世见于记载的墨家巨子,如孟胜、田襄子、腹䵍都应是此类传人,不过他们应属墨子的后学而非及门弟子,故我们暂不在此讨论。

3.“从事”类弟子制器守卫

墨子的“从事”类弟子,即那些从事器械制造、守城保卫

① 孙诒让《墨子间诂》,中华书局出版孙启治点校孙诒让《墨子间诂》,2001 年,第 716 页。

②④ 班固《汉书》卷三十,中华书局,1962 年,第 1738 页。

诸事的弟子,可能最早以禽滑厘为首。《墨子·公输》载公输盘与墨子演示攻守失败而欲杀墨子时,墨子曾说"臣之弟子禽滑厘等三百人,已持臣守圉之器,在宋城上而待楚寇矣。虽杀臣不能绝也",致使楚王曰"吾请无攻宋矣"而解宋危。墨子云"禽滑厘等三百人",可见此类弟子之多;墨子云"持臣守圉之器",禽滑厘率领的三百弟子当为此类"守圉之器"的制造者和使用者,那么是墨子的"从事"类弟子从事器械制造工作;墨子云"在宋城上而待楚寇",禽滑厘率领的三百弟子又能从事守城保卫诸事。他们是墨子的"从事"类弟子,他们的工作重点是从事器械制造和守城保卫。

由于最初的墨子"从事"类弟子由禽滑厘带领,所以《墨子》的《备城门》以下十一篇,即所谓的"城守部分"所载的守城战略战术和守城器械的制造使用,都托于禽滑厘和墨子问答的形式来记述。《墨子·备城门》:"禽滑厘问于子墨子曰:由圣人之言,凤鸟之不出,诸侯畔殷周之国,甲兵方起于天下,大攻小,强执弱,吾欲守小国,为之奈何?子墨子曰:何攻之守?禽滑厘对曰:今之世常所以攻者:临、钩、冲、梯、堙、水、穴、突、空洞、蚁傅、轒辒、轩车,敢问守此十二者奈何?子墨子曰:我城池修,守器具,推粟足,上下相亲,又得四邻诸侯之救,此所以持也。且守者虽善,而君不用之①,则犹若不可以守也。若君用之,守者又必能乎守者,不能而君用之,则犹

① "而君不用之"五字,从卢文弨校增,见中华书局出版孙启治点校孙诒让《墨子间诂》,2001年,第494页。

若不可以守也。然则守者必善而君尊用之,然后可以守也。'"①

这一部分文字,可谓《墨子》"城守部分"的序言,强调城池防守首先需要"君用臣能"等"人和"要素,然后才是诸种防御战术和措施、器械。自此以下,墨子详细讲说防御十二种攻城方式的战术和防御措施、器械等。如禽滑厘问敌人兵临城下做羊黔之防守方法即"备临"术,墨子曰"羊黔者,将之拙者也,足以劳卒,不足以害城。守为台城,以临羊黔,左右出巨各二十尺,行城三十尺,强弩之,技机藉之,奇器□□之,然则羊黔之攻败矣"云云;②又如禽滑厘问敌人穴道而攻之防守方法即"备穴"术,墨子曰"备穴者,城内为高楼,以谨候望适人。适人为变,筑垣聚土非常者,若彭有水浊非常者,此穴土也,急堑城内,穴其土直之。穿井城内,五步一井,傅城足,高地,丈五尺,下地,得泉三尺而止。令陶者为罂,容四十斗以上,固顺之以薄鞈革,置井中,使聪耳者伏罂而听之,审知穴之所在,凿穴迎之"云云;③复如禽滑厘问敌人若以蚁附般攻城之防守方法即"备蛾附"术,墨子曰"蛾傅者,将之忿者也。守为行临射之,技机藉之,擢之,火汤④迫之,烧荅覆之,

① 墨翟等《墨子》卷十四,中华书局出版孙启治点校孙诒让《墨子间诂》,2001年,第490~494页。

② 墨翟等《墨子》卷十四《备高临》,中华书局出版孙启治点校孙诒让《墨子间诂》,2001年,第537页。

③ 墨翟等《墨子》卷十四《备穴》,中华书局出版孙启治点校孙诒让《墨子间诂》,2001年,第550~551页。

④ "火汤"原作"太泛",从孙诒让校改,见中华书局出版孙启治点校孙诒让《墨子间诂》,2001年,第565页。

沙石雨之,然则蛾傅之攻败矣"云云;①等等。

由《墨子》之《备城门》以下各篇今存文字看,这些部分当非一时之记,也非出自一人之手,因而格式不一,内容上也有所重复。如《备梯》开篇所载:"禽滑厘子事子墨子三年,手足胼胝,面目黧黑,役身给使,不敢问欲。子墨子甚②哀之,乃管酒块脯,寄于大山,昧葇坐之,以樵禽子。禽子再拜而叹。子墨子曰:亦何欲乎？禽子再拜再拜曰:敢问守道？……"③据《墨子·备城门》所载禽滑厘问墨子"城守十二法"顺序,此《备梯》篇在《备高临》之后,依体例当禽滑厘直接问如何备敌人云梯之攻,而此篇前却增加了禽滑厘"役身给使"与墨子饷之诸叙述,体例不一,内容有所增饰,与前后篇当非出自一人一派之手。

由以上可看出墨子"从事"类弟子即那些从事器械制造、守城保卫诸事的弟子的特点。

(1)此类弟子以从事制造技艺为业。《墨子》之《备城门》以下各篇有大量守城器械的形制叙述和尺寸交代,如若不是为了提供制造参数,是不会在讨论防守中交代得如此详尽的。如《备高临》篇关于连弩车的述说:"材大方一方一尺,长称城之薄厚。两轴三轮,轮居筐中,重下上筐。左右旁二

---

① 墨翟等《墨子》卷十四《备蛾傅》,中华书局出版孙启治点校孙诒让《墨子间诂》,2001年,第565页。

② "甚"原作"其",从毕沅校改,见中华书局出版孙启治点校孙诒让《墨子间诂》,2001年,第541页。

③ 墨翟等《墨子》卷十四,中华书局出版孙启治点校孙诒让《墨子间诂》,2001年,第541~542页。

植，左右有衡植，衡植左右皆圜内，内径四寸。左右缚弩皆于植，以弦钩弦，至于大弦。弩臂前后与筐齐，筐高八尺，弩轴去下筐三尺五寸。连弩机郭用①铜，一石三十斤，引弦鹿长奴。筐大三围半，左右有钩距，方三寸，轮厚尺二寸。钩距臂博尺四寸，厚七寸，长六尺。横臂齐筐外，蚤尺五寸，有距，搏六寸，厚三寸，长如筐。有仪，有诎胜，可上下。为武，重一石，以材大围五寸。矢长十尺，以绳□□矢端，如弋②射，以磨鹿卷收。矢高弩臂三尺，用弩无数，出人六十枚，用小矢无留。"③这简直就像是一张制造图纸的说明，照此就可将此连弩车制造出来。如此详细的守城器械的描述，在《墨子》之《备城门》及以下各篇中还有很多，如《备城门》之"转射机"、"藉车"，如《备蛾傅》之"累荅"、"县脾"，等等。这类器械，大多厚大笨重，只能在现场制作，而又需多人合作，所以这类墨子弟子数量应是很多的。这类弟子的特点是具有相当的手工艺技巧，有的还具有数理知识，掌握机械制造理论。

(2)在制造这类防守器械时，应有规划者和指挥者。作为规划者和指挥者的这类弟子，不但应懂得器械制造，而且应掌握测量、计算知识，还应精通制作这些器械所具备的物理学、数学知识。今存《墨经》四篇中，有诸多测量定理，如

---

① "用"原作"同"，从孙诒让校改，见中华书局出版孙启治点校孙诒让《墨子间诂》，2001 年，第 539 页。

② "弋"原作"戈"，且前重一"如"字，从孙诒让校删改，见中华书局出版孙启治点校孙诒让《墨子间诂》，2001 年，第 539 ~ 540 页。

③ 墨翟等《墨子》卷十四，中华书局出版孙启治点校孙诒让《墨子间诂》，2001 年，第 538 ~ 540 页。

《经上》"平,同高也"、"同长,以正相尽也"、"中,同长也"、"圜,一中同长也"等①,城守器械的制造,既要测量水平面,又要测量长短,还要测量出重心和圆心等。在今存《墨经》四篇中,也有诸多数学定理,如《经上》"倍,为二也"、"端,体之无序而最前者也"②等。在今存《墨经》四篇中,还有诸多物理定理,如《经上》"力,形之所以奋也"③、《经下》"景不徙,说改为"④等。数学和物理知识,是测量、制造的基础知识。《墨经》中的这两类定理,抑或是墨家传承的前代知识,或是墨家制作经验的理论总结。总之,《墨经》四篇中保存的这些测量定理、数学定理和物理定理,无疑是墨子的"从事"类弟子和后学中的精英所传播和记录下来的。墨子"从事"类弟子中的精英弟子的特点,是具有相当高深的数理知识和测量知识等。他们应是当时士人中掌握科技理论的佼佼者。

(3)墨子的"从事"类弟子的另一工作重点是守城保卫。因此,他们不但应具备良好的身体素质,还应具有很好的军事素质,应会使用各种守城器械,即《墨子·公输》载墨子所说的"持臣守圉之器在宋城上而待楚寇"。孔子所教课程中有"射"术,墨家所教亦当有军事技术等。这里需要讨论的

---

① 墨翟等《墨子》卷十,中华书局出版孙启治点校孙诒让《墨子间诂》,2001年,第309~311页。

② 墨翟等《墨子》卷十,中华书局出版孙启治点校孙诒让《墨子间诂》,2001年,第311~312页。

③ 墨翟等《墨子》卷十,中华书局出版孙启治点校孙诒让《墨子间诂》,2001年,第314页。

④ 墨翟等《墨子》卷十,中华书局出版孙启治点校孙诒让《墨子间诂》,2001年,第326页。

是，墨子的“从事”类弟子是器械制作知识与守城军事技能兼具呢？还是其中一部分人从事器械制作、一部分人专管城池防守呢？墨子自称“贱人”，墨家学团的基础成员是工匠，器械（包括生活生产器械和军事器械）制作应是他们的本业，而城池防守应是偶尔为之。再者，他们从事城池防守的优长也在于制作传统的或新研制的守城器械。从这两点讲，墨子“从事”类弟子的主要工作是从事器械制作，只是为了推行墨子的“非攻”学说，才间或制作守城器械而从事守城保卫工作。

（4）禽滑厘是墨子最为著名的弟子，《庄子·天下》将其与“墨翟”相提并论，作为墨家学派的代表人物。① 其影响如此之大的原因有三：其一，他是墨家自苦精神的实行者，《墨子·备梯》云“禽滑厘子事子墨子三年，手足胼胝，面目黧黑，役身给使，不敢问欲”，他带头实行着《庄子·天下》所谓的“以自苦为极”的“墨子之道”；《说苑·反质》言他曾向墨子表示不贪“酒池肉林，宫墙文画，雕琢刻镂，锦绣被堂，金玉珍玮，妇女优倡，钟鼓管弦”而“取粟”来“救穷”。② 其二，他是墨家“从事”类弟子的首领，曾为配合墨子止楚攻宋的游说而率墨徒三百人持“守圉之器在宋城上而待楚寇”（《墨子·公输》）。其三，他是墨子学说的承传人，据《墨子·备城门》等，他曾向墨子问守御之术；据《吕氏春秋·仲冬纪》，他曾学于

① 庄周等《庄子》卷十下，中华书局出版郭庆藩《庄子集释》，1961 年，1072 ~ 1080 页。

② 刘向《说苑》第二十卷，上海古籍出版社影印清文渊阁《四库全书》本，1990 年，第 174 ~ 175 页。

墨子又传学于许范；据《吕氏春秋·慎行》，他又曾传学于索卢参。

三、墨家学团的思想信仰、组织纪律和经济制度

墨家学团是一个有严密组织纪律的、行动统一化的、经济一体化的半军事学术团体，学团成员遵守统一的纪律，遵奉同一个领袖，信奉同一种学说。

1.墨家学团的思想信仰

就思想信仰来说，墨家学团成员统一信奉墨家学说，并以推行墨家思想学说为第一要务。《墨子·鲁问》载"公尚过说越王，越王大说"，欲使公尚过招请墨子至越而以"故吴之地，方五百里，以封子墨子"。"公尚过许诺"，"以迎子墨子于鲁"。但墨子首先关心的是越王可否推行墨家学说，而不在乎是否有封地，并态度明确地"谓公尚过曰：'子观越王之志何若？意越王将听吾言，用我道，则翟将往，量腹而食，度身而衣，自比于群臣，奚能以封为哉？抑越王①不听吾言，不用吾道，而吾往焉，则是我以义粜也。均之粜，亦于中国耳，何必于越哉？'"②不但墨子如此，弟子们亦效仿，《墨子·耕柱》载高石子在卫，"卫君致禄甚厚，设之于卿"，高石子也尽职尽责，"三朝必尽言"，但卫君并不采纳他的建议，因而使高石子之言"无行者"。所以高石子回到墨子身边，说"石三朝必尽

① "王"字原脱，从孙诒让校增，见中华书局出版孙启治点校孙诒让《墨子间诂》，2001年，第475页。

② 墨翟等《墨子》卷十三，中华书局出版孙启治点校孙诒让《墨子间诂》，2001年，第474～475页。

言,而言无行,是以去之也",并解释说"今卫君无道,而贪其禄爵,则是我为苟陷人长也"。此一举动使得墨子极为赏识,马上"召子禽子曰:'姑听此乎!夫倍义而乡禄者,我常闻之矣。倍禄而乡义者,于高石子焉见之也。'"①从这两则记载中,我们可看出如下三点。

(1)推行学说,是学团成员的第一要务。墨子被招请,首先关心的不是"故吴之地,方五百里,以封",而是"听吾言,用我道"。弟子们被派往某诸侯国为官,首先是做到"三朝必尽言",时刻不忘宣传墨家思想学说。至于官位与俸禄,他们都放在次要位置。正是这种上下一心推行学说的持续努力,才使得墨学成为战国中后期的显学。

(2)封地与禄位也不是墨家学团不考虑的问题。因为:其一,要维系学团的发展,不能没有经济基础。《墨子·耕柱》载耕柱在楚为官"而遗十金于子墨子,曰:'……愿夫子之用也。'"此所谓"夫子之用",当非墨子自用,而是学团之公用,所以墨子才以此响应其前几个弟子对耕柱招待不周的抱怨,而曰"果未可智也"。② 其二,要游说诸侯,必须有相当的资金。《战国策·秦策一》载苏秦游秦,"说秦王书十上而说不纳,黑貂之裘弊,黄金百镒尽,资用乏绝,去秦而归"③;《史

① 墨翟等《墨子》卷十一,中华书局出版孙启治点校孙诒让《墨子间诂》,2001 年,第 432 ~ 434 页。

② 墨翟等《墨子》卷十一,中华书局出版孙启治点校孙诒让《墨子间诂》,2001 年,第 427 ~ 428 页。

③ 《战国策》卷三,江苏古籍出版社出版诸祖耿《战国策集注汇考》,1985 年,第 119 页。

记·范雎蔡泽列传》载范雎“欲事魏王,家贫无以自资,乃先事魏大夫须贾”①。“资用乏绝”、“家贫无以自资”皆不能游说。他们时代虽略晚于墨家弟子,但情景相差不会太多。故墨家集团在诸侯中推行思想学说时也需要资金。

(3)“思想推行”与“封地禄位”的先后关系,并非所有墨家学团成员都能摆得很正。公尚过因越王欲给墨子封地“方五百里”,因而“许诺”“以迎子墨子于鲁”;高石子无视“致禄甚厚,设之于卿”的待遇,因“卫君无道”使所进墨家之言“无行者”而辞官回学团,墨子招大弟子“禽子”来当面赞扬,说“夫倍义而乡禄者,我常闻之矣。倍禄而乡义者,于高石子焉见之也”,其意在推行这种精神,而其背后所隐含的应是此一精神、此种举动的缺乏,故墨子曰“夫倍义而乡禄者,我常闻之矣”;否则,若此为学团成员的正常行为,墨子是不会招弟子来大加宣扬的。“思想推行”与“封地禄位”两者之间关系的错位,对墨家集团发展到战国后期一改其前“锄强扶弱”政策而依附强国,有很大关系。

除了学说信仰外,应予指出的是墨家的“巨子”信仰。《墨子》书中,提到墨子时皆称“子墨子”,有时也称禽滑厘为“子禽子”(见《墨子·耕柱》、《备梯》等),但自墨子临终前所命墨家首领孟胜起,却转称“巨子”。墨家内部的此等称呼,我们很难以通用的上古汉语词义去界定,但我们可用墨徒对他们的不同态度来考察其地位与威望。正如孔子也因见南子而受到子路批评(《论语·雍也》)、因有“牛刀”之讥而遭

① 司马迁《史记》卷七十八,上海古籍出版社出版泷川资言等《史记汇注考证附校补》,1986年,第1471页。

子游质疑(《论语·阳货》)一样,不但禽滑厘,就连墨子也曾受到弟子们的埋怨与质问。《墨子·公孟》载:“有游于子墨子之门者,身体强良,思虑徇通,欲使随而学。子墨子曰:‘姑学乎,吾将仕子。’劝于善言而学,其年,而责仕于子墨子。”①又载:“有游于子墨子之门者,谓子墨子曰:‘先生以鬼神为明知,能为祸人哉福。为善者富之,为暴者祸之。今吾事先生久矣,而福不至。意者,先生之言有不善乎?鬼神不明乎?我何故不得福也?’”②复载:“子墨子有疾,跌鼻进而问曰:‘先生以鬼神为明,能为祸福,为善者赏之,为不善者罚之。今先生圣人也,何故有疾?意者,先生之言有不善乎?鬼神不明知乎?’”③不仕者可“责仕于子墨子”,“游于子墨子之门者”因“事先生久矣,而福不至”可怀疑“意者,先生之言有不善乎”,墨子的知名学生跌鼻也因墨子有疾而“意者,先生之言有不善乎”,他们仅仅把墨子当作一位导师,当作一个凡人,因而埋怨,因而责问。

但到了“巨子”时代,情况却发生了很大变化。《庄子·天下》载:“相里勤之弟子五侯之徒,南方之墨者苦获、已齿、邓陵子之属……以巨子为圣人,皆愿为之尸,冀得为其后

① 墨翟等《墨子》卷十二,中华书局出版孙启治点校孙诒让《墨子间诂》,2001 年,第 461 页。

② 墨翟等《墨子》卷十二,中华书局出版孙启治点校孙诒让《墨子间诂》,2001 年,第 462 ~ 463 页。

③ 墨翟等《墨子》卷十二,中华书局出版孙启治点校孙诒让《墨子间诂》,2001 年,第 463 页。

世,至今不决。”①不但以“巨子为圣人”,而且“皆愿为之尸,冀得为其后世”,这就不单单是思想学术上的崇尚,而且有些宗教意味了。由墨子在世时的弟子埋怨与质疑,到“巨子”时代的墨徒“皆愿为之尸”,墨家学团的性质由学术而至于学术兼宗教性质。由这一兼宗教性质的“巨子”时代的墨家集团内部结构可以推想,墨家“明鬼”论中的“鬼监鬼罚”思想,作为劝善惩恶的戒条规劝世人,虽在墨子时代就产生了,但在墨家集团内推广作为维系内部的纽带,应是墨家“巨子”时代的事情。

统一信奉墨子创立的墨家学说,并以推行墨家学说为第一要务,是墨家学团得以存在并发展的思想基础。

2. 墨家学团的组织纪律

墨家学团成员以推行墨家学说为第一要务,各类墨家弟子为推行墨家学说而从事不同实践活动。为推行墨家的社会政治理想,“谈辩”类弟子游说诸侯、出仕为官;为发展和传递墨家学说,“说书”类弟子记录和整理墨子言行思想,在弟子后学中教授、传播墨子学说;为推行“兼爱非攻”学说,“从事”类弟子研究守御器械,帮助诸侯守城卫地。而各类弟子的分工搭配、各类弟子内部的行动策划,都有统一的规划和指挥。今以“谈辩”类弟子游说诸侯为例,看墨家弟子无论在游说诸侯而为官前,还是在诸侯国为官时,抑或在离开诸侯国时,都由墨家学团统一指挥,统一策划行动。

在外派弟子“谈辩”出仕时,墨子都有整体规划,有一套

① 庄周等《庄子》卷十下,中华书局出版郭庆藩《庄子集释》,1961 年,第 1079 页。

切实可行的措施，这就是某人仕于某国由学团统一指派，出仕前往往先派相关人员前去游说铺垫。如《墨子·鲁问》载，公尚过仕越系墨子所派；如《墨子·贵义》载“子墨子仕人于卫”；如《墨子·耕柱》载派高石子仕卫前先“使管黔敖游高石子于卫”。《墨子·耕柱》“子墨子游耕柱子于楚”，毕沅注：“游，谓游扬其名而使之仕。”①这种欲仕某弟子而先派人“游扬其名而使之仕”的做法，说明了墨家学团在外派“谈辩”从政弟子时有周密的部署和统一的行动计划。

被外派的弟子在诸侯国的为官和行动，也时时受到墨家学团的掌控。如《墨子·耕柱》载：“子墨子游耕柱子于楚”，但墨家“二三子过之”时耕柱却待之“不厚”，惹得“二三子”回学团后向墨子告状说“耕柱子处楚无益矣”。② 由此可见墨家弟子在被派往诸侯国做官的过程中，也不能脱离墨家学团而任意为之，也还受到学团的掌控。胜绰仕齐而被墨子“请退”的故事，也从另一方面说明了这一点。

在被外派的弟子离开诸侯国时，要回学团报告而得到许可。如《墨子·贵义》载“子墨子仕人于卫”，“所仕者至而反”，要向墨子报告原因；如《墨子·耕柱》载高石子在卫不能推行墨家学说而辞官，要得到学团的谅解。而被外派的弟子在诸侯国违背了墨家学团的统一指导思想时，则被学团用有力措施“请退”。《墨子·鲁问》：“子墨子使胜绰事项子牛。

① 孙诒让《墨子间诂》，中华书局出版孙启治点校孙诒让《墨子间诂》，2001 年，第 427 页。

② 墨翟等《墨子》卷十一，中华书局出版孙启治点校孙诒让《墨子间诂》，2001 年，第 427 ~ 428 页。

项子牛三侵鲁地，而胜绰三从。子墨子闻之，使高孙子请而退之，曰：‘我使绰也，将以济骄而正嬖也。今绰也禄厚而谲夫子，夫子三侵鲁，而绰三从，是鼓鞭于马靳也。翟闻之：“言义而弗行，是犯明也。”绰非弗之知也，禄胜义也。’”①墨子弟子胜绰事项子牛前，是墨子“使绰也”；而胜绰有违使命，不但没有对项子牛“济骄而正嬖”使之非攻止战，反而在“项子牛三侵鲁地”时“三从”之；胜绰“非弗之知也”，不是不知道兼爱非攻学说，也不是不知道派他前去“事项子牛”的初衷，而却因“禄胜义”而“犯明”，因而墨子“使高孙子请而退之”。

而学团中的“从事”类弟子，因其主要任务是帮助被侵略者守城卫地，其组织和行动都带有军事化性质，更是听从墨家学团统一部署，服从首领的统一指挥。

使墨家学团内部服从统一部署、听从统一指挥的得力措施是学团内部的维系手段。由先秦文献记载可见，墨家内部的维系手段经过了从榜样力量到“准宗教信仰”再到严明法纪的三阶段变化。

在墨子时代，墨家学团的维系手段主要是在榜样力量感召下的学团成员的自觉自律。《庄子·天下》曾涉及这一问题，说：“今墨子独生不歌，死不服，桐棺三寸而无椁，以为法式。以此教人，恐不爱人；以此自行，固不爱己。未败墨子道，虽然，歌而非歌，哭而非哭，乐而非乐，是果类乎？其生也勤，其死也薄，其道大觳；使人忧，使人悲，其行难为也，恐其不可以为圣人之道，反天下之心，天下不堪。墨子虽独能任，

---

① 墨翟等《墨子》卷十三，中华书局出版孙启治点校孙诒让《墨子间诂》，2001 年，第 478 ~ 479 页。

奈天下何！"①正是墨子的这种自苦精神和榜样行为，使弟子们自觉地聚集在墨子周围，为墨家理想而献身。《墨子·备梯》载："禽滑厘子事子墨子三年，手足胼胝，面目黧黑，役身给使，不敢问欲。"②在墨子感召下的弟子们"役身给使，不敢问欲"的思想境界和自觉约束，维系着墨子时代的墨家学团的统一信仰、统一组织、统一行动。

在墨子去世后的"巨子"时代，墨家学团经过了由"准宗教信仰"到严明法纪的阶段性变化。在孟胜为巨子的时代，维系手段在榜样力量之外又增添了宗教信仰。《吕氏春秋·上德》载："墨者巨子孟胜，善荆之阳城君。阳城君令守于国，毁璜以为符，约曰：'符合听之。'荆王薨，群臣攻吴起，兵于丧所，阳城君与焉，荆罪之。阳城君走，荆收其国。孟胜曰：'受人之国，与之有符。今不见符，而力不能禁，不能死，不可。'……徐弱曰：'若夫子之言，弱请先死以除路。'还殁头前于。孟胜因使二人传巨子于田襄子。孟胜死，弟子死之者百八十三人。以致令于田襄子，欲反死孟胜于荆，田襄子止之曰：'孟子已传巨子于我矣，当听。'遂反死之。"③之所以能让弟子一百八十三人一同自杀以殉"墨家之道"，仅仅有感召和纪律可能是不够的，至少它不能使徐弱自请"先死以除路"

① 庄周等《庄子》卷十下，中华书局出版郭庆藩《庄子集释》，1961 年，第 1074 ~ 1075 页。

② 墨翟等《墨子》卷十四，中华书局出版孙启治点校孙诒让《墨子间诂》，2001 年，第 541 页。

③ 吕不韦等《吕氏春秋》卷十九，学林出版社出版陈奇猷《吕氏春秋校释》，1984 年，第 1257 页。

而"还殁头前于",不能使传信而被新巨子制止自杀的"二弟子"心甘情愿地再返回鲁阳自杀。这些心甘情愿地抛却珍贵生命的诸种行为,应该是有"准宗教信仰"作为支撑的,这便是上引《庄子·天下》所说的墨家后学"以巨子为圣人,皆愿为之尸,冀得为其后世",墨家学团的巨子兼有了宗教首领性质,学团内部的"准宗教信仰"成为主要维系力量。

孟胜死后,墨家分化为不同地域的墨家集团,如《吕氏春秋·去宥》载有"东方之墨者谢子"与"秦之墨者唐姑果"的区别,以及双方"用秦"之争斗。① 因而,孟胜时代维系墨家学团的"准宗教信仰"随之失去功效,代之而用的是"墨者之法"。《吕氏春秋·去私》:"墨者有巨子腹䵍,居秦,其子杀人,秦惠王曰:'先生之年长矣,非有它子也,寡人已令吏弗诛矣,先生之以此听寡人也。'腹䵍对曰:'墨者之法曰"杀人者死,伤人者刑",此所以禁杀伤人也。夫禁杀伤人者,天下之大义也。王虽为之赐,而令吏弗诛,腹䵍不可不行墨子之法。'不许惠王,而遂杀之。"②腹䵍那不徇私情的大义灭亲精神实在可敬,但由于此时墨家的社会信仰已由"行义"转为"求利",引发了不同地域的墨家集团间的争用倾轧,因而"墨者之法"也难以起到稳固内部的维系作用。

3. 墨家学团的经济制度

墨家学团实行一体化的经济制度。《墨子·耕柱》载:

---

① 吕不韦等《吕氏春秋》卷十六,学林出版社出版陈奇猷《吕氏春秋校释》,1984 年,第 1013 页。

② 吕不韦等《吕氏春秋》卷一,学林出版社出版陈奇猷《吕氏春秋校释》,1984 年,第 55 ~ 56 页。

"子墨子游耕①柱子于楚。二三子过之,金食之三升,客之不厚。二三子复于子墨子曰:'耕柱子处楚无益矣。二三子过之,食之三升,客之不厚。'子墨子曰:'未可智也。'毋几何,而遗十金于子墨子,曰:'后生不敢死,有十金于此,愿夫子之用也。'子墨子曰:'果未可智也。'"②由此记载,可看出如下三点:

(1)耕柱仕于楚,墨家"二三子过之",因耕柱招待不周,"食之三升,客之不厚"而遭到"二三子"的埋怨,这应当是墨家学团实行一体化的经济制度下才有的事,因其经济一体,墨家弟子过楚时,仕于楚的耕柱负有接待的责任,所以才有"处楚"无益与有益的讨论;否则,若无此责任,仅因耕柱"客之不厚",而不是游说楚王等工作有力无力,便会讨论耕柱是否念旧情的道德问题,而不会讨论耕柱"处楚"有益无益的功用问题。

(2)墨子在过楚之"二三"弟子状告耕柱"客之不厚"、"处楚无益"时,没有就其他方面发表意见,而谓耕柱此举"未可智也",毕沅曰"智,一本作'知',下同"③,即解释耕柱此类行动的初衷"未可知",不一定是因为他自己自私而吝啬;在耕柱交回"十金"后墨子以"果未可智也"来平息"二三子"之

---

① "耕"前原有"荆"字,从王念孙、苏时学说删,见中华书局出版孙启治点校孙诒让《墨子间诂》,2001年,第427页。

② 墨翟等《墨子》卷十一,中华书局出版孙启治点校孙诒让《墨子间诂》,2001年,第427~428页。

③ 见孙诒让《墨子间诂》,中华书局出版孙启治点校孙诒让《墨子间诂》,2001年,第391页。

怒，这也应当是墨家学团实行一体化的经济制度下才有的事。因其经济一体，墨家弟子对交回的钱财都有使用和享受的权利，墨子才会用此言来调解“二三子”与耕柱因过楚而耕柱“客之不厚”所带来的矛盾。

（3）耕柱“遗十金于子墨子”而谓“愿夫子之用”，此“夫子之用”当是让墨子用作墨学集团之用，若仅让墨子自用，墨子是不会以此作为平息“二三子”之怒的依据的。那么由此可以看出，墨家弟子在外出仕交回学团的钱财，是由学团首领统一支配、统筹使用的，这也是墨家学团实行一体化的经济制度的表现。

另一则墨子弟子出仕的故事也与墨家学团的经济制度有关。《墨子·贵义》：“子墨子仕人于卫，所仕者至而反。子墨子曰：‘何故反？’对曰：‘与我言而不审①。曰“待女以千盆”，授我五百盆，故去之也。’子墨子曰：‘授子过千盆，则子去之乎？’对曰：‘不去。’子墨子曰：‘然则非为其不审也，为其寡也。’”②“子墨子仕人于卫”，《荀子·富国》杨倞注引作“子墨子弟子仕于卫”，则被墨子推荐仕卫之“人”当为墨家学团成员。此墨家学团成员在学团统一规划下由墨子推荐仕于卫，但其“至而反”，并向推荐者墨子解释“至而反”的理由是，原答应“待女以千盆”而至卫后则改为“授我五百盆”，如此“言而不审”，“故去之也”。《玉篇》：“审，信也。”我们知

① “审”原作“当”，从孙诒让校改，见中华书局出版孙启治点校孙诒让《墨子间诂》，2001年，第446页。

② 墨翟等《墨子》卷十二，中华书局出版孙启治点校孙诒让《墨子间诂》，2001年，第446～447页。

道，墨家学团派人出仕前先派他人前去游扬之，此仕卫而返之墨家学团成员自言卫人先许诺“待女以千盆”，应是卫君当着游扬者之面所许，而由游扬者捎回的话，也就是墨家学团知道此仕者的收入是“千盆”而不是“五百盆”；但卫君却如此“不审”，仕卫者至卫后改为“五百盆”。其中“五百盆”的“差价”就使得此人无法向墨家学团交代，因而返回学团申说“差价”，以便像耕柱交回“十金”那样在向墨家学团缴纳收入剩余时，避免产生误会。准此，此事例亦说明墨家学团实行经济一体化政策，否则若收入多少是出仕者自己的事，在那个交通并不发达的战国时代，他便自己可以做出决定是去还是留，而不会返回学团作如此解释了。

墨家学团的这种经济一体化制度，并非墨子的首创，孔门学团就先已实施着此一制度。《论语·雍也》载：“子华使于齐，冉子为其母请粟。子曰：‘与之釜。’请益。曰：‘与之庾。’冉子与之粟五秉。”①“子华使于齐”，而冉子“为其母请粟”，是孔门学团不但要养活学团成员，而且应养活成员家属，才会发生此类事情。而冉子为子华之母请粟，并最后自作主张“与之粟五秉”，冉子当为孔门学团的财务主使人，否则难以解释他为子华之母向孔子请粟，而又能最后自作主张超出孔子批准数量给子华之母“粟五秉”的诸种做法。墨子先学儒家之道、孔子之术，故而在继承孔门招收弟子以传学、以游说诸侯实现社会政治理想的学术活动方式的同时，也继承和发展了孔门学团的经济一体化制度。

---

① 《论语》，中华书局出版杨伯峻《论语译注》，1980 年，第 55 页。

结语

总之，墨家学团是一个有严密组织纪律和统一行动规划且实行经济一体化制度的半军事学术团体。其活动时间大约自墨子形成自己的学说而招收学生并渐成规模起，到腹䵍为巨子止。自此起，墨家渐分化为不同的地域集团，并出现"秦墨"与"东方墨者"之争等事件，有着统一行动规划和经济一体化制度的墨家学团也不复存在了。

附记：这是拙作《中国墨学通史》中的部分文字。《中国墨学通史》曾被选入首批《国家社科基金文库》，又于2008年获山东省第二十二次社会科学优秀成果重大成果奖，于2009年获教育部"高等学校科学研究优秀成果奖（人文社会科学）"中国文学一等奖。又，2010年5月13日下午，美国艺文及科学院院士、中国社会科学院名誉高级研究员何炳棣先生在清华大学高等研究院"黄长风讲座"讲演，为300余位清华师生解说他耗费四年心血撰写的三万多字的《国史上的"大事因缘"解谜——从重建秦墨史实入手》这篇论文时，曾两度引用《中国墨学通史》，并对其中"墨家学团"特别是"墨家三派弟子"的论述称赞道"郑杰文《中国墨学通史》，页31～41，对墨者三种人才的功能与活动有很好的叙述与分析"［摘自2010－06－03 11：05：19　人民网（北京）］。因整理此文，稍加修正，以贺山东省文史研究馆建馆60周年。

唐锡彤　1952 年 12 月生，山东招远人。中共烟台市委党校教授，山东省文史研究馆馆员。曾任中共烟台市委党校副校长。主要从事党建理论和中国近代史研究。兼任中国近现代史料学学会常务理事、山东省历史学会常务理事、山东省历史学会胶东人物研究专业委员会主委、吴佩孚研究中心主任。出版有《走向世界》、《伟大的工程》、《吴佩孚研究》、《吴佩孚画传》、《吴佩孚诗抄》、《品读吴佩孚》、《六十而立》等著作，在《人民日报》、《求是》、《光明日报》等报刊发表文章 70 余篇。

◎吴佩孚研究的新突破

——山东省社会科学规划研究项目《吴佩孚生平研究》述要

吴佩孚研究的新突破

——山东省社会科学规划研究项目《吴佩孚生平研究》述要

2008年11月26日,山东省社会科学规划管理办公室批准了由笔者牵头,联络山东社会科学院、鲁东大学、洛阳历史文物考古研究所的专家学者提报的课题《吴佩孚生平研究》。这是吴佩孚研究的一个新突破。

一、本课题国内外研究现状及研究意义

1. 中国大陆研究现状。1949年前出版吴佩孚传记及有关著作三十多部,其中国史编辑社出版的《吴佩孚正传》、陶菊隐编写的《吴佩孚将军传》,不仅在当时引起广泛关注,而且至今仍被研究者经常引述,从而多次再版。20世纪80年代以来,吴佩孚研究重新恢复。据统计,1978年以来出版的有关吴佩孚的著作达40多部,其他与吴佩孚相关的著作近百种。新华出版社出版的章君穀著《吴佩孚传》、北京图书馆出版社出版的郭剑林著《吴佩孚传》可以称为这一研究的力作,对吴佩孚的功过是非、历史地位的评估更加客观。由中国现代史学会、山东社会科学院主办、山东历史学会胶东人物研究专业委员会承办的三次吴佩孚生平与思想学术研讨

会，对吴佩孚一生重要问题如其思想、民族气节、爱国精神、死因、评价等的研究，都有新的突破。

2. 中国台湾研究现状。1956年，由阎锡山、孔祥熙、孔德成等发起，广泛搜集吴佩孚遗著及有关资料，编写《吴佩孚先生集》。1981年，台北天一出版社出版朱传誉主编的《吴佩孚传记资料》，史料之丰富，堪称台湾吴佩孚研究之最。

3. 国外研究现状。日本、法国、加拿大、苏联、美国、澳大利亚都有一批学者从事吴佩孚研究。日本人岗野增次郎所著《吴佩孚》，约百万字，对吴佩孚驻洛阳时期的情况记述较为详细。法国邵万，加拿大陈志让、陈安东，苏联维金斯基，澳大利亚沃任，美国吴应銧、约翰·鲍威尔等，都以独特的视角对吴佩孚做了比较深入的论析。美国著名学者费正清主编《剑桥中华民国史》，对吴佩孚倡导儒学及其社会价值观进行了评价。

4. 选题意义。吴佩孚是中华民国史上北洋政治军事集团统治时期的佼佼者，“直系势力的灵魂”。但以往的评价，往往根据其意识形态的认同简单地做善恶美丑的画像，难免失之绝对和简单。我国台湾的许多著作充满赞美之词，大陆的著作则往往否定他的一生，这都是不符合历史事实的，显失公平。当下，对吴佩孚的评价虽比以前客观了，但论著中内容芜杂纰缪、评价褒贬失当之作尚不在少数，真正可以算做学术信史的还不多见。吴佩孚无疑是在民国史上起过重要作用的人物，他的生平和思想产生过重大影响，应该对他做出明晰、科学、准确评价。这对于推动中国现代史特别是民国史的研究，是很有价值的。

二、研究的主要内容、基本思路和方法、重点难点、主要观点及创新之处

1. 研究的主要内容。一是研究吴佩孚生平，厘清吴佩孚自1874年出生到1939年殉国，一生的主要事迹、言行，在此基础上编撰《吴佩孚年谱长编》。二是研究吴佩孚爱国精神，厘清吴佩孚爱国精神的形成、发展与影响的脉络、轨迹，在此基础上写出研究报告《吴佩孚爱国精神的形成、发展及影响》。

2. 基本思路。首先，进一步广泛地搜集吴佩孚有关史料，像傅斯年所说的，要“上穷碧落下黄泉，动手动脚找东西”。在史料不断发掘和不断丰富的基础上，运用正确的理论和方法深入的加以研究。其次，在吸收海内外学者新的研究成果、运用大量第一手史料特别是档案文献的基础上，对吴佩孚研究中的若干问题，提出自己的新认识、新观点，纠正某些流传甚久的、不实事求是或不够准确的见解和说法，还原一个更加贴近历史真实的吴佩孚，从而给予吴佩孚客观公正的历史评价。

3. 方法。以历史唯物主义为研究评价吴佩孚的主导方法，同时也广泛采用传统史学方法和现代史学方法。(1)文献分析法。尽可能收集与本课题有关的最近研究成果和档案文献，丰富、完善本课题的研究，写出学术信史。(2)综合研究法。研究吴佩孚，既要研究那个时代的社会政治、经济、文化、教育、外交、军事等各个方面对其影响，又必须反过来研究吴佩孚对那个时代的社会政治、经济、文化、教育、外交、军事甚至民情、民风等方面的影响。(3)专家研讨法。目前，

海内外有一些专家学者从事吴佩孚研究，这是完成本课题必须依靠的重要力量，于 2009 年 12 月纪念吴佩孚殉国 70 周年之际，由课题负责人主持召开"第四届吴佩孚学术研讨会"，集社会力量，推动和促进本课题的研究。同时，根据研究进度和需要，召开不同类型的专题研讨会，如"吴佩孚爱国精神研讨会"、《吴佩孚年谱长编》审稿会，等等。(4)其它方法，如比较史学方法、口述史学方法、社会史学方法、心理史学方法、文化史学方法和政治学研究方法等，对吴佩孚进行多学科、多角度的研究。

4. 重点难点。本课题研究的主要内容是吴佩孚的生平和爱国精神。对其生平研究，从年龄上划分，应分为少年、青年、中年、晚年四个大的阶段，研究重点应在中年、晚年阶段，因为吴佩孚 40 岁时升任少将旅长，开始登上政治舞台，从而演出了一幕一幕波澜壮阔的人生大剧，研究重点正应在 40 岁至 66 岁之间。其生平研究从吴佩孚在民国史上的地位作用上划分，重点应放在五四时期(1918～1919)、洛阳时期(1920～1926)、抗战时期(1931～1939)。而完成上述研究重点的难点在于史料缺乏的困扰。由于许多历史材料被淹没甚至被人为地毁灭，"文革"时期，吴佩孚后人收藏的一大批吴佩孚史料也被抄家，至今下落不明。因此，吴佩孚研究要攻克史料缺乏的难点，包括寻找"文革"被抄的吴佩孚史料。其爱国精神研究，重点应抓住其爱国思想的形成、发展脉络这一重点，而研究这一重点的难点在于如何纾解吴佩孚双重政治人格问题。吴佩孚身上所表现出的强烈的爱国性和难以抹杀的反动性，需要运用正确理论指导进行深入探讨。

5. 主要观点和创新之处。(1)应当重新审视强加于吴佩孚的一些不实之词。至今,吴佩孚头上仍戴着三顶帽子:"反动军阀"、"洋鬼子的走狗"、"镇压二七罢工的刽子手"。对这几个方面,都应做具体分析。关于"反动军阀",已故民国史研究专家郭剑林教授认为是不科学、不严谨的称谓,他将吴佩孚定位为中国民国史上北洋政治军事集团统治时期的佼佼者,独特的旧式军人、爱国民族将领。关于"洋鬼子的走狗",这种说法来自于样板戏《红灯记》中李奶奶的一句道白。事实上吴佩孚一生都在奋力抗击"侵华亡我之心不断升级"的日本帝国主义,与英美的关系同样地坚持了爱国民族立场。关于"镇压二七罢工的刽子手",事实上长辛店、郑州和汉口三处枪杀工人的事件,前两处是曹锟下令,后一处为萧耀南所干,吴佩孚夹在中间,担当恶名。客观上讲,吴佩孚对执行北洋政府和曹锟的命令枪杀工人当然要负一定的责任,但镇压二七罢工的责任应该由北洋政府、曹锟、吴佩孚、萧耀南等人来共同承担,其中曹锟乃幕后幕前的总指挥。

(2)应当还原一个真实的吴佩孚。20 世纪 20 年代、30 年代,一直到 40 年代末,吴佩孚身上的"光环"十分耀眼,其社会形象几乎是有口皆碑。国学大师章太炎评论说:民族将领"吴公一生持躬廉政,光明正大"。《胡适日记》1922 年 6 月 10 日载曰:"守常(即李大钊)说,吴佩孚甚可敬,他的品格甚高。"《陈云文选》载:陈云"当时是相信吴佩孚的。"董必武曾这样评价吴佩孚:"他有两点和其他军阀截然不同。第一,他平生崇拜我国历史上的伟大人物关、岳,他在失败时以不出洋、不居租界自矢……他在失势时还能自践前言,这是许多人都称道他的事实。第二,吴氏做官多年,统治过几省的地盘,带领过几十万的大兵,他没有私蓄,也没有置器产,有清廉名……”著名史学家唐德刚先生曾有一语评说吴佩孚“狷介一生”。中国现代史学会会长郭德宏说:“吴佩孚“一生的追求目标,一是统一中国,二是抵抗日本,也是为了实现中国的独立、统一、繁荣和富强。”上述这些评价,决不是空穴来风,而是有事实佐证。我们的研究,就是要将吴佩孚的史实一一澄清,还原一个真实的而非一个被脸谱化、妖魔化的吴佩孚。

(3)应当弘扬吴佩孚爱国精神。吴佩孚一生抱定“爱国、建国、富国”的信念,并为之奋斗一生直至死于日寇之手,做到了“留取丹心照汗青”。可以说,吴佩孚是一个富有民族气节和爱国精神的历史人物,应该肯定他的爱国主义精神,并对其形成的起因、发展的过程和产生的影响,做出深入探讨。本课题设计的《吴佩孚年谱长编》(专著)和研究报告都是前人没有做过的,这也正是本课题设计的价值所在和创新之处。

三、前期相关研究成果和主要参考文献

1. 课题负责人前期相关研究成果

(1)《吴佩孚文存》(专著),2004 年 2 月,吉林文史出版社。

(2)《吴佩孚在四川》(专著),2004 年 2 月,吉林文史出版社。

(3)《吴佩孚研究文集》(专著),2004 年 2 月,吉林文史出版社。

(4)《吴佩孚画传》(专著),2005 年 12 月,吉林摄影出版社。

(5)《吴佩孚研究》(专著),2007 年 12 月,北京图书馆出版社。

(6)《精忠许国的吴佩孚》(论文),2004 年 5 月 15 日,《联合日报》。

(7)《吴佩孚:乾坤正气照汗青》(论文),2007 年 9 月 22 日,《联合日报》。

(8)《历史作证,爱国有功》(论文),2007 年 9 月 22 日,《联合日报》。

(9)第三届吴佩孚生平与思想学术研讨会综述(论文),2007 年 11 月 15 日,《民国档案》。

(10)《吴佩孚的爱国和品格》(论文),2007 年 11 月 29 日,《学习时报》。

2. 主要参考文献

(1)中国第二历史档案馆藏北洋政府直鲁豫巡阅使署档案及其它民国档案。

(2)中国第二历史档案馆主编《中华民国史档案资料汇编》,江苏古籍出版社。

(3)《白坚武日记》,江苏古籍出版社。

(4)武德报社编《吴佩孚》。

(5)日本岗野增次郎编《吴佩孚》。

(6)陶菊隐著《吴佩孚将军传》。

(7)章君穀著《吴佩孚传》,新华出版社。

(8)《吴佩孚传记资料》(1~6),台北天一出版社。

(9)《吴佩孚先生集》,台湾1960年出版。

(10)郭剑林著《吴佩孚传》,北京图书馆出版社。

(11)张宪文著《中华民国史》,南京大学出版社。

(12)费正清主编《剑桥中华民国史》,中国社会科学出版社。

(13)其他文献、著述。

在2007年9月召开的第三届吴佩孚生平与思想学术研讨会上,中国社科院学部委员耿云志先生说过这样的话:"由于改革开放的大环境的确定,由于众多学者的艰苦努力,现在,已经有越来越多的人,摆脱教条主义的束缚,能够比较客观地看待历史,比较客观地看待历史人物。这是从事吴佩孚研究的有利条件。我相信,通过大家的共同努力,吴佩孚研究会不断取得进步,不断取得新的成绩。而通过吴佩孚研究,人们会更进一步认识那个时代,那段历史。因此,会直接有益于中国近代史研究的深入。"目前,许多学者在共同努力从事吴佩孚研究。我们希望更多的专家学者加入到吴佩孚研究的行列中,希望社会各界关心、支持吴佩孚研究,特别欢迎社会各界提供有关吴佩孚的文物、文献、资料(包括照片、图片、物品、文献、材料、书籍等),从而推动吴佩孚研究,推动中国近代史的研究。

郭墨兰 1932年11月生，山东昌乐人。山东社会科学院研究员，山东省文史研究馆馆员。曾任《东岳论丛》杂志社副总编兼编辑部主任，《山东省志·社会科学志》副主编兼编纂办公室主任。山东省政协第六、第七届委员兼文史委员会委员，中国墨子学会理事，山东省历史学会常务理事、顾问，山东省传统文化与现代化研究会主任，山东社会科学优秀成果评选委员会委员，山东出版协会常务理事兼优秀论文编辑评选委员会副主任。主编《黄河风云录》、《齐鲁文化》；著有《中国地域文化·齐鲁文化卷》、《齐名士评传》、《齐文化研究》；合作编著《齐鲁历史文化大事纪年》、《孔子与齐鲁文化》、《山东省社会科学志》等；发表论文200余篇。

◎略论孔子的文化创辟与变革精神

◎大舜文化与东夷乐舞

略论孔子的文化创辟与变革精神

孔子是举世闻名的古代文化伟人,但也是争议最多最久的人物。他生前死后的那些赞誉和批评,且不去说,但就当代也褒贬不一。“文化大革命”对孔子全盘否定,是别有用心,不是学术讨论,不必说它。就是真正的学术讨论,意见也多有分歧。对其文化贡献,学术界大体取得了一致的认识,渐趋肯定。但对其变革精神和革命性的创辟,却还有人怀疑或者否认。这是一个自相矛盾的问题,没有变革精神,怎么会有那么大、那么多的贡献?任何有生命力的思想文化的创建,都是与变革精神分不开的,都是在社会转型时期顺应时代潮流进行革命性变革的结果,是反映了先进文化前进方向的表现。孔子的学说之所以为历代学者所宗,为统治者所吹捧、运用,以至流传两千多年不衰,决不单单是统治者吹捧之功,而是有其内在的生命力源泉的。这生命力的源泉不在别处,就在孔子文化的创辟之中。思想理论的创建,绝不是重复前人说了什么的结果,而是在前人的基础上自己又说了什么,为古人增添了哪些有创建性的新的内容。否认孔子有变革精神和有革命性创辟的人多从字面上去理解孔子的只言片语,什么“克己复礼”、“从周”,自言“述而不作”等等,而忽略了孔子思想和文化创辟的实际内容。因此笔者认为有进一步探讨的必要。本文试就这个问题谈点粗浅的看法。

一、人的发现与仁学的创立

孔子之被认定为古代文化伟人，并不是人为捧起来的，而是因为他对于中华文化的创造性贡献。其中最深刻、最有价值的创辟，是引仁入礼，对三代之礼进行了革命性的改造。孔子对夏礼、殷礼、周礼，甚至是夷礼都进行了研究，对其继承发展损益关系以及内容优劣进行了分析，认为周礼是“损益夏、殷之礼”而来，最为先进，所以他说：“郁郁乎文哉！吾从周。”(《论语·八佾》，下引《论语》只注篇名)“从周”，并不是完全照搬周礼，也不是全部否定夏、殷，而是有所保留。如说“行夏之时，乘殷之辂，服周之冕”(《卫灵公》)。在用夏、殷之礼的优点的同时，对周礼也进行了改造——“引仁入礼”。

“仁”，本是夷俗，是东夷文化中最本质的东西。“礼”，主要是指周礼，周文化中最本质的范畴。孔子把“夷仁”和“周礼”结合，创立了他以仁为核心内容和以礼为规范形式的仁学思想体系。

什么是仁？孔子自己有多种解释。其中最本质、最核心的解释是“爱人”。“爱人”是做人的根本原则，也是处理好人际关系的最高标准和最有效的方法。故孟子说“仁者爱人”(《孟子·离娄下》)；《中庸》曰“仁者人也”；康有为则说：“仁者，人道交偶之规则。”(《论语注》)这些都是对仁的概括。“仁者爱人”，是为人道。郭沫若说：“所谓仁道，也就是人的发现。”①

“人的发现”可谓“石破天惊”的伟大创辟，是适应当时奴隶解放、时代变革潮流的观念更新和思想革命。但是，有些论者却说孔子是站在没落奴隶主立场上，为维护奴隶制不遗余力，说孔子所说的“人”或“民”只能是奴隶主贵族阶级而不是劳动者，更不包括奴隶。② 这也太曲解孔子的原意了。其实，孔子所说的“人”是作为一种不同于他物的“类”的概念的“人”，也就是人类的人，是把人看作社会结构的基元，是处理人际关系的起点。这一创见“不仅使其学说必然蕴含了个体生命存在的平等意识，而且也获得了对于人类的永远的意义”③。孔子认为“天地之性，人为贵”(《孝经》)。他说：“天之所生，地之所养，无人为大。”(《礼记·祭义》)这显然是把人从天地万物中独立出来讲的。孔子说的人，不仅不分族类，也是不论阶级、阶层、性别、国别的。“人”不仅包括奴隶主贵族阶级，也包括劳动者、奴隶在内。孔子对劳动者的态度，是十分尊敬的。如《乡党》载：“厩焚，子退朝，曰：‘伤人乎？’不问马。”养马人，不是奴隶也是下层劳动者。又：孔子“式负版者”。“式”同轼，车前横木，供扶手用。这里的“式”是动词，即扶轼身体前俯，表示敬意。“式负版者”，即见了背负图版的劳动者，一定要俯身示敬。又：“问人于他邦，再拜

① 《十批判书·墨的批判》，《郭沫若全集》卷2第91页。

② 魏易《孔子“富民”思想辨析》，《光明日报》1984年12月12日。

③ 孔繁今《重新读解孔子的智慧——兼及20世纪文化批判问题》，《文史哲》1995年第2期。

而送之。”这是孔子对他邦人也一样尊敬。在当时的社会环境和历史文化背景下，作为一个闻名于世的“士”，一个大知识分子，能如此重人、爱人，关心尊重社会底层的劳动者，其行为的确有些惊世骇俗，其呼声也确实振聋发聩，其意义光耀千古。然而直到今天，中外学界还有人说孔子是站在没落奴隶主立场上，不会关心劳动人民，还有的说孔子有大民族主义或狭隘民族主义思想，不会关心全人类。这也是一种曲解和偏见。重温孔子的仁学，里面那种人类之爱的亲和思想和人道精神，实比当代那些高唱人道主义而实际在大搞霸权主义的人要高明得多。

孔子仁学思想又一伟大革命性表现，是他创办私学和他提出的“有教无类”的主张和实践。他收授的学生，不论国别，不论族类，也不论贫富贵贱和品行的高下。他说：“自行束脩以上，吾未尝无诲焉。”(《述而》)因此，他的学生来自鲁、齐、宋、卫、陈、楚诸国，有贵族、平民和贫寒子弟，也有富商、强盗、释囚和无行之人，孔子真正做到了“有教无类”，为人人有受教育的权利树立了一个榜样，确立了一个平等的原则，开了人人受教育的先河。这对过去贵族垄断教育、“学在官府”的旧制，能说不是一次革命性的创辟吗？冯友兰先生说他是“中国第一个使学术民众化”①的人，实不为过。

孔子对周礼崇尚有加，却不是要恢复周礼，也不是机械地照搬或生吞活剥地套用，而是循着自己的基本原则和思路有所损益和改造发展，其中有许多方面的重大突破。这里不

① 冯友兰《中国哲学史》(上)第70页，中华书局1961年版。

想一一列举，只就引仁入礼，把周礼文化注入了“仁”的精神，要求礼一定要符合仁的精神而不能有任何违背这一点来说，就是一个重大的创造性发展。如他说：“人而不仁，如礼何？”（《八佾》）人无仁心，何谈礼呢！

二、述而有作与综合创新

孔子的又一革命性理论创辟，是通过整理古代文献典籍，阐发自己的思想理论。但是，认为孔子对古代文化遗产只是整理没有创新的人，往往根据孔子自己说的“述而不作，信而好古”（《述而》）那句话加以发挥。这是不符合孔子实际的。对此，前辈和当今一些学者已有不少中肯的阐释和论述。如冯友兰先生说：孔子虽然自己说他“述而不作”，而“他自己实在是‘以述为作’”。他和他开创的儒家学派，“讲‘古之人’，是接着‘古之人’讲的，不是照着‘古之人’讲的”①。孔繁今先生有论，认为不必拘泥于字面的意思，误以孔子的思想不过是守旧式的总结和坚持。他说：“夫子自道，不过是表明所倡有据，为自己指向伦理性实践的学说提供一个‘已然性’的实践基础而已。”②

我赞成冯、孔两位先生先后的论说。孔子整理古代文化遗产，删《诗》、《书》，订《礼》、《乐》，传《易》，作《春秋》，绝不是为“述”而“述”，简单地删削、正订而已，而是一方面为自

① 冯友兰《新原道》，见《淞堂全集》第 5 卷第 13 页，河南人民出版社 1986 年版。

② 孔繁今《重新读解孔子的智慧——兼及 20 世纪文化批判问题》，《文史哲》1995 年第 2 期。

己的理论创新寻找“已然性”的文化思想依据,另一方面是把自己的思想观点借此注入古文献当中,使之成为自己思想的载体。这样,既继往保留了古文献的基本原貌,也结合当时的社会思潮使古文献有了开新意义。整理古代文化遗产,删除其中过时的已失去生命力的东西,保留其具有生命活力的精华部分,这本身就是一个开创性的宏伟工程,是有自己的主观意图和思想观点指导的。

孔子所处春秋末年,周室衰微,礼崩乐坏,社会动荡失序,人民遭受战乱之苦。孔子为了改变天下无道的局面,周游列国,考察政治和社会,提出了他的仁道主张。孔子的理想是天下有道的大同社会或小康社会。为了推行其仁道主张,四处奔波,到处碰壁。到了老年跑不动了,这才回到故国,整理古籍。根据孔子的性格特点,他是不会放弃自己的思想主张和为之奋斗的目标的。用他自己的话说,他仍在“发愤忘食,乐以忘忧,不知老之将至”(《述而》)地为自己的理想奋斗着。他坚信自己的理想一定会实现。当世不能实现,将来终有实现的那一天。因此,他要借《六艺》为载体,寄寓“微言大义”,传之后世。至战国末年,其微言大义终被发现。齐人公羊高的《春秋公羊传》就是发挥孔子的“微言大义”而成的著作。首先他发现了“大一统”思想。《公羊传·隐公元年》开宗明义对经文“元年,春,王正月”的传文是:“何言乎王正月？大一统也。”不久,秦汉大一统帝国就成了现实,“公羊学”也就成了中华一统文化——儒术的核心。之后儒学便成了两千多年中华大一统帝国的统治思想,并导演出了一幕幕威武壮阔的历史活剧来。

尽管汉武帝独尊的儒术，已非孔子原创的儒学，是经过孟、荀和汉儒改造已齐学化了的儒学，但孔子的创建之功是怎么也抹不掉的。虽说“中华无仲尼，万古如长夜”的说法有些偏颇，但说孔子是承上启下、继往开来的大师是不为过的。司马迁读孔子的书，想见其人，对比天下君王和众贤人，都是“当时则荣，没则已焉”。“孔子布衣，传十余世，学者宗之。自天子王侯，中国言《六艺》者折中于夫子，可谓至圣矣！”（《史记·孔子世家》）

的确，孔子在中国古代社会的大转型期，通过整理古籍，将中国上下数千年的历史文化联系起来，成为一系，使之在两千多年的风雨沧桑中，几经民族的战乱劫难而不中断，反而在不断地与异质文化的冲撞斗争中吸纳新的营养，发展壮大，终于造就了光耀古今世界的中华文明和中华文化。

所谓承前启后、继往开来，并不是形式上的上下衔接的中介工作，而是在一定思想理论指导下，顺应时代潮流和先进文化前进发展的方向，结合社会现实，对前人创造的一切文化遗产进行探讨、梳理、批判、分析，然后有所损益、综合创新的创建工程。正如列宁在评价马克思的理论创造时所说：“马克思研究了人类社会发展的规律”；“凡是人类创造的一切他都用批判的态度加以审查，任何一点也没有忽略过去。凡是人类思想所建树的一切他都重新探讨过、批判过，在工人运动中检验过。”①

孔子和马克思所处时代不同，代表的阶级和面对的现实

① 列宁《青年团的任务》，《列宁选集》第 4 卷第 347 页，人民出版社 1960 年版。

也不一样,但是所进行的思想文化的创造工作却有相通之处,对待文化遗产的认真态度也很相近,那就是"都用批判的态度加以审查,任何一点也没有忽略过去",并将审查过、批判过的文化遗产放到社会实践中去检验。如孔子周游列国,所到国家"必闻其政",那就是社会调查,也是为了检验他的思想主张。

孔子系统地研究了古代文化遗产,编订《六经》(也叫《六艺》);周游列国,了解社会现实,然后以超人的智慧,综合创新,创立了他既继承古代文化传统又开新后代文化发展的思想理论体系——儒学。

孔子"以述为作",编订《六经》,建立自己的思想体系的情况,史书略有记载。如《史记·孔子世家》记其删《诗》时说:

古者《诗》三千余篇,及至孔子,去其重,取其可施于礼义……三百五篇,孔子皆弦歌之,以求合《韶》、《武》、《雅》、《颂》之音。礼乐自此可得而述,以备王道,成《六艺》。

连选诗都要取"可施于礼义","以备王道",其他《书》、《礼》、《易》、《春秋》等历史、理论著作就更不用说了。

关于孔子作《春秋》的政治目的和注入的思想观点,孟子有所评述。《孟子·滕文公下》载:

世衰道微,邪说暴行有作,臣弑其君者有之,子弑其父者有之。孔子惧,作《春秋》。

孔子成《春秋》而乱臣贼子惧。

为什么"孔子成《春秋》而乱臣贼子惧"?因为孔子作

《春秋》不单纯为了编次史事，而是把《春秋》作为理论武器对待，贯彻了自己的政治伦理思想，寓褒贬于其中。一字之用，利于匕首；一褒一贬，着力千钧。这不是理论创新之"作"又是什么？

还有孔子传《易》。此说虽有争议，但说者不无根据。司马迁《史记·孔子世家》载：孔子晚而喜《易》，序《彖》、《系》、《象》、《说卦》、《文言》。读《易》，韦编三绝。

张守节《正义》曰："序，《易序卦》也。夫子作十翼，谓《上彖》、《下彖》、《上象》、《下象》、《上系》、《下系》、《文言》、《序卦》、《说卦》、《杂卦》也。《易正义》曰：'文王既由六十四卦分为上下篇，先后之次，其理不易。孔子就上下二经，各序其相次之义。'"

司马迁和张守节是肯定孔子作《易传》即《十翼》的。后人把《易》作为《六艺》之一，列入儒家经典，也是对孔子传《易》的肯定。从《易传》的思想内容看，大多体现了孔子思想。孔子传《易》，也与修《诗》、《书》、《礼》、《乐》，作《春秋》一样认真。"读《易》，韦编三绝"，从形式到内容都读烂了，然后动笔作传，注入自己的思想观点，借壳面世了。

孔子"以述为作"，还有更重要的根据。记得他自己说过："曩吾修《诗》、《书》，正《礼》、《乐》，将以治天下，遗后世，非但修一身治鲁国而已。"

三、"子所雅言"与语言文字规范

孔子对中华古代文化的伟大贡献，不仅表现在修诗书、办私学、创立仁学思想体系，还表现在对中华古代语言文字的规范统一方面。这一方面往往为论者所忽略。其实语言文字是文化的重要内容。马克思主义认为,语言文字不仅是交际的工具,也是社会斗争和社会发展的工具。语言文字的规范统一,是国家的统一,民族的团结、凝聚的有力纽带和重要的前提条件,对社会的发展、文明的进步有着深远的影响和重大意义。作为交际和斗争的工具,人们用它来进行交往,交流思想,互相了解沟通,协调关系,组织起来,在同自然力和社会力的斗争中同心协力,共同行动。没有这个共同行动,"就不可能在社会生产活动中获得成就,因而就不可能有社会生产本身的存在。可见,没有全社会都懂得的语言,没有社会一切成员共同的语言,社会就会停止生产,就会崩溃,就无法作为社会而存在下去"①。因此,每个民族,每个国家,历朝历代都十分重视语言文字的统一规范。

据说,中国自历史上第一个王朝——夏朝就有了统一规定语言,叫作"法言",即法定通行语言。《孝经·卿大夫章》曰:"非先王之法言不敢道也。"章太炎认为,此"先王"是指夏禹、商汤、周文三王说的,禹为三王之先。②"先王之法言"包括夏王朝的规定统一规范语言。商朝的规范语言叫什么,不见记载。而周朝的规范语言叫"雅言"。《论语·述而》曰:

子所雅言,《诗》《书》、执礼,皆雅言也。

孔安国曰:"雅言,正言也。"杨伯峻注曰:"雅言——当时

---

① 斯大林《马克思主义和语言学问题》,见《斯大林选集》下卷第519页。

② 章太炎《孝经本夏法说》,转引见柳诒徵《中国文化史》(上)第80页,东方出版中心1988年版。

中国所通行的语言,也就是周王朝的官话。周王朝在今陕西地区,以陕西语音为标准的周王朝官话。"①

不管历朝的官话具体情况如何,而规定都是极严格的。官方教学、朝聘、会盟、政令等都必须使用规定统一的规范语言,故云"非先王之法言不敢道也"。

但是,春秋时代,周室衰微,王纲坠地,礼崩乐坏,天下分裂;天子失官,学术下移,语言失范,方言土语流行,各国各地语言渐不统一,连公卿大夫在行令、出使交际中也有语言失辞现象,出现"行人之官不修,书名声音渐不齐一"②,以致"行人失辞"(《左传·昭公十二年》)的混乱现象。

语言的不能统一表现在文字上的屡见不鲜。《左传·庄公二十八年》载,楚国令尹子元,率师攻郑不克,"楚言而出"——用楚方言下令退兵,"楚师夜遁"。《谷梁传·襄公五年》载:"仲孙蔑、卫孙林父会吴于善稻,吴谓善伊,谓稻缓。"注云:"善稻,吴地,吴谓之伊缓,左氏作善道。夷狄所号地形及物类,当从中国言之。以教殊俗,故不言伊缓,而言善稻。"一个地名,因多种读音,造成文字书写大相径庭。此类事例,不胜枚举,如《公羊传》、《庄子》、《墨子》等书中的方言土语都可举出不少。汉代扬雄《方言》对齐、鲁、卫、宋、秦、晋、楚、郑等方言流行情况多有记述。

文字的不一,还见于钟、鼎、彝器铭文。如"齐侯詹"、"楚

① 北京大学哲学系1970级工农兵学员《〈论语〉批注》,中华书局1974年版。

② 柳诒徵《中国文化史》(上)第222页,东方出版中心1988年版。

公钟”、“夜雨雷钟”、“王子申残盖”等铭，其结体取势各异，不类籀文，亦与周、鲁之文字大异其趣。在各国方言流行，学者所守不同，传授歧异，“文字异形，语言异声”（《说文》序）的混乱情况下，独孔子坚持使用统一的规范文字和语言，不仅精神可贵，而且意义深远。

首先，语言的统一规范有利于民族的融合、人文的同化。春秋战国时期，是中国民族大融合的时期。华夏列国夷狄各部互相争战，错杂相处，文化冲撞也互相交汇。统一规范的文字语言，无疑是促进民族融合和人文同化的重要条件之一。至秦汉随着政治的统一，终于形成了中华民族的主体汉族。语言文字的统一无疑对民族融合、人文同化起了重要作用。

其次，语言文字的统一，是国家统一的重要标志，也是国家统一巩固的前提。秦汉大一统帝国的建立以及以后两千余年统一国家的巩固发展，文字语言的统一功不可没。

再次，语言文字的统一规范，是文化和文明持续发展繁荣的保证。孔子儒学之所以很快成为显学，在学术争鸣和融合的过程中发挥其核心作用，至汉代形成以“儒术独尊”的中华一统文化，也与语言文字的统一分不开。《六艺》，即《诗》、《书》、《礼》、《乐》、《易》、《春秋》六经，之所以世代流传不衰，“学者宗之”，除了它的思想内容外，那就是语言文字的规范。《说文序》云：“孔子书《六经》，皆以古文。”古文即大篆，也叫籀文。秦朝“书同文”的李斯所创的小篆，就是在大篆基础上改进而成的。孔子用大篆统一古文，实为秦朝“书同文”奠定了基础。

总之，孔子对中华文化的贡献是多方面的，功绩前无古人，后启来者，耀古烁今。

孔子是一位伟大的改革家。他在中国社会转型期，顺应时代潮流，对历史文化进行了全面系统的研究和革命性的改造，批判继承，综合创新，从而在“天地鬼神”盛行的混沌文化背景中，排除鬼神虚妄迷信和神道主义，独辟“人道”之路，破天荒地创立了他的仁学（即人学）思想体系，建构了中华古代文化的核心秩序，铸造了传统人文精神之魂。这样一位有划时代创辟建树的文化伟人，怎么能说是“述而不作”“泥古守旧”呢！

大舜文化与东夷乐舞

山东土著，古称东夷，一个勤劳、勇敢、性仁、智慧而富于创造精神的优秀民族，在新石器时代便创造了灿烂的史前文化。除了先进的农业、手工业、建筑业等外，其音乐歌舞尤其发达。大舜文化可谓是东夷史前文化的最高峰。大舜对东夷乐舞的发展有着卓著的贡献，其发明创造有许多见于文献记载，证于考古发现的文物。

一、大舜文化　东夷史前文化的高峰

舜，名重华，字都君，姚姓，又云妫姓，有虞氏，故又称虞舜。与尧并称古之圣王。《墨子·尚贤中》曰："昔者舜耕历山，陶河滨，渔雷泽。尧得之服泽之阳。举以为天子，与接天下之政，治天下之民。"《孟子·离娄下》云："舜生诸冯，迁于负夏，卒于鸣条，东夷之人也。"

以上提到的舜的生地、活动之地，据考多在今山东境内。诸冯在今山东诸城，或云在今菏泽市南五十里；负夏、服泽、雷泽在今山东兖州境内，雷泽或云雷夏泽即兖州泽；历山即今济南千佛山，或云历山在今菏泽。只有鸣条在今河南开封附近，距山东也不甚远。因舜生于山东，活动于山东，故孟子说他是东夷之人。

山东土著东夷人历史非常悠久。据考古发掘,泰沂山区发现的沂源猿人很可能就是东夷人的远古祖先,他们生活在距今四五十万年之前。到考古学上的新石器时代,东夷人发展起来,成为中国古代有代表性的部族之一,与炎帝族和黄帝族并称三大族团,为以后中华民族的主体——汉族形成的主要来源之一族。

东夷在新石器时代即创造了先进的文化。山东新石器文化就是东夷创造的,史学界称其为东夷史前文化。这种文化已发现的上起8000多年前的后李文化,中经北辛文化、大汶口文化、龙山文化,直至公元前十四五世纪止的东岳石文化,前后4000多年连续发展不断。这种自成系列4000多年连续发展不断的史前文化,在神州大地上迄今已发现的新石器文化中还是仅见的。这种文化序列的高峰就是山东龙山文化。

这个文化高峰的形成,与大舜的治理是分不开的,山东龙山文化可称为大舜文化。

舜生活的时代,大约相当于考古学上的龙山文化时代。龙山文化有发达的农业和手工业。手工业方面,制陶业、酿造业、纺织业、冶炼业都发展到了很高的水平,在全国同期文化中是最先进的。吴金鼎先生曾说:“山东是中国最早的工业策源地。”①就是指此而言的。

首先是制陶技术达到了空前甚至是绝后的水平。龙山

① 吴金鼎《山东人与山东》,见刘德增著《山东人》附录,山东人民出版社1997年版。

文化出土的蛋壳陶薄如纸,坚如瓷,黑如漆,亮如镜,今经多年研究仿制的产品也仅形似而已。

其次,纺织业从其出土陶器上的布纹看,其细密程度,与近代土布相差无几。古书记载,山东兖州、沂、泗、胶、莱等地盛产桑麻。《史记·货殖列传》称:“齐带山海,膏壤千里,宜桑麻,人多文彩布帛。”又称:“邹鲁滨洙泗,颇有桑麻之业”,“沂泗以北宜五谷桑麻。”《汉书》亦云“管仲相齐,织作冰纨绮丽之物,衣履天下”等,都是继承东夷人古老的传统而来。

再次是酿造业。古书记载:“东夷人喜饮酒。”考古发掘出土的大汶口、龙山文化时代的大量饮酒器证明了古书记载不虚。酒是粮食酿造的,没有发达的农业和大量剩余的粮食,酿造业是发展不起来的。

最后是发达的农业。这从考古发掘和古书记载都可证明。《尚书·尧典》记载,帝尧“乃命羲和,钦若昊天,历象日月星辰,敬授人时。分命羲仲,宅嵎夷,日旸谷,寅宾出日,平秩东作”。讲的就是研究历法,教民按时进行农作的事。从考古发掘看,龙山文化遗址出土有不少窖藏遗址和储存的粮食遗物。再是从大汶口文化墓葬中出土许多随葬的猪骨看,养猪业已很发达。养猪业的发达,也说明农业的发达和余粮的丰富。

龙山文化的这些成就都与大舜文化分不开。大舜“耕历山、陶河滨,作什器于寿丘,就时于负夏”(见《史记·五帝本纪》)。既种田,又制陶,又作什器,还进行渔猎,做商贩生意。数业兼作,对农业、手工业等生产发展肯定起了巨大的推动作用。对此,文献有很多记载。《韩非子·难一》曰:“历山之农者侵畔，舜往耕焉，期年而圳亩正。东夷之陶者器苦窳，舜往陶焉，期年而器牢。”《管子·版法解》曰：“舜耕历山、陶河滨、渔雷泽，不取其利，以教百姓，百姓举利之。”《管子·治国》曰：“故舜一徙成邑，二徙成都，三徙成国。舜非严刑罚，重禁令，而民归之矣。”《吕氏春秋·贵因》也云：“舜一徙成邑，再徙成都，三徙成国，而尧授之禅位，因人之心也。”该书《慎人》又云：“舜耕历山，陶河滨、钓于雷泽，天下悦之，秀士从之。”皆言帝舜以德治国理民，深得人心，天下归之，促进了经济文化的发展，使东夷史前文化达到了空前的高峰，被后人尊为古代圣王。孔子盛赞其治曰：“无为而治者，其舜也与？夫何为者？恭己南面而已矣。”（《论语·卫灵公》）“无为而治”，并不是说舜不作为，而是说舜治天下“非严刑罚，重禁令”，而以德化民，致民不令而行，不禁而止，积极向善、向上，团结互助，努力发展生产。

这就是大舜文化的特点，东夷史前文化达到繁荣昌盛的根本原因。

二、东夷乐舞　源远流长

传说东夷人“性喜歌舞”，传统源远流长。据考古发掘和文献记载，上起传说的伏羲时代，下至春秋战国时的齐、鲁两国，东夷乐舞盛传不衰。伏羲也叫庖牺、伏牺、太昊氏，是东夷人古老的祖先（也是中华民族的共同祖先）。其具体生活的年代不可考，但大体确定在新石器时代的早期或中早期。《竹书记年》说太昊伏羲氏“造琴瑟，作立基之乐”。《世本·作篇》曰：“庖牺氏作瑟，五十弦。黄帝使素女鼓瑟，哀不自胜,乃破为二十五弦”。《楚辞·大招》王逸注云:伏牺“作瑟,造《驾辩》之曲。”还有,伏牺作乐舞,木架丝弦,弦有二十七条;伏牺发明网罟,作《网罟歌》,教民渔猎;伏牺作乐舞,名曰《琴操》,以教化其民,使防邪辟淫心。(参见东汉蔡邕《蔡中郎集·琴操》)如此种种,都说明东夷乐舞的深厚渊源。伏羲之后,东夷人对乐舞的发明创造改良发展多有贡献,此不一一列举。再就考古发掘出土音乐文物作一简述。

乐舞是人们劳动实践的产物,当伴随人类生产而产生。但山东旧石器时代和新石器时代早期考古,尚未见有音乐文物出土。至新石器时代中期,山东音乐文物出土已不鲜见。如陶角、陶埙、陶铃、陶摇响器、陶笛等都发现于大汶口文化中晚期距今约5000多年的墓葬中。其他文献记载的琴、瑟、钟、鼓等乐器,大概因为其所用丝、竹、木、革等质料易腐烂,至今没有完整器物发现。但从一些陶制乐器的发现看,可以推断丝竹木革制乐器是存在的。

首先,1979年在山东莒县陵阳河大汶口文化中晚期遗址一座大墓中出土的一件陶质笛柄杯,就有仿竹笛的表征。陶杯黑色,杯柄粗细如竹,中部饰纹两节,明显似竹节。杯柄中空如管,两侧各镂一孔,大小如今之横笛之孔。柄管上堵而底通,横吹能吹奏出四个准确固定的音响,声音清脆、圆润、嘹亮,极似今之竹笛的发音。此件乐器文物的发现意义重大。它既说明东夷乐舞的发达,显示了东夷人独具匠心的制作技巧,也说明中国古代有自己民族的竹笛创造,从而粉碎了中国古代竹笛是舶来品的异端谬说。

其次,1979年在山东莒县陵阳河大朱村大汶口文化中晚墓葬中发现十几个陶器文字，其中有三个形似甲骨文和金文中的“凡”字，所摹画的似为一筒形吹奏乐器。① 再说，古代“凡”字与“风”字可通假，“风”字当由古“凡”字衍化而来。“凡”字是乐器之象形，那么“风”字也就和音乐密不可分了。评乐常有五音八风之说。如《礼记·乐记》曰“八风从律而不奸”；《左传·襄公二十九年》曰：“五音和，八风平，盛德之所同也”等，都是评价奏乐的和谐之美。还有许多音乐曲调是以风字命名的。②

再次，鼓的遗存。《世本·作篇》曰：“夷作鼓。”大概伏羲时代即发明了。因为伏羲“制嫁娶俪皮之礼”，行礼作乐离不开钟鼓。如《诗·小雅·彤弓》有句：“我有嘉宾，中心贶之。钟鼓既设，一朝飨之。”《尚书·益稷》：“虞宾在位，群后德让；下管鼗鼓，合止柷敔。”都提到鼓。伏羲时有鼓，似有蛛丝马迹可寻。如《山海经·海内东经》云：“雷泽中有雷神，龙身人头，鼓其腹。”司马贞《史记·三皇本纪补》云：伏羲乃雷神之子，“蛇身人首，有圣德”。并在雷神“鼓其腹”后加了“则雷”二字。“则雷”是神话，但打击鼓腹则鼓声如雷是真。或因鼓面是用皮革蒙的，烂掉而无迹可寻。不过鼓框有用陶制的，可以保存下来。陶鼓，郑玄谓“瓦鼓”（见《周礼·秋官·叙官》郑注）。1959 年，在大汶口文化中晚期遗址一座大墓中

① 王树明《山东莒县陵阳河大汶口文化墓葬发现的笛柄杯简说》和《谈陵阳河和大朱村出生的陶尊文字》，载《山东史前文化论文集》，齐鲁书社 1986 年版。

② 曲广义《山东莒县发现竹制笛类乐器图像与虞幕“听协风”新解》，载《莒文化研究文集》，山东人民出版社 2002 年版。

出土了两件宽肩陶壶,侈口,高约30厘米,口径约13厘米,出土时侧倒,两壶口前方各发现一堆鼍骨。鼍字亦作"鱓",是扬子鳄的古称。那两件陶壶可能就是用扬子鳄皮蒙的陶鼓框。

再是山东邹城野店大汶口文化遗址出土的数件"漏器",口沿一圈饰有高乳丁状凸朵,腹部有彩绘图案,且腹部底部都有小孔。有些考古学家考证认为,它们也可能是陶鼓的一种。

东夷的乐舞传统影响深远。直到春秋战国时期,齐、鲁两国都受其影响。特别是齐国,保存夷人乐舞很多。如公元前500年齐鲁峡谷之会上,齐国还用莱人乐舞。舜时的乐舞《韶》在齐国保存完整,使孔子在齐闻《韶》痴迷到"三月不知肉味"(见《论语·述而》)。时人描写当时的齐都临淄:"其民无不吹竽、鼓瑟、击筑、弹琴……者。"(《战国策·齐策》),鲁国则承东夷乐舞传统,重视礼乐,成为兼备四代礼乐的邦国,其古代音乐文化之盛,令吴国公子季札叹为"观止"。以孔子为代表的完整的儒家音乐理论思想体系的形成,不能说与东夷乐舞传统无关。

三、大舜对东夷乐舞的贡献

舜出生在一个不幸的家庭,很小母亲就去世了,父亲是盲人,人称瞽叟。瞽叟给舜找了个继母,继母又生了弟弟和妹妹,名叫象和敤手。继母偏爱亲生的儿子象,老想杀舜。《史记·五帝本纪》曰:"舜父瞽母嚣,弟象傲,皆欲杀舜。"三次被谋杀,舜皆机智逃脱。但又很幸运,其父瞽叟是个民间乐师,使舜从小受到了音乐的熏陶,培养了他的音乐爱好和才能,使之对东夷乐舞做出了杰出贡献。

据说,舜父制造过琴瑟,舜又在父亲的基础上进行了改造。舜又发明了箫,还创作了许多乐舞的曲子。见诸文献记载的有《思亲操》、《南风歌》和著名的《韶》。

舜对音乐的爱好胜过其父,很像后来的孔子,手不释琴,即使上山种地也带上它。如他耕于历山时,有一天,在树下休息,看到树上的鸟巢,不时有鸟鹊飞来,哺育巢中的小鸟,于是勾起了他的思亲之情,心想:如果亲娘活着,一定会像母鸟哺育小鸟一样照顾我,给我送饭送水来的。感念至深,便援琴弹唱,成《思亲操》。东汉蔡邕辑录古代47个优秀琴曲故事,撰成《琴操》二卷,《思亲操》列在其中。

大舜受尧帝禅让之后,非常关心人民的生活,经常四出巡狩,体察民情政风,了解民间疾苦。情动于衷,便援琴吟唱。《孔子家语》载:“昔者舜弹五弦之琴,造《南风》之诗,其诗曰:‘南风之熏兮,可以解吾民之愠兮;南风之时兮,可以阜吾民之财兮。’”意思是:南风拂煦和暖啊,可以解我人民的忧愁;南风来得及时啊,可以增加我民的财富。弹琴吟诗,形象生动逼真。诗仅两句,意义却十分深远。说明舜以德治国,用南风象征仁德之风,教化人民。孔子对此的评论是“君子之音”。他说:“故君子之音,温柔其中,以养生育之气……夫然者,乃所谓治安之风也。……昔者舜弹五弦之琴,造《南风》之诗……唯修此化,故其兴也勃焉,德如泉流。”(《孔子家语·辩乐解》)

舜最著名的乐曲是《韶》。《韶》乐流传久远,影响极大,备受推崇。尤其是孔子,认为《韶》不论是其艺术形式还是思想内容,都达到了完美无缺的程度。他评论歌曲乐舞,总是把《韶》放在完美典型的首位。如他说:“行夏之时,乘殷之辂,服周之冕,乐则《韶》、《武》。”(《史记·孔子世家》)孔子的这种次序排列,并非偶然,而是有他既定的标准。拿《韶》、《武》来说,都是孔子推崇的。《武》亦曰《舞》,据说是周武王制作的乐曲,也是很好的。而孔子总是把它放在《韶》乐之次。为什么?他说:“《韶》,尽美矣,又尽善也;《武》,尽美矣,未尽善也。”(《论语·八佾》)说《武》乐比《韶》乐在思想内容上还有些欠缺。又《论语·述而》载:“子在齐闻《韶》,三月不知肉味,曰:不图为乐之至于斯也!”竟想不到(古人)创作的音乐达到了这样完美迷人的地步。

在孔子之前,人们对《韶》就有很高的评价。如《尚书·益稷》曰:“《箫韶》九成,凤凰来仪。”《箫韶》大概是用箫吹奏《韶》乐,九奏能引来灵鸟凤凰伴乐起舞。可见《箫韶》乐曲之美妙。箫,舜造。据《世本》,舜造的箫长二尺,“其形参差,象凤翼”。

大舜精通音律,善辨琴曲乐调,曾亲自编排乐舞。为帝,他十分重视诗乐教化。可以说他是中国历史上第一个有组织地用行政手段推行乐舞艺术教育的人。他任命的中央官员中,有专司音乐教育的官,叫作“典乐”。舜的典乐官叫夔。《尚书·舜典》:“帝曰:‘夔,命汝典乐,教胄子。直而温,宽而栗,刚而无虐,简而无傲。诗言志,歌永言,声依永,律和声;八音克谐,无相夺伦,神人以和。’”从《尚书》看,夔是很敬业称职的乐官,收到了很好的效果。《尚书·益稷》记载夔的汇报曰："戛击鸣球，搏拊琴瑟以咏。祖考来格，虞宾在位，群后德让，下管鼗鼓……击石拊石，百兽率舞，庶尹允谐。"真是达到了鸟兽与人同乐，"神人以和"的境地。

帝舜还是中国历史上第一个把乐舞诗歌上升到理论的人。他任命夔为典乐时讲的"诗言志，歌永言，声依永，律和声；八音克谐，无相夺伦，神人以和"，论述是那样精辟，那样概括，至今被文艺理论界奉为经典性理论。译成白话意思是：诗是表达志向的；歌是用唱来表达诗的语言和思想感情的；声（五声：宫、商、角、徵、羽）是依据歌曲来定的；律（六律或六吕）是谐调五声的；八音（丝、竹、金、石、土、木、革、匏八类乐器）能够和调，不乱次序，那样（奏出的音乐）就能达到"神人以和"的和谐境界了。

总上所言，大舜文化是东夷史前文化高峰的标志。大舜不仅是古代圣王，推动东夷文化有一个飞跃性的发展，使之迎来了中华人类文明的曙光；而且是一个音乐家，文艺理论家，他对东夷乐舞的贡献卓著，影响深远。他的音乐创作和文艺理论的创建，都是中华民族的宝贵文化遗产。大舜是东夷民族的骄傲，也是中华民族的光荣。

康庄 字梦蝶,1945 年 7 月生,山东济南人。国家一级美术师,山东画院高级画师,山东省文史研究馆馆员。山东省政协委员,中国美术家协会会员,济南画院名誉院长。

◎《鹊华秋色图》的作者赵孟頫

◎试谈元代山水画的成就及其对中国画发展的现实意义

《鹊华秋色图》的作者赵孟頫

一

宋末元初的政坛文苑，有一位荣际五朝、名满四海的人物，他就是"盖天机所激"的文章泰斗、书画宗师——赵孟頫。

赵孟頫(1254～1322)，字子昂，号松雪道人，浙江吴兴人。生于南宋宝祐二年，卒于元英宗至治二年。

赵孟頫出身宋朝皇族，是宋太祖赵匡胤之子秦王赵德芳的十世孙。其五世祖乃安禧王赵子偁。南宋高宗无子，立子偁之子赵昚为太子，后继位，是为宋孝宗。孟頫四世祖伯圭即孝宗皇帝的亲哥哥，被赐第于湖州。孟頫即生于湖州吴兴(今浙江湖州)，所以后人又称他为赵吴兴。

史籍中称这位帝王苗裔"天子之表，帝王之孙，麟游凤翔，珠明璧温"，"貌如玉，文似金"，"丰度类李太白，资质类张敬夫"，"神情简远，乃神仙中人"。赵孟頫12岁时其父病故，生母丘夫人流着泪告诫他："汝幼孤，不能自强于学问，终无以覬成人，吾世则亦已矣。"(《大元故翰林学士承旨荣禄大夫知制诰兼修国史赵公行状》)由是赵孟頫刻历自强。他聪敏好学，读书能一目十行，过目成诵。14岁，因父荫补官，尔后仍以读书、练字、作文为日课。不满20岁，“试中吏部铨法，调真州(今江苏六合仪征一带)司户参军”。其时，南宋王朝正处于风雨飘摇、大厦将倾之际，奸相贾似道弄权，朝政腐败。元军大举入侵，分兵击宋。不久，宋都临安失陷，恭帝投降。元军挥师复渡钱塘江，追杀南宋负隅抵抗的残余将士。国乱如麻，大势已去，孟頫无奈只得回到吴兴老家，闲居里中。

元朝一统之后，社会逐渐稳定下来。赵孟頫与当时的名流墨客钱选等八人质问疑义，经明行修，精研诗文、书画之道，声闻益盛，被时人称为“吴兴八俊”，才名达于朝廷。元世祖忽必烈是位非常开明的政治家，为了强化对汉人的统治，他采取一系列招贤纳士、收买人心的政策，征召前朝遗臣隐士。赵孟頫因德才兼备，名声远播，而被世祖皇帝列为首选。尽管赵孟頫多次称疾力辞，表示了愿做隐士、不求仕途的意愿，但终究还是被召进京都。世祖皇帝“一见称之”，在同被召见的20余人中“使坐于右丞叶公之上”。这时的赵孟頫年已33岁，他曾经有诗记述当时踌躇满志的得意之情：“海上春深柳色浓，蓬莱宫阙五云中。半生落魄江湖上，今日钧天一梦同。”(《初至都不即事》)他被元世祖的挚诚所感动，当场为之起草诏书，挥笔六成，皆得世祖之意。元世祖深爱不疑，屡欲重用，皆因议者难之而未果。这期间，世祖得知他到京后生活拮据，还特别“赐钱五十锭”。丁亥(1287)六月元世祖下诏，授予他“奉训大夫、兵部郎中”(从五品)之职，总天下驿置。到了庚寅(1290)他37岁那年，又拜为“奉议大夫、集贤直学士”(正五品)。元朝皇帝对其十分信任，委其“参决庶政”，下旨特许他“出入宫门无问”，每次接见他“语必从容久之，或至夜分乃罢”，称赞他聪明绝人，刚正有守，敢为直言，数有意大用。聪明的赵孟頫并没有被元朝皇帝的宠爱和赏识冲昏了头脑，他深知作为前朝宗室，在异族统治集团内无论如何谨慎小心，毕竟是异己分子。官场险恶，仕途危艰，他在朝中随时会遭受元贵族的嫉恨和汉人的白眼。“福兮祸所伏”，所以自是稀入宫中，力请外补。在他再三陈请下，终于得以离开京师，远离政治斗争的旋涡，去做地方官。他先后调任同知济南路总管府事（从四品）、太原路汾州知州、江浙行省儒学提举等职，其后他又做过泰州尹（正四品）。

庚戌（1310）十月，赵孟頫重返京都，官拜翰林侍读学士、知制诰、同修国史。1312 年，太子爱育黎拔力八达即帝位，升赵孟頫为集贤侍讲学士（相当于皇帝的文史顾问）、中奉大夫、位至从二品。赵孟頫因与元世祖简拔至为亲密，至元仁宗时，恩宠已极。丙辰七月，进拜翰林学士承旨、荣禄大夫，数年之内，不断加官晋爵，官至一品，推恩三代，父、祖、曾祖皆得封赠。其妻管氏也加封魏国夫人，可谓荣华至极。《赵公行状》中说：“仁宗圣眷甚隆，字而不名。”可见皇帝对他的亲密程度非同凡响。而且“尝诏侍臣曰：‘文学之士，世所难得，如唐李太白、宋苏子瞻，姓名彰彰然，常在人耳目。今朕有赵子昂，与古人何异！’”元帝“有所撰述，辄传密旨，独使公为之。闻与左右论公，人所不及者数事：帝王苗裔，一也；状貌昳丽，二也；博学多闻知，三也；操履纯正，四也；文词高古，五也；书画绝伦，六也；旁通佛老之旨，造诣玄微，七也”。赵孟頫在皇帝面前所受到的礼遇之高无可比拟。他的晚年也一直是在元帝的特殊关爱下度过的。66 岁时，他因夫人管道升旧疾“增剧”向仁宗告假还乡，夫人疾而薨于途中，护柩还吴兴后，仁宗又“遣使赐衣缎”。至治元年辛酉(1321)元英宗即位，对赵孟頫恩宠依旧。次年春，“遣使存问，赐上尊酒衣二袭”。其年六月十六日，孟頫犹在吴兴故里观书作字，谈笑如常，晚上倏然而逝，时年 69 岁。死后追封魏国公，谥“文敏”。(《元史》本传)

“往事已非那可说，且将忠直报皇元”，这是赵孟頫为留梦炎所作诗中的句子，其实也是他自己内心世界的表白。赵孟頫的一生可谓位极人臣，享尽荣华富贵，但“中肠惨戚泪常淹”，其内心的矛盾、痛苦、悔恨、屈辱，却无时不折磨着他的灵魂。身为前朝宗室、帝王后裔，国破家亡之后出仕新朝，是有失节操、极不光彩的叛逆行为。他一方面承受着社会讥议嘲讽的重大压力，一方面经受着蒙古贵族权势的嫉妒和猜忌，还要言不由衷地极力表白自己的忠诚，每时每刻在自责、内疚的惶恐烦恼中忐忑不安。“在山为远志，出山为小草”，“重嗟出处寸心违”，这些诗句都反映了他内心世界的极度矛盾和彷徨。他恩遇五朝，官居一品，名满天下，春风得意之时，也正是喘息于大富贵、大压抑下之日。这种心境到晚年更为沉痛，甚至颓唐。他的《自警》诗，可概括他的一生：

齿豁童头六十三，一生事事总堪惭。

唯馀笔砚情犹在，留于人间作笑谈。

二

无论历史对赵孟頫如何毁誉，他在艺术上的“天才巨星”

地位却是无可争议的。在我国艺术发展进程中,像他那样在美术、书法、文学乃至音乐、考古、史学、佛学诸多领域,博学多能,同时取得超越前人的卓著成就的,实属罕见。如果仅从一个方面来评价赵孟頫的艺术,是件很难的事。作为全方位的学者型艺术家,他的综合修养奠定了他在不同学科沉厚凝重的非凡功力。他的艺术如其人,于清和平淡中内含着博大精深,温润高雅。他的美学思想,首先体现在对艺术传统的崇尚和对师法自然的倡导。就书法来说,他于篆、隶、行、楷、草,无一不精。绘画方面,山水、竹石、人物、走兽、花鸟,无所不能。赵孟頫虽有过人天赋和悟性,但真才实学毕竟源自勤奋和苦修。他临写智永《千字文》,每次"尽五百纸",一日能写万字,到晚年每日作书不懈。于绘画,他反复临摹众多前代名家墨踪,深研他们的创作技巧,吸收各家之长,融会贯通。"每得片纸,必画而后弃去"。《荥阳外史》中说:"吴兴赵公书法冠天下,视者谓其于晋、唐诸公克集其成。"《宋文宪公集》称:"赵魏公留心字学甚勤,羲、献帖凡临数百过。所以声名充塞四海者,岂无其故哉。后生小子,朝学操觚,暮辄欲擅书名,可以一笑矣。"在中国书法发展史上,东晋二王之后,有欧、柳、颜、赵、苏、黄、米、蔡诸体格流派之说,这其中的"赵"即赵孟頫。对这位书法集大成者,《研北杂志》中有这样的评价:"子昂书,上下五百年,纵横一万里,举无此书。"在一些记载中,赵孟頫是元初复古派的领袖人物,他极力提倡"古意"、"刻意学唐人",且在理论上屡加声明,一生未改初衷。他的目的很明确,就是要以崇古复古的口号来改变南宋以降所流行的院体画风中"用笔纤细、傅色浓艳"、陈陈相因的媚俗之气。其最终是为从师法传统中另辟蹊径,以求变革和创新。他的这一努力不仅反映在绘画方面,也延及他对诗歌、书法创作的认识。他论诗说:“今之诗虽非古之诗,而六义则不能尽废。”论书曰:“学书在玩味古人法帖,悉知其用笔之意,乃为有益。”赵孟頫在极力倡导崇古复古的同时,最难能可贵的是从不忘师法造化的重要性,从对生活的观察、体验、写生中进行艺术创作。“久知图画非儿戏,到去云山是我师。”(《松雪斋文集》)乃是他师法造化的总结。在他创作的大量山水画作品中,从写生和游览感悟中得来的题材,占有相当数量。《洞庭东山图》、《鹊华秋色图》、《吴兴清远图》等,皆是师法造化的典范。晚年,他看到杭州景色之美,因“目疾未愈,不能举笔”,还要儿子赵雍代笔,为他记下来。

赵孟頫的绘画以鞍马最为知名,但以影响论则是山水最著。在存世的山水画作品中《吴兴清远图》可为代表之作。画面上没有崇山峻岭、深涧大壑,只有孤丘小峦,连绵不断,浸浮于一片湖光之中,境界雅静、恬淡,这就是他所熟悉的吴兴。“春秋佳日,小舟溯流,城南众山,环周如翠玉琢削,空浮水上,与船低昂,洞庭诸山苍然可见,是其最清远处耶。”(《吴兴清远图记》)这幅画勾、勒、皴、擦十分简约,以重彩填色,柔和自然,质朴古雅,比起隋代展子虔的《游春图》还要高古。这也许正是赵孟頫刻意追求的“古意”吧!像这类风格的作品还有《谢幼舆丘壑图》(现存美国)等。当然,赵孟頫对元代山水画,乃至明清绘画产生深远影响的还是他取法唐人王维,北宋董源、巨然画法而形成的水墨浅绛风格。以描写江南水乡山村平远小景的《水村图》是这一风格的代表,沙丘低峦,滩渚芦荻,荒树桥浦,渔舟出没,意境清旷疏朗,是当时文人逸士理想中的境界,完全打破了以往绘画中名山大川、高石巨窠、楼阁寺宇的主体内容和表现手法。在董、巨的基础上蝉蜕龙变,于笔墨的运用更加追求精到和变化。明代董其昌在此画卷上题曰:"此卷为子昂得意笔,在《鹊华秋色图》之上,以其萧散荒率,脱尽董、巨窠臼。"

笔者在《试谈元代山水画成就》一文中,曾就赵孟頫在绘画史上的地位有过论述。应该说赵孟頫作为文人画的奠基者,最大贡献就是把"抒情写意"的文学精神和"书法用笔"的美学法则,充分纳入绘画领域,并以"诗书画印"融为一体的完美形式,给予了足够的强调和张扬。在这之前,绘画的文学性和书画同源的理论主张,可上溯唐人王维,北宋米芾、苏轼。但整体看来,元季之前的中国绘画基本属写实创作时期,尚未将中国画中的"意境"表现和画家创作中以写意为主的创作理念,提升到一定高度;就技巧而言,也从未如此强调书法用笔引申为绘画语言的重要位置。赵孟頫的美学思想和艺术主张,为画家的艺术创作提出了新的变革思路,那就是"写意","写胸中逸气",抒发画家的思想、情感、萌动的意念、潜化的意识。做到这一点不仅需要绘画的一般技巧和功力,更需要画家具备显明的个性展现,丰富的阅历、学识和全方位的修养。毫不夸张地说,中国绘画中的文人画风就是从这里开始的。赵孟頫在有意无意中起到了承前启后、领一代风骚、开一代先河的奠基作用。在他之后的黄、王、倪、吴元季四大家,无一不是从这里变出。而且他的影响一直延续到明清数百年的画坛。元代绘画在画史上的高峰地位离不开赵孟頫这位领袖人物，元四家之首的黄子久是赵孟頫的入室弟子，黄鹤山樵王蒙则是赵孟頫的外孙，倪云林、吴镇皆是赵孟頫的崇拜者和最忠实的追随者，其妻魏国夫人管道升、儿子赵雍也都是元代画坛声名远播的书画大家。其他名家如朱德润、鲁知白、姚彦卿、唐棣等是赵的门生弟子。

元代大鉴赏家柯九思曾有诗赞曰："国朝名画谁第一，只数吴兴赵翰林。高标雅韵化幽壤，断缣遗楮轻黄金。"明代书画宗师董其昌说："胜国时画首独盛于越中，若赵吴兴……其尤卓然者。"《画旨》又说："赵集贤画为元人冠冕……湖州一派，真画学所宗也。"

三

济南官府最风流，闻是山东第一州。
户版自多无讼狱，儒冠相应有宾游。
秋风鱼酒黄粱帝，夜月笙歌画舫舟。
行乐使君诗笔俊，一篇肯寄剡溪头。

（《剡源文集》卷二十九《寄赵子昂济南》）

济南人恐怕没有不知道赵孟頫的，这位700多年前济南人的父母官，不但为济南的黎民百姓做过不少好事，还留下艳称千古的艺术瑰宝《鹊华秋色图》。

1292年壬辰正月，赵孟頫进朝列大夫（从四品）同知济南路总管府事、兼管本路诸军奥鲁、总管阙官。《赵公行状》有如下记载："公独署府事，随事决遣，轻则谕解，讼者稀少，府事清简，或经月无系囚。有元掀儿者，役于盐官，不堪作苦，窃逃之旁郡，其父疑共役者杀之，荒泽之间，得遗骴焉，刀斧之余,唯存肩背之偏,以为子尸。逮治同役者,不胜棰楚,自诬服。公疑其冤,留之逾月,掠儿果归,府中称为神明。公之为政,每以兴学校为先务。城东有田八顷,皆膏腴地,两家争之,数十年不决。责其券,则曰:'亡之于兵间。'公曰:'大兵后执券以相治,犹恐不得直,况无券乎?'遂以为赡学田,繇是饩廪充羡,生徒来集。夜出巡逻,闻读书声,辄削其柱以记之,翼日,使人馈酒以劳其勤。能为辞章者,必加褒美,与之声誉,或授以法度,使慕高古。至今三十年,俊乂之士,遂为天下冠。旱,祷龙洞山,有云如车盖,随马而行,顷之,大雨骤至。逾月,复旱,东门外有龙潭,潭上有庙,公为文以责之,是夜,雷雨大作,槁苗复苏。白直数人共盗米,其徒自首,公曰:'若置之于法,将终身以累废。'乃尽舍之。比解官,数人者送至京师,号哭不能去。强盗刺面,必自临视,戒吏细书,曰:'此岂欲为盗者,或迫于饥寒,或为人诖误,是以至此。'其人感泣曰:'公仁人也!'转相告语,盗为衰息。"赵孟頫在任期间,政简刑轻,重教兴学,文事昌盛,平冤狱,与民休养生息,政风仁厚宽简,深得济南百姓爱戴。

乙未年(1295)元世祖去世,铁穆耳继位,是为元成宗。这时赵孟頫被召回京都撰修《世祖皇帝实录》,不久,"以病辞,同(妻)归吴兴"。在回归故里的这段时间里,他时常回忆起济南的山川景物、民俗风情。吴兴及江南当地的遗逸文人对这位受新朝宠信、荣归故里的前朝皇族态度暧昧,冷眼漠视,并不热情。所以,赵孟頫在吴兴交往亲密的朋友不多,最为知己的好友是诗人周密。每次周密来访,赵都要拿出自己多年收藏的唐宋名画与周密共赏。周密祖上是齐州(即今济南)人,所以赵还经常向周密出示他在济南为官时所写的诗文,介绍齐地风光。在周密的要求下,赵孟頫创作了《鹊华秋色图》这幅旷世杰作,赠送挚友以慰其乡土之思。在赠给周密的诗中他写道:"平生知我者,颇亦似公否。"

《鹊华秋色图》(现藏台北故宫博物院)纸本,纵28.4厘米,横93.2厘米。平远构图,画中一片辽阔的泽地和湖水,前汀后渚,沙碛平坡,由近及远,有一望无垠之感。右侧,金字塔形的华不注山突兀耸起,尖峭峻秀。左侧,一座形似元宝状的山就是鹊山,平而长,与华山遥遥呼应相对。两山之间及前后左右的树木繁杂,疏密相间,或松或柳,高低参差,芦荻水草,茅舍渔村,小舟往还,薄烟霭霭,行人往来如蚁,一派幽静清丽的高秋景色。自题:"齐之山川,其东则鹊山也,命之曰鹊华秋色云。"《鹊华秋色图》历经元明数百年春秋变故,于清代乾隆年间流入宫廷。乾隆皇帝视若珍宝,爱不释手,后来他到济南巡视,亲临鹊华胜地,并派快马回京取来此图,对景赏画,无意中竟发现在画家赵孟頫的题记中把鹊山的位置写错了,画中华山位于鹊山之东,题记却误为鹊在华之东。为此,乾隆亲笔御题,对画家题记之误做了纠正。

《鹊华秋色图》是赵孟頫山水画的代表作品。这幅画吸收了唐、五代至北宋山水画的优秀传统,尤其吸收了唐王维、北宋董源的画法。画面上无崇山大岭,只一丘一壑,树丛林木,屋宇渔罾。以柔韧之线勾皴出山之形状,杂树点簇而成。其水草、芦荻、沙碛、汀渍,皆可在王董画法中寻到踪迹,用笔设墨的气氛尤似之,但更加潇洒简秀,疏空隽明。董其昌在此卷后跋云:"吴兴此图兼北苑、右丞二家画法,有唐人之致去其纤,有北宋之雄去其犷。"这番话确切而精到地道出了赵孟頫此作的妙处。应该说《鹊华秋色图》是赵孟頫对水墨浅绛画法的成功初探。它对元代山水画风的形成和影响意义十分重大。贞居先生张雨曾为此图赋诗:

弁阳老人公谨父,周之孙子犹怀土。
南来寄食弁山阳,梦作齐东野人语。
济南别驾平原君,为貌家山入囊楮。
鹊华秋色翠可餐,耕稼陶渔在其下。
吴侬白头不归去,不如掩卷听春雨。

试谈元代山水画的成就及其对中国画发展的现实意义

一、元代山水画的成就

1. 元代山水画的基本概念

元代社会是在蒙古贵族统治下，强化民族压迫，实行民族分化，在政治主权上大变更的时代。由于多数画家，包括多数号称衣冠士族的“士大夫文人画家”不愿为蒙古贵族统治者服务，采取了消极的不合作态度。他们寄悲愤亡国之情于笔端，寓清高孤傲之意于书画，在创作态度、思想意境、绘画题材的范围以及艺术表现技巧的追求上，便与两宋时代迥然不同，使这一时期的绘画艺术，尤其是山水画艺术，亦随之发生了深刻的变革，形成了以杰出的元季四家黄、王、倪、吴为代表的抒情写意，诗、书、画高度结合的元代山水画的时代风貌。

2. 山水画史上的第三个高峰

在中国山水画发展史上，汉魏晋六朝时代乃是一个酝酿阶段，那时的山水画，仅作为背景衬托服务于人物画。当然，在这期间也有单纯的山水画开始萌芽,但是很少见,如南朝(宋)宗炳、王微,据记载皆有单独的山水画作品,宗炳并著有《画山水序》一书,成为开创中国写景山水画这一画种的始祖。

直至经济繁荣、文化艺术蓬勃发展的唐代社会,才出现了题材广泛、画家众多、风格多样的绘画局面。继吴道子之后,由李思训父子创青绿金碧山水。王维等人(如王宰、张璪、郑虔)为代表的一派画家,又首创水墨山水,在晋隋山水朝代演变的基础上,逐渐摆脱了宗教画在绘画艺术中的主导地位(当时的绘画内容不仅是宗教题材,还有很多的历史题材的内容也占相当比重)开始与文学相结合,以诗境入画奠定了中国山水画写景与写意相结合,现实主义与浪漫主义相结合的独特的风格和发展方向。

但是,唐代山水画仅能说是中国山水画的雏形,谈不上高峰,在唐人山水的基础上,经五代荆浩、关仝到北宋时代以董源、巨然为代表的山水画的发展,才正式形成了中国山水画史上承前启后的第一个高峰。在这一期间以董(源)、巨(然)、李(成)、范(宽)、二米(米芾父子)等人为代表的山水画家们,在写景创作表现能力的探索上有了比较完整的经验总结,开始由重色彩和偏重用笔,走向对墨法的研求,在六法六要的基础上产生了一整套较为完备的绘画理论和淳厚秀润的一代画风,对于后代山水画尤其对元代山水画的形成,都产生了深远的影响。

南宋时代,出现了以李唐、刘松年、马远、夏圭为代表的优秀画家。其中尤推马、夏更为杰出。虽然马远、夏圭是当时的宫廷画家,但是他们继承了前人重写生、重创造、重生活的宝贵经验(这与清代以四王为代表的宫廷画家们是截然不同的),在笔墨渲染的表现上,在构图布局的取舍上,都别开生面,独树一帜,创造了极其丰富的技法形式和独特风格。尤其那种关于捕捉大自然中最有感染力之对象的能力,那种变周到细腻的阔大全景为高度概括洗练的局部构图的表现形式,更是山水画发展中的一大进步,是有别于前代的一大发展和变化。因此可以说以马远、夏圭为代表的南宋山水画是山水画发展史上第二个高峰。

元代山水画应该称为山水画发展史上的第三个高峰,而且是最为重要的一个高峰,这主要表现在元代山水画总结并发展了唐宋绘画艺术的长处,在构思立意,笔墨技巧以及高度概括、准确、科学的写生创作能力等诸方面都取得了非常大的成就,达到了极其成熟的境地,超越了前人而且给予后世的山水画以占统治地位的绝对影响。这从明清山水画中元人画风的流行和崇尚元人画法的临摹之风可以看出。

3. 元代山水画成就的几个主要方面:

(1)是诗、书、画结合的成熟时期,在笔墨技法上超越前代。

在唐人、宋人的作品中,只是个别人对水墨山水的诗书画结合做了某些深度的探求。可以说唐宋人的水墨山水是诗书画结合的启蒙阶段。而元人山水画中的诗书画结合,却正是一个成熟时期。这是由画家们当时所处的社会地位及其身世遭遇、生活志趣的追求不同所决定的。画家们在元代统治下逃向山林,消极反抗,以文学艺术来发泄对现实的不满，他们的思想表达不可能是直接的，而只能是借助于书画和诗文这些间接的表达工具。因此，抒情写意、借题发挥、隐喻比拟的诗书画相结合的风气特盛，经元四家等当时画家的成功创作，形成元代山水画诗书画结合的相当成熟的特点。这种诗书画融为一体的结合（后为诗、书、画、印），极大地加强了绘画的艺术效果，更好地表达了作者的思想情感，构成了中国画和谐的、独有的美的艺术特色。这种结合还表现在当时的花鸟画、四君子画之类的题材之中，对于明清花鸟画中诗书画的结合起到决定性的影响。

元代山水画家与写意的创作要求相适应，极力追求笔墨情趣，在笔墨技巧的探讨上达到了非常成功的境地。尤其是元代初期，绘画工具发生了大的变化，多数画家已不采用绢和熟纸作画，而是在生纸上作画。由于生纸的绘画效果较之绢和熟纸更能微妙多变，这就为他们的笔墨技巧的进一步提高奠定了基础。加之元代画家特别重视和强调以书法入画，这就使他们在笔墨的运用上更进一境，大大超越了前人。正如人们所论述的："唐宋画以实务虚，积达千百遍，层层浑厚，有条不紊，五日一石，十日一山。而元人画以虚务实，笔简而意无穷，笔中有墨，墨中有笔。"这正说明元代山水画在笔墨技巧上的成熟和高度的艺术成就，也是对世界绘画史的一大贡献。

（2）是抒发个人思想感情的作品，不是应制之作。

元代山水画成就的另一方面，正是它充分地抒发了个人的思想感情和作者的个性。元代统治者不重视绘画，解散了南宋遗留下来的画院，广大画家生活在民间、生活在山野丛林的大自然之中，画家有更多更广的机会描写所见的对象，抒写胸中的情感。因此，产生作品的动力是作者个人对美的追求的欲望，而不是迎合别人享受的满足。所以不是应制之作。

在宋代画院的作品中，虽然并不都是应制的作品（像马远、夏圭重写生、重创作源于自然的作品），但是由于一定的时代环境的限制，相比较而言，元代山水画更纯粹、更自觉、更充分地表现了个性。

（3）不泥师承，重师造化。

随着历代山水画艺术的发展，经唐宋这段创作写生的探索时代，绘画理论和技法已逐渐形成和日趋完备。在南宋末期和元代初期，曾出现过一些师古泥古，亦步亦趋，毫无创意的庸俗风尚。但是以元四家为代表的元代山水画家们并没有染上这种时习，而是从整个历史的角度，有选择地吸取了个人所需要的营养，不泥师承，重师造化，从自然造化中创造崭新的风貌和技法。这可以说是他们最可贵的成就也是历代所有的优秀绘画大师们最可贵的地方。

在宋代社会，封建皇帝和达官贵族重视绘画，这对绘画艺术固然有它的推助作用，但也产生过一定程度的反作用和负面影响，尤其在南宋画中所表现出来的那种雕琢、艳丽、近于工艺化的倾向，正是当时画家为满足统治者"美"的标准和"美"的享受，而形成的一种不利于绘画艺术发展的因素。

在元代山水画中已经看不到这种痕迹，这是因为以元四家为代表的画家们吸取了唐宋各家的长处，而丢弃了他们的短处，上追董、巨，并接受南宋画中有益的成分，把这些拿到大自然中进行有效的质证和鉴别，得出自己的特色。这从他们作品中深厚坚实的写生功力和自然生动的风格便能看出。

(4)在突出主题、善于取舍的能力上超过了宋人。

关于元代山水画，重视以绘画形式抒情写意的特色，在前面已经讲了几点。黄宾虹先生论画曾谈道："元人野逸，三峰两峰，无峰不简，而峰简意繁。"元代山水画，确实在突出主题、善于取舍的构图方法，概括精炼的能力上超过了北宋和南宋。元代山水画的章法布局，主题明确，空间感强，画面上几乎没有可有可无的成分、一切围绕主题服务，虚实相当，层次分明，储蓄生动。这种突出主题、善于取舍、以气韵为生命的写意手法，与后来明清间写意花鸟画这个中国花鸟画史上顶峰的出现，是一脉相承的。

4.几个主要画家的历史价值

(1)赵孟頫不是保守派画家，而是元代新画风的奠基人。

很多人把赵孟頫说成是元初复古保守派的领袖，这种说法是不妥当的。相反，我认为赵孟頫不是保守派画家，而是元代新画风的奠基人。

这是因为赵孟頫虽然重于师古，但并非泥古不化。他反对简单的师录，也反对当时单纯临摹的庸俗时习(所谓庸俗时习即指马、夏以后的画家，满足师承保持南宋院体不变，不求进展的风气)，并在继承唐宋传统、追求自然上有极大的发展。我是济南人，多次看过赵孟頫的《鹊华烟雨图》，赵孟頫笔下的鹊华烟雨，宛然济南鹊华景色，说明他对生活的观察是极为细致的，并非一味泥古不求前进。而且他的书法独步天下，对融于绘画创作也有一定的成果。他在政治上丧失民族气节,依附蒙古贵族统治者,但在艺术上却是具有叛逆性格的一位画家。他对南宋末期画风的改革起了奠基作用,这从他后期的许多作品所反映出的与元四家的很多息息相通之处可以看出。

当然,赵孟頫没有能够成功地解决元代山水画新画风的创立问题,只是在赵孟頫的影响下,有元季四大家的出现,才开创了元代山水画新画风。

(2)黄子久是中国绘画史上最优秀的山水速写画家。

黄子久的重大成就在于他的独创精神,及用线的高度纯熟的技巧。试看他的代表作《富春山居图》、《江山胜览图》,那种起落无痕如锥画沙的深厚功力,用线的优美、生动、准确、自然;那种概括洗练的表现能力和结构严谨坚实的观察能力,与西方和现代的风景素描速写大师们可谓息息相通,自然相合,所以,把黄子久称为中国绘画史上(甚至是世界绘画史上)最早、最优秀的山水速写画家,应是当之无愧的。

(3)倪瓒是中国绘画史上最优秀的"树石"素描画家。

倪瓒的成就首先应当是他对表现对象深度的追求。他的画重笔墨、重质感、重天真、重自然而不在取景。据史料记载,他在院中陈设坡、石,栽植竹、树。每天于院中来往徘徊,不时走走站站,一步三回首,甚至坐下来长时间地望着这些竹木坡石,进行细微的思考和认真的观察,动用自己的思想,对自然界凭借直接的感受去进行研究。这种欣赏和表现上的严肃认真态度,使他的画在对竹、木、坡、石的描写上达到了最深刻最富于质感的程度。所以我认为他是中国绘画史上最优秀的"树石"素描画家。他在强烈表现自然美的追求上达到的深度，可以说超过了历史上任何人。

(4)王蒙和吴镇都是大场面风景画的空前的素描画家。

元代山水画的特色，主要是追求笔墨变化，即在笔法、墨法对对象的表现上充分利用线条和墨色的浓、淡、枯、焦、干、湿等丰富的变化来描写对象的形体及内在和质的东西。这同西方素描中的一些追求是完全一致的(当然中国画和西方素描在表现手段上截然不同)。故元人画多不着色，完全突破了唐宋画重彩重墨的方法。其中他们着色的山水画(如淡赭烘染或用淡藤黄自理的浅降山水)也是为了更好地提高画面意境而采用的一种手段，以不影响和不冲淡掌墨效果为宗旨。

我们看王蒙和吴镇的作品，会感到这种素描山水的辉煌成功。王蒙和吴镇的画在用线和用墨的技巧上与黄、倪有着异曲同工的成就，他们在表现大场面的全景上更是空前突出地运用了这种素描手法。有的画幅上山水重叠达几十层，但那种微妙丰富的层次变化却表现得淋漓尽致，给人以苍茫秀润的气势和深邃阔远的空间感。这里面虽然没有十分强调和刻画光线的明暗，但由光线所产生的山石结构，已经结结实实生动地表现出来了。

(5)柯九思的主要成就是书法入画。

除元四家外，柯九思也是对元代山水画做出卓越贡献的杰出画家之一。柯九思不善于画大场面的山水，但是由于他同时又是一位优秀的书法大家，所以能在竹木坡石、烟露丛林这些风景特写的描写上，借用书法艺术的技巧，成功地运用于绘画，为元代山水画以书法入画的新画风增辉添彩，做出了一定的成就。

他主张书画同法,曾说:“写竹干用篆法,枝用草书法,写叶用八分法,或用鲁公撇笔法,木石用折钗股屋漏痕之遗意。”当然,主张书画同法,以书法入画的不仅柯九思一人,而且将书法公式化地运用于绘画,也是不妥当的。但是能够像柯九思那样将书法艺术与绘画艺术做到十分完美的结合却是难能可贵的。仅就用笔而言,柯九思已远在文(同)、苏(轼)、大小米(米芾父子)之上。

我们不妨将柯九思所做的竹石小景与文、苏作一比较:文、苏的竹石没有成熟地真正将书法用于绘画,在线条的运用上远不及柯九思那样优美且富于质感表现,特别是在画石上,柯九思用笔舒展自然,而文、苏却局促严谨,不能从容自如。

(6)倪瓒的真书与吴镇的行草书可与赵孟頫并列。

人们侧重于倪、吴的绘画成就,而对他们在书法艺术上的高度造诣没有充分做出估价。实际上,倪瓒的真书与吴镇的行草书完全可以与赵孟頫并列。遗憾的是,历史评价对此略有疏忽。他们如果不是有着高度的书法造诣,画就达不到那样的程度,如果他们的画达不到如此高度的境界,他们的字也不会达到的程度。

宋代的书法家苏(轼)、米(芾)都善画,但在他们的书法之中,都没有明显的画意。赵孟頫亦是如此。而倪、吴二人却能以书法入画,反转过来,又能将画成功地运用于书,结体用笔,行间布局无处不充满画意,这在我国书法艺术发展史上又是空前的。明清时代的花鸟画大师们正是继承了元人

“以画入书”的艺术传统并做出了新的发展，从石涛、“八大”到“扬州八怪”都是如此。

二、元代山水画的影响

1. 石涛、八大的山水画称雄于明代，是明清两代中继承元人画法最优秀的两位画家。

元代山水画成熟以后，经过中国山水画史上这一重要的高峰，开始了一个沉闷窒息的时期。明清社会的复古保守思想体系和在政治经济上的极端腐败，严重地阻碍了文化艺术的发展。明清以来的山水画，几乎没有大的发展，除了以石涛、八大为代表的少数优秀画家外，多数画家都没有什么创造，效法师承、临摹泥古的恶习颓风延续了几百年。

石涛、八大，还有石溪、渐江、龚贤、梅清、扬州八家、金陵八家等都是走元人路子的画家。在继承与改革，发展与完善中国山水画探索创作中都有各不相同的成就。其中要数石涛、八大最为优秀。他们学习和吸取了宋元各家之长，尤其是继承了元代山水画的路子。他们在身世殊途、社会地位和思想怀古上与元代山水画家多有相似之处（多是处于异族统治下的明代遗民和知识分子），因此他们非常容易接受元代山水画本质的东西，即抒情写意，面向生活表达自己思想情感的创作态度和方法。石涛在题画中有“搜尽奇峰打草稿”的句子。八大早期曾师法董其昌，但并没有被董其昌所限制，而是从董其昌的说教中跳了出来，走进了另一个天地。他们更多的是向大自然探索，所以他们的画充满生气和新意，树立了独有的艺术风格，表达了深刻的思想境界。其余，石溪、渐江、梅清……都是如此，但是总的就明清山水画来说，他们虽然有着一定的成就，却并没有很大的发展（八大、石涛的主要成就，相比而言，应是花鸟画），所以，还不能构成中国山水画史上一个划时代高峰。

2. 明清水墨写意花鸟画与元代山水画风是一脉相承的。

明清水墨写意花鸟画是中国花鸟画发展史上的第二个高峰（第一个高峰应是五代北宋时期以徐熙、黄荃为代表的花鸟画成熟期），这与元代山水画抒情写意之风的渊源影响是分不开的，可以说是一脉相承、有迹可循的。

以白阳（陈淳）、青藤（徐渭）、石涛、八大四个最为杰出的写意花鸟画家为代表的，明清花鸟画的辉煌成就，是在继承五代两宋花鸟画的基础上，沿着元代山水画的创作方法，开辟了一条花鸟画的新途径。他们接受了元代山水画的笔墨技法，以书入画，诗书画结合的特色，又创造性地运用于花鸟画中，从笔墨趣味上都显示是元人风貌。他们的共同特点是吸收了元人画的内在精神和元人画风的特点，注重对自然美的追求和个性、感情的强烈表达，因此，作品精炼生动，简朴雄浑，豪迈奔放，出神入化地达到了抒情写意的目的。

他们不拘一格，不泥师承，对生活做细微认真的观察，精心构思，大胆挥洒，将对象加以艺术夸张，将笔墨加以艺术幻化，有着丰富奇特的创造，在笔法、墨法、水分、造型、意境等方面做出了新的重大贡献。他们本身都是有着高深修养的诗人和书法家，所以能够更充分地在诗书画的完美结合上达到空前的成功，创造了各自独特的艺术风格，形成了明清写意花鸟画的鲜明特色。

3. 王绂是效法元人画的保守派代表。

九龙山人王绂是一位师承元人画法的画家，尤其尊崇王蒙和倪瓒。在明代一大批泥古临摹的保守派中（其他如莫是龙、恽本初、姚绶、李流芳等）可以称为一位高手。从他的画可以看出他在学古人方面是颇为下了一番功夫的，笔墨、布局无处不是规规矩矩的元人之法，只是他对所画的东西没有起初的精微体验，更不理解元代山水画家的艺术企图，师古不知其所以然，不但谈不上外师造化和前进，更有甚者是倒退。所以他在中国山水画史上，只能称得上是一部并不高明的，甚至拙劣的元代山水画的“印刷机”。

4. 沈、文继承宋元，只求合宋元为一体而无创新。

沈周、文徵明、唐寅等人都是宋元画法兼收，探险诸家之奥的一代名家。他们广泛地继承了两宋时代的不同画法，也继承了元代山水画的新画风。但是由于他们的创作态度不是置身于生活，而只是企图在古人的成法范围之内寻觅一种新东西，这就决定了他们不可能有所突破和实现大的变革，他们只是想，或者说“追求”把宋人画法和元人画法混合在一起，变成一种自己的东西，其本质仍是泥古不化，所以反映在他们作品中便是一种宋、元人手法的混合体。他们的共同弱点和失败的原因并非因为他们才能上的缺陷（他们都是诗、书、画负有盛名的一代名士），而是同王绂一样，只知有“古”，不知有“我”，因此不能创新，达到较高的境界。

5. 董其昌标榜元人画，排斥异己，更无创意。

徐悲鸿先生曾称“董其昌为中国绘画上第一个形式主义者”，这是极为得当的。董其昌学元人画为主，兼学宋各家，因为他的书法有一定成就，所以效法元人画比较接近，但是形式上的效法，只能是元人画的翻版。他标榜元人画，把临摹师古奉为绘画中唯一法门，认为只要把画画到元人水平便可达到升堂入室的绘画目的了（在董其昌的著述中也有过几句主张以“天地为师”“行万里路，读万卷书”的言论，但那不过是因为古人有些见解，并非是他的本意）。实际上他是把元人画看成了万世不变、不可逾越的高峰，因此才竭力排斥异己，打击不同风格的画派。他提出的“南、北宗”之说，推崇南宗排斥北宗，把一切他认为非南宗画派斥为“野狐禅”（关于“南、北宗”问题还需专题讨论）。但由于董其昌的地位（官至大宗伯）显赫，他的荒谬理论和错误主张便借助他的名望，给当时和后世的绘画方向造成了极坏的影响。因此说，董其昌是明代绘画复古保守势力的总代表，中国绘画艺术中最大的形式主义倡导者。

这种影响和危害在清代山水画中尤其深广，画家们所追求的是与古人相合，而很少有自我的表现。清代沈宗骞在他的画论中，可怜地哀叹：“吾人生千百名家之后，笔法墨法已为古人用尽……若持己之聪明，欲于古人法外另辟一径，鲜有不入魔道者。”

6.“四王”一派，是宫廷画家，其本质正是元代画风的反面。

清代山水画，以“四王”、吴恽为正宗，统治着整个清代画坛。“四王”一派风格大同小异，都是师古泥古的。“四王”中年长的王时敏和王鉴，都是董其昌的忠实信徒和门人。他们直接全盘地接受董其昌的主张并极大地影响了同时代的画坛。由于他们都是受到清代皇家赏识和重用的宫廷画家,独霸着一代画坛,所以造成了清代绘画中日益严重的形式主义倾向。

“四王”一派,在临摹宋元画,特别是元人画的笔墨技巧上,确实功力深厚,得到了用笔、用墨、守法、布局等技巧上诸多要领,甚至达到纯熟的程度。但是仅能如此而已,再也没有什么了。在四王的画中,全是人为地搬石弄树,不过把元人画中的山石、树木搬来弄去,工匠似地依法安排,摆出一个个貌似山水的架势,其实全不天真自然,更谈不上感人。这就把山水画的绘画艺术变成了“八股文”式的没落宫廷体。正如黄宾虹先生所说:“唐画如曲,宋画如酒,元画如醇,元画以下渐如酒之加水,时代愈后加水愈多,近日之画,已有水无酒。”这种比拟极恰当地说明了清代山水画的淡而无味。尽管四王中也有人(如王石谷等)偶然有写生之作,王时敏也有“看尽天下山水”的意愿,但他们的作品,丝毫没有反映出他们对自然界和生活的认识体验,只是画树不知何树,画山不辨远近,画石不堪磨刀,画水不堪饮料的一味堆砌。因此说,四王一派是一些戴着元人假面具的宫廷工匠画家,其本质正是元代画风的反面。

三、中国山水画的发展前途和传统绘画的现实意义

1. 在对优秀传统的继承方面,遇到的所谓“文人画”问题。

以上我围绕元代山水画的成就及正反两方面的影响谈了几个主要的方面,但是一提到元代山水画,人们往往会联

想到“文人画”问题,这是值得探讨的一个问题。何为“文人画”?“文人画”包括哪些范畴?这里面要说得具体就比较复杂和困难。这个问题不得以解决,势将妨碍我们对我国宝贵的绘画遗产,优秀的传统艺术,正确地分辨优劣,取其精华,去其糟粕,也就不能很好地完成中国绘画继承与创新的任务。

一般,所谓“文人画”这个概念,指的是知识分子中的非职业画家和士大夫画家的作品。在人们的印象中,“文人画”似乎是“元人画”的同义词,这种概念是不确切的,而且是极为含混的。

举例来说,元代画家王冕是知识分子中的非职业画家,但很长时间是以卖画为生(这似乎又是职业画家)。元四家尽管都不是职业画家,但他们一生的主要精力和成就是在绘画方面(这同样是以画为职业)。一直到石涛、八大山人都是如此,他们以宗教为职,却以画为业,虽非职业画家却又是职业画家。

从另一方面来讲,像文徵明是不折不扣的职业画家,同时又是真正的士大夫。历代的宫廷职业画家都是以绘画为职业的知识分子和文人,而且是真正的士大夫阶层的成员。如果按照“文人画”概念标准来衡量,中国绘画史上有成就的大师巨匠们,所谓文人画家竟占了绝对压倒的比重,所以说原来的所谓“文人画”的概念就不够确切了。

由于在“文人画”的概念上存在着问题,所以我们就不能带着某种偏见去对待古代画家和他们的成就,并妨碍我们向传统遗产学习有用的东西。在人们涉及的所谓“文人画”的某些方面，如抒情写意、诗书入画、笔墨情趣等方面，正是中国绘画好的方面，即中国画艺术有别于其他艺术的最鲜明、最独特的地方。在继承传统技法和艺术表达能力上我们不能违背历史的局限，过分苛求古人的作品内容，而应当把古代绘画中成熟的、有益的技法服务于我们新的时代。如果对所谓“文人画”的长处，不敢大胆地继承和学习，而采取否认的态度，实际上是抹杀了中国绘画的艺术传统、扬弃了精华。

2. 中国山水画发展史上，一个空前的更为重要、更为辉煌的高峰正在形成。

在本文的前一部分，讲到中国山水画史上三个高峰的出现和各自完成的历史任务。在这里要谈一下现代山水画的成就。现代山水画正是继元代之后，度过明清这段山水画发展中沉闷、停滞、令人窒息的历史，随着社会主义新时代深刻的政治变革和社会经济变革，在山水画发展史上出现的一个空前解放、空前发展、空前飞跃、空前创造的重要历史时期。中国山水画发展史上第四个高峰正在形成(或即将形成)。

现代山水画，以黄宾虹、李可染、傅抱石为代表的一代大师们和当代的前辈画家们，都是山水画继承与创新的杰出楷模。他们有着高度的文学艺术修养和书法造诣，有着开先人未竟之道路、辟古人未有之蹊径的气魄和胸怀，他们在诗书画结合上继承了元代画风并且广泛、全面、有选择地向一切历史遗产汲取精华，在继承与创新的问题上和笔墨技巧的运用上有了重大的突破、做出了卓越的贡献，解决了很多前人所未能解决的问题。

他们在继承与创新问题上为我们积累了极其丰富的宝

贵经验,那就是汲取精华,去其糟粕,面向生活,追索自然,并接受西方绘画艺术中有益的成分进行再提高、再创造、再发展。大师们有效地将中西画法中最美的表现手段熔为一炉,并且强烈、鲜明地表现了他们源于生活、高于生活的高度思想境界和个人的艺术特色,赋予了现代山水画以全新的思想内容和强大的生命力。现代山水画的成就具有划时代的重大意义。

3."古为今用,洋为中用,推陈出新"。

毛主席为我们制定了一系列社会主义文艺发展的方针,为我们努力提高创作水平指明了道路和方向:"古为今用,洋为中用,推陈出新。"现代山水画的发展必须走这条路子。根据我自己在学画实践中的体验和认识,我觉得在今后山水画技法的研求和探讨上,除重视写生,重视书法的学习外,还应注重从以下三个方面继续加以突破:

(1)色彩和光

中国古代绘画对色彩和光的处理都有极其宝贵的经验和创造,如宋代山水画及花鸟画和宋以前的人物画在近代绘画中也有极大的发展,如吴昌硕以来的彩色写意花鸟画,都是值得我们学习和借鉴的一笔财富。在色彩和光的表现上,我们还要学习西方水彩画、水粉画、油画的丰富经验,当然更重要的是生活,是写生,是对大自然色彩的分析和体验。

(2)水墨

用笔,用墨,用水,这是中国画的主要表现手法。元代山水画在素描、速写能力上的成就,对我们今天做好笔墨随时代而异,创出新时代的笔法、墨法,应是一个重要的借鉴。在这一方面我们同样需要向西方绘画中的素描、速写、版画(尤其是腐蚀版画)中成功的画家学习。

(3)草木丛杂

草木丛杂是我们在自然界中经常看见的自然景色,这在中国山水画的表现中是古人没有解决好的一个问题。在古代山水画画法中,古人创造了点苔、杂草、杂树的种种画法和表现,但都没有成功地表现好草木丛杂的效果。现代山水画的大师们(尤其是以李可染先生为代表的当代前辈)在这方面已经有了极大的突破,并不懈努力,探索出很多有效的方法和技巧,是值得我们学习的。

在发展现代山水画的道路上,我觉得以李可染先生为代表的当代前辈画家,在水墨、色彩、光线、结构、布局及诗书画(印)结合的创造上,已经取得了高度成就,创出了崭新的中国山水画的时代风貌。在毛主席文艺思想的指引下,经现代大师和全体画家们的辛勤努力,中国山水画发展史上一个更加光辉灿烂的高峰,必将高高耸立在我们面前。

商鸣臣 1941年9月生，山东宁阳人。山东大学历史文化学院教授，山东省文史研究馆馆员。曾任甲午战争专业委员会副主任委员，主要从事义和团运动和近代经济史研究。参与编写《华丰煤矿史话》、《淄博煤矿史》、《中国近代史》、《中国近代史通鉴》、《中国老字号》、《世界百科名著大辞典》和《黄河风云录》等著作，发表论文60余篇。

◎义和团运动与山东『新政』

◎我记忆中的王造时先生

义和团运动与山东“新政”

山东是义和团运动的发源地，它的兴起和斗争，遭到当时整个帝国主义世界的反对和仇恨。帝国主义曾组成八国联军，疯狂地镇压义和团。清廷在内外交困的形势下，宣布实行“新政”。而义和团运动对山东“新政”产生了怎样的影响，至今尚无专文论及，本文拟作初步探讨。

一

袁世凯于 1899 年底署理山东巡抚，次年 3 月实授，1901 年 11 月调离。袁世凯在与帝国主义打交道过程中，特别是在义和团运动中，深感中国的武器远远落后于西方，军队指挥人员素质不高。为了增强与帝国主义抗衡的军事实力，他首先抓紧进行军事改革，这也便成了山东“新政”的重要内容之一。

山东“新政”中的军事改革主要有二：一是抓编练新军，二是注重军事人才的培养。

早在 1895 年 11 月，袁世凯继胡燏棻接统了“定武军”，改名为“新建陆军”，扩充为 7000 人（即“武卫右军”）。义和团运动之际，他便带领“新建陆军”的一部分来山东。1900

年4月6日，袁世凯奏称："臣酌查东省现有各营，汰其疲羸，去其冗碎，先分别裁掉二十营，仿照武卫前、右各军营制，量为核减，另订饷章，即因其原有之饷，依次编伍，增立一军，痛除积习，认真训练。"①清廷批复道："此项新军，著即名为武卫右军先锋队。"②于是袁世凯在山东以"新建陆军"的样子，建立了一支地方新军——武卫右军先锋队，它由全省34营裁留改编和招募补充而成。

武卫右军先锋队共20营，计14000人。其中步队16营，分左、右两翼，前、后、左、右4路，每路又分前、后、左、右4营。袁世凯自任总统官。另外招募炮队左、右2营，作为中路炮队，各派统领一员管理训练。

1904年，清廷谕令各省将原有各营严行裁汰，精选若干营，分为常备、续备、巡警各军，一律操习新式枪炮。山东乃将武卫右军先锋队20营改为常备军，曹、兖两镇防军8营与沿海防军2营、抚标前军2营改为续备军，一律改用毛瑟枪。至于巡警，后多由绿营改编，近于警察，不是正规军。1905年5月，练兵处奏定于山东编练新军第五镇，由武卫右军先锋队20营中抽拨8营，再由直隶马厂之陆军第四镇拨来步兵4营、马队1营、过山炮1营共6营。6月，武备学堂在济南南关营垒旧舍正式开学，学生80人，平均年龄在25岁以下，多出身武举、文武生员及武员子弟。课程设置除外语及经史子集中有关军事者外，还开设舆地、测算、营阵攻守、各种操练新法等课，学制3年。1909年，成立陆军测绘学堂。它是在

①② 《袁世凯奏议》上册，天津古籍出版社1987年版，第88页。

测绘专局的基础上改建的。测绘专局成立于1906年12月,目的是测绘地图,原有3个班,130名学生,多来自陆军武备学堂毕业生。测绘学堂成立之际,山东全省地图已绘制完毕,学生即留在该校继续学习,毕业之后,即分派各地实地测量。1903年,省城济南开办巡警学堂,1908年将其改为高等巡警学堂。1907年,于济南南关教场成立陆军学堂。1905年,由袁世凯提议成立烟台海军学堂,开始招生40人,分机器、水师两个班,学制3年,1908年该学堂正式建校于烟台东山金沟寨。1909年校舍落成,招生192名。此外,省城设警务公所,及城乡各商埠铁路各区,已设官警2620名。①

山东军事方面的改革,不但强化了各级地方官对人民的统治,更重要的则是促进山东军队的近代化和军事人才的脱颖而出,增强了抵御外敌的军事实力。

二

19世纪末,帝国主义加紧了对中国的经济掠夺,德国强占胶州湾后,山东形势更加严峻。因此,抵御外资入侵,挽回利权,便成了山东地方官急需解决的问题。

袁世凯主鲁期间,即对山东形势有较清醒的认识,认为山东"自胶、威议租,两大逼处,强邻日谋进步,几若无复顾虑,可以为所欲为",德人建教堂,修铁路,"千里咫尺,入我堂奥,瞬息可达",利权之失极为严重。在外人步步紧逼的情况下,山东采取成立商务局和自开商埠的举措。

---

① 《宣统政纪》第39卷,第20页。

关于成立商务局的目的,袁世凯认为,在于"培生计而维利权"。在"坐使洋商专利,华商受困"的情形下,一要"因势利导,必须专设一局,以为提挈纲领之所,分立商会,公举董事,以讨论利病,联合声气";二要使"官与商可呼吸相通,商与商可臂指相使";三要在"省城立商务总局,拟定章程,发问试办"①。成立商务局是袁世凯的首倡,它作为联络商情、保护商人的官方组织,分立商会作为各业商共同的团体,以便官商沟通,这比清廷提出建立商会的要求早两年多,实属难得之见。

1904年5月1日,作为直隶总督兼北洋大臣的袁世凯和时任山东巡抚的周馥联名上奏将济南、潍县和周村开为商埠。他们在奏明开放理由时说:(一)济南地理位置重要,为胶济和津镇铁路的枢纽,商货转输较为便利;(二)潍县和周村皆为商贾荟萃之区,两处"为胶济铁路必经之道,胶关进口洋货,济南出口土货,必皆经由于此"②。他们拟三处开为商埠,潍县和周村作为济南分关,"更于商情称便,统归济南商埠案内办理"③。袁世凯和周馥目睹中国被迫开关的屈辱情形,以过人的胆识和气魄,奏请自开商埠,实属首创之举。这反映了他们浓厚的民族意识、强烈的主权意识和开拓进取意识。袁世凯在三埠开放中做出了较大的贡献。他在德国占领青岛将山东作为其势力范围后始作山东巡抚,一直努力限制德国势力在条约以外的扩大,以至于德国人认为袁世凯是

---

① 《袁世凯奏议》上册,天津古籍出版社1987年版,第343页。

② 《袁世凯奏议》中册,第923~930页。

③ 《袁世凯奏议》中册,第923页。

一个具有强烈“民族主义感”的官员。① 当时在华的英国人也听说袁世凯是“品德高尚的爱国者”。② 台湾学者张玉法称袁世凯是第一个与外国人作理性斗争并获有成就的山东巡抚,说他在“施政上亦每有与外人争胜之意”。③ 这种评论是符合实际的。

济南、潍县和周村三处从奏请自立商埠至1906年1月正式开放,历任山东巡抚和署理山东巡抚的周馥、胡廷干和杨士骧等为此做了大量积极而有效的工作。周馥督鲁期间,曾以70岁的高龄,努力推动增加中德间的正常往来,同时防范德人势力的扩张。1902年,他赴青岛以“不加掩饰的直率和开朗诙谐的态度”,给当时在青岛的传教士卫礼贤留下极深刻的印象。④ 他以巡抚的身份交涉德国从胶州和高密退兵,收买胶济铁路股票13万两,投资峄县煤矿10万两,均以挽回利权为目的。1904年,有人在《东方杂志》撰文记《东抚之办事》,其中写到开埠一事说:“德国尝以独占山东全省利益,屡向北京政府要求权利,其所经营者,著著进步,周中丞见此情形,深知其害,遂将济南、潍县、周村三处开为商埠,俾利权不致为外人所垄断。”⑤杨士骧在开埠问题上态度也颇为积极,

① 《中德关系史文丛》,中国建设出版社1987年版,第257页。

② 〔澳〕骆惠敏编《清末民初政情内幕》,知识出版社1986年版,第456页。

③ 张玉法《中国现代化区域研究——山东省》,台湾“中央研究院”近代史专刊,第2171页。

④ 《中德关系史译文集》,青岛出版社1992年版,第305页。

⑤ 《东方杂志》第1年,第8期,第57、193~194、236页。

各种交涉无不坚执一词,志在必得。济南开埠之际,他曾以商埠将开,洋商来者日众,通饬各州县传谕居民人等,不得将租界以外之地私行售与洋人。① 在促成胶济铁路沿线德兵撤退事上,杨士骧功不可没。②

济南、潍县和周村开埠,是清政府为顺应时局之变以挽救自己统治所采取的一种应变之策,这不仅给三处的发展带来迈向近代化的机遇,促进周围地区商品经济的发展,还为这些地区资本主义发展和资产阶级力量的壮大,为山东地区即将到来的资产阶级革命提供了物质条件,并使在清末"新政"改革中已经走在各省前面的山东进一步奠定了优势地位。

三

山东是儒家思想发源地,号称"齐鲁文物之邦"。山东人民深受儒家思想的影响。儒家思想中的保守和落后的一面,在义和团运动中得到充分显示,其中对外来文化的排斥尤为激烈。通过义和团运动,山东地方官认为,要改变山东人民的思想和心理状态,必须改变以儒家思想为中心内容的传统教育,大力推行新式文化教育。

1901 年 4 月,袁世凯在《遵旨敬抒管见上备甄择折》中,提出"言之易行,行之易效"10 条。特别在"崇实学"一条中强调"百年之计,莫如树人":(一)"拟请饬将京师本有之大学堂认真整顿,竭力扩充,并饬下各行省厚筹经费,多设学

①② 《顺天时报》光绪三十二年闰四月三日,"时事要闻"。

堂，或仿照各国学校章程，区分等次，依次推行”。（二）“目前师资无多，惟有译书之法最为便捷”。（三）将日本译书汇辑成编，收交京外各学堂。（四）聘译员为教习。① 这是袁世凯对清廷“新政”上谕所做出的第一个反应，足见他对文化教育事业的重视程度。同年11月，袁世凯上《遵旨改设学堂酌拟试办章程》，其中说：“国势之强弱，视乎人才；人才之盛衰，原于学校。诚以人才者立国之本，而学校者，又人才所从出之途也。”②基于此，他“筹资择地，先于省城改设大学堂以为之倡”③。筹办大学堂，是袁世凯发展山东教育的重要举措。在《山东省城试办大学堂章程》中提出：（一）山东大学堂“为全省学校总汇之所”；（二）大学堂“首贵崇实，应扫除积习，力戒糜费”；（三）“拟派总办一员，监督一员……总以择聘教习、挑选学生为第一要义”；（四）大学堂课程分为备斋、正斋和专斋三项。④ 正斋课程以两年至四年为毕业之限，参酌中外学制，共分十门：（一）中外经学；（二）中外史学；（三）中外政治学；（四）方言学；（五）商学；（六）工学；（七）矿学；（八）农学；（九）测绘学；（十）医学。凡入专斋肄业者，俾各认习一门，以征实用而备器使。⑤从山东大学堂的地位、管理体制和课程设置来看，它已具备近代意义的大学资格。山东大学堂的筹办，使山东近代教育受人瞩目，并产生广泛的影响，清廷曾下令各省仿山东大学堂创办大学堂。

---

①②③ 《袁世凯奏议》上册，天津古籍出版社1987年版，第270、317、318页。

④⑤ 《袁世凯奏议》上册，天津古籍出版社1987年版，第332、333页。

创办各类各级中小学堂和设立教育研究机构，是发展山东文化教育的重要一环。

1904年，有人在省城济南西门内小沧街创办第一个半日小学堂。同年，还有人于省城东设第二个半日学堂。① 至1906年，济南半日学堂达20处，改为官立半日学堂。② 为了发展全省文化教育，山东巡抚杨士骧在1905年于省城设教育研究总会，各府设立分会。他还身体力行，1907年将尚志堂改为国文学堂，“仿照湖北存古学堂办理”。③

高等小学堂，在这一时期山东境内也有所发展。1906年，潍县新设一批高等小学堂，有的商人表示愿将自己的20间房屋捐作学舍，“教师皆尽义务，不支薪水”④，表现出各阶层人士办学的热情。

省城开设女学堂，是“风气大开”的表现。1904年，有人在《东方杂志》撰文说：“官绅眷属皆知注重女学，西关药王庙已特设女学堂一所，现入堂肄业几及百人，可谓盛矣。”⑤1906年，登州学界开设公立东牟女学所一处。

注重师范教育，解决师资问题。1902年，学务大臣张百熙奏定学堂章程，规定师范有优级、初级、练习所、旁听生几类。山东于当年便设了师范学馆，1903年10月改为师范学堂，分完全3年、简易2年、速成1年，各班先后毕业400余人。1905年，济南师范学堂又增设优级师范科。1907年独

① 《东方杂志》第1年，第8期，第193～194页。
② 《东方杂志》第3年，第3期，第57页。
③④ 《东方杂志》第3年，第1期，第25页。
⑤ 《东方杂志》第1年，第8期，第236页。

立为优级师范选科学堂,暂定学额120名,其目的在于"造就优级教员及管理员"。① 1904年,时任山东巡抚的周馥,深感"全省教育尚未普及,拟先培植小学校教员,下令全省10府2州各师范传习所,以留学日本卒业之速成师范生充教习,选拔各府的高材生去学习一年,结业后回到当地任小学教员"②。除此之外,山东还陆续派学生赴京师大学堂师范馆学习;1903年,派学生40人到保定师范学堂肄业;1903年6月,派试用道方燕年选带学生50名赴日本宏文书院学习,其中速成班29名学员于1904年4月毕业返回山东。经过几年的努力,山东教育的师资力量有了初步改善。

创办报刊和报社的活动,在山东也颇为突出。1905年,山东总学会学员李星坡、赵正印倡议发行白话报。1906年,有人在省城的翟家牌坊创办《齐鲁时报》,并附设阅报处一个。③ 1908年,山东巡抚胡廷干下令开办《济南日报》,拨官款1万两银子作为开办经费,至年初已正式出版。同年青岛商务局商董出面,开办《青岛时报》,且已禀准东抚代销1000份。④ 1905年后,李凤吾和齐芾南、陈纪云等于烟台创办《渤海日报》。这些报刊的出版和发行,对于启迪民智、宣传民主思想具有相当大的激励作用。

出国留学,也是振兴山东文化教育的内容之一。20世纪初,在全国性留学热潮中,山东的留学活动也不断发展起来。

① 《东方杂志》第4年,第7期,第165~166页。
② 《东方杂志》第1年,第10期,第236页。
③ 《东方杂志》第3年,第9期,第283页。
④ 《东方杂志》第5年,第1期,第44页。

1905 年,《东方杂志》记载:“鲁抚杨莲帅以本省风气尚未见开通,重大要政需材孔亟,近日官员私费之赴东游者虽不少,究不敷用,特拟再派官绅 20 人,学生 40 人,前往日本游学。”①1909 年 3 月,袁树勋奏称:“山东选派学生赴英、德各国游学,专习工艺实业。”②特别值得提出的是,同盟会成立前,刘冠三、徐镜心、蒋衍升、谢鸿焘、陈干、邱丕振、丁惟汾、王朝俊等都是留日学生。又据《东方杂志》载:福山县姜宗汉研究种植有年,曾试栽果木 20 余亩,每年收益颇丰,1905 年联络 12 人自筹资金,抱定“以期成归国,改良制造而挽利权”的宗旨,前往日本专学一切工艺之学。③ 第二年,文登人丛连珠由日本留学回国,竭力劝人出洋就学,登州府就有八九十人报名参加,且已有“马女士秋仪暨幼童二人,联翩东渡”。④至辛亥革命前夕,山东公费、私费留学生有姓名可考者约有 360 人,这些留学生在山东各科人才中所占比例虽然很小,但由于他们在海外接触了资本主义的新思想,特别是接触了立宪运动和革命运动,使他们回省后,不仅带来了新的技术,而且带来新的思维方式,对山东经济和社会的发展起了重大推动作用。

为了振兴教育事业,泰安创办教育博物馆,1906 年开办山东法政学堂,1908 年东牟公学设商业中学班,1908 年烟台渔业公司开设水产学校,长山县设自动劝学所,夏津县创设

---

① 《东方杂志》第 2 年,第 8 期,第 20 页。
② 《宣统政纪》第 8 卷,第 21 页。
③ 《东方杂志》第 2 年,第 9 期,第 247 页。
④ 《东方杂志》第 3 年,第 3 期,第 57 页。

实业补习学堂并附设实业教员讲习所。

振兴文化教育的种种措施的推行，不仅对于山东各界人民破除蒙昧、解放思想以及推动民国初年的教育发展产生重大影响，还为新型知识分子群体的形成打下比较坚实的基础。

四

甲午战后，山东境内自然灾害连续不断地发生。1895 年山东就发生 12 次水灾，受灾地区波及 62 个州县、18622 个村庄。而在鲁西北地区尤为严重，《茌平县志》记载："光绪二十四年(1898)，黄河漫溢，漂没田庐，人畜流亡不可胜计……六月二十四日(8 月 11 日)，黄河漫溢于东阿香山之南，茌平适当其冲……庐室财产漂没殆尽，人多巢居。"①1899 ~ 1900 年又连遭旱灾。据记载，山东在 1899 年有平原、寿张等 14 县发生旱灾。1900 年又有临清、高唐、茌平、寿张等 27 县遭受旱灾。在自然灾害严重的地区，无疑经济落后，人民贫穷不堪。义和团运动在这些地区的爆发和斗争更是迅猛异常。经过义和团运动，山东地方官普遍认为，要维持地方统治秩序，非改变其穷困落后的经济面貌不可。而振兴实业、发展经济也就成为山东"新政"的又一重要内容。

1903 年商部成立前，清廷派人拟定商律，陆续颁布《商律》、《公司注册试办章程》、《奖励公司章程》等。1905 年，商部在北京设立劝工陈列所、高等实业学堂，开办户部银行等。

① 《茌平县志》第 3 卷，第 1545 页。

清廷出台的一系列奖励工商的政策和法令，为振兴山东实业、发展经济提供了良好的社会氛围。

山东机器局自1875年创办以来，经历了中法和中日甲午战争的洗礼，至清末“新政”阶段又有所发展。袁世凯任山东巡抚时，《中外日报》记载：“袁力求扩充机器局”，“特派杨子美大令德成至湖北、江南、上海考求枪炮制造各局办法及布置事宜，并拟添无烟火药及磺强水等厂”。① 周馥任山东巡抚后，为使山东机器局能生产各种枪弹，于1904年向德商瑞记洋行订购机器42件以及修理器具，加上安装费，共用库平银8万两左右。这些机器安装完成后，每日能造枪弹六七千枚。直到1910年，山东巡抚孙宝琦在他为机器局人员请奖向清廷上的奏折中说：“频年东省留防各营及陆军第五镇所需各项军火频繁，制造之数倍多于前，无不随时供应。”②

可见，直到清朝灭亡之前，这个国家资本主义性质的企业仍保持着旺盛的势头。

在“新政”时期，山东民族资本经济也有较大发展。截至1911年，据不完全统计，民族资本经营的工矿企业达66家之多，其中资本在1万元以上的就有16家。

其他实业的兴办，山东地方官也在努力进行。

省城设立农桑总会，各州县分别开设分会，开办农事试验场，是振兴山东实业的部分措施。1905年，山东巡抚胡廷干上奏说：“臣接任后叠于省城设立农桑总会，应聘日本农学士，考验各省农法，并设置农事实验场，以便种植样本，逐渐

① 汪敬虞编《中国近代工业史资料》第2辑，上册，第435页。

② 《政治官报》宣统二年三月十二日。

扩充。泰安、兖州、曹州、济宁各府州设农桑分会。”①根据《山东农事试验场试办章程》的规定，省城农事实验场地址设在东关外的七里堡，购地500余亩，周围栽种杂树，地内种植五谷和蔬菜，开挖水井20余口，增修堂舍，改立农林学堂。山东农事试验场派人赴浙江购得5000余株桑树，试验场栽种杨、槐、柳树，且栽种肥城桃、乐陵枣、青州核桃、德州葡萄等果树，还从青岛种植局购来洋白松7万株、红松1000株、洋槐树2万株、樱桃树2000株栽植。② 这一章程的实施，给山东农桑实业带来勃勃生机。如兖州、青州一带，原来蚕丝质量不高，由于在兖州开办农业学堂，青州府设蚕桑学堂，聘杭州蚕业优等学生充当教习，这些学生毕业后，回到家乡指导蚕桑生产，其质量明显提高。

设立工艺局所，推进工艺实业发展，是山东“新政”中的重要内容之一。山东物质资源丰富，手工加工制造业具有悠久的传统，所以山东各州县具有门类齐全的局所。省城工艺局，“考求各项精巧工作，如冶铁、织绣、雕嵌之类，以为全省工艺模范”③。省城西关工艺局，原设毛毯、绣货、铜铁、木器、纸布、造车六厂，到1905年改为工艺传习所，来所学习者人量增加，且增添染色、矿金、手巾和洋蜡等门类。后来又在曹州、沂州等府暨济州、莒州、峄县、福山、潍县等处，各设工艺分局。兖州府设艺徒学堂，招收12岁至15岁以下幼童，教以修身、国文、算学、体操、手工等科以为振兴实业之预备。

---

① 朱寿朋编《光绪朝东华录》，第5275页。

② 《东方杂志》第3年，第9期，第232页。

③ 朱寿朋编《光绪朝东华录》，第5276页。

1904 年,章丘县设习艺所,制造布匹、巾带。1900～1911 年山东官办工艺局所达 114 个,仅次于数额为 115 所的直隶。① 对此,著名学者夏东元先生说:“全国第一个工艺传养所是 1900 年袁世凯山东巡抚任上济南设立的……我认为济南那个工艺所是袁世凯的试点工场,而后到直隶总督任上乘新政施行之际而普遍推广的。如果说直隶是工艺局策源地的话,那么山东则是源之源。”②这些工艺局所的产品,不但在山东各地畅销,有的还远销到外省,这就大大提高了山东产品的知名度。

振兴实业的各项举措,又进一步推动了山东经济的发展。省城济南开办的济农公司,引用美洲新法制造肥料,公司刚投产时,无人问津,后来减价出售肥料,购买者果然受益,使用“该公司肥料者较用旧料,丰收几倍,购买者日形踊跃,故因此添招股本,大力推广”③。1905 年,济南设立大经丝厂有限公司。青岛源泰号商人,以保险业皆为洋商所垄断,为抵制外资入侵,挽救民族危机,便联合其他商人,集股 100 万元,于 1907 年设立华太保险公司,成为山东最早的保险公司之一。④ 1905 年,在籍侍郎王锡蕃创办渔业公司,于烟台和黄县一带招收股金 35 万元。登州物产向以山绸为大宗,过去用土机制造,1905 年改用新机生成,造出多种花样的

---

① 彭泽益编《中国近代工业史资料》第 2 卷,第 538 页。

② 孔令仁、李德征主编《周村开埠与山东近代化》,山东大学出版社 1996 年版,第 36 页。

③ 《东方杂志》第 3 年,第 9 期,第 15 页。

④ 《东方杂志》第 4 年,第 11 期,第 173 页。

产品，拓宽了销路。1906年，博山境内开办的玻璃有限公司，专制玻璃器皿和各种洋式器皿，官股银达10万两，还获得10年专利的特权。

由于一系列振兴实业的措施的推行，山东进出口贸易有了大幅度的增长。山东的对外贸易主要经由烟台和青岛二口进行。烟台港的输出品以农产品为主、丝类为辅。烟台的输入品以棉织品及棉花为主、石油为辅。青岛的输出品与烟台的一样，以农产品为主、丝类为辅。据《东方杂志》1907年第4期记载，1906年春夏秋三季由青岛出口的五大项（黄丝、乱丝头、草帽辫、猪鬃、茧绸）产品的贸易总值达122万两。出口贸易数额的增加，正是山东实业发展的有力证明。

综上所述，义和团运动从深层次上影响着山东“新政”的推行和发展。义和团的斗争，不仅震撼了帝国主义侵略者，同时，对中国地方官，尤其对袁世凯和周馥等人思想观念的转变带来巨大影响。严酷的社会现实，迫使他们采取相应措施来维持社会的安定和政权的稳定。事实证明，山东在军事改革、成立商务局、自开商埠、文化教育和振兴实业诸方面走在兄弟省份的前面，这与山东历任巡抚的努力奋进有重大的关系。凡此种种表明，这场风云激荡的义和团运动，不但影响到清廷政策的制定，也深深触动了山东地方官的灵魂，使其在办理“新政”中发挥了主观能动性，成绩卓著，客观上为山东的政治民主化和经济近代化打下一定的基础。

我记忆中的王造时先生

复旦大学历史系教授、著名律师、上海“救国会”七君子中的王造时先生,在十年浩劫中含冤致死。我在复旦读书期间,有幸听他讲一门基础课——世界近代史。迄今过去了四十多年,他讲课的情景,他的音容笑貌以及其他的一些往事,还时常留在我的记忆里。

我是1961年9月考入复旦大学历史系的。头两年,系领导安排给我们开设两门通史的基础课和政治理论课及外语等。1963年春季,世界近代史由王造时先生任课。那时我是20多岁的青年,思想活跃,敢想敢说。在王先生给我们上课之前,只知在《毛泽东选集》第一卷中提到“救国会”七君子中有王造时的名字,我并未见其本人;进入复旦学习后,又得知他在1957年被打成右派,且又是全国知名的大右派,我自然有些好奇心。

我记得上第一堂课时,王先生并未作自我介绍。上课地点是对着原复旦校门的一座教学大楼的339教室。他提着一个大讲义夹不慌不忙地走进课堂。那年他已60岁,个子不高,胖胖的,秃顶,穿一身肥大而陈旧的衣服,戴一副眼镜,给我的第一印象,他具有学者的气派,看上去和蔼可亲。在王造时先生为我们开课以前,已听过五六位老师的讲授,对诸位老师的课有个综合比较和评论。几个星期过后,我觉得王先生讲课很有特色。第一,条理清楚,逻辑性强,快慢适度,便于我们记笔记;第二,声音洪亮,语调高低抑扬顿挫鲜明,字字句句入耳,课后印象深刻;第三,能把当时的学术动态、最新研究成果,尽量向学生介绍,启发性比较强;第四,在课堂上适当穿插典型的历史故事,讲得生动、幽默、扣人心弦。后来我们才知道,他在新中国成立前就已是著名的律师,还开过律师事务所,具有演讲天才,五四运动中就是一名小闯将。正如邹韬奋在《经历》一书中写的"王博士具有演说的天才,尤其在广大群众的大会场上,他能抓住群众的心理,用明晰有力的话语,有条理的说法,打动他们的心坎"。后来他先去美国留学,就读于威斯康星大学,4 年中不仅取得学士、硕士学位,还获取政治学博士学位。接着又去英国伦敦大学,师从政治学权威拉斯基教授,深受其器重。无疑,他大学阶段的坚实基础、优异的学习成绩和学术造诣、丰富的阅历,为其搞好教学和科研打下了牢固的根基。王先生在 339 教室上课,如果本层的其他教室也不关门,几乎都可以听到他讲课的一些声音!听他讲课,不仅仅能学到比较丰富的知识,还能学点演说的技巧,听课不觉劳累,颇有点艺术享受之感。当然,他的课,课堂气氛也很活跃。有一次,王先生在讲美国独立战争时,在生动地讲述华盛顿的身世、爱好及谋略之后,又回忆起他 1925 年留美期间,参观一家现代化屠宰(屠牛)厂的情景,参观完毕他站立在华盛顿塑像前用英语赞美其功绩。这次又以五六分钟的时间用英语复述一遍。他纯正的发音,浑厚铿锵的语调,博得我们的热烈掌声。那堂课的情景,至今我记忆犹新,历历在目。我是个心直口快的人,在班上学习成绩较好,自然对王先生的课评估有加。我对同学说:“进入复旦以来,给我们讲课最好最有特色的当属王造时先生。”我的这种断语在班级中传开了,在那“千万不要忘记阶级斗争”的年代里,有的学生干部受极“左”思潮影响较深,把我这种言论汇报到系里,我在班级里被不指名地批评。“有人说王造时的课讲得好,右派有什么值得表扬的!”现在看来,这种论调不仅十分幼稚、简单化,又多么荒唐可笑!但在那时是天经地义的“真理”!然而当时别人批评我时,从内心深处我还是不服气的。事实已经证明,王先生讲课简明扼要,概括能力强,启发意义大,有些内容虽早已忘记,但重大历史事实和理论问题,还有那些特殊的“花絮”永远不会忘记。

在我们大学三年级分专门化前,同学们的学习兴趣已有明显的倾向性,有的喜好中国古代史,有的有志于世界史学习,还有的对中国近现代史偏爱。有一部分同学爱学世界史,却苦于外语的压力太大,缺乏信心。这时给王先生做助教的老师,为树立和增强大家学外语的信心,专门召开一次座谈会,特请王先生参加。我记得那次座谈会也是在 339 教室开的,时间是王先生下午上完两节课后。参加会议的同学,七嘴八舌地说外语虽下很大工夫,但进步不大,效果很不理想,十分为难。听了同学们的发言,王先生讲了自己一段亲身经历和学习外语的经验,其中讲道:“我是在 1917 年秋考入清华学校的,当时 14 岁。我在清华读书 8 年。1925 年毕业后进入美国威斯康星大学学习。你们可能知道，清华学校全称是‘清华留美预备学校’，建于1911年，是用美国退还的庚子赔款余额建造的。每年招收100名小学毕业生，学期8年，即中等科4年，高等科4年。毕业后送往美国。我在清华学习的8年里，把一部英汉辞典都翻烂了，学外语非下苦功不可。”大家听了王先生的发言既惊讶又称赞。是的，“把一部英汉辞典都翻烂了”这句话蕴含多么深刻的道理啊！同学们被王先生从青年时代就具有的坚强意志、坚韧不拔的毅力所感动。那次座谈会开得相当好，也很成功。从此增强了大家学外语的积极性和拼搏精神！

王造时先生在给我们结束一学期的课程后，一年多未曾见过，只是到1966年8月，在他北川公寓的家里，最后一次看到他。

众所周知，1966年6月以后，“文革”风暴已在全国掀起。恰在这时，复旦校园里又流传王造时搞中国第三党，有党纲党章，大肆反对共产党，反对无产阶级专政。后来上海市公安局着手审查他的问题，不过那时是以红卫兵的名义，即上海市公安局的人着便衣，佩戴红卫兵袖章，还有学生参加，就在王造时家中搞。参加这一活动的学生又正是我们五年级毕业班的同学。

8月份的一天下午三点多钟，我随几个同学去观看审查王造时先生的情形。到王家后，我记得很清楚，那天王先生光着脚，低着头站在客厅中间，两手垂在膝旁，头发很长了。上海8月的天气闷热，室内又无风扇，他胖胖的脸上冒出许多汗珠，不用说，那是一场审判后的场面。

过了不到5分钟,我不忍看到这心酸的场景,推说这屋里太热,受不了,乘车返回学校。在回校路上,我陷入了沉思:王先生真的进行反革命活动吗?一个60多岁全国著名的民主人士和学者,受此污辱和折磨真是太惨了!想归想,但是不敢说出口的。

后来,从参加审查王造时先生的同学那里又传来王先生的续弦郑毓秀的故事。郑毓秀原来是上海线毯厂的一名普通女工,30多岁丈夫因病去世。王造时先生的原配夫人朱秀芳也于1956年因病死亡。王先生家有老母和3个患精神病的子女,家庭负担沉重不堪。1961年经人介绍两人结婚。婚后夫妻感情甚好,郑毓秀不但对王先生照顾得好,还对三个病儿精心护理。王先生给郑毓秀取一新名"虹缘",郑亲切地称王为"老先生",可谓一对恩爱夫妻。但到了"文革",灾难从天而降。有一天,审查王造时先生的人质问郑毓秀:"你一个工人,为什么和大右派王造时结婚?"郑坚定地回答:"王造时是爱国英雄,毛主席都提到他,我愿意嫁给他!他人品也好!"但在那集体疯狂的年代里,人们认为她的回答是苍白无力的,只是作为笑谈而已!

又过了几个月,传说王造时先生被捕入狱。直到20世纪90年代我才得知一些他被关押至去世的具体情节。

1966年11月21日,王造时先生被关进上海第一看守所。不久,负责审理他的那位公安人员自身难保,也受到审查。从此,王造时被搁在一边,无人问,无人理,无人审,直到他5年后去世,还是法律上的"未决犯"。他被关押期间,不准用真名,只能用囚号1416。

至1971年，当那位原先负责审查王造时先生的公安人员终于结束了自身审查出来工作，查看在押犯人名单时，居然王造时还列于其中。他大吃一惊："怎么，王造时现在还没有释放？"接着，他来到囚室，发现王造时已被送往上海提篮桥监狱医院了。他来到医院时，王造时已经浑身发黄，诊断为"肝肾综合征"。这之后没多久，一份关于王造时病危的报告送到周恩来总理手中。总理马上打来长途电话，要求尽力抢救王造时先生。他随即被送进瑞金医院抢救，然而此时已危在旦夕，气息奄奄，戴着手铐躺在病床上。听说周总理打来电话，他胡须邋遢的嘴角漾起一丝笑意。3天之后，1971年8月5日，王造时先生的心脏停止了跳动，终年68岁。

粉碎"四人帮"后，王造时先生得到平反昭雪。1980年8月20日，上海各界为王先生举行追悼会。悼词中指出："根据党的实事求是、有错必纠的原则，推倒了'文化大革命'中强加在王造时同志身上的莫须有的罪名，已于1978年12月为他平反。关于1957年错划右派的问题，复查后已经中共中央批准给予改正，恢复名誉。"

后来，我在读王造时先生的遗稿《在五四运动中》[发表在《复旦大学学报》(哲社版)1981年第3期]时，仿佛看到他忙碌奔波、参加五四运动的身影：

1919年5月4日那天，正是清华学校建校8周年纪念日。任中等二年级级长的王造时，身穿童子军服，头戴灰色呢帽，足着黄色皮靴，为招待来宾忙得不亦乐乎。下午七点钟吃晚饭时，王造时跑到中等食堂，拿了一条长凳放在食堂门口当中，跳上去大声叫道："同学们！有重要消息报告！北京各校已经起来救国了,我们应该急起响应。望同学们注意时局的发展,并提出救国的办法,我还要到高等科去报告。”

后来,就在王造时向高等科学生做报告之后,当天深夜,食堂门口的布告栏里贴出一张巨大的白纸,上面用毛笔端端正正地抄录了岳飞的词《满江红》。那是高等二年级的学生闻一多听了王造时报告的消息之后,连夜用正楷抄好的。5月7日,清华学校代表团成立,它是清华学生运动的领导机构。王是代表团的成员,他的主要工作是参加进城演说,编写传单,有时也代表清华参加北京学生联合会的具体工作,常常“搞到三更才睡”。6月3日,他在东安市场演讲中被捕。8月28日,王造时参加北京学生代表团向大总统徐世昌请愿的行列,又被捕。由此可知,王造时先生在五四运动中就是冲锋陷阵的猛将!他的口才、文笔和组织能力受到巨大的磨炼。

我们还忘记不了1937年6月11日江苏高等法院审判七君子的一幕。当审判长质问:“被告王造时,你们主张建立统一的抗敌政权,是不是要推翻现政府呢?”王听了冷冷一笑,以博士的口气回答:“审判长先生,你把政权跟政府机构的组成部分混为一谈了,政府乃国家行政机关,是国家机构的组成部分。政权,则是国家权力,亦即统治阶级实行统治的权力,由军队、警察、法庭、监狱等暴力保证其实现。审判长先生,你所问的以某某政权推翻某某政府,这样的问题本身就是逻辑混乱、概念错误!”被告的一席话,弄得审判长十分狼狈、难堪,旁听席上发出了笑声。审判长急忙改换话题,问道:“被告王造时,你为什么鼓动上海日本纱厂工潮?”王造时针锋相对地答道:“审判长先生,日本纱厂的工人,也是我们的同胞。同胞无饭吃,无衣穿,我们怎么不应该援助他们呢?他们也是审判长先生的同胞,审判长先生为什么对自己的同胞毫无同情心,一味替日本资本家说话呢?”王造时先生充分发挥他的演讲天才,在法庭上滔滔不绝地演说。那位审判长在他的面前反而成了被告!

今天,在我阅读王造时先生上课时所记的笔记时,自然而然回忆起他讲课时的风采;在我捧读他翻译的1956年由三联书店出版的《黑格尔历史哲学》时,不禁思绪万千、心潮起伏,由衷地感到先生爱国爱人民爱家爱子女,确实是一位铮铮君子、知识渊博的学者、为人厚道的长者,他永远值得人们怀念和敬重!

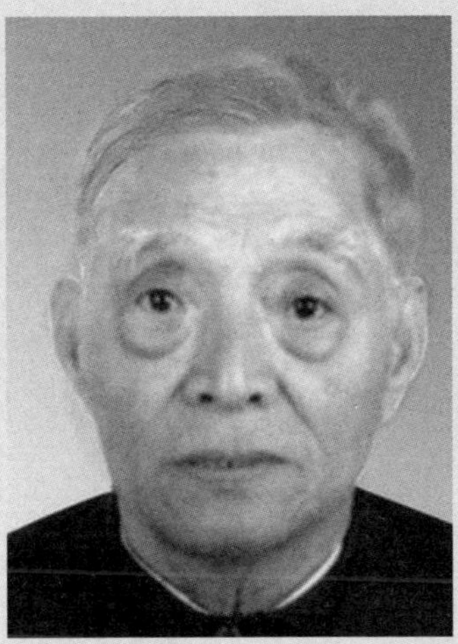

韩明祥　1931 年 3 月生，山东济南人。济南市博物馆副研究馆员，山东省文史研究馆馆员。曾任济南市博物馆考古部主任。参与编写《唐代墓志汇编》，所撰《济南马家庄北齐壁画墓》、《千佛山元代壁画墓》被选录《中国美术全集》（古代壁画墓卷）。出版有《济南出土墓志铭》和《戴名世遗文集》等著作，发表论文十余篇。

◎张养浩墓考略

◎苏轼为张掞题『读书堂』碑

张养浩墓考略

张养浩(1270～1329),字希孟,号云庄,原籍章丘相公庄,后迁到历城北园云庄,曾任元朝礼部尚书、监察御史等官职。至治元年(1321)因元廷权奸当道,张氏辞官归隐故乡八年,其间元廷以吏部尚书、翰林学士、御史中丞等高官六次征召而其不仕。天历二年(1329),陕西大旱,被召为陕西行台中丞,主持救灾,诏使到来,张氏受命,散家之所有与乡里贫乏者,毅然就道。张氏看到饿殍盈道、人与鬼邻的惨绝人寰的景象,一面赈济生者,一面掩埋死者。到西安后即采取各种措施,如开仓赈济,散发库存钞锭,办理平粜,劝富民出粜并给予奖励等。他督视各县赈务,无一日安居,昼夜勤劳,心身憔悴,仅阅四月,虽救活百万秦民,但自己不幸染病而终于任所。张氏死后被追赠"滨国公",谥号"文忠"。

张氏有《归田类稿》、《三事忠告》、《云庄休居自适小乐府》传世,是有名的散曲家。中国文学史上对他评价很高。张氏在政治上的贡献也很突出,他反对权奸当道,反对重建尚书省,积极主持恢复科举考试,为官清廉,刚正不阿,刻苦好学,关心民间疾苦,主持正义,这些行为和措施,都对人民直接有益。其正直敢言、仁者爱人的情操数百年以来深得后人歌颂。

张氏墓苑在北园镇柳云村,被列为山东省和济南市两级文物保护单位。墓区占地两千余平方米,封土高约两米许,墓侧有张氏子孙墓数座,墓前有石供桌、明碑三通、清碑一通、石狮一对。墓地前后有荷池环绕,东临小清河,白杨参天,浓荫蔽日,景色宜人。

近年张氏墓苑由其后裔及柳云村委会主动整修,在整修挖土工程中出土了数通元代石刻。其一,在遂闲堂遗址出土石龟趺一座,今移置张氏墓苑西南角,南临荷池。初步推测该石龟趺为元代虞集所撰书之祭文碑的龟趺。原碑立于张公祠内(张公殁后,其遂闲堂辟为祠堂,即今墓苑西侧马路迤西北方向百余米外)。其二,于遂闲堂旧址迤南荷池内挖出“麟石”一尊,即张氏平生所爱太湖石十友之一,形象逼真,生动可爱,今移置墓苑东南角,以铁栅栏围护之。其三,于墓苑石狮迤北两米深处发现“张文忠公之墓”石牌坊楣额碑一通,断为两截,残损“忠公”一个半字,楷书为双钩阳刻,当为名家手笔。据出土之石坊残件,经由柳云村委会投资聘请石刻专家进行修复,恢复旧观四柱三门,立于墓前,蔚为壮观。

今审视墓苑内石刻,除明清两代碑刻四通以外,现存石龟趺两座,石坊残件、石狮两尊,以及麟石。从其雕刻风格来判断系元代遗物,那么龟座上的碑身哪里去了呢?今墓前西侧一龟趺,体形雄壮,其背上所驮乃明代人重新配上去的碑身,很明显小于龟趺,甚不相符。传说此龟趺上的原碑身为张氏后学张起岩状元(史学家)撰书碑文,与虞集所撰书之祭文原碑身均不存在。我们通过现存元代石刻残件来判断，元末农民起义时，在战乱中，张氏墓苑曾遭到破坏，碑身和石坊被毁，从今日出土的石坊楣额刻石的迹象中可以得到答案。其四，柳云村在张氏祠堂遗址挖出明宣德十年（1435）“重修张文忠公祠堂祝文”碑一通，碑阴刻“张文忠公四至记”。“四至记”为明洪武四年（1371）巡按山东监察御史薛斌宣布的朝廷圣旨，除免张氏坟地征税的碑文。碑文残损过甚，但其内容大致规定坟地为“叁顷贰拾伍亩柒分捌厘伍毫”，及其地四邻地界，并位置地望，免收地税并钦赐铜香炉、铜烛台等。

综观张氏墓苑及祠宇的沧桑变迁，使我们了解到张公殁后，其祠堂一直设在张氏隐居的遂闲堂内，从出土的祝文碑来判断，至明中叶以前没有变动。至于迁入城里七聘堂内，有明初迁入一说，有误。

今张氏墓地经政府两度列为省市两级文物保护单位，得到市民的爱护，柳云村委会和张氏后裔尊重先贤，热情保护祖国文物，付出不少人力物力，使墓苑恢复旧观，为我历史文化名城增辉，这种精神值得宣传和赞扬。

张氏墓苑是一处人文景观，它吸引着无数旅游爱好者前往观瞻，也对今人进行着先贤廉政爱民的优良品德的传统教育。

附：重修张文忠公祠堂祝文并阴碑全文

重修张文忠公祠堂祝文

维大明宣德十年岁次乙卯，巡按山东监察御史伍□，济南府都指挥使赵□,左布政使刘□,按察使虞信,暨□□□□□□□□,济南府知府傅佐,卫指挥使邓□□□□□□□□,儒学教授陈□等,敢昭告于□□□□□□□□,张文忠公先生之灵而唁悼。□□□□□□□□□□,著书立言,传世无穷。殁陕西台,家有祠祭。遗像在堂,凛乎生气。迄今百年,面垢容尘。□□□虑,□□以新。先生之心,固不在□。要□后人,□知所□。□□□□,百度合宜。敬十吉日,□□神楼。牲醴具陈,圣而勿□。□□□□。

同年九月重九日后学乡贡进士刘□书并篆额。儒学今生员□□□刘□刻立。

张文忠公四至记

大明洪武四年拾贰月初三日,巡按监察御史薛斌□□□□□,圣旨除免征税,有前贤公臣滨国张文忠公故坟地亩,□□□□□水旱地亩叁顷贰拾伍亩柒分捌厘伍毫,今在历城□□□拾里华不注鹊山之阳,泺源之北。铭曰:伍柳□先茔,□□……南至……地壹拾贰……北至东西流水大沟为界,拾亩……东至水沟为界;西至南北河边沿为界,□北……祠堂域□南地……

钦赐铜仪牲、铜炉、铜烛台、花瓶共六件。文忠公遗像□□□。

□□□□。

巡按山东监察御史薛斌、山东都司□□□□□、山东布政使司左布政使刘国敷、山东按察司按察使□□。

宣德十年岁次乙卯九月重阳重刻。□□刘□、刘□。

注:《重修张文忠公祠堂祝文》碑身高93厘米,宽54厘米。碑额小篆10字,字径纵8厘米,横6厘米,碑文为小楷。碑阴《张文忠公四至记》,额为铁线篆书7字,字径纵6厘米,横4.5厘米。碑文亦为小楷。

补记:

2000年3月6日,山东省文史研究馆组织了部分馆员,并特邀社会知名学者张昆河老先生一同到坐落在济南市北郊的张养浩墓地(张公坟)进行了实地考察。考察中,我同张昆河老先生发现张氏墓地不存元代碑刻,仅存两通龟趺,是元代遗物。张老对我说,元代末年张氏墓地可能遭到过一次政治性的破坏,不是元军而是农民军。元末红巾军为主导的农民大起义,其基本力量是以白莲教为纽带的秘密会社所组织起来的农民军。1355年2月,红巾军在江苏砀山的夹河地方找到韩山童的儿子韩林儿,刘福通便派人把他接到安徽亳州,拥戴他当皇帝,国号大宋,年号龙凤。刘福通当了平章政事,以后改为丞相和太保,成为大宋政权的实权人物,红巾军的军政大权集中在他手里。大宋政权建立第二年,刘福通认为北伐的时机成熟,便作了全面军事布置。刘福通将红巾军分为三路,第一路是刘福通亲自指挥的大军,从河南进攻山西、河北;第二路由大将白不信、李武等率领,进攻陕西;第三路由大将毛贵率领,从山东北上进攻河北。1358年2月,毛贵攻下济南,继续北上,打进河北省,向元朝皇帝所在地大都进攻。毛贵这次孤军深入,力量不足,和元军打了一仗,没有取胜,就暂时退兵回济南。此时山东全省已归入了红巾军。张老称:“张氏墓地元代碑刻及石牌坊,就是在毛贵驻军济南时被破坏的,可能墓葬也被挖掘过。”我们从张氏墓地和遂闲堂遗址出土的元代石刻即可以说明张老推测的可靠性。

苏轼为张揆题“读书堂”碑

宋熙宁七年(1074)九月苏轼离杭赴密州任,于九年(1076)十二月罢密州(山东诸城)改知河中府(山西永济)。熙宁十年初,苏辙自京师来迎,同赴京师,抵陈桥驿,旋改知徐州。此间,于熙宁十年二月道经济南,与友人齐州守李常相晤,停留月余,曾造访张揆故宅,为已故龙图阁直学士历城张揆故宅题“读书堂”三字碑。

张揆,字文裕,济州历城人。父蕴,咸平初(998~1003)监淄州兵。契丹入寇,游骑至淄、青间,州人将弃城,蕴拔刀庶止于门,力治守备;游骑为之引去。郡守愧,始谋掠为己功,反陷以罪,蕴受而不较。揆笃孝,蕴病,割股肉以疗。举进士,知益都县,尝督赋租,置里胥不用,而民皆以时入。通判永兴军(陕西长安)恒、易、深、定、赵、冀、沧七州,为集贤校理,四迁龙图阁直学士,知成德军(恒、冀、深、赵四州),入判太常,司农寺,累官户部郎致仕,熙宁七年卒,年八十。

金代大文豪元好问《遗山集》(济南行记)载:“道出王舍人庄……道南有仁宗时侍从龙图张侍郎揆读书堂。‘读书堂’三字,东坡所书,并范纯粹律诗,俱有石刻。”按此段文字判断,苏碑在金代尚存于张揆故居。至于明代万历初出土,推测是碑可能于金、元或元、明战乱中被埋于土中。

《历城县志》(清乾隆版)《古迹及金石考》记载:“宋代张揆故宅,在济南东郊三十里王舍人庄。明万历初年土人掘地发现苏轼为张揆故居‘读书堂’三大字书碑。”按:碑高 150 厘米、宽 63 厘米,字径 40 厘米,楷书。边款“熙宁十年二月朔子瞻书”小楷十字,字径 2.4 厘米。此碑自出土以后,400 年以来,一直保存在历城县文庙内。20 世纪 50 年代初期,县文庙改为县小学校,60 年代文庙大殿被拆毁,苏碑失存。

今审视苏轼题“读书堂”三大字碑拓本,观其书法笔力雄健,凌厉驰逐,出入二王畛域而不见其辙迹,独为颜真卿周旋并驰,而步不许退也。是碑为苏轼 42 岁书。惜原碑刻石今失,尚存拓本,亦称珍贵。

鉴于张揆是北宋朝廷重臣,济南名士,宋代文人多有题咏。见载于文献的有:苏轼《苏轼诗集》挽张揆词:“高才本出朝廷右,能事方推德业余。每见便闻曹植句,至今传宝魏华书。济南名士新凋丧,剑外生祠已洁除。欲寄西风两行泪,依然乔木郑公庐。”苏辙《栾城集》张文裕侍郎挽词:“持节西南二十年,华堂遗像已苍然。归来侍从三朝旧,老去雍容平地仙。落笔纵横题壁处,诵诗清社举杯前。东游邂逅迎归旐,泪洒城南马下阡。”又范仲淹之子范纯仁诗:“宣力三朝旧,于事五福全。家风良将后,经术古人前。丁令终辞世,留侯定得仙。贻谋有贤嗣,荣业尽得传。”从苏氏兄弟及范氏挽词中不难看出他们对张揆的崇高敬仰,而对他的德行文章尤为褒扬。张揆逝世那年,正值苏辙在齐州掌书记任上,故诗中有“东游邂逅迎归旐”句。估计当年苏辙参加了张揆的葬礼。

今遗址尚存宋代王临题“故龙图侍郎张公旧隐读书堂碑”及“清重修读书堂义塾记碑”各一通。

山东长清灵岩寺内，辟支塔院北壁迤西，嵌北宋苏辙题灵岩寺诗刻一石，石纵53厘米、横66厘米，楷书体，字径2.5厘米，12行，每行17字，计188字。全文录下：

题灵岩寺

眉阳苏辙

青山何重重，行尽土囊底。岩高日气薄，秀色如新洗。入门尘虑息，盥漱得清泚。升堂见真人，不觉首自稽。祖师古禅伯，荆刺昔亲启。人迹尚萧条，豺狼夜相觗。白鹤导清泉，甘芳胜醇醴。声鸣青龙口，光照白石阶。尚可满畦塍，岂惟濯蔬米。居僧三百人，饮食安四体。一念但清凉，四方尽兄弟。何言庇华屋，食苦当如荠。

辙昔在济南，以事至泰山下，过灵岩寺，为此诗，僧不知也。其后见转运使中山鲜于公于南都，公尝作此诗，并使辙书旧篇，以付寺僧。元丰二年正月五日题。

苏辙(1039～1112)，字子由，眉山(今四川眉县)人。唐宋古文八大家之一。与父洵、兄轼合称三苏。十九岁与兄轼同登进士科，又同策制举，文声布四方。按《宋史》，后官至尚书右丞、门下侍郎，曾出使契丹。晚年筑室许州(今河南许昌)，号颍滨遗老，有《栾城集》行世。

苏辙在京同谏王安石青苗法，被贬出掌齐州书记(知州的从官),居齐三年,时熙宁六年至熙宁八年(1073～1075)。在此期间,于熙宁七年(1074),辙因事至泰山下,过灵岩寺时曾作此诗,但寺僧不知。其后,辙在南都(今河南南阳)与转运使鲜于侁(字子骏)会晤;子骏嘱辙重书此诗,以付寺僧,时元丰二年(1079)。后鲜于子骏使漕京东始刻石,但不久石佚。四十余年后,妙空禅师住持灵岩,拟更新寺容,恨亡辙诗,于靖康初(1126)偶得墨于茌平李时陛家,再模刊石(即今存诗刻)。其经过详见辙题及空明居士跋语。

鲜于侁,阆州人,叔明裔孙,字子骏,举进士,神宗时累官利州路转运判官。时王安石有重名,侁恶之,乃上书论时政,事指安石。升副使,兼提举常平,后除集贤殿修撰,知陈州,卒。侁刻意经术,为诗平澹渊粹,尤长楚辞,有《诗传》、《易断》。

妙空禅师俗姓陈,讳净如,福州侯官县人。宋宣和、靖康年间,曾几度住持灵岩。今灵岩寺墓塔林尚存妙空禅师墓塔碑一通。空明居士不详其人,待考。

苏辙以文名,其书法不及苏轼,而今审视辙之诗刻书法,笔力雄健,结构严谨,为辙三十五岁时诗,四十岁时所书。像这样核桃大的楷书,辙书留于后世的作品不多见,诗书并佳,不但是一件书法艺术的瑰宝,亦为研究灵岩寺北宋时期的历史面貌提供了一件实物资料。

窦宝荣　1944 年 8 月生，山东诸城人。国家级高级职业经理人，现任山东四达工贸股份有限公司董事长，山东省文史研究馆馆员。曾任中共山东省第七次党代会代表，省十届人大代表，潍坊市第十三、十四届人大代表、潍坊市第十四届特邀政协委员。获得全国五一劳动奖章、山东省劳动模范等荣誉称号。被评为中国首届文化遗产保护十大杰出人物。

◎古代画像砖的初步探索

古代画像砖的初步探索

画像砖分空心砖和实心砖两类，是我国古代一种集雕刻和绘画于一体的艺术作品。绘画艺术在中国历史上一直被统治阶级视为加强其在意识形态领域内统治的重要工具。特别是在西汉以后，绘画艺术已成为统治者必不可少的精神武器。其表现和形式除画在绢帛上的作品外，建筑物上及墓葬中的壁画也非常兴盛，而画像砖则成为表现当时绘画艺术的重要形式之一。这些逾千年而不朽的艺术瑰宝，以艺术的形式与形象化的内容，为今天的我们展现了当时的社会生活和意识形态的真实状况，而成为人们了解当时政治、经济、军事、思想、文化、艺术以及典章制度、社会习俗等方面的重要资料。在美术史研究领域，历代遗留下的各类画像砖，亦是学者们研究的珍贵资料和重要依据。我国的画像砖滥觞于战国，盛行于两汉，三国两晋南北朝时期继续流行，隋唐之后逐渐衰落。两汉时期，画像砖与画像石并行，成为人们修建墓葬的重要材料和构件。它们题材广泛，内容丰富，诠释了中华民族几千年的文化积淀，再现了中华民族的勤劳、勇敢、睿智、热情奔放、积极进取、热爱生活、珍惜生命、知书达礼及向往理想社会的精神。那栩栩如生、活灵活现、富于动感、无与伦比的艺术表现技法，生动具体地展示了古代文化的厚重和博大精深。画像砖是研究我国古代民风、民俗的宝贵实物资料,在中国传统文化中有着独特的历史地位和极高的文物收藏价值。

画像砖的制作工艺来源于中国的传统制陶工艺。工匠们先用陶泥做成坯,用木模压印上所需要的各种纹饰和图案,然后入窑经火烧制而成。也有的是先烧制成砖,再在砖上刻出纹饰图案。因时代的不同,制砖工艺亦有不同。战国晚期的一些空心画像砖是用硬笔直接在半干的砖坯上刻画阴线图像的,西汉以后多采用模塑的方法。画像砖的模塑方法,大体可分为“拍印法”和“模印法”两大类。两汉时期的空心画像砖大多使用拍印法制成。其制作工艺有刻模板、脱砖坯、拍印图像、入窑焙烧和施彩设色五道工序。模印法是东汉以后画像砖最流行的制作方法。其制作工艺有作图像坯模、脱画像砖坯、入窑焙烧和施彩设色四道工序。画像砖画面的表现技艺手法有高浮雕、平雕、浅浮雕、凹凸线条等形式。有的上面还涂有红、绿、白等色的彩绘。画像砖表现内容的形式,有一砖一个画面的,也有一砖为多个或一组画面的。画像砖多用在墓葬的墓室中,其实画像砖本身就是墓室的一种建筑材料,在垒砌墓室的同时,拼构成所需要的各种图案、故事等内容。有的则用在宫室建筑上。它们不仅是美术作品,也是记录当时社会生产、生活的实物资料,画面内容非常丰富,主要有以下四大类:

(一)反映社会现实生活:1. 农业劳动:耕地、耙地、锄地;2. 手工业劳动:织布、造车、冶铁、酿酒;3. 狩猎、捕鱼;4. 车马出行;5. 人物聚会、谒见、讲经;6. 战争、操演;7. 庖厨:炊爨、切割、汲水、和面、屠宰;8.百戏、乐舞、杂技、武士格斗;9.收租;10.建筑物:楼台亭阁、仓房、桥梁、阙等;11.禽、兽、鱼、虫等。

(二)描绘历史人物故事:如帝王、将相、圣贤、高士、烈女、孝子等。

(三)刻画祥瑞、神话故事:如伏羲、女娲、东王公、西王母、九尾狐及各种奇禽瑞兽等。

(四)描绘自然景物:如日、月、星、石、山、草、树木等。

以上四类题材中,以反映社会现实生活的占比例最大,其次为表现神话故事、祥瑞、仙人、奇禽瑞兽、历史人物故事的等。

两汉时期,画像砖的发展达到了高峰。此时社会稳定,经济富足,《史记·平准书》记载:“至今上(武帝)即位数岁,汉兴七十余年之间,国家无事,非遇水旱之灾,民则人给家足,都鄙廪庾皆满,而府库余货财。京师之钱累巨万,贯朽而不可校。太仓之粟陈陈相因,充溢露积于外,至腐败不可食。”同时,在思想领域,武帝“罢黜百家,表彰《六经》”,以“孝”为仁之本的儒家思想受到统治者的推崇和重视,连皇帝的谥号前面都要加上“孝”字,而“孝”的首要表现就是为亲人奉行厚葬。在“事死如事生”的厚葬之风愈演愈烈的趋势中,画像砖墓也随之大量涌现出来,这些画像的意义,在一定程度上是随葬品的代替、扩展或延伸。

再来看画像砖中的画像,把这些画像同先秦青铜器上的图案相比较,我们会有不同的感受。虽然它们都使我感叹,但是青铜器上的图案给我的感受更多的是震撼和恐惧,而汉代画像砖中的图案给我的感受更多的是惊赞和舒适。来自不同时空的工匠把他们对时代的感悟和对人生的思索凝聚在手中的工具中,使他们创作出来的图案画像拥有鲜明的时代感。先秦铜器上的图像神秘、恐怖,表现了当时人们对天和天命的敬畏。汉代画像砖上的画像则充满人间的生活趣味,即使是“西王母”、“东王公”这样的大神,也脱离了《山海经》中“豹尾虎齿而善啸,蓬发戴胜”的形象,而以人的形象出现,道貌威严,很难说他们是人化的神还是神化的人。这种不同说明了汉代在脱离了先秦的神秘主义之后,抑天尚土的人本主义思想逐渐盛行。这种思想使人们在生前更加重视人的作用,死后也极力对人生进行仿效和再现。这种思想促进了厚葬之风的盛行,促进了汉代画像砖墓和画像砖艺术的发展。

我国画像砖的产地和流行区域,主要分布在今天的河南、四川、江苏、陕西、山东等省。画像砖的产生早于画像石,战国晚期至西汉中期是画像砖艺术的滥觞期。最早的画像砖几乎都是战国晚期各国都城宫殿上的建筑用砖,多为体量较大的空心砖和条形砖,主要用作宫殿的台阶和踏步,其中以秦都栎阳和咸阳出土的画像砖最为精美。战国末,秦国最先开始了从木椁墓向砖室墓的演变,使用画像空心砖来修建墓室。伴随着秦军统一六国的号角声,画像空心砖墓被秦人从关中带到了关东地区。

西汉早期,这种画像空心砖墓在今河南地区迅速发展,并在西汉中期影响到今晋南、冀南、鄂北、皖北和鲁西等周边地区。西汉晚期到东汉末是画像砖艺术的繁荣期。从西汉晚期起,画像砖墓开始摆脱了呆板的箱式结构,迅速向居室化发展，画像砖也摆脱了空心砖的旧模式，向多形化发展。东汉时期，画像砖艺术发展到巅峰，画像砖墓的分布范围扩大到西至甘青，东到海滨，南起云贵，北达大漠的广阔区域，并形成了以今河南地区和四川、重庆地区为代表的两大中心分布区，其中四川、重庆地区的画像砖持续繁荣到蜀汉时期。东汉时期的画像砖已经扬弃了图案化的构图，而以有完整画面的方形、长方形、条形的实心砖作为主要载体。其中，以四川成都平原一带的画像砖最具特色，砖的规格均为长方形，一般宽50厘米、高40厘米左右，一砖一个画面，图像内容极具地方特点，整齐地按一定间距镶嵌在砖室墓的墓室和甬道壁面上。魏晋至宋元时期是画像砖艺术的衰落期，但南朝时期在以今南京为中心的长江流域画像砖艺术又出现了一个小高峰期，南京地区发现的巨幅拼镶画像砖墓代表了这一时期画像砖艺术的最高水平。隋唐以后，虽然在长江流域和黄河流域的诸多地点都发现过画像砖墓，但始终没有形成一个中心分布区域，画像内容也日益趋于形式化和简单化。元代以后，画像砖作为一种民间美术艺术形式，淡出了历史舞台。

山东是全国保存和出土画像砖较多的地区之一，目前许多搞艺术史、思想史、科学史等方面研究的学者也涉足画像砖领域中来，共同开发和汲取这一课题中的丰厚内容，以弘扬民族的优秀文化。而作为推进画像砖课题研究的基础，仍然是不断丰富的完整可靠的资料。为了活跃学术研究，为我国广大的画像砖研究者和爱好收藏者提供更多的实物资料，为我国画像砖的研究奉献一份心意，我草成此文，但因时间仓促，能力所限，不当之处，祈盼指正。

图书在版编目（CIP）数据

山左崇文集：纪念山东省文史研究馆成立六十周年馆员文选／山东省文史研究馆编. —济南：齐鲁书社，2014. 12

ISBN 978 - 7 - 5333 - 3306 - 5

Ⅰ. ①山…　Ⅱ. ①山…　Ⅲ. ①文史—文集　Ⅳ. ①C53

中国版本图书馆 CIP 数据核字(2014)第 308037 号

山左崇文集：纪念山东省文史研究馆成立六十周年馆员文选

山东省文史研究馆　编

主管单位	山东出版传媒股份有限公司
出版发行	齊魯書社
社　　址	济南市英雄山路 189 号
邮　　编	250002
网　　址	www. qlss. com. cn
电子邮箱	qilupress@ 126. com
营销中心	(0531)82098521　82098519
印　　刷	东莞市本色印刷有限公司
开　　本	880mm×1230mm　1/32
印　　张	17. 25
插　　页	3
字　　数	345 千
版　　次	2014 年 12 月第 1 版
印　　次	2014 年 12 月第 1 次印刷
标准书号	ISBN 978 - 7 - 5333 - 3306 - 5
定　　价	**98. 00** 元